災害対応の地域研究 5

新しい人間、新しい社会

復興の物語を再創造する

清水展
木村周平 編著

京都大学学術出版会

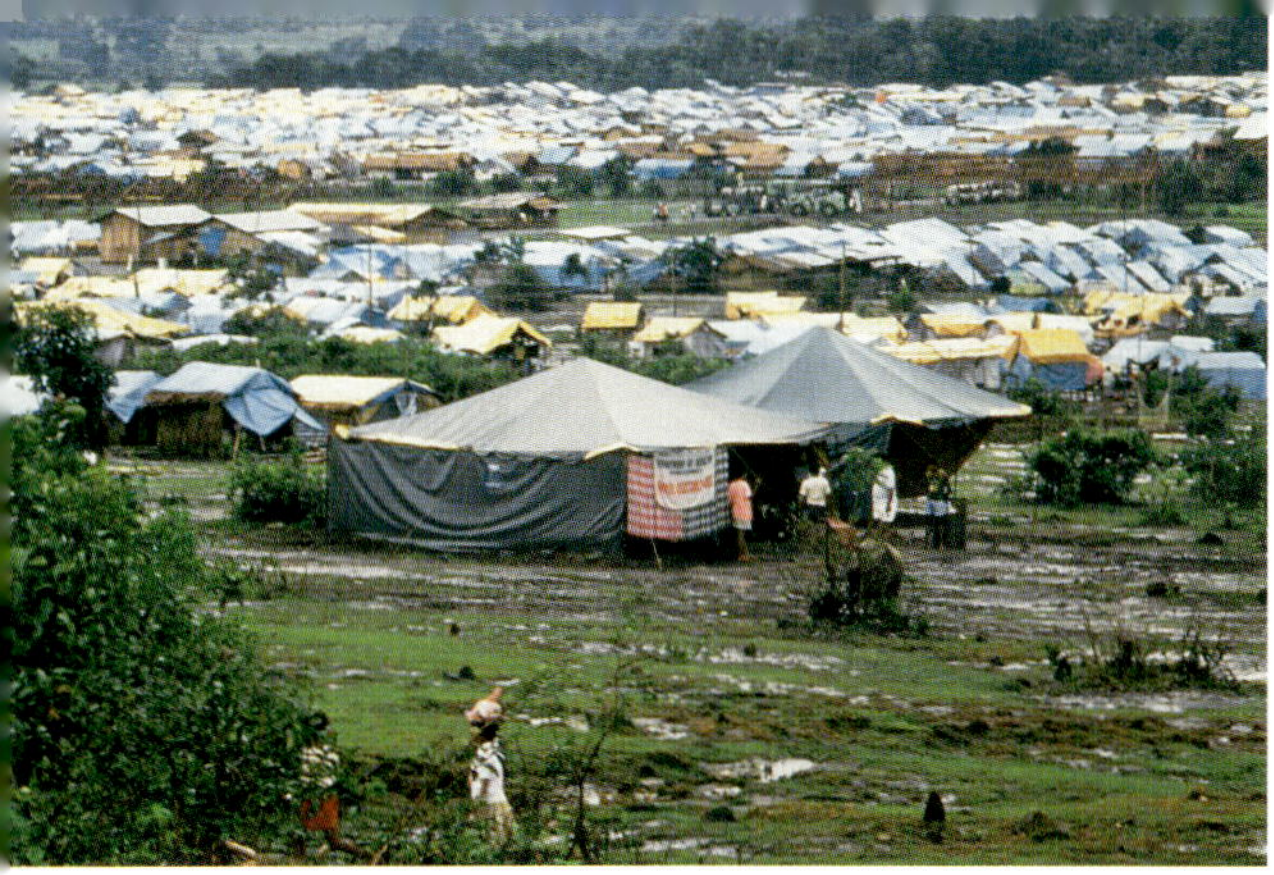

フィリピン・ピナトゥボ山噴火後のテント村（1991年）。劣悪な環境で、噴火そのものを大きく上回る死者が出た（第１章）

復興の長いプロセス

自然災害は多くの場合、突如として社会を襲い、人々は様々な形で災害に巻き込まれる。直後の緊急期に続いて、復興への長い道のりが始まる。それまでの暮らし慣れた場所を失った被災者は、慣れない生活を強いられながらも、生活の立て直しを目指す。そこにおいて、どれほど当事者の思いを形にしていけるかが、きわめて重要な問題である。日本国内では行政が中心となり、制度を利用しながら復興を進めるのに対し、アジア諸国では行政よりも国際的な支援団体などが復興を主導することもある。

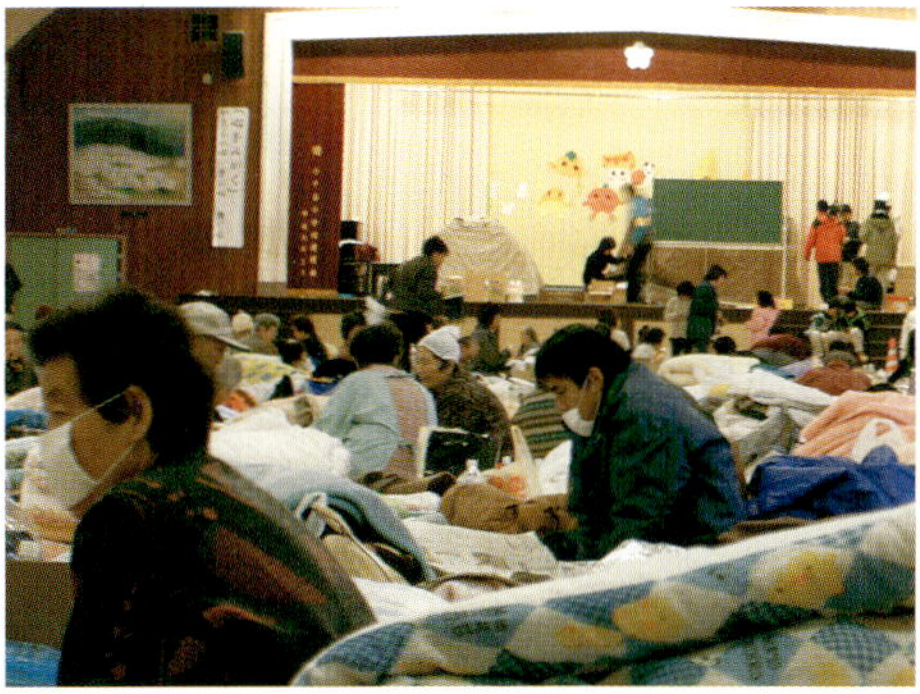

新潟県中越地震から４日目の小千谷小学校（2004年10月）。体育館の冷たい床にぎゅう詰めで布団を敷いている。小千谷では市役所職員の努力で、年越しに間に合うよう２ヶ月で全避難所を解消した（第６章）

震災から５ヶ月後、休日返上で生活再建のための膨大な申請書類作成に励む市役所職員（2005年３月、小千谷市）。風邪をひいても休めない（第６章）

2004年スマトラ島沖地震・津波（インド洋津波）被災地で国際NGOが設置した給水施設から水を汲む住民。国際機関・NGOは被災直後から現地入りし、水・食糧・シェルターなどの緊急支援を分担した。支援分野ごとに定期的に調整会議を開き、支援に偏りや不足がないかの確認や、復興段階へ移行するスケジュールの調整を行った（第３章）

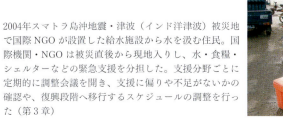

災害の記憶をモノに仮託する

災害から時間が経つにつれ、その経験や記憶が問題になる。社会が次第にその災害のことを忘れていくように見えるなか、いかに記憶を残し、共有できるようにするのか。モノはその際に重要な役割を果たす。どのようなモノを集め、何を伝えるか、被災と復興をどのような物語として語るかは、様々な立場の人の間で揺れ動く。

写真、映像やモノを集積し、阪神・淡路大震災（1995年）の記憶を伝える、「人と防災未来センター」の展示（第４章）

昭和三陸大津波（1933年）後につくられた石碑は、東日本大震災によって再び脚光を浴びた（第８章）

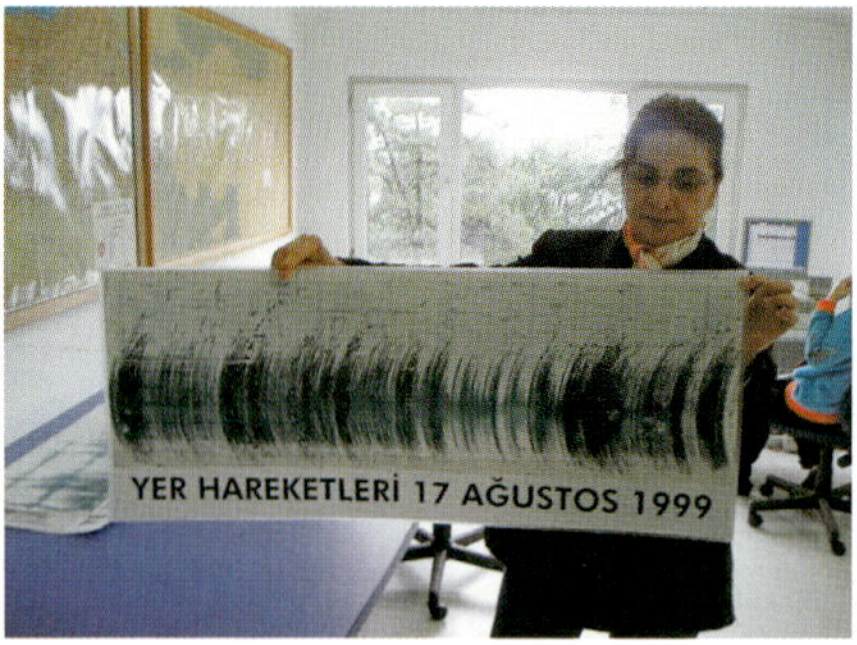

トルコのある地震研究所ではコジャエリ地震（1999年）の激しさを示すのに、当時の地震計の記録が使われていた（第７章）

カンタベリー地震（2011年）の犠牲者のメモリアル。白い椅子はそれぞれ形が違い、犠牲となった185名を表している。その向こうは、坂茂氏による紙管製の仮設大聖堂（第９章）

復興の景観のなかの災害

自然災害がその地域の環境と社会とのインタラクションとして起こる以上、同じ地域は同じような災害に繰り返し襲われる可能性がある。そのため、ある地域では過去の災害経験を景観のなかに残そうとする。他方、別の地域においては災害の痕跡はむしろ抹消される。災害のサイクルと生活のサイクルとの間での選択の結果であろうか。

阪神・淡路大震災の火災で大きな被害を受けた神戸市長田区御蔵地区の直後（右、1995年１月18日、写真提供：神戸市）と10年後（下、2005年）。再建が進む町の一角に、震災の記憶モニュメント（画面右端）が見える（第２、４章）

東日本大震災（2011年）後、巨大ベルトコンベヤーで土地の嵩上げを進める陸前高田市（2015年）。「奇跡の一本松」はその陰に隠れている（第２、５、８章）

タイ・プーケットの観光地にたたずむ、津波警報タワー（2015年）。インド洋津波の悲劇から10年を経た現在、ビーチを訪れる観光客のほとんどは、タワーの役割を知らないどころか、その存在を意識することさえない（第５章）

災害を語る・経験を継承する・生を創造する

復興の過程で、立場の異なる人、過去の被災者と将来被災するかもしれない人、あるいは被災地同士の新たな交流が芽生える。それを契機に、自らの被災の経験と向かい合い、それを語り直しながら、新たな生を創り出していく人々が現われる。災害を、新たな生の可能性を開き、よりよい社会を構想するきっかけにすること。そのために、国内外の様々な事例に学ぶことは意味がある。

2000年４月、雲仙・普賢岳噴火災害の10年間の復興の取り組みの記録がまとめられ、有珠山噴火の始まったばかりの被災地・伊達市に届けられた（第２章、写真提供：室蘭民報社）

トルコ・コジャエリ地震10周年記念式典（2009年）で行進する市民団体のメンバーたち（第７章）

南三陸ホテル観洋の「語り部バス」（2012年６月）。自らも被災したホテルの従業員が語り部となって約１時間かけて宿泊者に南三陸町の津波被災地を案内する（第10章）

市場で農産物を売る先住民アエタの女性（2011年12月）。噴火以前の、町の人々に抱いていたつよい劣等感が嘘のように、堂々とした態度を見せている（第１章）

「災害対応の地域研究」シリーズの刊行にあたって

山本　博之

東日本大震災と福島原発事故が発生した二〇一一年、日本社会は大きな変容を迎えた。震災と原発事故からの復興への長い過程が始まったことだけではない。「正しさ」に対する信頼が大きく揺らいだためである。

高さ一〇メートルに及ぶ頑丈な防潮堤が津波で破壊されることや、中東諸国で「民主化」運動が起こって長期政権が倒されることは、各分野の専門家にとっても想定外のことだった。私たちは自然現象でも社会現象でも想定外の事態が生じうることを改めて思い知らされた。また、震災と原発事故への対応を通じて既存の権威への信頼が崩れ、政府、マスコミ、学者、大企業などが発表する情報は常に信用できるわけではないという認識が広まった。現実社会の諸問題に対して誰もが納得する正解はもはやどこにも存在せず、私たちはどの選択肢にもリスクがあることを承知した上で自己の責任で一つ一つ決断していかなければならない状況に置かれている。そこでは、宗教や国家・民族といった古くからある規範も、科学技術のような客観性と合理性に重きを置く立場も、さらには個人的な信念や妄想までもが対等に扱われ、議論を通じて立場の違いが解消されることはほとんど期待できない。しかも、社会が深刻な亀裂を抱えているだけでなく、その亀裂ゆえに今の社会を次の世代に渡せるかどうかも危ぶまれている。

これは日本国内に限った問題ではない。今日では世界から孤立して生きていくことは不可能だが、だからといってボーダーレスでフラットなグローバル人になれば幸せになれるという考え方にも現実味は感じられない。世界は繋がっているため、自分だけよい生き方をしようと努力しても幸せが得られるとは限らない。場の成員の出入りが激しく、考え方が互いに異なる人が常に隣り合わせに存在する世界で、何が正解なのか誰にもわからないまま、私たちは生活の場を築き、発展させていく術が求められている。

世界は災いに満ちている。しかし、逆説的だが、災いのなかにこそ、今日の世界が抱える問題を解消する可能性が秘められている。その意味で、二〇〇四年は日本社会にとって大きな変化を迎えた年として記憶されることだろう。自分たちの生活を守る上で国が頼りになるとは思えないが、そうかといって国にかわる現実的な選択肢も見当たらないという思いが、従来に増して強く印象付けられたのがこの年だった。その思いは、今世紀に入って米国同時多発テロや小泉純一郎による「構造改革路線」およびそれに伴う「格差社会」意識の浸透によって感じられはじめ、二〇〇四年になって年金未納問題や「自己責任」論などの登場により、国は何もしてくれないことがもはや仮説ではなく前提となった。その一方で、災害発生時のボランティアによる救援・復興支援に見られるように、国によらない人々の助け合いの輪は確かなものとなり、国境を越えた人と人との繋がりもいっそう現実味を増している。一九九五年の阪神淡路大震災で見られた被災地でのボランティア活動は二〇〇四年一〇月の中越地震ですっかり定着し、さらに同年一二月のスマトラ島沖地震・津波では海外の被災地に対しても多くの支援の手が差し伸べられた。東日本大震災では国内各地からのボランティア活動に加え、外国からも多くの支援が寄せられた。想定外の、いつ起こるともしれない災害に備えるためにも、そして起こってしまった災害を契機とする繋がりをより豊かなものにするためにも、二〇〇四年から一〇年を迎える今、救援・復興、防災・減災を含めた災害対応の全体を社会的な面に注目して捉え直すときが来ている。

災害は、特殊な出来事ではなく、日常生活の延長上の出来事である。私たちが暮らす社会はさまざまな潜在的な課題を抱えている。災害とは、物を壊し秩序を乱すことでそれらの課題を人々の目の前に露わにするものであり、社会の中で最も弱い部分に最も大きな被害をもたらす。災害で壊れたものを直し、失われたものの代用品を与えることで被災前に戻そうとすれば、社会が被災前に抱えていた課題も未解決の状態に戻すことになってしまう。災害への対応は、もとに戻すのではなく、被災を契機によりよい社会を作り出す創造的な復興でなければならない。災害時の緊急対応の現場はさまざまな専門家が集まる協働の場である。その機会をうまく捉えて創造的な復興に取り組むには、被災前からの課題を知り、それにどう働きかければよいかを理解する「地域研究」の視点が不可欠である。

復興には、街並みや産業、住居などの「大文字の復興」と、一人一人の暮らしや心理面を含む「小文字の復興」の二つがある。大文字の復興は目に見えやすく、達成度を数で数えやすいのに対し、小文字の復興は目に見えにくく、数えにくい。そして、大文字の復興と小文字の復興は必ず進み方にずれがあり、多くの場合、大文字の復興が先行して小文字の復興はその後を追う。小文字の復興は人によって長い時間がかかり、内容も個人差が大きいため、外から見てわからなくても内面で問題を抱え続けていることもある。災いを通じて人と人とが繋がるためには、目に見えにくく、数えにくい一人一人の復興の様子を読み解く力が求められる。

日本社会は今後、東日本大震災と原発事故からの復興に加え、他の災害や戦争を含む過去の出来事をどう捉えてそれにどう臨むのかを含めて、何重もの「復興」に取り組んでいくことになる。しかも、その「復興」は日本社会のなかだけで考えて済ませることはできない。本シリーズでは、世界にこれまでにどのような災いがあり、それに巻き込まれた人々がどのような経験をしてきたかを、被災直後・被災地だけではない時間と空間の広がりの中において捉えている。

災害対応は一部の専門家に任せるだけでは完結しない。協働の輪の欠けた部分を繋ぐのは、社会のそれぞれの立場でそれぞれの専門や関心を持つ私たち一人一人である。災害対応の現場で何が起こっているかを知り、それをどう捉えるかを考える手がかりを示すことで、協働がより豊かになることを期待して、ここに「災害対応の地域研究」シリーズを刊行する。

新しい人間、新しい社会——復興の物語を再創造する

目次

凡例
写真の撮影者名は、その章やコラムなどの執筆者が撮影したものについては省略した。
また、掲載したウェブサイトのＵＲＬは本書執筆時のものである。

はじめに――災害から新しい人間と社会の想像＝創造へ

清水 展・木村周平

有史以来、いつの時代でも、人間は社会のなかで、そしてその社会を取りまく自然環境との関わりのなかで暮らしてきた。二〇一一年三月一一日に発生した東日本大震災は、二一世紀に至ってもなお、自然環境が人間に恵みをもたらすとともに、時に災厄をもたらすこと、人間が弱く小さな存在であり、生活の社会的基盤もまた脆弱であることを、誰の目にも明らかにした。いや、これらはごく当たり前のことだったのかもしれない。しかし、私たちは、震災の後に渡辺京二があえて挑発的に発した言葉に虚を衝かれた。

> この地球上に人間が生きてきた、そして今も生きているというのはどういうことなのか、この際思い出しておこう。火山は爆発するし、地震は起こるし、台風は襲来するし、疾病ははやる。そもそも人間は地獄の釜の蓋の上で、ずっと踊って来たのだ。人類史は即災害史であって、無常は自分の隣人だと、ついこの間までは人々は承知してきた。だからこそ、生きるに値し、輝かしかった。人類史上、どれだけの人類が非業の死を遂げなければならなかったことか。今回の災害ごときで動揺して、ご先祖様に顔向けできると思うか。人類の記憶を失って、人工的世界の現在のみに安住してきたからこそ、この世の終わりのように騒ぎ立てねばならぬのだ。[*1]

東日本大震災から３ヶ月後、清水と木村と市野澤（第５章執筆者）は車で三陸沿岸の被災地をくまなく訪れた。津波で１～３階部分が全壊した岩手県宮古市田老町のたろう観光ホテル近くの民家跡にミニ写真アルバムが置かれていた（2011年６月18日）。田老町には高さ10m、長さ2.4km の巨大防潮堤が造られていたが、大津波で500m にわたって一瞬に倒壊した

*1 渡辺京二『未踏の野を過ぎて』弦書房、二〇一一年。

地震、津波、台風、高潮、大雨・洪水、噴火、落雷、旱魃。人間は、渡辺の言う「地獄の釜の上」で、自然の猛威に翻弄され打ちのめされてきた。それゆえ、できれば自然災害を避けること、しかし災害から逃げられないならば被害を最小限にすることが、つねに人々の願いであり、重要な政治課題であった。古く中国の春秋時代（紀元前八世紀〜紀元前五世紀）から、「善《よ》く国を治める者は、必ずまず水を治める」と言われてきた。日本においても、江戸時代、さらには明治以降の近代化プロジェクトにおいても、治山治水事業が国造りの根幹のひとつであった。日本でもまた世界中で、それぞれの社会は試行錯誤の積み重ねのなかで、自然に関するさまざまな知識や技術、慣習や制度を生み出し、それによって自然環境や地勢を（部分的にではあるが）改変し、懐柔し、非力ながらも猛威に対処対応して生き延びる術を編み出してきた。

しかし他方で、人間はすぐに過去を忘れる。よく言われるように、一九五〇年代に始まる高度成長から一九八〇年代のバブルへと続いた三〇年あまりの間、日本はたまたま自然災害がきわめて少ない幸運な時代でもあった。しかし人々はそのことを忘れ、先進的な科学技術によって自然災害を克服したと錯覚していた。そんな中、一九九五年一月に発生した阪神・淡路大震災は、バブルの終焉と同時に、自然災害を意識せずに暮らせた稀有な時代の終わりを象徴する出来事となった。それは日本列島が繰り返し災害に襲われてきた歴史を想起させ、この先も災害とともに生きてゆかざるをえないという自覚を人々にもたらした。同時にまた、ボランティア元年と呼ばれるような、見ず知らずの被災者への共感と共苦の感情にもとづく、新しい市民社会の誕生や萌芽を導く契機ともなった。にもかかわらず、上述の通り、知らず知らずのうちに私たちが再び、忘却や過信へと向かっていたことを、東日本大震災ははっきりと示したのである。

本書が出版されるのは阪神・淡路大震災が発生してから二〇年となる年である。その間に、台湾やトルコ、四川やハイチで地震が、インド洋で津波が、メキシコ湾でハリケーンが、レイテ湾で高潮が、さらに鳥インフルエンザやエボラ出血熱などの感染症が起きていたことを思い出そう。もちろんこれらは氷山の一角に過ぎな

岩手県大槌町の町役場。3.11の津波襲来によって、町長、幹部職員を含む40名にも上る役場職員の犠牲者を出した（2011年6月18日）

い。私たちの生は災害と共にある。災害と共に、私たちの生を構想し、社会を作り上げていかねばならない。

本書のねらい

本書は、災害対応の地域研究シリーズの最終巻である。本シリーズの第一巻と第二巻では、二〇〇四年のスマトラ島沖地震・津波を取り上げて論じた。これは言うなれば、特定の地理空間（国民国家をその範例とする）を対象とする従来的な地域研究の枠組みをもとにしつつ、災害という、その枠組みだけでは十分に理解しきれない問題を捉えようとしたものであった。そのうえで第三巻と第四巻では、そのスコープをさらに空間的・時間的に広げながら議論した。具体的には第三巻ではアジア、とりわけ東南アジア諸国（ＡＳＥＡＮ諸国）におけるここ数十年の内戦や紛争を含む災害と防災・減災を、そして第四巻では対象を世界全体に広げて百年単位で災害と復興を捉えようとした。

最終巻となる第五巻は主として、防災よりも減災、減災よりも復興、すなわち災害で壊れてしまった生活基盤と社会インフラの再建、そして生き残った者たちの生活の復興に注目する。そのうえで、本シリーズの旅の円環を閉じるべく、出発点である日本に戻りたい（本書が日本語で書かれる以上、出発点を日本と見なすのは不自然なことではないだろう）。地域研究というものがつねに対象とする特定の地域をもつ学問的営為だとしても、それは決して、その対象について知ろうとする日本で暮らす「私たち」と切り離して考えることはできない。私たちはなぜ、自分たちとは異なる地域や時代に生きる人々について／人々から学ぼうとするのか、そしてそれが私たち自身とどのように関わるのか。本書はこの、通常の地域研究においてはあまり前面に出てこない問いをあえて正面から見据えつつ、日本の事例と東南アジアを中心とする地域の事例とを各章ごとに交錯させる。そうすることで、各々の事例が互いの差異と類似をおのずと浮かび上がらせ、望ましい復興の道筋を考えるための刺激やヒントとなることを願っている。

岩手県釜石市唐丹の堤防も破壊され、集落は壊滅状態に。しかし、高台地域の被害は小さく、災害前の静かな日常生活があった。海辺の壊滅と高台の静穏の対比が、既視感とともに仙台市まで繰り返し続いた（2011年６月18日）

それを通じて本書が試みるのは何か。それは、災害が必ずしも厄災ばかりでないこと、それが新たな社会と新たな人間を創りだす契機にもなりうることを、具体的な事例にもとづいて明らかにすることである。それによって本書は、災害からの復興の当事者（被災者）や関係者（行政やその他の公的組織、NGO／NPO、ボランティア、企業、マスメディア、技術者・専門家など）が、より望ましい復興のためのさまざまな方策や経路を考え実施してゆく際に柔軟に発想し、できれば日本の常識を超えて、実はより好ましいという選択肢を一つでも多く考えるための、そして実施の過程における修正や改善のための一助になることを目指す。

「復興」を長期で捉える

私たちの基本的な立場は、本シリーズのこれまでの議論を生かし、また冒頭に引いた渡辺の挑発に共鳴しつつ、災害対応に関する近視眼的な見方、視野狭窄的な理解を脱することである。そのために問題を捉える時間軸を長く、空間域を広く取る。執筆者のほとんどが、東日本大震災の前から自然災害が地域社会・住民に与える衝撃と、それからの復興の過程に関する調査研究を長らく行ってきた。多くが被災地の現場、被災者の窮状の近くに身を置き、一〇年を超える長期の交流と見聞のなかで研究を進めてきた。

編者の清水は、一九九一年六月のフィリピン・ルソン島ピナトゥボ火山の大噴火の直後から、被災した先住民アエタの救援と生活再建を手助けする日本のNGOとともに現地で九ヶ月間活動した。日本に帰国した後も、以後二五年にわたり、アエタの支援者・伴走レポーターとして、また文化人類学者・地域研究者として、彼らの生活再建の企てと苦闘に関与し、その過程を調査してきた。もう一人の編者の木村は、トルコにおける地震災害への官民挙げての対応に関して、一〇年以上にわたり文化人類学の研究を続け、その傍ら、東日本大震災後には、岩手県大船渡市で復興過程を調査している。二本の力作（第2章、第8章）を寄せた大矢根淳は、一九九一年の雲仙・普賢岳の噴火を契機として災害の社会学に深く関わり、以後、長期の継続調査にもとづき

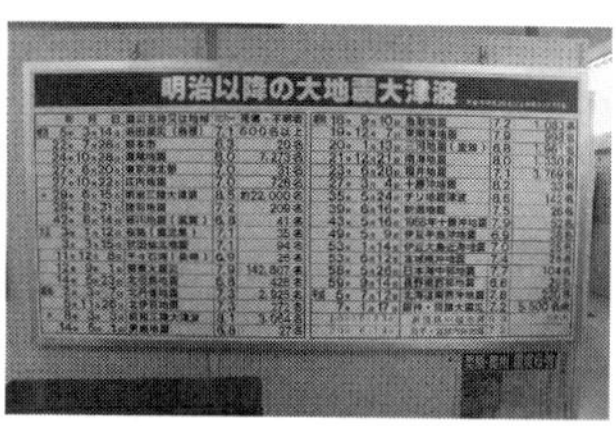

宮城県唐桑半島ビジターセンター・津波体験館の中に掲示されている20人以上の犠牲者をもたらした大地震・大津波の一覧表。計35件になる（2011年6月19日）

同分野の研究発展をリードしている。

後に紹介するように、寄稿者の研究対象・地域は、日本の雲仙、神戸、中越、東北以外に、フィリピン、インドネシア、タイ、ニュージーランド、トルコなどである。それらの国の多くは、太平洋の西縁、つまり太平洋プレートが北米プレート、フィリピン海プレート、オーストラリアプレートなどと衝突する境界面に沿って位置している。その意味では、長大な歳月をかけて東から西へと動く太平洋プレートのもぐり込みで蓄えられた歪み＝力が、定期的に解放されて生じる地震から逃れることはできない。

プレート境界面の上に位置するゆえに同じ宿命のもとで生きざるを得ないのであれば、互いの経験を参考とし学び合うことをとおして、次に来る災害（とりわけ地震・津波と噴火）に対する事前の備えと、いざ来た時の対応について、より良い策を今から考えておくことは意味がある。もちろん、それぞれの国の災害復興の過程は、各々の地域の歴史文化の発展経路や政治経済の体制によって制約を受けている。しかし同時に、日本とはまったく異なる可能性に開かれてもいる。こうした同床異夢の夢の内容、とりわけ起きてしまった災害の後の復旧・復興過程の経験と知見には、互いが啓発される点が多々あると、私たちは考える。

本書の編者二人は文化人類学を専門としており、その研究は、長期のフィールドワークと、それにもとづく長い年月の熟慮熟成を特徴とするスローワークである。それが即座に、直接的に、何かの役に立つわけではない。しかし、スローに、ゆっくりと、長く被災者・被災地とお付き合いすることをとおしてこそ、やっと見えてくる世界がある。そこで見えた世界を紹介し、日本と相互に照らし合うような視点から、日本における災害対応の今、そして来し方行く末を考えることに役立つことが、本書の目指すところである。

「創造的」復興へ

一般的に災害復興は、被災者、行政、NGO、ボランティア、市民団体、企業や事業者などの多様な主体

宮城県気仙沼市で。津波や高潮で陸地に押し上げられ、波が引いた後にもそのまま置き去りにされた船は、スマトラ島沖地震・津波被災（2004/12/26）のアチェで、また高潮被災（2013/11/8）のレイテ島タクロバンでも、被災のモニュメントとなっている（2011年6月19日）

（ステークホルダー）が、時に対立したり、時に連携したり利用したりしながら進めてゆく社会的なプロセスである。このことはどのような社会においても当てはまる。日本において特徴的なのは、被災者や被災地内外の企業や事業者の活動が、公的な制度枠組みによって支えられると同時につよく規定され、それゆえ事前にほぼ既定されていることである。これは復興を進めるための多大な資金を主に国が出すことの裏返しであり、利点と同時に思わぬ陥穽を潜ませている。事例として取り上げるフィリピン、インドネシア、タイなどが、いわゆる「弱い国家」と「強い社会」として特徴づけられ、*2 財政的な制約ゆえに、国家が被災者たちの生活再建や社会復興のために、必ずしも多くを提供できないことと対照的である。

日本では、それぞれの主体が復興をいかなるものと考えるにせよ、復興に関わる公的な制度や資金を利用して何か事業をしようとすれば、その内容やタイムスケジュールは、国や県などが策定する復興の「ふつうのルート」ないし「あるべき姿」に合わせていく必要がある。こうした「ふつうのルート」について大矢根は、本書第2章で、日本の災害復興事業は、行政が強い権限と資源をもって主導する区画整理を中心とした都市計画を軸として進められてきたと特徴づけ、これを「既定（の）復興」と呼んでいる。それは、過去の大きな災害への対応の仕方を踏襲し、個々の災害ごとに新しい試みを継ぎ足していく形で作り上げられてきた。例えば、災害対策基本法（一九六一年制定）は一九五九年の伊勢湾台風の後に作られ、ボランティア対応や被災者支援の枠組みは阪神・淡路大震災の経験に大きく影響を受けている。その意味で現在の仕組みは、過去の創意工夫を反映したものでもある。

しかし皮肉なことに、東日本大震災でボランティアをうまく活用できなかったという指摘*3 があるように、時間が経つにつれ、前例主義などの行政の姿勢と結びついて「既定（の）復興」は硬直化してゆきがちな傾向がある。確かにこれは、復興プロセスを円滑に進めることに役立つかもしれない。が、ともすれば現場の営為を机上の理想型へとトップダウンで誘導してゆくことになり、被災者の個別の事情や、制度の枠からはみ出すよ

レイテ島東海岸のタクロバン市にて。超大型台風ヨランダ（最低中心気圧895hPa、2013年11月８日）による高潮で、約６千人が亡くなった。陸に打ち上げられた大型船と散乱した瓦礫の光景は、東日本大震災の被災地とまるで同じだった（2013年12月28日）

うな事態には柔軟に対応しにくい、という問題を生じさせている。こうした現状を踏まえ、本書では「創造的復興」という言葉を、あえて現在の用法を越え、換骨奪胎して使う。

ただし「創造的復興」という言葉は、読者に必ずしもよいイメージを与えない恐れもある。思い起こせば、東日本大震災への対応のために政府が設置した東日本大震災復興構想会議でも、東北をよみがえらせるビジョンとして、「創造的復興を期す」ことが基本理念とされた。それは阪神・淡路大震災後に復興に携わった関係者らが掲げた理念を踏襲し、二一世紀に通用する復興を目指すことを基本枠組みとした。[*4] 大震災をシュンペーターのいう創造的破壊に似たものと位置付け、効率的な生産活動に適した社会インフラと経済システムを導入したり新たに作り出し、破壊からの復興を加速的成長のための契機としようとするものであった。

さらにその理念の淵源をたどれば、関東大震災に直面して、被災前から帝都東京を大改造する都市計画を暖めていた前東京市長で政府閣僚であった後藤新平が、「復旧などというけち臭い言葉をやめよ、更に数段の興隆が目標だ、即復興でなければならぬ、復興を唱えよ、復興を叫べ」と気勢を上げていたことに直接に結びついている。[*5] そのアイデアに呼応するように、復興構想会議の議長であった五百旗頭真は、あるインタビューで、「東北地方が、できることならフロントランナーに浮上し、日本経済全体を引っ張ってくれるような前向きな復興をやるべきというのが基本的な考えだ」と語っている。[*6] 被災地の再生とともに、それ以上に自然災害

*2 Migdal, Joel S. 1988. *Strong Societies and Weak States: State-Society Relations and State Capabilities in the Third World*. Princeton University Press.

*3 渥美公秀「災害コミュニケーション — 災害ボランティア活動を事例として」『季刊東北学』第28号（二〇一一年）、pp.164–171.

*4 阪神・淡路大震災記念協会『翔べフェニックス — 創造的復興への群像：阪神・淡路大震災一〇年』阪神・淡路大震災記念協会、二〇〇五年、p. 777.

*5 浦野正樹・大矢根淳・吉川忠寛編『復興コミュニティ論入門』弘文堂、二〇〇七年、p. 19.

高潮に襲われたタクロバン市レイテ湾は、アジア・太平洋戦争の末期、反転攻勢に出たマッカーサー麾下の10万の米軍が強襲上陸した（1944年10月20日）場所だった。レイテ戦では島の日本軍がほぼ壊滅し、8万の将兵が戦死・病死・餓死した（2013年12月28日）

を奇貨として、停滞にあえぐ日本経済の復興を図ろうとする姿勢が明確に見て取れる。

すなわち、災害によって上物建造物を破壊されて更地になった土地＝地域に、より頑強な建造物を建設し生活インフラを整備して豊かな社会の基礎を作る。その復興過程で地域・コミュニティの発展と日本全体の経済振興とが共振し合い、一挙両得の好機として構想されているのである。しかし、そこで実際に出てきた「創造的」であることを具現化するはずの政策は、スマートシティ構想や水産特区の設置、農業・漁業の六次産業化などという、被災者の側が必ずしも望んだわけではないプロジェクトであった。政府主導で構想された経済や産業の復興はほんとうに創造的な復興と呼べるのか、そもそも誰のための、何のための復興なのか、いったい何を、どこを目指して復興の歩みを進めればよいのか、もう一度考えてみる必要がある。

こうした問題点をすでに「生活復興」や「人間復興」などの言葉を使って指摘する研究者も現われている。例えば室崎益輝は、「生活、生業、生態」の三つの「生」と「自由、自立、自治」の三つの「自」の回復を復興の要点として挙げている。*7 こうした動きと呼応しながら、本書では、「創造的」という言葉を、暮らしに関わるさまざまな面において、制度が規定する枠組みを超えてゆく、あるいははみ出してゆく実践として捉え、制度の解釈や運用を柔軟化することで当事者たちにとってよりよい対応や支援を行っている事例や、そうした制度がない（別の制度がある）社会における対応の事例に注目する。

その意味で、本書が行おうとすることは、復興の捉え方や、実際の道筋を複数化しようとすることだと言える。あるいは、「既定（の）復興」では想定されないさまざまな道筋と選択肢がありうる可能性を示すことである。これは「災害とはこういうものだ」「復興とはこうあるべきだ」というストーリーを創造的に読み替えていく企てにほかならない。もちろん、創造といっても、無から有を生み出そうとするわけではない。他国の先例にも目配りをすることで、国内の経験だけでは気がつかない復興のあり方、災害からの「創造的」な復興が新たな人間と社会の可能性を導くことを事例にもとづいて示すことで、もうひとつの復興の方途を積極的に

タクロバン市近郊のパロ町サン・ホアキン地区の教会で。教会前の広場は高潮の犠牲者の集団墓地になっていた。母を失くした子どもたちが、埋葬地を訪れて花を捧げ、霧雨に濡れながら、しばしじっと思いにふけっていた（2013年12月29日）

模索してゆくための示唆や刺激やヒントになることを目指している。

現場の声と小さな物語

本書は、災害復興に関する学際的なアプローチによる共同研究プロジェクトの成果であり、メンバーの専門は文化人類学、社会学、地域研究、歴史学、防災研究、公衆衛生学、などの多岐にわたる。メンバー間の専門の違いと多様なアプローチを包摂する議論が可能となったのは、ひとつには日本（上記の「既定復興」）を、自身の調査地事例の特徴や位置づけを測り考える際の基準点とするというアプローチをとったこと。もうひとつは、被災の現場と被災者に深く長く関わり続ける研究姿勢が生み出す、人としての感性や倫理感と研究スタイルをメンバー各自が共有していたことである。

被災の現場と復興の過程に深く長く関わることで、その実相を把握したい、被災者や関係者の悲しみや苦しみ、困難と苦労、思いや希望を丸ごと受けとめながら理解したい、そしてそれらをできるだけ丁寧に言語化したいという希求。本書の執筆者の一人である重川希志依（第6章）は、そうした思いから「災害エスノグラフィー」という、当事者たちが語る災害対応経験の記録に向かった。これは、災害現場に居合わせた人々つまり被災者、緊急救援活動や復旧・復興に携わった人たちの肉声に耳を傾け、相手の身になって（立場に近づいて）理解し、災害現場にある（生成する）暗黙知や経験知を学び取り、それを共有化する企てである。いわば、「災害という異文化」を理解し、その場にいなかった人たち、空間的にまた時間的に遠く隔たった人たちへと

*6 二〇一一年六月一一日、ロイター通信社によるインタビュー。

*7 室崎益輝「東日本大震災からの復興についてのメモ」『災害復興研究』第5号（二〇一三）、pp. 75–84. また室崎は別のところで、「生」の三つを「生命・生活・生業」とも言っている。「東日本大震災後の生活再建に向けて」『人間福祉学研究』第6巻第1号（二〇一三）、pp. 9–18.

レイテ島西海岸オルモック市の北に隣接するメリダ市郊外のサン・セバスチャン村で。主たる生業のココヤシは、強風のために先端部が折れたり吹き飛ばされた。苗を植えなおして実を結ぶまで7、8年かかり、被害は長期間に及ぶ。が、子どもたちは明るく元気に遊んでいた（2014年1月2日）

伝え共有し役立ててもらうための翻訳の営みである。災害現場の暗黙知（大きな声で公に語られにくいという意味での）あるいは経験知は、形式知や机上の空論と異なって実践的である。それゆえ、次の災害が別の場所で生じた際に、良い対処策を講じるためのヒントや、とりわけ被災者が自ら主体的に生活の再建とコミュニティや社会の復興を進めるために役立つ情報やアイデアに満ちている。

　これは大矢根が紹介している雲仙・普賢岳噴火災害の被災者の実践と響き合う（第2章）。彼らは、自分たちが経験した被災の窮状と復興の困難、それにめげずに続けた幾年にもおよぶ苦闘を振り返り、経験から得た情報と知識、災害後を生き抜くための知恵などを整理した冊子を、自身が生きぬいた証として自らのために編んだ。[*8] 大矢根は、これが新たに災害に襲われた別の地域の被災者に贈り届けられることによって初めて、被災者が災害の苦難に終止符を打ち、被災の意味付けが可能となり、新しい人生の出発が可能になったという。

　重川が提唱する災害エスノグラフィーであっても、大矢根が紹介する被災者自身による記録冊子であっても、いずれもが、被災という出来事からの長期にわたる復興過程というオープン・エンドに展開してゆく事態を、一応の結末（仮締め）の視点から遡行的に振り返り、結末に至るまでの道筋を始まりから説き起こすスタイルの記述とならざるをえない。だから「物語」であり、物語的な理解が要請される。[*9] 本書のサブタイトルに込められた意図は、「既定復興」という大きな物語に対して、たとえ小さくても現場の当事者には切実で深い意味をもつそれぞれの物語に耳を傾け、それを記憶や経験の共有財として、今まさに災害に関わっている、あるいはこれから関わるであろう人たち（You、あなた）に伝えようとする志である。

　大きな物語が行政主導の都市計画の鳥瞰図にもとづく上からのトップダウン復興策であるならば、本書で共有したい小さな物語は、下からのボトムアップ実践にもとづく多様な復興の企てであり経路である。現場との距離、デタッチメント（切断）に保証された客観性をあえて装わず、現場のリアリティや当事者の思いと行動に近く身をおき、その声に耳を傾け、彼らの肩越しに彼らと同じような視点から被災後の人々の暮らしと復興

メリダ市郊外マラザルテ村ボンボン集落で、リーダーたちから具体的な生活再建の方途と、必要な支援について聞き書きをする日下渉氏（名古屋大学准教授）。氏は、大学生の頃から開発NGOのボランティアとして、同地での活動を続けている（2014年1月2日）

の取り組みを理解すること、それを通じて日本において固定観念化した復興プロセスや災害対応のあり方を見直すこと。そうすることで、この本の読者である「あなた」とともに、社会的な出来事としての災害を理解し、対応するための手持ちの対処法の選択肢を増やしていくこと。本書のカバーに書かれた「You and I」という文字にはそのような思いが込められている。

新しい人間と社会の想像＝創造

繰り返しになるが、各章の執筆者はいずれも、国内やアジア諸国で、被災者の生活再建、外部からの支援、記憶の継承、行政の対応など、災害に関わるさまざまな側面について、被災地という現場に身をおき、復興の主人公であるべき被災者＝当事者と、それを支援する関係者から、直接に話を聞き、その過程をつぶさに見てきた。それぞれの社会において、人々は災害に対してさまざまな姿勢を取る。ある人たちは災害に「立ち向かい」、別の人たちは災害を「やり過ごし」、さらには本書第5章で市野澤潤平が論じるタイの海浜リゾートのプーケットのように「熱帯の楽園」イメージを傷つけない、失わないために、津波の被災を忘れてしまう、なかったことにしてしまおうとする場合もある。災害時にやってくる支援を最大限利用しようとする人々もいれば、それを拒否する人々もいる。人々の「流動性」や「柔軟さ」は、本書におけるキーワードである。こうした状況は、復興とは何なのかという問題とセットになって、被災者とは誰なのか、誰に対して、誰が、どのような支援をすればよいのか、という問いについても複数の答えを用意しておくべきことを示唆している。このことは、多くの場合「よそもの」として被災地に行き、被災者と関わることになる研究者や専門家・技術者、行政、NGO、ボランティアらにとって、どのように被災者（地）と関わるべきかについて考えるうえでも重

＊8 『雲仙・普賢岳噴火災害を体験して ―― 被災者からの報告』島原普賢会、二〇〇〇年。
＊9 清水展『文化のなかの政治 ―― フィリピン「二月革命」の物語』（弘文堂、一九九一年）の第一章「出来事と物語」を参照。

フィリピン中部ビサヤ地方パナイ島アクラン州ドムガ村で、家の引っ越しをする村人たち。家屋の建材が竹で軽く、家ごとに引っ越すことが簡単である。危機や問題への対処として、逃げる、転居するという柔軟性も選択肢である（1991年4月28日）

要である。

また、被災者や被災地自体が時間とともに変化するという側面もある。例えば、ピナトゥボ山の大噴火で被災した先住民アエタの人々や、スマトラ島沖地震・津波で被災したアチェの人々のなかには、災害から五年、一〇年と経つなかで、居住や職業を大きく変え、以前には考えられなかった語彙と考え方を身につけ、グローバルなネットワークのなかで活動する者が現われてきた。調査者の想定を超え、「災害からの復興」という枠組みでは捉えきれないダイナミックな変化を遂げてゆく過程を、驚きと喜びをもって目撃した。さらに、そうしたダイナミックな動きは、ピナトゥボ山噴火の場合には被災地のアエタの人々と兵庫県丹波の山奥の町民たちとを直接に結びつけ、スマトラ島沖地震・津波の場合にはアチェの人々と東日本大震災の被災者とをつなげる新しい絆やネットワークを、草の根の生活者たちのあいだに生み出した。それが、国という枠組みを超えた新しい「国際的」な意識と生活を双方のコミュニティにもたらす契機にもなっている。[*10]

もともと政治的にも経済的にも東南アジア諸国と日本は深いつながりがあったが、それはどちらかといえば国家レベル、ないしは大企業ベースの関係であった。しかし現在起きているのは、編者の清水が「草の根グローバリゼーション」と呼んだ、新たな状況である。自然災害の被災という苦難は、そこからの復興を目指す創造的な（でありうる／であるべき）企てをとおして、新たな関係性の展開と、それが支える新しい人間と社会を作り出してゆく可能性に開かれている。[*11]

こうした、言ってみれば、災害が拓いた新たな可能性、新たに紡がれていく関係性に着目して、本書では「新しい人間・新しい社会の想像＝創造」という言葉を用いる。ここに込めているのは、災害を契機にして、人間（考え方や生活）も社会も変わっていく、そうしたポジティブなものとして災害を捉えることもできるのではないだろうかという、執筆者からの問題提起である。もちろん、多くの被害や犠牲を生み出す災害を手放しに歓迎しようということでも、もともとあったものを災害をきっかけにすべて壊してしまおうということでも

1991年６月のピナトゥボ山の大噴火は、山麓一帯で暮らしていたアエタ族の人々が、故郷を離れ、再定住地で新たな生活を始めることを余儀なくさせた。再定住地に移るまでの半年ほどは、テント生活を送った（1991年11月24日）

ない。私たちが抱いているのは、災害というものをつらく悲しい、暗いものとしてのみ考えることが、私たち自身の可能性や想像力を狭めてしまうのではないか、そうすることで、災害は、かけがえのない者たちを奪われ、生活の基盤を壊され、その喪失に打ちのめされた被災者に無用の二次災害——復興の方途のさまざまな可能性と、それを実現する希望の途を閉ざされ、主体性を発揮できず、人間としての自尊の念を奪われてしまう——を与えることになりはしないか、という危惧である。

そもそも、自然災害によって社会・生活インフラが崩壊してしまうということは、旧来の生活、既存の枠組みでの発想や行動ができなくなることでもある。思い起こせば、戦後日本の平和と経済成長も、空襲で灰燼に帰した焼け野原に建てられたバラック仮住まいから始まった。だからこそ、そこに想像と創造の可能性があるのではないか。レベッカ・ソルニットが『災害ユートピア』[12]で描き出そうとしたのは、まさにそうした可能性の萌芽、変化の契機であった。しかし、ユートピアはその原義「どこにもない場所」が示すように、ほとんど長続きしない。ソルニットの原著タイトルは *A Paradise Built in Hell*（地獄のなかに作り出された天国）であり、

*10 詳しくは、清水展『草の根グローバリゼーション——世界遺産棚田村の文化実践と生活戦略』京都大学学術出版会、二〇一三年や、清水展「創造的復興とアジア市民社会の形成——フィリピン・ピナトゥボ山噴火で被災したアエタ支援の経験から」『地域研究』第15巻1号（二〇一五）、pp.104-120を参照。

*11 フィリピンにおいてはピナトゥボ大噴火を契機に、そして二〇〇〇年代に入って頻発する台風被害に対して、国軍が緊急出動し、救援や復旧に積極的に関与するようになった。それは国軍の存在理由を、対共産ゲリラとイスラム分離主義グループに対する治安維持活動から、国民の生命と財産を守る責務へと漸進的に変えてゆく試みである。そのために、NGOなどの市民セクターとの連携と協力が生まれてきた。さらにフィリピン国軍は、災害救援の活動では先進的であるとの自負のもとに、ASEAN域内で自然災害に対応するための各国の国軍協力の可能性と具体的な方途を模索し、その実現に向けてイニシアチブを発揮している。Kiba, Saya and Rosalie Arcara Hall. 2014. "Regional Cooperation on Civil-Military Coordination in Disaster Response — Crisis or Opportunity?" in Jennifer Santiago Oreta (ed.). *Security Sector Reform: Modern Defense Force Philippine*. Ateneo de Manila University (ADMU) Department of Political Science. pp.155-174.

*12 『災害ユートピア——なぜそのとき特別な共同体が立ち上がるのか』高月園子訳、亜紀書房、二〇一〇年（原著二〇〇九年）。

清水は、1991年６月のピナトゥボ山の大噴火で被災したアエタの体験談の聞き取りをして、それをマニラで出版した。その本を、体験談を語ってくれた人や友人知人たち、小学校などに贈呈した（2002年３月２日）

著者は、災害直後の悲惨という通俗イメージに対する異議申立てあるいは挑発として、あえてパラダイスを使ったと思われる。しかし私たちの実感としては、災害直後の助けあいと友愛に彩られた「コミュニタス」的状況が夢まぼろしのように立ち現れ、そして消えてゆく短い時間よりも、もっと長い時間、年を単位とする時間への着目が重要であり、そのなかで被災後の可能性を拓いてゆかなければならないと確信している。[*13]

霊長類学者の松沢哲郎によれば、猿と人とを分ける最大の違いは、想像する力の有無である。[*14] 私たちは、「現状よりも少し良くなる」未来を想像することも、それを実現し創造してゆくこともできる（逆に絶望することもできる）。そうした想像力＝創造力は、個別具体的な現場にこだわること、その現場のリアリティに目を凝らし、被災者の声に耳を傾け、受け止めて深く謙虚に考え、実際の復興過程に係わり参与してゆくことによって生み出される、と私たちは考える。近い将来、日本は、さまざまな自然災害に襲われるだろう。本書を読み終えた後に、読者である「あなた」が、東日本大震災からの復興を振り返り、来たるべき次の災害を前にして、災害後の新しい社会建設と人間創出をより自由にイメージできるようになっていたならば、本書の狙いは達成されたといえるだろう。その意味で、本書はスローワークの私たちのマニフェストであり、と同時に、「あなた」への呼びかけ（ラブレター）でもある。[*15]

*13　災害によって、秩序を作り日常を支える制度、すなわち人類学者ヴィクター・ターナーの議論では「構造」と呼ばれるもの、が壊れた状態（コミニュタス）がしばらく続くこと、言いかえれば秩序を作り維持する束縛や桎梏が解かれた状態の持続こそが、そのなかで被災者＝当事者、関係者らの協力ゲームを可能にし、災害前の旧来の状態への原状回復（＝復旧）とは異なる、新しい社会と人間の創出を可能にするのである。ターナー、V.（冨倉光雄訳）『儀礼の過程』思索社、一九九六年（原著一九六九年）。

*14　松沢哲郎『想像するちから――チンパンジーが教えてくれた人間の心』岩波書店、二〇一一年。

*15　本書のもとになった研究は、JSPS科学研究費補助金（基盤研究（B）「自然災害からの創造的な復興の支援を目指す統合的な民族誌的研究」二〇一一－二〇一四年度、課題番号23401042）の助成を受けて行われた。

清水が1970年代の末にピナトゥボ山南西麓のカキリガン集落でフィールドワークをした頃、まだ5、6歳の子どもだったジョンソン・ソロモン氏は、噴火被災の後に牧師となり、平地キリスト教民の女性と結婚した（2015年1月1日）

第一部
紡ぎ出す、読み替える

苦難と恐怖と空腹と病気と死に満ち溢れた１年間は、われわれが幻想と沈黙のなかにとどまってはならないことを学ぶために十分過ぎる時間であった。……長いこと沈黙を守り耐え忍んでいた者ほど、ひとたび怒れば憤激し破壊的になる。

（ピナトゥボ噴火１周年の記念集会で発表された
中部ルソン・アエタ連盟の声明文から）

第1章

先住民アエタの誕生と脱米軍基地の実現

大噴火が生んだ新しい人間、新しい社会

1991
×
フィリピン

清水　展

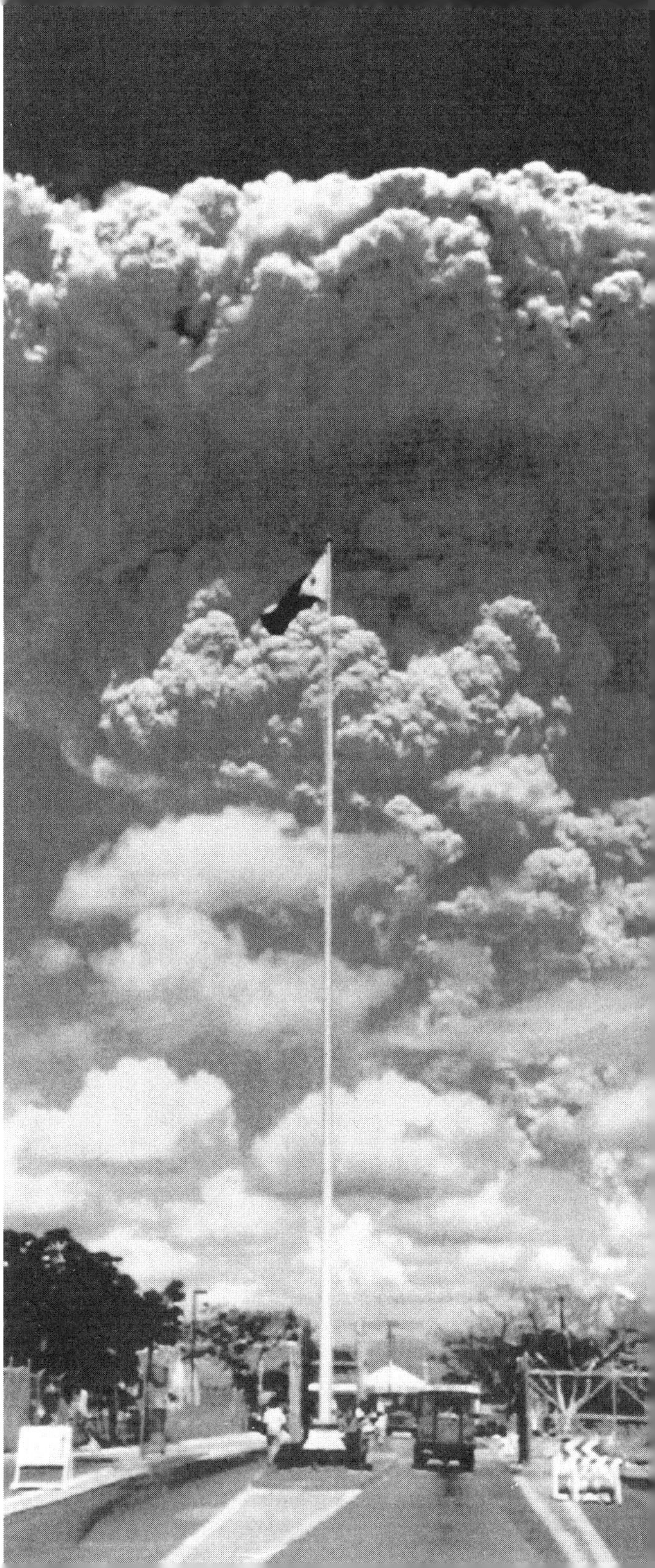

1991年６月12日、東麓に位置するクラーク米空軍基地の正面ゲートからピナトゥボ火山の噴煙を見る。その日は奇しくもフィリピン独立記念日であり、噴火は結果として、翌1992年にフィリピン全土から米軍基地を完全撤退させる引き金となった（写真：AP/アフロ）

ピナトゥボ山と周辺地域

自然災害は、その被災者たちに多大の苦難をもたらす。かけがえのない者たちを奪われ、慣れ親しんだ生活世界が崩壊したことがもたらす被奪や喪失の悲しみは、長く癒されることはない。それらがもたらす苦痛と困窮を軽減するために、復旧・復興事業に関わる行政、NGO、さまざまな専門家・技術者、その他の関係者は最大限の努力をすべきである。

そのことを十二分に踏まえたうえで、本章で紹介し論じたいのは、フィリピンの事例から、自然災害による生活基盤（自然環境・社会インフラ等）の徹底的な破壊が、結果として新しい人間と新しい社会を生み出す可能性である。言いかえれば、生みの苦しみとして自然災害をみることである。その際、自助・共助・公助などの内助に加えて、旧来の境界を越えた外部からの支援、すなわち外助と外部世界との交流が、復興の促進と新しい人間・社会の創出に大きな役割を果たすことを明らかにする。*1 また後半では、自然災害がその直接の被災地だけでなく、一国ぜんたいの政治過程にも影響を及ぼし、国民のあいだに新たな自己意識と自画像を生み出すことを論ずる。

1　スローワークの人類学から

そうした観点と主張は、私自身の個人的な経験にもとづく。一九九一年六月一五日にフィリピン・ルソン島西部・ピナトゥボ火山が大噴火した。噴煙は上空四〇キロメートルにまで達して太陽光をさえぎり、その夏の地球全体の平均気温を一度近く下げた。噴火規模は、一九一二年に起きたアラスカ・カトマイ火山の爆発に次いで二〇世紀で第二番目の大きさであった。そ

---

*1　日本の陸地面積（約三七万平方キロメートル）は地球の陸地面積（約一億四九〇〇万平方キロメートル）の〇・二五％に過ぎないが、環太平洋火山帯に位置するため、一一〇の活火山（「概ね過去一万年以内に噴火した火山及び現在活発な噴気活動のある火山」火山噴火予知連絡会の定義、二〇〇三年）があり、全世界の火山の約七％が集中している。

ピナトゥボ山が噴火する一〇日ほど前には、雲仙・普賢岳が爆発し、大火砕流により死者四三名という大きな被害をもたらした。歴史を振り返れば、同岳は一七九二年に大噴火し、噴火と火山性地震による直接被害、

噴煙を上げるピナトゥボ山。東麓にはクラーク米軍基地が広がる（1991年6月12日）
Credit: U.S. Geological Survey

のとき、私はたまたま長期研究休暇（サバティカル）でフィリピンにいた。
　そして研究休暇が終わる翌年三月末までの九ヶ月ほどのあいだ、主として日本の小さなNGO（AVN——アジア・ボランティア・ネットワーク）の一員として、被災者の救援と復興支援に直接に関わった。さらにそれ以降も、長期の休みのたびに毎年のように現地を訪れ、二五年近くにわたり被災者との交流を続けてきた。そうすることで、彼らの噴火後の生活世界の激変と創造的復興の歩みを、ほぼリアルタイムで目撃してきた。直近の訪問は、二〇一四～一五年の正月休みである。

　正確に言えば、噴火の被災者であるアエタの人たちとのお付き合いは一九七七年に始まり、噴火の前に一四年、噴火の後に二五年、足掛け三九年に及ぶ。最初は、文化人類学を専攻する大学院生として、一九七七年からピナトゥボ山南西麓のサンバレス州カキリガン村で二〇ヶ月のフィールドワークを行った。その頃、彼らは、ピナトゥボ山中で移動焼畑農耕を主たる生業として、補助的な採集と時々の狩猟を行いながら、ほぼ自給自足の暮らしをしていた。彼らはアジア系のネグリートで、低身長と縮れた頭髪、暗褐色の肌をしていた。身体的特徴および質素な生活、多くが学校教育を受けず読み書きができないゆえに、フィリピンでは、もっとも原始的あるいは未開の民族とされていた。

　というより正確には、地元の町の住民以外に、彼らの存在はほとんど知られていなかった。彼ら自身も、自分たちを見下し差別する平地キリスト教民との接触を避け、ピナトゥボ山麓一帯を生活圏として日常生活を送っていた。しかし噴火によって、山腹と山麓の一帯が厚く灰に埋もれ、伝統的な生活の基盤を失い、政府が用意した再定住地での生活再建を余儀なくされた。そこでの苦労は筆舌に尽くしがたく、私もすべてをうかがい知ることはできない。がしか

および眉山の山体崩壊（島原大変）が引き起こした津波が島原や対岸の肥後国（現在の熊本県）を襲い（肥後迷惑）、一万五〇〇〇人余りの犠牲者を生んだ。

　つい最近では、二〇一四年九月二七日に御嶽山が噴火し（水蒸気爆発）、死者行方不明者の数は六〇名を越えた。一七〇七年の宝永大噴火を最後に、今は平穏な富士山にしても、いつか近いうちに噴火を起こすかもしれない。ピナトゥボ山噴火の顛末を日本に紹介することの意味は大きい。

ボランティア活動のかたわら、古くからの友人知人を避難センターや再定住地に訪ね、噴火の被災体験の聞き取りをした（1991年11月、有光健氏撮影）

し、より良い生活を求める苦闘をとおして、彼らは、災害に打ちのめされた無力な被災者から、自立し要求する先住民へと生まれ変わっていった。*2

私が目撃したこと

噴火後のアエタの生活再建の歩みに寄り添い見守ってきた経験から言えるのは、噴火を契機として、彼らが被災の苦難を共有する先住民として覚醒し、またフィリピン国民としての自覚を強化したこと。フィリピン社会を構成する市民としての平等な権利とともに先住民としての格別な配慮と正当な居場所を要求し、それらを確保してきたことである。結果から振り返って言えば、噴火による被災は、それまでは遅れた未開の人々と蔑まれたり無視されてきたアエタを、新しい人間、新しい民族として創出していった。そのことを可能にしたのは、被災当事者のアエタ自身の奮闘努力とともに、地方政府と中央政府、外国政府や国際援助機関、国内外のNGO、地元の篤志家などの継続的な支援であった。比喩的に言えば、下から（アエタ自身の自己努力）、上から（中央・地方政府）、横から（地元やマニラの有志・篤志家・NGO・企業・団体）、そして外から（外国政府や国際機関・NGO）の物心両面の支援と協力が、被災に打ちのめされたアエタの復興と再起、新生を可能にした。

日本では、防災や減災のためには、自助、共助、公助の三本柱が重要であるとされている（内閣府『防災に関する世論調査報告書』二〇一三年）。しかし、アエタの創造的な復興の過程を見ると、それらとともに外助とも呼ぶべき海外からの国際支援がきわめて重要であった。噴火前のアエタからみれば、外国の政府や国際援助機関・NGOのみならずフィリピン政府や地方自治体、さらにふもとの町の平地民社会までもが、慣れ親しんだ生活世界の向こう側にある外部世

*2　NGOやマスメディアが果たした役割や貢献も重要である。褐色の肌と低身長というフィリピンでは「異形」の姿態と、親類縁者や友人知人を持たず勝手のわからない平地民社会のなかでの避難生活のため、無力で可哀そうに見えることが、NGOやメディアの関心を強く引きつけたいちばんの理由であった。一年以上にわたり、大量で継続的な支援や取材、インタビューが行われた。
　テレビや新聞写真などのヴィジュアル面を強調した報道に喚起されて、フィリピン各層の関心と憂慮が高まり、マジョリティである平地キリスト教民の被災者とは異なる多大の支援を

私が1970年代の後半に20ヶ月暮らしたカキリガン村。村は、キリスト教系のNGOが、アエタに定住生活、犂耕農業、小学校教育を提供するために新しく造成した（1978年11月）

界であった。

アエタの事例から言えるのは、大規模災害は人々の生存インフラを壊滅させると同時に、それまで内と外を分けていた垣根を取り払い、境界を越えてあるいは無化して新しいつながりを生みだし、新たな諸関係と秩序のもとで新しい社会と新しい自己意識をもった人間を創出するチャンスにもなることである。すでに本シリーズの第二巻で、西芳実がアチェの事例にもとづいて、その過程を活写しているとおりである[*3]［西 2014］。

被災者としてのアエタが、生活再建の過程で覚醒した先住民へと変身しながら再生し、フィリピン社会の構成員として姿を現したことを端的に示すのが、ルフィーノ・ティマ氏の次の言葉である。氏は、一九七五年にカキリガン村が建設されて以来、家族とともに村に住み、山を下りて定住生活を試み始めたアエタのために開発プロジェクト（定着農耕と小学校教育）を実施したＮＧＯ少数民族開発財団（Ecumenical Foundation for Minority Development）のディレクターであった。噴火後には被災したアエタの緊急救援と生活再建のために尽力を続けた。私自身も制作と監修で協力をしたアエタの復興に関する自主制作ドキュメンタリー・ビデオ『灰の中の未来』（光武計幸監督、四五分、一九九九年）のなかで、氏は次のように述べている[*4]。

> アエタは、とてもユニークな文化を持っています。でも皮肉なことに、彼らのことを皆に知ってもらうために、大きな災害を必要としました。アエタたちは、時々、こんなことを言います。「ある意味では、噴火が起こって良かった」と。なぜなら、噴火のおかげで、アエタは世界じゅうの人々の前に大きな集団として立ち現われたからです。だから、もう二度とふたたび、無視されたまま捨て置かれるなどということはないでしょう。［清水 2003: 8］

山中に開いた焼畑の横で一休みをする夫婦。後ろには籐で編んだ２つの籠に鳥が飼われている（1978年４月）

得ることができた。そうした格別の手厚い支援がなければ、さらに深刻な二次災害が被災アエタを襲ったであろう。

*3　災害を、より良き新生への好機とするか、更なる不幸をもたらす災厄とするか（たとえばクライン［2011］が言う「災害資本主義」や「惨事便乗型資本主義」の跋扈を誘引）は、被災者とともに支援者や利害関係者、メディア、研究者らの責任ある関与が左右する。

*4　ティマ氏に続いて、南西麓アエタ社会のリーダーのひとりであるビクター・ビリヤ氏のインタビューが挿入され、その

さらにピナトゥボ大噴火に関して、とりわけ注目すべきことは、その被害が山麓で暮らしていたアエタだけではなく、東麓に位置し、アジア最大の面積と最長の滑走路を擁するクラーク米空軍基地にも直接に及んだことである。滑走路には数十センチの灰が積り、格納庫の屋根をはじめ建物は破損し、復旧作業に多大な費用と労力を要することになった。そのことが基地貸与の延長条件を交渉中であったフィリピンとアメリカの関係に大きな影響を与え、一年後には米軍の全面撤退に至った。結果的に、二〇世紀の初頭に始まり戦後も続いた、フィリピンとアメリカとの特殊な関係の桎梏であり象徴であった基地が、噴火によって「追い出され」、フィリピンにアメリカ離れを促した。すなわち自然災害が、フィリピン国民のあいだにアジアの一員としての新たな自覚と自己意識を生み出す画期ともなったのである（第4節参照）。

2　アエタの被災と転生 —— 国民＝先住民の誕生

アエタにとってわが家とは、村にある小屋でも丘の上にある作業小屋でもありません。アエタのわが家とは大地に根ざし、山となだらかにうねる丘に囲まれ、渓流と小川にうるおされ、雲と虹、そして太陽と星の天蓋に見守られた場所なのです。［ラカス 1993：59］

世界の終わり

ピナトゥボ火山（元一七四五メートル、現一四八六メートル）の爆発規模は、その直前に起きた雲仙・普賢岳の噴火の約六〇〇倍、二〇世紀で最大級であった。一九九一年三月末に最初の噴煙

ままエンディングの音楽とナレーションに続く。ビリヤ氏は言う。

「われわれアエタに最も必要なのは、きちんとした教育を受けることと、平地のフィリピン人と同じ権利を政府に補償してもらうことです。第一には、（先祖伝来の）土地の権利であり、第二には、さまざまな公共サービスを受ける権利です。そして、……アエタの心を忘れてはいけないこと、自分がアエタ民族であること、山で生まれ育ったことに誇りを持ってほしいのです」［清水 2003：8］。

アエタに、カラバオ（水牛）の扱いと農具の使い方を教える農業指導員のルーディー・フローレス氏と見守るティマ氏（右側の白い野球帽、1978年2月）

を上げて以来、断続的に小爆発の噴煙を上げていたが、六月一五日の最大噴火は世界の終わりに至る黙示録の様相を呈していた。その日は朝から活発な噴火活動を始め、噴煙のため日中なのにまるで夕暮れのような薄暗さとなった。昼前に起きた大噴火は断続的な雨とともに灰砂を降らせ、地上世界を礫砂灰の泥濘で埋めていった。それは生きながら、葬られるような感覚であったという。数日前にオロンガポ市の小学校まで避難していたカキリガン村のアエタたちは、口々に「このまま、みんな、死んでしまうんだ」、「もう、世界が終わるんだ」などと嘆き、泣き、叫んだという［清水 2003: 266］。

ピナトゥボ山腹や山麓に降り注いだ礫、砂、灰はアエタの家を倒壊させ、焼畑を埋め、一帯に厚く積もって自然環境を激変させた。山頂（噴火口）から集落までの距離によって、積もった灰砂の厚さは異なり、山頂から数キロで一〜二メートル、南西に一五キロほど離れたカキリガン村では五〇〜六〇センチであった。そのため、山麓の一帯で移動焼畑農耕と補助的な狩猟採集生活を送っていたアエタの生活世界は壊滅した。二万数千人のアエタの全員が故郷の山から避難し、離れて暮らすことを余議なくされた。

噴火前の山での暮らしは、質素ではあったが、飢えに苦しむことはなかった。サーリンズのいうところの「始原のあふれる豊かさ」、すなわち少なく欲求し多くの満足を得る禅の精神に通じる生活をしていた［サーリンズ 1984: 8–9］。森の産物は豊富であり、バナナ、イモ、豆類、野菜、野生蘭などを、ふもとまで上がってくる商人と交換して、鉈（ナタ）や鍋釜などの鉄製品、塩やマッチや布や衣類などの必需品を得ていた。時にＮＧＯのトラックに便乗して町の市場に出かける者たちもいたが、多くは、ときどき麓までやってくる平地民の商人との物々交換を好み、あえて町まで出てゆくことを避けていた。

カキリガン村の子どもたち。1970年代の後半頃は、子どもたちの半数近くが素っ裸で暮らしていた（1978年６月）

その理由は、アエタ自身の言葉を借りれば、「この山の森に覆われた斜面を分け入り、鹿や野生の豚を狩り、蜂蜜や蘭、ラタン材を採り、……川や渓流では、魚、えび、蛙が捕れ、川の土手あたりでは、薬草、野菜、野生の果物が採れ」、ほぼ自給自足の豊かな生活が可能だったからである〔清水 2003: 50–59〕。アエタにとってピナトゥボ山麓の一帯は、生活の糧を与えてくれる母なる恵みの大地であり、アポ・ナマリャーニ（＝創造主、すべての創造物を成長させ生かす者）が庇護してくれる安心のわが家であった。

しかし、未開のユートピアとも呼べる生活も、ピナトゥボ山の大噴火によって激変した。噴火の理由についてアエタたちは、平地民がピナトゥボ山麓の森を違法に伐採して砂糖キビのプランテーションを開いたことと、フィリピン石油公社が山腹で地熱発電のためのボーリング工事を一年ほど前から始めたことに、アポ・ナマリャーニが怒ったからだと信じている。

アエタの集落のほとんどは、渓流の近くに位置していた。噴火のあとに続く雨期の大雨のたびに、山腹に積もった火山灰・砂が大量に川に沿って押し流されラハール（土石流氾濫）となって下流を襲い、川岸の集落を埋めていった。私が暮らしたカキリガン村も、五〜六年のうちに数十メートルほどの土砂で跡形もなく埋もれてしまった。渓谷の地形も変わって平坦な荒れ地となり、過去を偲ぶ手がかりはすべて埋没して消失した。

大噴火が必至となったとき、その数日前からピナトゥボ山中のアエタに対して、ふもとの町村による避難誘導が積極的に行われた。大半のアエタたちは山を下り、学校や教会などに収容された。*5 が、平地民の蔑視や差別を嫌い、最後まで山を下りることを拒んで洞窟に逃げ込んだ百余名が、火砕流のために焼死した。かろうじて噴火を逃げ延びた多くのアエタ被災者にとって、真の災厄が噴火の後に襲いかかった。一時避難所に二〜三週間ほど滞在して七月になって

カキリガン村の横の川は、雨期には増水して激流となり、渡河が困難となる。乾期には水量が減り、子どもたちは水浴びを兼ねて魚突きに興ずる（1978年4月）

＊5　六月一五日の大噴火の一週間ほど前、米軍はクラーク空軍基地の警備を担当する少数を残し、約二万の軍人軍属その家族らをバス、自家用車、トラック等を使ってスービック海軍基地へと一斉に避難させた。それを見て、噴火必至の警報が現実味を帯び、地元市町村がアエタたちの緊急避難に全力を注いだ。

米軍は、フィリピン地震学・火山学研究所（PHIVOLCS）と協力して、ピナトゥボ山域の各所に地震計を設置して火山活動のモニタリングを続けており、警戒レベルが最高値の5に上がった段階で、数日後には噴火が必至と的確に判断したから

から、彼ら彼女らは大規模テント村に収容されたが、下痢や伝染病が蔓延し五〇〇人以上が命を落とした[*6]。

テント村で数ヶ月を過ごして年が改まる頃、アエタ被災者は、政府が用意した再定住地に移って新生活を始めた。政府は、アエタ被災者のために、ピナトゥボ山から二〇〜三〇キロほど離れた周辺地域の九ヶ所にアエタ（高地民）専用の再定住地を造成した。そこでアエタに用意されたのは、木の柱と竹の床と壁で作られコゴン草（茅萱）でふかれた屋根の高床式の小さな家と、一家族あたり〇・二〜〇・三ヘクタールほどの農地であった。しかし石が多く荒れて乾燥した狭い農地では、農業による自立はほとんど不可能であった。

生活再建の歩み

そのためアエタの新生活は、初めの半年ほどは米や缶詰などの食糧の配給に頼らざるをえなかった。しかしそれではアエタの依存を助長するだけであるとして、その後は、再定住地の道路や公共施設その他のインフラ整備のために働いて米や現金をもらう、失業対策事業（Food/Cash for Work）に切り替えられた。それも一年あまりで打ち切られてしまった。一方で国内・国外のＮＧＯが、豚の飼育や、手編み籠その他の手工芸品の製作販売などの生計プロジェクトを指導し支援したが、どれも成功しなかった。製品の出来栄えが必ずしも魅力的ではなく、無力でかわいそうな被災者のための支援という物語とともにＮＧＯが優先的に買い上げて販売してくれる以外に、販路を開拓できなかったからである。そのため多くのアエタは、近隣の農家の農作業に雇われたり、建設工事現場の日雇い労働者となったりした。

しかしそれだけの収入では不十分なので、ときどきは元の集落のあった所に戻って焼畑を開

ピナトゥボ山中ロンボイ集落近くのキャンプ地で、茹でたサツマイモの朝食を終えてひと休みする（1979年2月）

であった。噴火によって基地内の建物や施設は破損したが、人命に関わる被害はきわめて少なかった。

*6　ちょうど雨期の始まりと重なったため、テント村にいる数ヶ月間の衛生状態は最悪となった。毎日のように雨が降って地面はぬかるみ、雨が上がって晴れればテントのなかは蒸し風呂のような不快な暑さとなった。共同トイレを使う習慣がないために、野外で用を足した糞尿が地中に滲みこみ、浅井戸を汚染した。

皆が慢性的な下痢に苦しめられ、体力をなくし、ちょっとした風邪で亡くなる者が続出し

き、イモやバナナを植える者も多く出てきた。噴火の二〜三年後から、最低限の食糧確保のためにピナトゥボ山麓の元の村の近くで旧来の焼畑を少しずつ再開できるようになったのは、雨期の大雨のたびに山腹斜面に積もっていた灰砂が押し流され、植生が急速に回復してきたからであった。かつて噴火の前には、拠点となる集落と、毎年新たに開いて五、六年から一〇年ほどの間隔で循環させてゆく焼畑との距離は直線にして一〜二キロ程度であった。それが焼畑まで直線で二〇キロほどの距離を一日かけて歩いてゆき、数日ほど滞在して集中的に伐採や除草などの畑仕事を行う、いわば遠距離通勤する兼業の焼畑農耕民となった次第である。

再定住地でのストレスの多い生活を嫌い、そこを完全に引き払い、噴火前の元の集落やその近くに戻り、伝統的な生活をする家族も出てきた。数年のあいだに、一〜二割が山に戻ったと推定される。ただし植生の回復がピナトゥボの全域ではなかったので、アエタたちの全員が山に戻って昔の生活を取り戻そうとしても不可能であった。結果として、大多数のアエタは再定住地にとどまり、まったく新たな環境のなかでの生活に適応していった。それは山に戻れずに余儀なくという消極的な選択と、自ら望んで積極的に平地のフィリピン人と同じような暮らしをしたいという積極的な希望とが表裏一体となったものであった。もちろん各個人によって積極性の度合いは異なった。が、ほとんどの者が、子どもたちの将来のために学校教育を受けるチャンスを与えたいと希望した。また病院への近さや、テレビを見られること、アイスキャンディーなど美味しいものが食べられることも魅力であった。

政府が造成した九ヶ所のほか、NGOの支援によるものや自主的なものなどを合わせると、大小合わせて二〇から三〇ヶ所の再定住地に散らばって生活の再建に奮闘した。移住先の各所でNGOの支援や協力を得て、復興や開発のために各種の生業プロジェクトが立案され、協同

た。インフルエンザと麻疹の大流行がそれに拍車をかけた。政府の集計で五百余人、実際には一千人ほどの命が失われた。ピナトゥボの山腹や山麓の小集落に分散し、それぞれ一〇家族くらいの小さなグループで暮らしていたアエタにとって、テント村の密集生活は、不衛生きわまりなくストレスいっぱいの暮らしであった。

物々交換のために森の産物をもってカキリガン村に下りてきた男たち。商人の荷車でしばしくつろぐ（1979年1月）

組合の設立や住民の組織化が進められた。しかし他方では、日常生活における平地民との頻繁な接触や交流をとおして、それぞれの小グループごとに平地民社会の底辺へとゆるやかに包摂されていった。表面的には、アエタ個々人の服装や生活スタイル、家庭の外で用いる言語などの面で、平地民的な生活スタイルの受容が進んだ。子どもたちは学校教育をとおして、フィリピノ語を学びフィリピン国民としての意識を育んだ。大人たちもまた、自分たちがフィリピン人であるからフィリピン政府が助けてくれることを理解していた。噴火以前には、フィリピン人（ピリピノ）という言葉は平地の町や村に住むキリスト教民を指し、自分たちアエタはフィリピン人ではないと思っていた。

と同時に、政府やNGOをはじめ支援してくれる者たちの庇護的な温情も、逆に露骨に差別する者たちの蔑視も、いずれもが平地キリスト教民と呼ばれるフィリピン人マジョリティとは異なる、自分たちの身体的・文化的特性のゆえであることを自覚していた。政府職員、NGOスタッフ、近隣の平地民との接触と交流・交渉をとおして、また子どもたちは学校教育によって、大人たちは主にNGOによる組織化とエンパワーメントのセミナーや識字教育などをとおして、新たな自画像と世界認識を作っていった。国外の支援団体との親善交流のためにアエタのリーダーたちが海外にも招かれ、報告会をしたり見聞を広めたりした経験も、フィリピン人である意識とアエタである意識とを二つながら同時に強化することに大きく寄与した。*7

サンバレス州ボトラン町郊外に造成されたバキラン再定住地。雨期に繰り返されたラハール（土石流氾濫）のためにブカウ川は堆積した土砂で埋まる（1991年11月）

*7　大人でも子どもでも、先住民であることとフィリピン国民であることの二つが、矛盾なく受け入れられる素地は、アエタ専用の再定住地がピナトゥボ山周辺のパンパンガ州、タ一ラック州、サンバレス州などに合わせて九ヶ所造成され、それぞれに数百世帯のアエタ家族が住み一定の人口を有するコアな集団となったこと。その後にアエタでない平地民（アエタと結婚した平地民の親戚や友人など）の家族が少しずつ引っ越してきて、先住者であるアエタの側が臆することなく、両者の日常的な交流が持たれるようになったことにあった。

それはアエタ用と平地民用の

3　新しい人間 —— 文化の意識化と生きる時空間の拡張

そうしたアエタ被災者たちが、これからも平地民の社会のなかで生きてゆかざるを得ないと覚悟をするとき、あるいは積極的に生きてゆこうとするとき、各再定住地のリーダーたちを中心に、格別な配慮と社会の底辺ではない居場所を政府の役所に陳情したり、集会などで要求したりするようになった。多くの場合、最初はＮＧＯや支援団体がアレンジしたり、示唆したり励ましたり金銭的支援をして実現した。そうした際には、フィリピンに最初に渡来し島嶼を占有した先住民の直系の子孫であることを強く主張した。それとともに噴火以前にはほとんど使われることのなかった先住民（*katutubo*）と文化（*kultura*）いう言葉を頻繁に用いた。*8

そもそも先住民や文化は、彼らを支援するＮＧＯのスタッフがエンパワーメントのセミナーなどで用いる新奇であいまいで漠然とした、ともすれば空虚な概念であった。しかし、新しい言葉と概念による新しい自己認識と世界観の獲得は、その言葉を彼ら自身が繰りかえし使うことによって、文化と先住民の実体化あるいは実在化をもたらした。とりわけ国有地や国有林のなかに農地の供与を要求する際に、大地こそは単に食糧を生産する手段であるにとどまらず、民族としての存続と不可分に結びついている固有の文化を支える基盤だからだ、と主張した。

先住民としての覚醒と、それを裏付ける文化の意識化については、文化の言説化［関本 1994］、前景化［清水 1997］、客体化［太田 1998］などと言うことができるであろう。そうした文化の発見と意識化・言説化をとおして、文化を共有し、それについて語る自分たちを先住民

再定住地を個別バラバラに造成した政府の意図するところではなかったが、状況の展開がおのずともたらした好ましい変化であった。

*8　そして最初に渡来した時以来の固有の文化を保持する集団であることの証として、男たちは公の場で、弓矢を手にした褌姿の装いをした。また、バンディと呼ばれる高額な婚資のやりとりをともなう結婚や、病気治しのためのマガニトと呼ばれる憑依セアンス（降霊儀礼）、狩猟・採集・焼畑という生業と、それに関わる自然界の知識や世界観や儀礼などが、彼らの固有の文化であると説明され

カキリガン村の上手にあるボワグ集落に戻った老夫婦。そこで、ほぼ伝統的な自給自足の生活を再開した（1993年３月）

アエタとして主体化していったのである。それは同時に、フィリピン社会のなかで、遅れて劣った未開人として憐れみや軽蔑さらには排除の対象とされるのではなく、逆に先住民としての特権的な居場所を確保しようとする必死の企てでもあった。

噴火の前までは、ピナトゥボ山の東側のパンパンガ州やターラック州と西側のサンバレス州の山麓では異なった言語を話しており、さらにはそれぞれの山麓でも谷筋のグループごとに、互いに理解はできるが合わせて数種の異なる方言を用いていた。ピナトゥボ山の幾つもの尾根筋によって分けられた渓谷ごとに、別々のグループ意識を持ち、アエタとしてまとまって一つの民族や先住民としての自覚や権利意識をもつことはほとんどなかった。ほとんどの結婚もそれぞれの言語・方言グループの内部で行われ、言語グループを超える通婚は例外的であった。しかし、再定住地での生活再建のために、地方政府や中央政府へ陳情したり、互いに情報交換や協力をしたりという密な交流をとおして、相互の信頼感や共通感覚が醸成されていった。そのための会合なども、最初の二〜三年はＮＧＯが場所を準備提供し、必要な交通手段や宿泊施設ほか各種便宜を提供することが多かった。

組織化と先住民の覚醒

ピナトゥボ山の東西の山麓に分散して暮らしていたアエタが、被災という共通の苦難を体験し、そこからの脱出に苦闘する同志同類であり、そもそもが同じ民族であるとの自覚の具体的な表れのひとつは、中部ルソン・アエタ連盟（CLAA: Central Luzon Aeta Association）の設立であった。それは、イギリスのＮＧＯのオックスファム（OXFAM-UK-Ireland）とフィリピンのＮＧＯのセントロ（コミュニティ建設センター、SENTRO: Sentro Para sa Ganap na Pamayanan, Inc.）の全面的

バキラン再定住地に居を構えた後、補助的な食料を確保するために元のブルブル集落の近くに焼畑を開き、イモやバナナを植えた家族。収穫して家路を急ぐところ（1993年２月）

た。噴火以前には、そうした個々の制度や慣行は個別の習慣（*ogali*）と考えられていた。しかし習慣よりも包括性のある上位の概念として文化が噴火以後に頻繁に用いられるようになった。

な支援によって、中部ルソンの五州（パンパンガ、サンバレス、タ－ラック、ヌエバ・エシハ、バタ－ン）に住むアエタ被災者たちの連帯組織として結成された。

具体的には、国内外の個々のNGOの支援によってすでに各再定住地で生まれていた住民組織（PO: People's Organization）のリーダーたちが中心となり、相互の連携を強めるとともに、いまだそうした住民組織が整備されていない地区のリーダー的人物に働きかけて組織化を進めるよう説得し、中部ルソン全体のアエタの連帯組織を確立しようとしたのである。一九九一年一〇月には、五つの州から九つのアエタ組織の代表らをサンバレス州ボトラン町に招いて、各地区の現状や直面する問題、早急に必要な物資その他の支援、将来の計画などについて報告し意見を交換するために、二日間のセミナー・ワークショップを開いた。ピナトゥボ一帯の土地に対する先住権原や、食料と住居と教育、保健衛生と医療、環境の再生など、より好ましい災害救援と復興の方途について、被災者側の視点からの検討と要望が議論の中心となった。

その後、さらに各地区の組織化を進め、翌年五月には再びボトラン町で六日間にわたって、総会とセミナー・ワークショップを開き、中部ルソン・アエタ連盟として正式に発足することを決議した。総会には、新しく組織されたものも含め、二〇近くのアエタ・グループの代表団が参加し、準備委員会が用意した一三条・計九〇項からなる連盟憲章を承認した。*9

以後、中部ルソン・アエタ連盟の役割は、各地のアエタ組織の連合のまとめ役として、それらの組織間の意見調整や情報交換、およびそれらと国内外の支援NGOとの連絡調整や各組織が生計プロジェクトの立案や申請書を作成する際の助言や情報の提供、さらには政府への要求と交渉やマスコミへの訴えの際に、力強い単一の声として発話するための主体となった。そうした活動のために、オックスファムは、一九九一年から一九九四年までの三年間、毎年およそ

*9　その前文の冒頭には、アエタ連盟の基本的な信条が以下のように述べられている。「われわれ中部ルソンのアエタは、先祖から受け継いだ土地を守り発展させ、生活と政治と文化の面においてわれわれを取り巻いている社会環境を発展させ、われわれを搾取したり抑圧したりするすべてのものに反対するという、ひとつの信条によって結ばれている。」

カキリガン村のアエタ組織ADA（Aeta Development Association）が、自分たちで探し開拓したサンバレス州カナイヤン再定住地の小学校の授業風景（1993年3月）

三〇万ペソ（一八〇万円相当）の資金を提供した。しかし一九九四年に経理の不祥事が生じ、弁済がなされなかったことを理由に、支援を打ち切った。その後は十分な資金を確保できないために活動は停滞したが、活発な活動をした三年あまりのあいだに、各地のグループのリーダーたちのあいだに、アエタという同一の先住民であるとの自覚が強化されていった。

先住民であることの自覚は、そうしたセミナーやワークショップに参加する各地区のリーダーや中堅指導者たちのあいだでまず生まれ、次第に次世代の若手リーダーや若者たちへと共有されていった。また再定住地で選挙に参加することをとおして（噴火前まで山中の集落のアエタは町の役場に住民登録もなく選挙投票のチャンスもなかった）地元政治家にとってアエタが重要な票田のひとつとなり、陳情の声を聞いてもらえる可能性が格段に高まった。いっぽう子どもたちは、再定住地で学校教育を受け、国語であるフィリピノ語を習得して自在に使いこなし、フィリピン社会の一員であることの自覚を強めていった。大人たちも、日常生活の必要のために国語であり地域の共通語ともなっているフィリピノ語を次第に自ずと話せるようになった。こうして噴火の被災と生活世界の激変、そのなかでの文化の発見をとおして、先住民としてのアエタ民族という自覚と実体が新しく誕生していったのである。

新しい人間として

それと平行して、アエタ個々人の時間意識や空間概念も大きく変わっていった。噴火の前までのアエタは、主たる生業の焼畑農耕のサイクルを決める乾期と雨期に二分された一年を単位とした、循環する時間のなかで生きていた。明日から先の日にちを特定する必要があるときは、短ければ今から何日先[*10]、少し長くなれば次の満月や新月の何日前とか後というように数え

*10　過ぎてゆく日にちを数えるために、長さ二〇センチほどの竹筒を半分に割り、そこに七つの穴をあけ、穴を塞ぐ竹の栓を一日ごとに動かしてゆく道具を用いていた。

ADAのリーダーのビクター・ビリヤ氏とメンバーは、再定住地の貸与と支援を求めてケソン市の農地改革省に陳情。その後テレビ局のインタビューを受ける（1991年1月）

ていた。一年や二年の近い過去ではなく、数年以上も前の遠い過去については、その頃に生じた印象的な出来事を参照しながら、時点を特定していた。アエタの歴史認識に即してみれば、出来事は時系列に沿って連鎖的に編年されているのではなく、彼らの周囲を取りまいて生活が営まれる場となる自然景観の各所が、そこで生起した忘れがたい出来事の現場として、目に見えぬ痕跡が刻み込まれた証拠となっていた。噴火前までは、過去は生活世界の各所の景観のなかに潜在する共時態として存在していたのである〔清水 1990: 33–36〕。

しかし再定住地に住み、子どもたちが学校に通うようになると、親たちは子どもたちの将来のために積極的に学校教育を、できれば高校や専門学校（理想的には大学）までゆかせようとし、子どもたち自身も親たち以上にそう望むようになった。ピナトゥボ山中で移動焼畑農耕を行って暮らしていたころは繰り返される一年のサイクルが時間意識の基本であった。それが再定住地では、循環ではなく直進する時間と、それが将来にもたらすだろう帰結を先取りして生活を律し組み立てるようになった。逆に先住民という自覚は、急進的なリーダーたちのなかに、元々はアエタの狩猟場であったピナトゥボ山東麓の丘陵と草原地帯をアメリカが奪ってクラーク基地としたことや、それ以前のスペインによるフィリピンの植民地化の過程で、アエタたちが次第に圧迫され、差別されてピナトゥボ山系へと退却していった歴史を強く意識させるようになった。

先住民として「記憶にないほどの遠い昔」（先住民権利法〔一九九七〕のキーワード）のことを新たに想起することは、自身および民族の存在が先祖から受け継がれた文化という絆をとおして、歴史的な深度に根ざし支えられていることを自覚することである。いっぽう自身と家族の明日の生活をより良いものにするために、さらには子どもたちの五年、一〇年、二〇年先の将

中部ルソン・アエタ連盟総書記のリック・ギャオ氏と、活動を支援するNGOのスタッフ。OXFAMの支援打ち切りの後、左派系組織の支援と影響が強まった（1995年2月）

来のためにと考えることは、未来へ投企された行為として今を生きることを導く。そのように、過去と未来へと長く引き延ばされた時間感覚、歴史意識をもつことは、延伸された長期の時間軸のなかで今を位置づける新たな自己を作り直すことにほかならなかった。

またフィリピン政府の諸官庁からさまざまな救援・支援を受けたり、逆に陳情や要請を繰り返したりすることをとおして、フィリピン国民としての自覚を強くし、それにともなう権利を要求し、同時に先住民としての格別の認知と配慮を求めるようになった。*11 さらに再定住地で住民登録がなされ選挙権を獲得すると、地元の政治家が彼らの存在を意識し、その要求に耳を貸すようになった。アエタにやさしい配慮をするパトロンとして振る舞うことが、政治家の良きイメージ作りの戦略にも合致した。

さらには、海外のNGOや援助機関、外国政府が積極的にアエタ被災者の支援のために介入し、緊急医療救援から生活再建、インフラ建設まで、さまざまな復旧・復興プロジェクトを実施した。平地キリスト教民の被災者と比べて質量共に格段に手厚い支援がアエタに提供された。フィリピンの政治家と同様、海外のNGOや外国政府にとっても、アエタ被災者への人道支援は、写真や動画での報告の素材として絵にしやすく、慈善や博愛の物語を作りやすい事業であった。二〇世紀最大級の噴火の被害をこうむった森の小さな民、避難の際に持ち出せた身の回りの品々以外は全てを噴火で失った未開の民、ピナトゥボ山麓を離れてしまえば友人知人親戚などの頼りになるネットワークを持たない無力な被災者、等々のイメージは、実態以上に援助関係者の報告文書や映像のなかで強調された。*12 一言で言えば、アエタの外見が発する無力で弱々しそうな風貌と雰囲気が、善意の支援者の強い関心を引きつけたのである。*13

そうした格別の支援の受益者となった経験をとおして、彼らは、生死に関わる危機的な状況

噴火から10周年を記念する5日間のアエタ・デイ最終日に、旧クラーク基地前に座り込み、先祖伝来の土地であるから返還せよと要求するアエタ・グループ（山本宗補氏撮影）

*11 噴火の前までは、ピナトゥボ山麓一帯の限られた領域がアエタの生活世界であり、彼らが意識する外界は、ふもとに近い平地民の村や国道沿いの町に限られていた。町に住む人々のことを、町の連中やイロカノ（北部ルソンの平野部に住むキリスト教民）あるいはピリピノと呼んでいた。

*12 逆にアエタのリーダーたちも、そうした憂慮と好奇と同情の入り混じった眼差しで外部世界の者たちが自分たちを注視し、それゆえに強い関心をもっていることを痛感し、それを自覚した支援される弱者のポリティクスを積極的に行った。好

を支えてくれたのは、地方政府や中央政府とともに国内外のNGOであり、とりわけ海外のNGOや国際機関が積極的に支援をしてくれたことを実感した。噴火の前まではピナトゥボ山麓の一帯に限られて完結した生活が、平地民社会に隣接する再定住地では、公務員、NGOスタッフ、商人、教師、その他さまざまなフィリピン人（平地キリスト教民）との日常的な接触、交渉、交流が格段に広がる生活へと急変した。のみならず、その生活が海外の善意の人々にもしっかりと支えられていることを実感し、国を超えたネットワークによる支援を理解し、それに応じて地理的、空間的な認識地図も拡大していった。先に述べた時間感覚や歴史意識とともに地理感覚や空間（世界）認識も一気に拡大したのである。

このようにアエタは、わずか一〇年あまりのあいだに、狩猟採集を補助的に行いつつ移動焼畑を主たる生業とした「未開の民」から、フィリピン国民であり同時に自身の権利と尊厳を守り拡大するためには争い戦うことも辞さない「先住民」へと生まれ変わった。*14

また噴火後にアエタの生業と生活が、焼畑耕作から工事現場やインフォーマル・セクター、あるいは農業関係の仕事での賃労働のそれへと急速に変わったことは、すなわち一八世紀後半にイギリスで始まった産業革命が引き起こした近代化の衝撃を受け、地球上のほとんどの社会が二〇〇〇年から一〇〇〇年の歳月のなかで経験してきた変化を、数年から一〇年足らずで凝縮して経験したことを意味する。同じ人間、人類の一員としてのアエタの柔軟な適応力、われわれ人間が普遍的にもつ潜在能力を証明するものである。*15

奇や憐れみ（露骨な蔑視と結びついていることが多々あり）に対しては強く反発する一方、善意の憂慮や支援は歓迎した。それを届ける代表やグループに対して、あるいは生業プロジェクトなどの記念式典においては、褌姿に弓矢を持ち、伝統的なタリペ・ダンスを踊って歓迎した。

その際に表現しようとしたのは、褌姿で弓矢を持って踊ることは、すなわち戦いへの準備であり、民族としての誇りと尊厳を守るためには戦いも辞さない、という強い姿勢であった。またそうした絵になる姿が、自身の力を信じて復興に立ちあがろうとしている先住民という強力なアピールとなり、援助する

オロンガポ市郊外のイーラム再定住地に移住したカキリガン村のリーダーたちはジーンズと携帯を使うが、市の祭りの際には伝統的な褌姿で参加する（2012年12月）

4　米軍基地の全面撤退 ―― 噴火とナショナリズム

今までは、アエタ被災者の創造的復興に関して、草の根レベルで蟻の目の視点から報告してきた。本節ではミクロから一転して、マクロな視点から、噴火が比米両政府間の米軍基地の貸与延長交渉に決定的な影響を与え、貸与を認める条約の批准をフィリピン上院が否決したこと。それが、フィリピン人の自己意識と自画像の変革をもたらす契機となったこと。それにより新しいフィリピン社会が形成される可能性が生じたこと、を報告する。

噴火の意味付け

ピナトゥボ山の最初の大爆発が起きた六月一二日は、フィリピン独立記念日であった。ピナトゥボ山の噴火の意味づけについて、フィリピンで最も高い人気と信頼度を誇っていたインクワイラー紙の二週間後の日曜版は、「火山のふもとで ―― 消滅の瀬戸際にあるクラーク基地」と題された興味深いコラムを載せている。

日本の地震学者は、地熱発電のためにピナトゥボの山腹に穴を開けたことが、噴火の引き金となった可能性があると言っている。コラソン・アキノ大統領は、噴火は「神のメッセージ」であり、フィリピン人を神により近く導くために与えられた信仰の試練であると信じている。ハイメ・シン枢機卿は、それは人々の心を一つに結ぶ「恩寵としての出来事」であると言う。

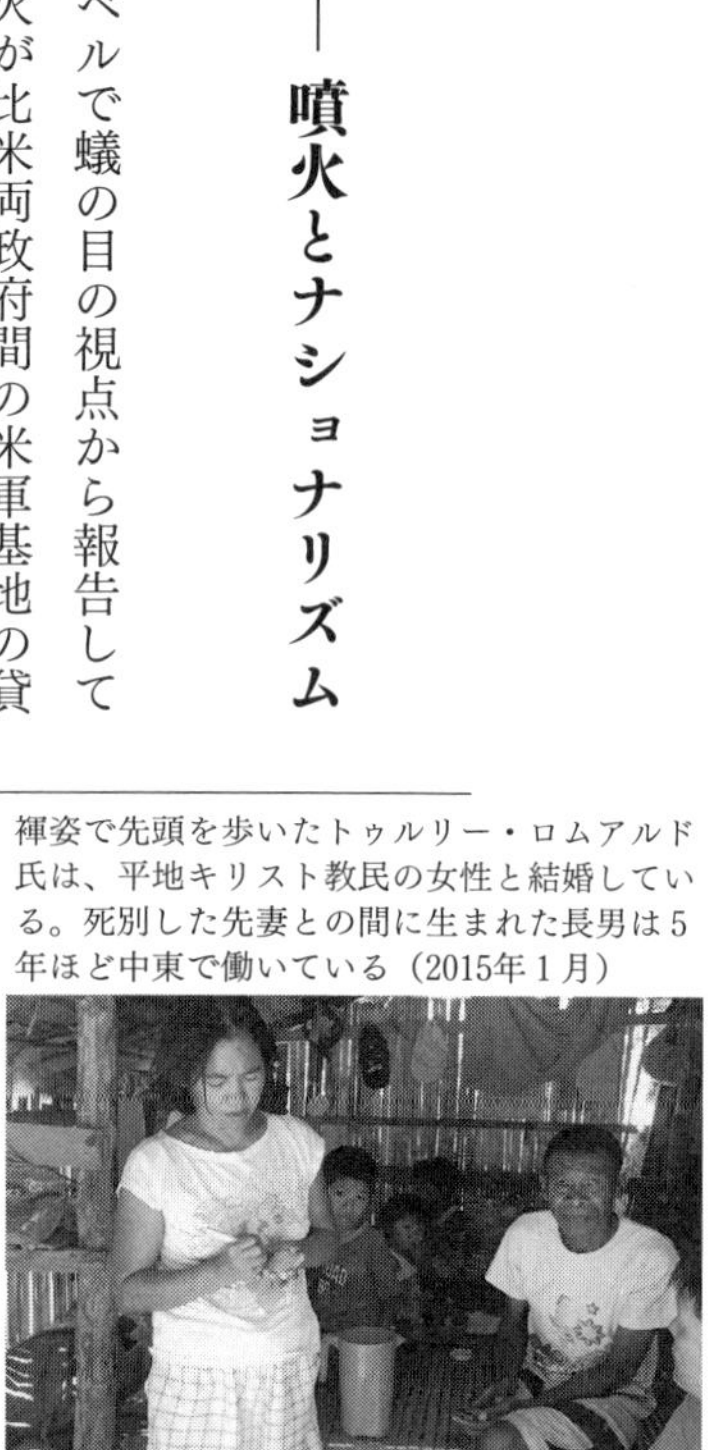
褌姿で先頭を歩いたトゥルリー・ロムアルド氏は、平地キリスト教民の女性と結婚している。死別した先妻との間に生まれた長男は5年ほど中東で働いている（2015年1月）

側の関心を引き付け歓心を買うことに役だった。

*13　その弱々しさや脆さは、英語で言えばヴァルネラビリティであり、その概念を山口昌男は、他者の排除と抑圧（身近な例ではいじめ）による自己のアイデンティティの確立確認の機制と関連付けて、攻撃誘発性と訳出した。しかしアエタのヴァルネラビリティは、その真逆であり、庇護誘発性とでも呼べるものである［山口 1983: 279-281］。

ただし、他と違い有徴であることが攻撃か庇護のいずれを誘発するのかの契機については考察すべき余地がある。アエタの反基地運動の活動家にとっての噴火は、神に選ばれた民を自由にするため、アメリカ人に対して即刻に出て行くようにと神が与えた命令である。(とりわけ、最初の大爆発が起きた水曜日が、フィリピンの独立記念日に当たり、最初の死者がアメリカ人水兵であったことから、それは単なる偶然でないかもしれない。) ある神父にとっては、噴火はオロンガポ市とアンヘレス市(彼はそれをソドムとゴモラに結びつける)という、ふたごの都市で猖獗《しょうけつ》をきわめる人身売買に対する神の怒りの表れである。イメルダ・マルコスにとって、それは彼女の夫の亡骸を祖国に連れ帰ることを許さない政府に対する神の怒りであり、失政に対する天罰にほかならない。(Tejero, Constantin, 1991/6/30, p.6)[*16]

このなかでアメリカ軍基地の撤退が言及されているが、一部の左翼活動家を除けば、この頃に基地の撤去を要求する勢力はきわめて弱く、ほとんど誰もアメリカ軍がフィリピンから実際に出てゆくなどとは夢想だにしなかった。しかし噴火の直後にアメリカとの基地貸与協定の改定交渉が仕切り直しとなり、改めて両政府間で最終合意された協定の批准を[*17]、九月一六日にフィリピン上院が否決した。そのため翌一九九二年一一月までにフィリピン国内の米軍基地がすべて撤去された。その経緯は以下のとおりである。

想定外の展開

噴火でクラーク空軍基地が甚大な損傷を受けたために、アメリカ側は、基地の戦略的機能と価値を修理復旧に必要な費用と比較検討したうえで、それまでの交渉ポジションを大幅に修正した。具体的には、クラーク空軍基地を撤去してスービック海軍基地のみを維持する縮小案と見返り援助の減額案をセットで提示し、援助額について一切の妥協や譲歩をしない強硬な姿勢

場合も、噴火前は侮蔑や排除の対象としてのヴァルネラビリティが優越していた。

*14 それと関連して、自らをアエタではなくカトゥトゥボ(先住民)と称するようになり、平地民たちも今では彼らのことをカトゥトゥボと呼ぶ。以前のアエタあるいはコロット(縮毛)という呼称には少なからぬ軽蔑の含意があったが、カトゥトゥボはそれとは真逆の含意をもつ。

*15 アエタとの長い交流をとおして実感したこの事実は、私の人類学のスタンスを変えた。人類学は、人間や人類としての

カナイナヤン再定住地の元日のミサの後、村の教会で子どもにカトリックの洗礼を受けさせる家族。現在では、ほとんどのアエタがキリスト教の洗礼を受けている(2013年1月)

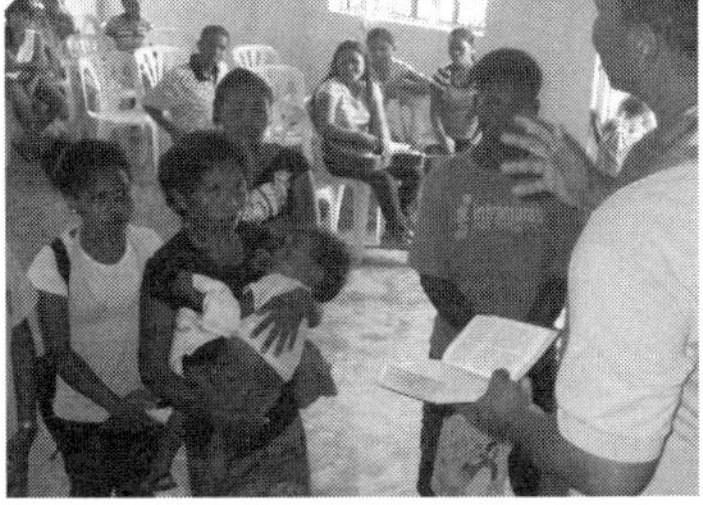

を崩さなかった。交渉の一連の過程をマスメディアが、アメリカは傲慢でフィリピンを見下し小馬鹿にする態度を取っているとして批判的に報じ続けた。そうした国内の反米感情の急速な盛り上がりに背中を押されて、上院議員の過半数が批准を否決したのである。

噴火前までアメリカは、一〇年間の両基地使用を求め、その見返りとして年間三億六〇〇〇万ドルの援助額を提示していた。しかし噴火後には、基地の復旧費用と価値を再検討し、クラークからは撤収しスービックのみの使用を求め、援助額を二億三〇〇万ドルに引き下げた。それは、フィリピン側が要求していた八億二五〇〇万ドルの四分の一に過ぎなかった。が、それでフィリピン側が満足しなければ、基地を撤収する用意があると明言していた。それに対してフィリピン側の関係者の多くは、左派を含め、アメリカが基地を撤収することはありえず、撤収の可能性を脅しとして受け取り、そうした傲慢な態度に逆に批判と反感を募らせた。*18

しかし客観的に世界の情勢を見れば、噴火が生じたのはまさに戦後の米ソ冷戦体制が終焉を迎えようとするときであった。すでに一九八八年九月には、ソ連のゴルバチョフ書記長が、クラスノヤルスク演説のなかで、アメリカに対し在比米軍基地とカムラン湾のソ連艦船補給所をそれぞれ撤去することを提案し、関係各国を驚かせた。そして実際、翌八九年末までにカムラン湾からミグ23戦闘機と中型爆撃機TU16を撤収し、さらに九〇年一月には、近い将来アジア太平洋のソ連兵力を全面撤収する方針を明らかにした。また一九八九年から一九九〇年にかけては、東ドイツやハンガリー、ポーランド、チェコスロバキアなど東欧の衛星国が相次いで民主化を達成し、東西冷戦の終焉の予兆が見て取れた。ソ連邦が解体したのはピナトゥボ噴火の半年後、一九九一年一二月二五日であった。そうした状況のなかで、ソ連を仮想敵とし東南アジアでの軍事バランスを重視してきた従来のアメリカの基地政策は、八〇年代の末頃から妥当

バイクに乗る今風の若者アエタ。左端の２人は、１週間後に溶接工としてサウジに出稼ぎにゆく前に、山に戻っている両親に別れのあいさつに向かうところ（2013年１月）

普遍性や共通性と、民族や文化としての個別性や独自性の両方に目配りしながら考えることを基本としてきた。しかし、ともすれば、後者の側面への関心と研究が優越してきた。しかし、今や、自他を峻別して差異に着目し（他者として構築し）、異なる意味世界に生きる人々として排除しながら同時に内在的に理解するだけのアプローチは、有効性や妥当性を持ち得ない。

個別の文化・社会を包摂して急速に進行するグローバル化のなかで、世界各地の人々は、それに対峙し、抵抗したり便乗したりして生きており、結果として幾つもの回路やネットワークで互いに結ばれてきている。そ

さを失っていた［伊藤 2007: 170–171］。

いっぽうフィリピン側は、二〇世紀初頭に始まるアメリカの植民地支配に対する愛憎半ばする歴史認識のなかで比米関係を意味づけ、基地と基地交渉を国内主権および国の尊厳に係わる問題として受け止めていた。「安上がりの見返り措置でなければ撤収する」というフィリピンを見下したアメリカの態度は、植民地統治に始まり戦後の独立を経ても百年近く続く、比米関係の基本的な構図を如実に反映していた。藤原帰一によれば、その構図のなかでフィリピン側の自己イメージは、「アメリカの圧政に打ち拉がれる民衆」であり、「辱めを受けた乙女」あるいは「無法な旦那にもてあそばれる少女」でもあった［藤原 1993: 70］*19。

そうした屈従あるいは忍従関係であり続けたからこそ、噴火という未曾有の大災害の苦難のなかで、アメリカが被災者と被災地への思いやりを欠き、フィリピンの要求を高飛車に拒絶し、言うがままの条件で条約を飲ませようとしたこと、安上がりの見返りで嫌ならば撤収するぞと脅したこと（少なくともフィリピン側にはそう見えたこと）が、「フィリピン・ナショナリズムをもっとも絶望的な地点で刺激」［藤原 1993: 72］したのである。全国区選出の二四人の構成員から成り、外交審議および条約批准の権限を持つ上院では、政府が合意した基地協定に対して、異議を唱える議員が過半数を超え、一二対一一で批准を否決した（一名は欠員）。それは政治経済的な実利や総合的な国益からの判断よりも、「ナショナリズムの方言」に自ら縛られた結果であった。対米屈従を強いられてきたフィリピン側が、あえて犠牲（経済的損失）を顧みずに「アメリカに言ってやった」、それが協定批准拒否という事件の実態だった、と藤原は指摘する［藤原 1993: 79］。それゆえ、批准に反対票を投じた者たちは一二人の英雄と称された*20。

の現状をふまえれば、互いの類似や相同性に着目した人類学が切に必要とされている［清水 2014: 33］。

*16 私自身は、噴火によって最大の被害を被ったアエタの人々が置かれた状況を、「民族としての存亡の危機」と表現して、さまざまな機会を利用して、彼らへの募金と支援の要請を繰り返した（詳しくは、［清水 2003：第2章］を参照）。

*17 条約の名称は「比米友好協力安全保障条約」であり、内容は、スービック米海軍基地の使用を二〇〇一年九月まで一〇年間延長し、フィリピン側が同

スービック米海軍基地内のキュービポイント滑走路で、返還記念式典プログラムの一つである編隊飛行ショーに飛び立つ2機の戦闘機（1992年3月）

5　フィリピン社会の新たな自画像の模索

条約の批准が上院で否決された経緯に関して興味深いのは、国際政治や国際関係を専門とする研究者たちが、フィリピン側とアメリカ側の議会文書や外交資料などにもとづき、双方の思惑と見通しの違いについて指摘していることである。アメリカ側からすれば安全保障上の基地の機能、フィリピン側からすれば基地の使用料の額が議論の主要な問題であった。たとえばアメリカ政府代表団長をつとめたアーミテージ自身が、米比両国は「二つの異なる言語」を話していたと述懐している［福田 2011: 118］。同様に伊藤裕子も、冷戦後の状況をふまえ、アメリカは、フィリピン側が望むならば基地の存続が最も合理的だが、フィリピン側の反応如何では撤退やむなしとの結論に、交渉以前に達していた。それに対して、フィリピン側のモノローグでは、米軍基地の存在は「アメリカの帝国主義によるフィリピン主権の蹂躙」と認識され、基地の撤廃は「ナショナリズムの勝利」として語られることになる、と指摘している［伊藤 2007: 173］*21。交渉においてフィリピン側が求めたのは、基地貸与に対する見返りの援助額が、フィリピンの主権と尊厳を十分に配慮し、相応の敬意と感謝を表すものとなることであった。「チープな（安っぽい）」国と見られ扱われることは、ぜったいに忌避すべき屈辱であった。

ナショナル・プライドの回復

実際、批准に反対票を投じる一二人の上院議員は、九月七日の公聴会を終えた後にサロンガ

返還されたスービック基地跡の一部は、韓国の韓進グループが造船所を建設し、多くの雇用を生み出した（2013年1月）

意すれば、その後の使用についても協議できるとされた。フィリピン憲法によると、この条約が批准されるためには、上院の三分の二、つまり一六議員以上の賛成が必要であった。逆に言えば、八議員が反対すれば批准はできない［松宮 1996: 12］。

*18　実際、それまで過去一〇年ほどのあいだに、基地提供の見返りの軍事・経済援助額は、マルコス大統領のもとで増額されてきた。冷戦終盤の一九八〇年から五年間の援助額は五億ドル（年一億ドル）、一九八五年から五年間の援助額は九億ドル（年一億八〇〇〇万ドル）へと増額された。さらに基地協定が

議長の部屋に集まり、条約に不同意の理由を述べた決議案を作り署名した（四名は欠席）。反対の理由として挙げられたのは、条約が国家間の主権の平等原則を擁護していないこと、フィリピン憲法が定める戦争放棄（二条二節）、自主的な対外政策の追求（二条七節）、非核兵器政策（二条八節）を尊重していないこと、そして「アメリカの軍事施設の保持は、冷戦構造の解体、漸進的軍縮・非軍事化を特徴とする今日の国際情勢にあって時代錯誤であること」、また「米軍基地は歴史的に植民地主義と国際的干渉の道具であったし、……防衛と安全保障においてアメリカへのフィリピンの従属を永続化させてきた」ことであった［松宮 1996: 158–160］。

さらに投票の前には、各自がその反対理由を格調高い演説で説明した。共通する論点のひとつは、決議案でも述べられているように、米軍基地が国家主権を侵すことであり、非核原則と米軍基地の存在が矛盾することであった。ほぼ全員が賛否の理由を論理的で巧みな表現の英語を駆使しながら雄弁に演説したなかで、後に圧倒的な得票で大統領に選出されるエストラーダだけが、フィリピノ語で祖国愛の心情を吐露する熱弁をふるった。その演説は反米エリートの知識人だけでなく、フィリピンの一般民衆の声なき声を代弁して、アメリカに対するモヤモヤと鬱屈した気分に明確な言葉を与え、自虐的ではあるが克服すべき自画像を鮮明に描き出した。

> 私は在比米軍基地に反対する。なぜなら、今こそ、かれらのわが国への干渉を断つときだからだ。私は、引き続く物乞いに反対する。フィリピンにおける核兵器に反対する。基地にまつわる買春に反対する。今こそ、わが国の進路をかえるときなのだ。……
>
> アメリカにたいして言う。われわれは、みずからの信念をつらぬくだけの勇気を持っているが、国民を裏切るような勇気はない。国際社会で、フィリピンは物乞いの国、売春の国、詐欺師の国、出稼ぎの国といわれてきた。もし、われわれが今日、みずからを主張できないならば、

一九九一年に有効期限を迎えるまでの残り二年間については、年額四億八〇〇〇万ドルと大幅に増額されていた。ベトナム戦争終結以降、ソ連がベトナムのカムラン湾に基地を建設して機能強化を進めており、それに対処する役割が在比基地に期待されていたからであった［伊藤 2007: 170］。

*19　さらに藤原の比喩は、次のように続く。「逆らっても無駄なほど粗暴で強い旦那。これがフィリピンから見たアメリカであった。……少女は旦那を憎んだ。だが旦那の手当がなければ路頭に迷う。旦那を憎みながら手当に頼る少女にとって、自

返還されたクラーク基地跡には、マカパガル国際空港が建設され、格安航空会社や航空物流の基地として活用されている（2013年1月）

われわれは臆病者の国として知られてしまう。これを、私は受け入れることができない。……われわれの先達は命を投げ出さねばならなかったが、われわれは安楽さを犠牲にすればいい。将来に困難があることは知っている。……基地が撤去されて、職を失う人も出るだろう。しかし、これは、一時的なものだ。
太陽はまたのぼる。そして、新しいフィリピンが生まれる［松宮 1996: 178–179］。

協定の批准が否決されたとき、反基地の活動家のみならず、フィリピン国民の多くは、そして主要なマスメディアの論調の多くは、アメリカ軍基地の撤収をフィリピンにとって好ましい事態として歓迎した。フィリピン全体が、自尊心の満足を伴うユーフォリア（多幸感）に包まれた。それは、一九八六年のピープル・パワー革命（二月二二～二五日）で二〇年余にわたるマルコス政権（一九六五～一九八六年）を打倒して誕生したコラソン・アキノ政権下（一九八六～一九九二年）のフィリピンで、数少ない国民融和の至福の一瞬であった。

最初の至福の時は、一九八六年二月二五日の昼前にコラソン・アキノ新大統領がクラブ・フィリピーノで就任宣言をし*22、他方、マルコス一家が同日の夜に米軍の救出ヘリコプターでマラカニアン宮殿からクラーク基地へ脱出し、さらに翌朝に米軍機でハワイへ亡命した時であった。そして次は、同年九月一五日から二五日に彼女が訪米した際のアメリカ側の歓迎歓待ぶりと、とりわけ議会における大統領の演説に対して惜しみない拍手が何度も送られ、演説終了後に議員たちがスタンディング・オベイション（総立ちの拍手）をした時であった。

それはマルコス大統領の開発独裁体制によって抑圧され失われていた民主主義を、自分たちの手で平和裏に取り戻したという自負心と、民主主義を教えてくれたアメリカに成長と成熟の証を報告して賞賛されたという自尊心が満足させられる光景であった。その模様は、テレビの

空港からはピナトゥボ山頂の噴火口にできた湖への遊覧飛行がある。基地裏手の山裾からジープとトレッキングで登頂するエコ・ツアーも種々用意されている（2013年1月）

立の展望は暗い。……強姦した旦那からこれまでの恩を忘れたかと一喝されれば、少女には身の置き所のない怒りと絶望しか残らない。アメリカのフィリピン政策は、アメリカのためではなく、フィリピンのために行っているのだ、もしそれも拒否するならいつでもアメリカは手を引く準備がある。このような最後通牒は、フィリピン・ナショナリズムをもっとも絶望的な地点で刺激することになる」［藤原 1993: 70–72］。

同様に坪内隆彦も、「基地がなくなれば他の援助も減らすというような、余りに露骨な脅迫

実況中継と各局のニュース番組、そして翌朝の新聞各紙で大々的に報じられた。共産党関係の勢力を除くフィリピン各層の人々は、その光景を目にして手放しで喜び、フィリピン人であることに誇りを感じたという。ちょうどそのとき、私はマニラにいて、翌日に友人たちが興奮して語るさまを今でも鮮明に覚えている。[*23]

ピープル・パワー革命からアキノ訪米にいたるまでの半年ほどのあいだの時代の気分や状況は、「虹の連合」（虹のようにさまざま異なった色すなわち政治立場を包摂して美しく調和あるもの）と呼ばれるようなコミュニタス的様相を呈した。国民和解がキーワードとなり、その象徴が、共産党書記長のホセ・マリア・シソンや新人民軍司令官のダンテ・ブスカイノをはじめ、マルコス政権下で逮捕拘留されていた五一七人の政治犯の釈放であった。また、アキノ政権の要職に、マルコス時代に活躍した人権派弁護士ら容共派と見なされる人材が登用された。さらには共産主義勢力には恩赦を与え投降を促す一方で、大統領人権委員会が設置され、マルコス政権下での国軍による犯罪や人権侵害の追及が行われた。

クーデタとアメリカ依存

国民和解を掲げ文民優位の確立を図ったアキノ政権の姿勢に対して、軍部は、それが過度に容共的であり、共産党＝新人民軍の勢力伸長を許しかねないことに大きな危惧と反発を抱いた。とりわけ国軍改革運動（ＲＡＭ）の青年将校らは、マルコス政権の打倒のために命をかけてクーデタ決起し、ピープル・パワー革命の導火線となった自分たちの貢献を無視し、逆に軍部を冷遇していることに大きな不満をふくらませていた。そうした不満の数々のゆえに、改革運動と決起をとおして急速に政治化していった青年将校らは、一九八六年から一九九〇年の間

を外国から受けて反発しないほど、フィリピンの上院議員は愚かではなかった」と報告している［坪内 1992: 205］。

*20 アキノ大統領は、直接間接の雇用が数万人単位で失われることと、国防上の懸念から、批准の是非をあらためて国民投票にかけ、上院の決定を覆すことを画策した。しかし最終的には国民投票の実施には至らなかった。

*21 ただしフィリピン政府の基本姿勢として、マンラパス外相は、私的な検討懇談会の席で、米軍基地はできれば即刻退去させたいが、基地撤去によっ

マニラ中心部マカティ通りにあるRCBCビルの玄関横の広場には、ピープル・パワーとして結集した市民、宗教者らのモニュメントが置かれている（2007年3月）

に八回のクーデタ未遂事件を引き起こした［山根 2014: 54–59］。

アキノ政権は繰り返される国軍反乱事件に悩まされたが、反乱がいつも最終的には失敗に終わったのは、ラモス国防相が文民統治の原則を尊重してクーデタに与せず国軍全体の統制に努めたこと、[*24] そして何よりも米軍基地を擁する米国政府が、つねにアキノ政権支持を断固として表明したからだった。とくに一九八九年一二月に国軍改革運動の指導者のひとりであり、ピープル・パワーの呼び水となった決起を企てたホナサン大佐が起こしたクーデタは最も深刻であった。そのとき、米軍は沖合に空母エンタープライズを待機させ、アキノ大統領の正式の要請に応じて、ブッシュ大統領はクラーク空軍基地から最新鋭の戦闘機を発進させ、反乱軍戦闘機の離陸を阻止すること、および離陸した場合には撃墜することを命令した。さらにマニラ上空を轟音を響かせながら旋回して反乱軍を威嚇させ、国軍による反乱軍の武力制圧を積極的に支援した［中野 2003: 196］。

ピープル・パワー革命以降の政治情勢の展開は、自力で回復した民主主義と正義が、繰り返されるクーデタ騒ぎによって脅かされ、アキノ政権が軍部に対する譲歩を重ねてゆく過程であった。かろうじてクーデタを鎮圧し、軍部に譲歩しつつも政権崩壊に至らなかったのは、アメリカの全面的な支持があったからである。その意味では、マルコス政権が「中心からの革命」を達成するためと称した開発独裁体制を、反共ゆえにアメリカが支持し続けたことにより、二〇年の長期にわたって独裁体制が存続してきた構図が、依然として民主主義を回復した後のアキノ大統領のもとでも続いていることを示していた。[*25]

歴史を振り返れば、一八九六年に始まったフィリピン革命（初めは対スペインの独立戦争）は、一八九八年の米西戦争に勝利してスペインからフィリピンを割譲されたアメリカの介入（比米

て生ずる失業者問題を考慮しなければならず、基地撤去後の安全保障も考える必要があることの二点を挙げ、アメリカの出方をうかがいながら対応する方針を説明していた［中野 2003: 201-202］。

*22 ほぼ同じ頃、マルコス大統領がマラカニアン宮殿で就任宣言を行ったが、同時実況中継をしていた国営放送の画面が突如真っ暗になり、回復することはなかった。中継の断絶が、マルコス大統領の終わりを実感させた。

*23 そもそもピープル・パワー革命は、その名が示すよう

マニラ・ルネタ公園内にあるホセ・リサール銃殺刑のモニュメント。フィリピン革命（1896〜）を導いた殉国の国民英雄として、命日は祭日となっている（2007年3月）

戦争、一八九九～一九〇二年、地方や山地での散発的抵抗はさらに一〇年あまり続く）によって頓挫した。また、一九四七年の独立を承認したときに、アメリカがつけた条件は、米比間の自由貿易関係（特恵関税措置）の継続と、アメリカ人がフィリピンの天然資源の開発や公共事業の運営にフィリピン人と同等の権利をもつことを認める内国民待遇措置、そして当時存在していた二三の軍事基地を九九年間にわたって使用できる権利であった（マルコス時代の一九六六年に貸与期間が二五年に短縮され、一九九一年に延長の必要が生じた）。それゆえ、米軍基地は、アメリカの植民地支配の生きた遺物であり、反米であることと不可分に結びついたナショナリズムの焦点であり続けた。

ピープル・パワー革命を達成し、自由と民主主義を掲げ、尊厳ある国として自分の足で立とうとしているフィリピンが、基地交渉の過程で、とりわけピナトゥボ大噴火の後の苦境のなかで、アメリカの属領であるかのような態度で扱われることは、耐えがたい屈辱であった。革命の余韻と熱気がかろうじて残るなかで起きたピナトゥボ山の大噴火は、比米関係の実態を露わにさせ、それまではほとんどの者が想像しなかった米軍基地の撤退をもたらし、米軍基地なき新しいフィリピンの建設を必然とさせたのである。

アメリカの植民地支配の呪縛が解けて自由になったフィリピンは、アジアのなかでＡＳＥＡＮの一員として生きてゆかざるをえなくなった。左派にとっては反米であれば愛国になれ、右派にとっては冷戦下の避けがたい現実のなかで頼りがいある存在として、アメリカの存在はあまりに大きかった。反発し抵抗するにしろ、恭順し受益するにしろ、アメリカを抜きにしては自己を定位することも正当化することも困難であった。しかしピナトゥボ山の大噴火という自然災害が決定的な転機となり、一九八六年のピープル・パワー革命がもたらした新生フィリピンが真の独立国への途を模索し、自立した国民・国家としての新たな自画像を構想することを

に、圧倒的に少数で軽装備のまま決起してマニラ中心部アギナルド基地内の国防省に立てこもった「国軍改革運動（Reform Armed Forces Movement）」の青年将校らの部隊を、非武装の市民が基地前のエドサ通りなどにヒューマン・バリケードを築いて守ったことによって達成された。カトリック教会関係のラジオ・ベリタス放送局からのシン枢機卿の呼びかけに応え、マニラの一般市民が家を出て、決起軍を攻撃に来たマルコスに忠誠を保つ国軍の戦車や武装ヘリコプターの前で、非武装のまま座り込みを続けたことにより、攻撃が回避されたのである。

連続して暗殺された左翼運動の活動家たちの追悼集会での寸劇。黄色服のアキノ大統領（中央）の背後で軍とアメリカが操っていることを批判している（1987年９月）

余儀なくさせられることになったのである[*26]。

6　自然災害が開く創造的復興のアリーナ

ピナトゥボ山の大噴火によるアエタの被災と創造的復興の歩みを二五年にわたって身近で見聞してきた経験から言えることをまとめれば、以下のとおりである。自然災害は、旧来の生活基盤を破壊し、被災者に何年にもわたる苦難をもたらす。同時に、旧来の生活インフラや社会制度が機能不全となるために、新たな生存インフラの整備構築が必要となる。旧世界が崩壊し旧来の惰性が断ち切られることによって、新たな自己意識、生活様式、社会編成を可能とする／そうせざるをえない、時空間が同時に開かれる[*27]。

その凝縮された時空間のなかでは、被災者自らの奮闘努力とともに、地方・中央政府の大規模な復旧復興プロジェクトと、ＮＧＯの細やかで小回りの効く支援とが相補って大きな役割を果たす。ピナトゥボにおいては、道路や橋や建物の修復や再建、ラハール（土石流氾濫）対策のための河川整備などの大規模工事を必要とする基盤インフラの復旧整備は、フィリピン政府や外国政府、国際援助機関などが行った。他方、個々人や村落レベルでの生活再建とエンパワーメントに関しては、国内外のＮＧＯがきめ細かな支援を行った。ＧＯ（政府）とＮＧＯとが協力し、互いに強みを発揮し弱みを補いあうことで、幾多の困難と障害を乗り越えることができた。

拙著『噴火のこだま』［清水 2003］のテーマは、副題のキーワードが示すように「被災と新

拙著の表紙。ピープル・パワー革命の端緒となった決起部隊の指導者のホナサン、エンリレ、ラモス。聖母マリアに護られ、義のために立ち上がったことを示している

*24　藤原は、アキノ大統領が当初は文民統制を確立しようとしたがかなわず、実際には逆に、統制力を弱めていった理由について、国軍の内部が制度的に統合されておらず、少数の反乱分子の決起を押さえるためにも国軍主流派に全面的に依存せざるをえないことを指摘している［藤原 1989: 157-158］。

*25　確かにアキノ政権の誕生は、自由と民主主義のもとでのフィリピンという望ましい自画像を描くことを可能にした。それを明確に示すものが一九八七年の国民投票で圧倒的な支持を得て承認された、新憲法の第二条七節であった。それは「国家

生」であり、ピナトゥボ・アエタの民族創世記ということができる。それは、アエタが被災の打撃から立ち上がり、先住民であり同時にフィリピン国民である新しい人間として生まれ変わり、海外のNGOともつながりを持ちながら、新しいコミュニティと社会の建設へと創造的復興を成し遂げていった物語である。そうすることができた要因のひとつは、外見と固有の文化のゆえに、海外からの支援を格別に得られたことであった。彼らの生活戦略としての柔軟性と適応力の高さ、人間としての潜在的能力は驚嘆に値する。と同時に、実はそうした可能性を秘めながら、一見すると弱者に映る外見と振る舞いのゆえに、格別の援助を引き出す脆弱さ、ヴァルネラビリティとでも呼ぶべき庇護（支援）誘発力があった。

ピナトゥボ大噴火から学んだこと

ひるがえって、日本のことを考えると、社会福祉や災害復興のために、自助・共助・公助という三本の柱が強調されている。それらは大事だが、いずれもが一国内での対応にとどまるという点で、内助でのやりくりという限界を有している。しかしこれから予想される自然災害（東海地震、中南海地震、富士山噴火その他）は、日本の一国内での対処能力を超えるほどに甚大なものとなるであろう。そのほかにも想定外の災害が起きることも大いにありえる。他方、少子高齢化の進行と経済の停滞により、日本の経済力あるいは総合的な国力も衰微してゆくことは避けがたい。そうした状況のなかで、想定内や想定外の災害への対処法を検討する際に、外助（海外からの緊急救援と復興支援）を積極的に受け入れ、活用する方途を真剣に探る必要がある。被災したアエタの歩みを見続けてきた私が、彼らに教えられたいちばん大事なことである。

アエタの経験をミクロに見ることを離れて、ピナトゥボ大噴火がフィリピン社会の全体に与

は自立した外交政策を追求するものとする。他国との関係において至高の考慮は、国家主権、領土の統合、国益そして自決の権利に置かれるべきである。」と規定する。

*26 返還されたクラークとスービックの二つの基地跡地は、それぞれ経済特区に指定され、日本をはじめ諸外国の開発援助などによる基盤整備が進められ、順調な経済発展を遂げている（40・41・102ページ写真参照）。

他方、米軍基地の撤退した後、一九九四年からは中国が、フィリピンが領海と主張する南沙諸島に進出して基地建設を進

クラーク基地裏手丘のサパン・バト村には、韓国人牧師の斡旋で韓国資本のリゾート施設が作られている。そこで観光客に弓矢の扱いを教える「新しい」アエタ（2014年12月）

えた衝撃についてマクロに見れば、何よりも米軍基地の全面撤退がもたらされた。クラーク空軍基地の損害は、その復旧に要する費用と基地を維持する効用とをアメリカ政府に比較考量させ、基地の放棄をもたらした。いったんは合意に達していた見返り援助額をアメリカ側が噴火後に大幅減額し、それを一方的に提示してフィリピン側の不興と反発を招いた。フィリピン・ナショナリズムが「もっとも絶望的な地点で刺激」され、結果として、スービック基地のみの貸与を認める条約を上院が否決したのである。

しかしながらリアル・ポリティクスからみれば、撤退後の具体的な国防計画や経済政策がないままに、いわば成り行きと勢いで、名誉と自尊心を守るために下した決断が、結果として新たな政治状況と、自分の足で立ち、判断し、決定をする主体としてのフィリピンを作ることを導いた。自然災害一般に関してシリーズ第1巻で山本が的確に指摘しているように［山本 2014: 2］、ピナトゥボ山の大噴火という突発的な自然災害は、フィリピン社会が抱える潜在的課題を人々の前に露わにし、それへの対処を通じて、単に反米ではない、新たなフィリピン・ナショナリズムと自意識が誕生する契機となったのである。ピナトゥボ・アエタの新生がきわめて短期間で成し遂げられたことに比べれば、フィリピン社会全体に関わる自己意識や自画像が一気に全面的に描き変えられることはないだろう。しかし長期的な観点からみれば、大噴火による米軍基地の撤収が、フィリピン百年の歴史の流れを大きく決定的に変える出来事になったことがいずれ明らかになってくるであろう。

自然災害は、被災者たちに大きな苦難をもたらすと同時に、その試練に立ち向かい乗り越えてゆくために、また実際に乗り越えてゆくことをとおして、新しい社会を作る選択肢を常に用意してくれている。災害を生みの苦しみとすること、ピンチをチャンスに変えてゆくのは私た

韓国人牧師が建てたサパン・バト村の教会で、ドラム、キーボード、ギター、ベースの伴奏に合わせて賛美歌を歌う（2014年12月）

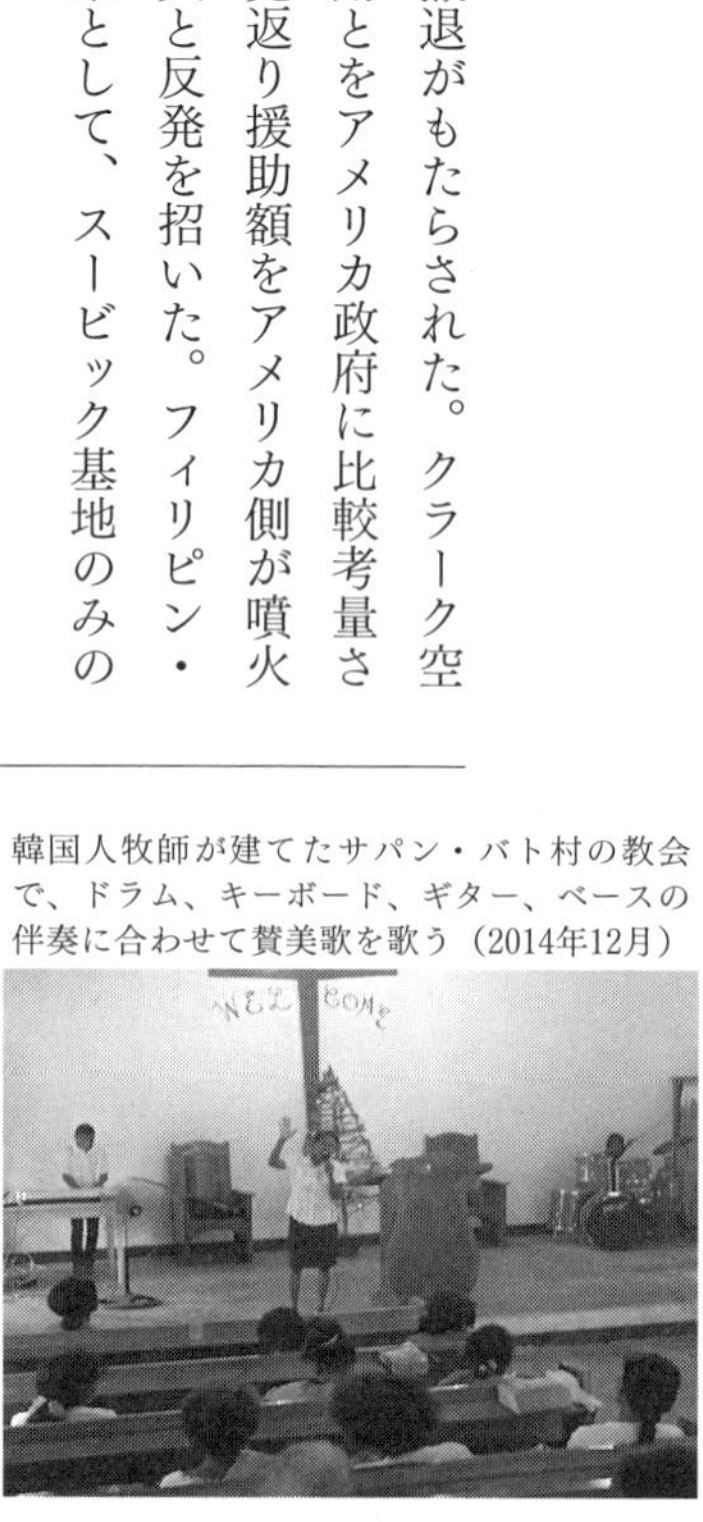

めた。フィリピンはそれに対して非難声明を繰り返し出したが、ほとんど効果がなかった。ために、いったんは「追い出した」米軍の派遣・駐留をフィリピン側から求め、地位協定を結んで米軍の一時滞在を受け入れるほか、共同軍事訓練を定期的に行うようになった。

二〇一四年には、米軍のフィリピン派遣・活動展開の強化（ただし常駐せず）を柱とする新軍事協定が結ばれ、両軍の連携と協力が格段に強化されることになった。ただし、それは対中国との緊張関係のなかでフィリピン側が求めたものであり、少なくともアメリカに強要されたとの意識がない。

ちの責務であり、権利でもある。そのことを、ピナトゥボ山大噴火から二五年にわたりアエタ民族とフィリピン社会の創造的復興の歩みを見てきた経験から実感している。

だからこそ今、稿を閉じるに当たって、あらためて阪神・淡路の、そして東日本の大震災を振り返るとき、正直に言って、内心忸怩たるものがある。果たして私は、被災された方たちの苦難を生みの苦しみとして、少しでも良き社会を新しく作り出してゆくための努力を日本でしてきたであろうか。さらに私たちは、近い将来に必ず起きるであろう次の災害を前にして、過去の経験や教訓をふまえて、これから何をすべきか、何ができるだろうか。フィリピンの事例を思い起こしつつ、私は自問自答を繰り返す。

参考文献

伊藤裕子 2007「冷戦後の米比同盟――基地撤廃、VFA、「対テロ戦争」と米比関係」『国際政治』第150号、pp. 168–185.

太田好信 1998『トランスポジションの思想――文化人類学の再想像』世界思想社。

クライン、ナオミ（幾島幸子・村上由見子訳）2011（原著2007）『ショック・ドクトリン――惨事便乗型資本主義の正体を暴く』岩波書店。

サーリンズ、マーシャル（山内昶訳）1984（原著1972）『石器時代の経済学』法政大学出版局。

清水展 1990『出来事の民族誌――フィリピン・ネグリート社会の変化と持続』九州大学出版会。

―― 1997「開発の受容と文化の変化――現代を生きる先住民の居場所」川田順造ほか編『岩波講座・開発と文化 I いま、なぜ「開発と文化」なのか』岩波書店、pp. 153–176.

―― 1998「未来へ回帰する国家――フィリピン文化の語り方・描き方をめぐって」『立命館言語文化研究』第9巻3号、pp. 169–200.

米軍部隊の訪問と一時駐留は、フィリピンの安全保障と密接に関わり国益にかなうものとされ、米軍の存在が反発を招くことはほとんどない。噴火以前の対米感情とは一変している。もちろん、アメリカ側にもアジア再関与の政策の下で大きなメリットがあり、表面的には、両者が対等で互恵的な関係のなかでの協定となっている。

*27 ただし、そこではナオミ・クライン [2011] が惨事便乗型資本主義と呼ぶ、資本家の利益のための復興プロジェクトが、トップ・ダウンで実施される可能性がある [cf. 塚原 2011]。それゆえ、復興の過程を創造的

カナイナヤン再定住地で収穫した農産物をカナイナヤン町の市場に運んできたアエタ家族。運搬用トライスクルは裕富なアエタ家族が所有している（2012年12月）

――― 2003『噴火のこだま ― ピナトゥボ・アエタの被災と新生をめぐる文化・開発・NGO』九州大学出版会。
――― 2012「自然災害と社会のリジリエンシー（柔軟対応力）― ピナトゥボ山大噴火（1991）の事例から「創造的復興」を考える」佐藤孝宏・和田泰三・杉原薫・峯陽一編『生存基盤指数 ― 人間開発指数を超えて』京都大学学術出版会、pp. 163–192.
――― 2014「応答する人類学」山下晋司編『公共人類学』東京大学出版会、pp. 19–36.
関本照夫 1994「序論」関本照夫・船曳建夫編『国民文化が生れる時 ― アジア・太平洋の現代とその伝統』リブロポート、pp. 5–32.
塚原東吾 2011「災害資本主義の発動 ― 二度破壊された神戸から何を学ぶのか?」『現代思想』39巻7号、pp. 202–211.
坪内隆彦 1992「現地取材・フィリピン米軍基地撤去 ― 経過と展望」『文化評論』377号、pp. 191–209.
中野聡 2003「フィリピンの米軍基地問題 ― 植民地時代から一九九二年まで」藤本博・島川雅史編『アメリカの戦争と在日米軍 ― 日米安保体制の歴史』社会評論社、pp. 163–216.
西芳実 2014『災害復興で内線を乗り越える ― スマトラ島沖地震・津波とアチェ紛争』京都大学学術出版会。
福田保 2011「東南アジアにおける米国同盟 ― 比米同盟を中心に」『日米関係の今後の展開と日本の外交』日本国際問題研究所、pp. 113–122.
藤原帰一 1989「民主化過程における軍部 ― A・ステパンの枠組とフィリピン国軍」日本政治学会編『年報政治学』、pp. 141–158.
――― 1993「冷戦の二日酔い ― 在比米軍基地とフィリピン・ナショナリズム」『アジア研究』39巻2号、pp. 67–84.
松宮敏樹 1996『こうして米軍基地は撤去された ― フィリピンの選択』新日本出版社。
山口昌男 1983『文化の詩学 I』岩波選書。
山根健至 2014『フィリピンの国軍と政治 ― 民主化後の文民優位と政治介入』法律文化社。
山本博之 2014『復興の文化空間学 ― ビッグデータと人道支援の時代』京都大学学術出版会。
ラカス編（越田清和訳）1993（原著1991）『ピナトゥボ山と先住民族アエタ』明石書店。

なものとし、それが第一には被災者にとって、次に支援者（行政やNGO、国際援助機関）や復旧・復興に係わる事業者、利害関係者にとっても望ましいものとしてゆくためには、復興プランの作成から実施に至るまで、関係者の意見調整をする存在が必要であり、また、その過程を注視する監視役が重要である。被災地が外の世界に開かれたオープンスペースとなるゆえに、外助としての外部アクター（国際機関やNGO）が重要な役割を担う。

ピナトゥボ山に向かい鎮めの祈りを捧げるキリスト像とマリア像。地元の有力者が建設した。山麓から流れ出たラハールに埋まるサント・トーマス川が眼下に迫る（2013年1月）

第2章

現場で組み上げられる再生のガバナンス

既定復興を乗り越える実践例から

関東大震災・雲仙・阪神・中越

大矢根 淳

雲仙・普賢岳噴火災害の直接被災地・水無川流域で、1992年8月の土石流に直撃された家屋が、現在、道の駅「みずなし本陣ふかえ」に創設された土石流被災家屋保存公園に保存展示されている

本章で触れる日本各地の主な災害、関連地域

（関連地域は明朝体で示す。被災地だけでなく防災などの取り組みを紹介した地域も含む）

東日本大震災の復興現場をレポートする新聞記事では、おりにふれて、被災者の住宅再建、特に造成する高台への移転事業がなかなか進まない様が報じられている。そこでは例えば、住民が独自に集団移転先を希望・例示したのに対して、自治体が「既存の計画で十分」だとして申し出に応じなかったり、造成事業がなかなか進まない展開に「いつまでも待てない」として事業から離脱して自力で自宅を確保する住民の動きが後を絶たず、これによって常時、事業計画の「下方修正」が余儀なくされている状況が報告されている。その一方で、事例としては少ないながらも、福島県新地町のように造成工事が終了して入居もすんだ地区もある。そこでは例えば、自治体が用意する集団移転先とは別に、ご近所まとまって移転を望む住民の意向が取り入れられて、いわゆる「住民持ち込み型団地」が認められたり、集団移転先の上限宅地面積一〇〇坪の規定が柔軟に解釈されて、一〇〇坪を超過する部分は住民に購入・負担してもらうこととするなど、諸規定の弾力的解釈・運用が果敢に行われている。その地区では、発災年内に早くも移転先候補地の地権者・地区長との懇談会を開いて、用地買収の協力要請を始めていて、地権者との交渉や判を押してもらう作業は、基本的に地元生え抜きの職員が担う（他自治体からの応援職員らには丸投げしなかった）［所澤 2014: 8-9］など、被災者固有のロジックに復興行政が真摯に向き合う姿が認められている。

こうした事例は、デフォルトとしての逡巡する復興諸事業のかたわらに見いだされる対抗例、特殊解なのであろうか？　本章では復興概念を吟味しながら、東日本大震災に先立つ三つの被災事例、すなわち阪神・淡路大震災（一九九五年）と新潟県中越地震（二〇〇四年）、雲仙・普賢岳噴火災害（一九九一年）をとりあげ、現場で被災者自らが主体的に取り組み、組み上げてきた復興のガバナンスの経緯と意義を検討してみたい。

＊1　江戸時代以降、江戸（東京）では数十年おきに、死者数千〜万単位の大火災が発生している。以下、年号・火災名称・死者数（概数）。一六五七年・明暦大火・一〇万、一六八二年・天和大火・三〇〇〇、一六九八年・勅額《ちょくがく》火事・三〇〇〇、一七七二年・明和大火・一万四七〇〇、一八〇六年・文化大火・一二〇〇、一八二九年・文政大火・二八〇〇、一八三四年・甲午火事・四〇〇〇、一八五五年・安政地震火事・二万五〇〇〇。

石巻市渡波。東日本大震災６年度目の2015年夏、津波で流された家屋等（瓦礫）は撤去されたが、まだ基礎は残り、生活空間再建の兆しは見られない

1　既定復興とその批判的検討の履歴

既定復興〜復興災害

幾度もの江戸の大火[*1]、関東大震災、東京大空襲[*2]……と、首都東京（江戸）はこれまで「火」を主因とする大災害に見舞われ続けてきた。江戸・明暦大火後には延焼防止のため火除地《ひよけち》あるいは同様の趣旨で広小路《ひろこうじ》などが設けられ、これは現地名とし残存しているから広く知られているところであろう。近代以降それは、延焼防止のため広い道路とオープンスペース（公園等）として、大正八（一九一九）年に制定された「（旧）都市計画法」に位置づけられる都市計画事業（土地区画整理事業[*3]）の枠組みで担保・継承されている。

同法施行直後、関東大震災（一九二三＝大正一二年）が発生した。大規模延焼火災によって一〇万人もの犠牲を生んだことで、その復興策として、特別都市計画法のもと、土地区画整理事業が採用されて、これが東京・横浜において帝都復興事業として行われた。「復興は都市計画事業で!!」が定着し、以降これがデフォルトとなる。そしてその約二〇年後には、空襲・戦災の復興（焼夷弾等による大規模延焼火災の復興）に対して同様の特別都市計画法が、今度は戦災都市の指定を受けた日本全国の一一五都市で施行された。このようにして我が国では、復興といえば既存の基盤再整備の公共事業（復興都市計画事業）が疑義なく重ねられていくこととなった。この復興スタイルが「既定（の）復興[*4]」と呼ばれるものである。

一方、災害復興によらずとも日常的に各地で、都市基盤整備のために土地区画整理事業が行

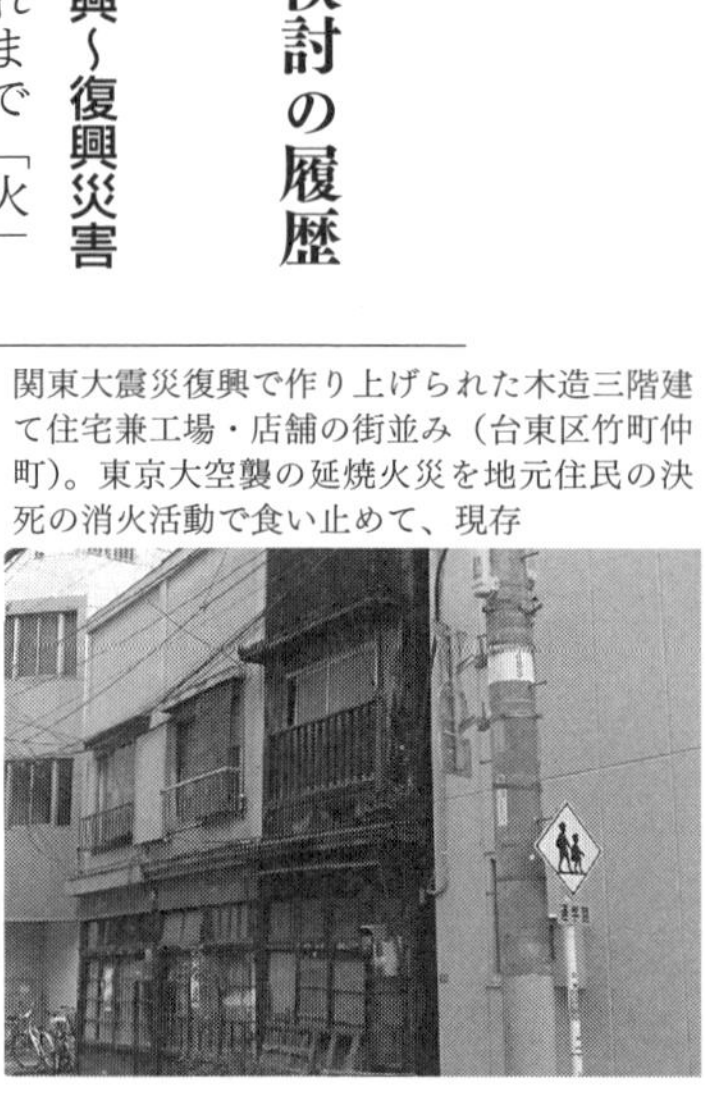
関東大震災復興で作り上げられた木造三階建て住宅兼工場・店舗の街並み（台東区竹町仲町）。東京大空襲の延焼火災を地元住民の決死の消火活動で食い止めて、現存

*2　一九二三年・関東大震災・一〇万、一九四五年・東京大空襲・一〇万（数字は死者数概数）。

*3　この当時は、耕地整理の事業手法を準用して土地区画整理（延焼防災のため、広い道路・公園で街区構成をはかる）が行われた。

*4　災害後にはそのようにしていくことが、既に定められている、我が国で「復興」と言えば、それは都市計画事業の施行であることが、既にあらかじめ定められているという意。

われている。そこでは、減歩・換地・清算金[*5]の負担が異議申し立てられて、裁判で争われ続けている。これは、それらの負担が基本的人権（居住権、財産権、生存権など）の侵害に当たるのではないかとの争いであり、区画整理の行われるところ、ほぼ自動的に住民の反対運動が組織される。[*6]これが特に被災地で行われる場合は、当該権利関係者が命からがら避難して不在のところで、規定の手続きにそって（ほとんど避難住民が知らない内に＝「寝耳に水……」との苦言が呈される）粛々と事業が公告・決定されるので、被災者にはすこぶる不評となる。しかしながら、非被災地の者には概ね好評で、「二度と同じような惨禍が発生しないように、災害に強いまちを造るべきだ」との暗黙の国民的合意が存在するから、当該事業の対象となった者くらいにしか認識されることのない事業内容の重い負担（＝減歩・換地・清算金）は、事業の非対象者には認識されづらく、「なぜ、このようにすばらしい事業に反対するのか」、「補償金のつり上げ・ゴネ得を狙っているのだろう」と訝《いぶか》られる。被災者とても「総論（復興・防災のまちづくり）賛成」なのであるが、何も今この状況で……、よりにもよって被災者である私のところで……、として「各論（自分の立ち退き・清算金の支払い）反対」となるのである。

　また、区画整理で補償される権利関係者は、地権者と借地権者であると法的に規定されており、最も弱い権利関係者である借家人は保護されていない。つまり災害で住居を失った借家人は、再興される瀟洒な街並みに新築される住居（マンション）は高くて手が出ないことが多いから、住み慣れた地域を後にして支払える家賃の物件を求めて彷徨せざるを得なくなる。被災地復興におけるジェントリフィケーション[*7]である。このことは、被災地復興に都市計画事業を採用する限り、論理的には予め決まっている。瀟洒な復興環境には人口が集まり（人口回復）、地価は上昇し、したがって新居住階層の納税額は被災以前より多くなるから（税収回復・増収）、

*5　区画整理では、道路・公園等の公共施設の整備のために必要な公共用地（および事業費）を生み出すために、必要な土地（保留地）を地権者から一部を提供させることにより確保するが、これにより減少する地権者の土地を減歩と呼ぶ。整備前の土地に換わり、交付される整備後の土地を換地といい、従前地面積と仮換地面積の不均衡が生じた場合は、これを金銭をもって清算することとなっていて清算金と呼ぶ。ほとんどの場合、清算金は、事業による地価上昇分を土地所有者が「支払う」こととなる。事業で地価が下落することはまずないから（そのような計画は立案され得

木造長屋の借家（大阪府堺市湊西地区）。阪神・淡路大震災の倒壊・大規模延焼火災では、こうした長屋（文化住宅と呼ばれた）に住む年金暮らしの高齢者が多く犠牲となった

自治体ではもちろんそれを歓迎するし、さらにはそれを当然のこととして誘導していく。災害で生き延びても復興事業の過程で居住の権利を失う・奪われることとなる階層が生まれてくる。これを「復興災害」〔塩崎ほか 2005〕と呼ぶ。災害復興における復興災害、こうしたことは既定復興の枠組みでは予め黙認（奨励）されている。

創造的復興

阪神・淡路大震災発生（一九九五年一月一七日）から二週間、県内被災市町長と有識者が参加して都市再生戦略策定懇話会が設置され、三月末に戦略的復興ビジョンが作成され、六月には「創造的復興」を掲げる阪神・淡路大震災復興計画が策定された。そこでは、計画策定の視点として「単に一月一七日以前の状態に回復するだけでなく、新たな視点から都市を再生する「創造的復興」を成し遂げること」が目指されるべきとされた。そしてその内容[*8]としては、兵庫県長期計画・「兵庫二〇〇一年計画」（一九八六年）、神戸市長期計画・「神戸市基本構想」（一九九三年）において既に検討されていた同地域の中長期的政策課題対応事業が前倒しで盛り込まれることとなった。神戸空港建設などがその典型である。木造老朽家屋密集地区の延焼火災など二〇万軒の住宅被害を前にして、なぜ、空港の新設となるのであろうか？

思い起こしてみよう。関東大震災の復興は帝都復興として、「今時ノ震災ハ帝都ヲ焦土ト成シ、其ノ惨害言フニ忍ヒサルモノアリト雖モ、理想的帝都建設ノ為、真ニ絶好の機会ナリ」[*9]と政府に位置づけられ、東京市改造計画として「欧米最新の都市計画を採用して我国に相応しい新都を造営せざるべからず」という後藤新平の気炎とともに復興＝都市計画事業として進められてきた。その二〇年後の戦災復興、その後、毎年のように発生した震災・風水害での復興、

阪神・淡路大震災で大きな被害の出た神戸市長田区にも倒壊・延焼焼失しなかった街区はいくつかあり、昔ながらの路地が残されている

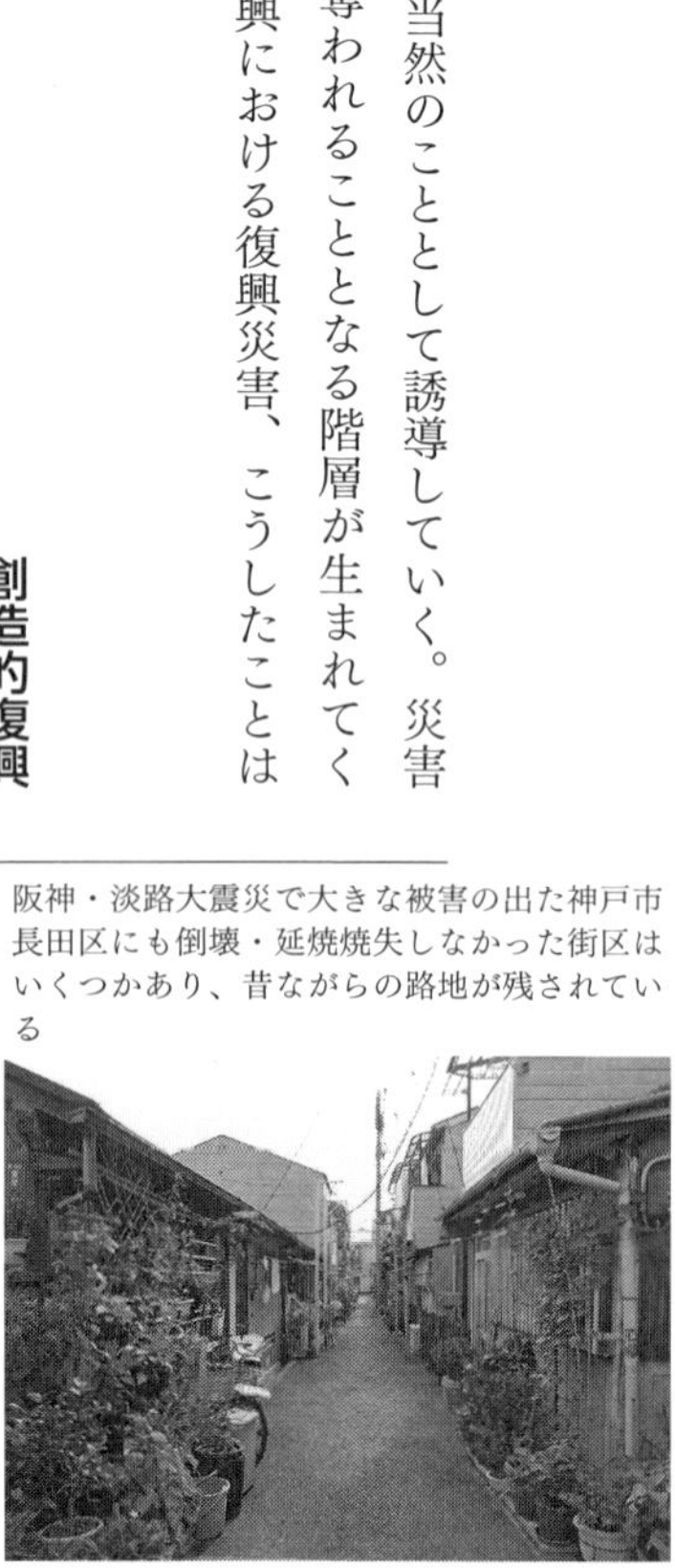

ないから）、土地所有者に清算金が支払われることは、ほぼない。

*6　NPO区画整理・再開発対策全国連絡会議では同会議設立（一九六八年）以降、全国で展開された事例を渉猟・記録して公開している（http://homepage3.nifty.com/kukaku-renrakukaigi/Omokuji.html）。

*7　ジェントリフィケーション＝gentrification。都心近接低開発・低所得地域（インナーシティ）が再開発されて、文化的、社会的な高級化がもたらされ、求心性を獲得した地区には中産階級が流入する。「被災した木造老朽家屋」と言われ

そして二〇世紀末の阪神・淡路大震災の復興が、ことごとくこの枠組みにおいて都市計画事業として進められてきた。[*10] そして被災地で復興が検討される際には、当該地方公共団体が被災前に策定してあった中長期的な総合計画（現在ではそれらを都市マスタープランと呼ぶ）が前倒しで盛り込まれることとされてきたのである。[*11] なぜならこれらの計画は、災害前の近い過去に、当該地域の議会において民主主義的手続きを経て承認されていて、導入は既に決定していたのである。震災後の混乱する今、一から復興プランを練り始めるより、既存の承認済みプランを持ち込んだ方が収まりがいい。また、全国総合開発計画のような国全体の諸計画との整合性も高い次元で担保されている。復興とは地域開発が数十年前倒しで実現される好機と位置づけられてきたのであり、これが日本の復興の基本的スタイルとされてきた。だから、阪神・淡路大震災の復興には神戸空港建設が必然的に盛り込まれていたのである。神戸市長は震災復興計画に神戸空港計画を盛り込む際、あくまで「防災（病人・怪我人・物資の空輸）の拠点」であるとその意義を強調して見せたが、被災者の感情とは大きく乖離していたと言われている。空港より家・生業の再建が先だろうとの感情、震災後の今、求められているのは空港を造る〝創造的復興〟なのか、こうした被災者の感情は積年の神戸式都市経営方式（埋め立てを中心とした土地開発行政）批判[*12]を再燃させていった。

「復興とは何かを考える委員会」（日本災害復興学会）

それでは、復興とはそもそも何なんだろうか……、とその語義を丁寧に問い直すところから始めようと、各被災地の取り組みを精査しつつ当該被災地に実践的に参与する研究者・実務家によって、日本災害復興学会が創設されたのが二〇〇七年[*13]のことであった。学会には「復興と

る事があるように、主に壊れたのは「古い（従って安い）」もので、事業で新築されるものは高価なものとなる。

*8 「①災害に強く住みやすい都市づくり」（都市基盤復興事業＋住宅復興事業）、「②近隣が助け合い、安心して暮らせる地域づくり」（保健・医療・福祉復興事業）、「③世界に開かれた文化豊かな社会づくり」（生活・教育・文化復興事業）、「④活力ある新しい産業社会づくり」（産業・雇用復興事業）。

*9 関東大震災の折、時の内務大臣・後藤新平は閣議に提出した「帝都復興の議」の中で、

多くの木造老朽家屋が倒壊・延焼焼失した街区は、復興都市計画事業の網が被せられ、整然と区画されたところに瀟洒な戸建てやマンションが建ち並んだ（神戸市長田区）

は何かを考える委員会」[*14]が設置されて、二年度にわたって七回のワーキング・グループをもとに一四回の研究会が精力的に重ねられて、復興概念・実相の俯瞰図が作成された（図2-1）。

そこでは、「復興とは何か」という問いに対して四つのアプローチが抽出された。①理念的アプローチ（どのような状態を目指すか）、②メカニズム的アプローチ（復興に必要な要素、それらの関係性や構造はどのようなものか）、③ガバナンス的アプローチ（復興の主体は誰か、それがどのように関わり、どういった手順が必要か）、④能力的アプローチ（復興を成し遂げる力や能力とは何か、それをどのように高めることができるか）がそれで、ここにおいて、復興概念・実相の多元性が示された。学会として復興概念を一元化するところまではたどり着かなかったが、その拡がりが確認された。研究実践を志向する学会として「被災地のエンパワーメントとそれを支える支援や仕組みの在り方に関する実践的な提案」を今度も重ねていくこととされた。

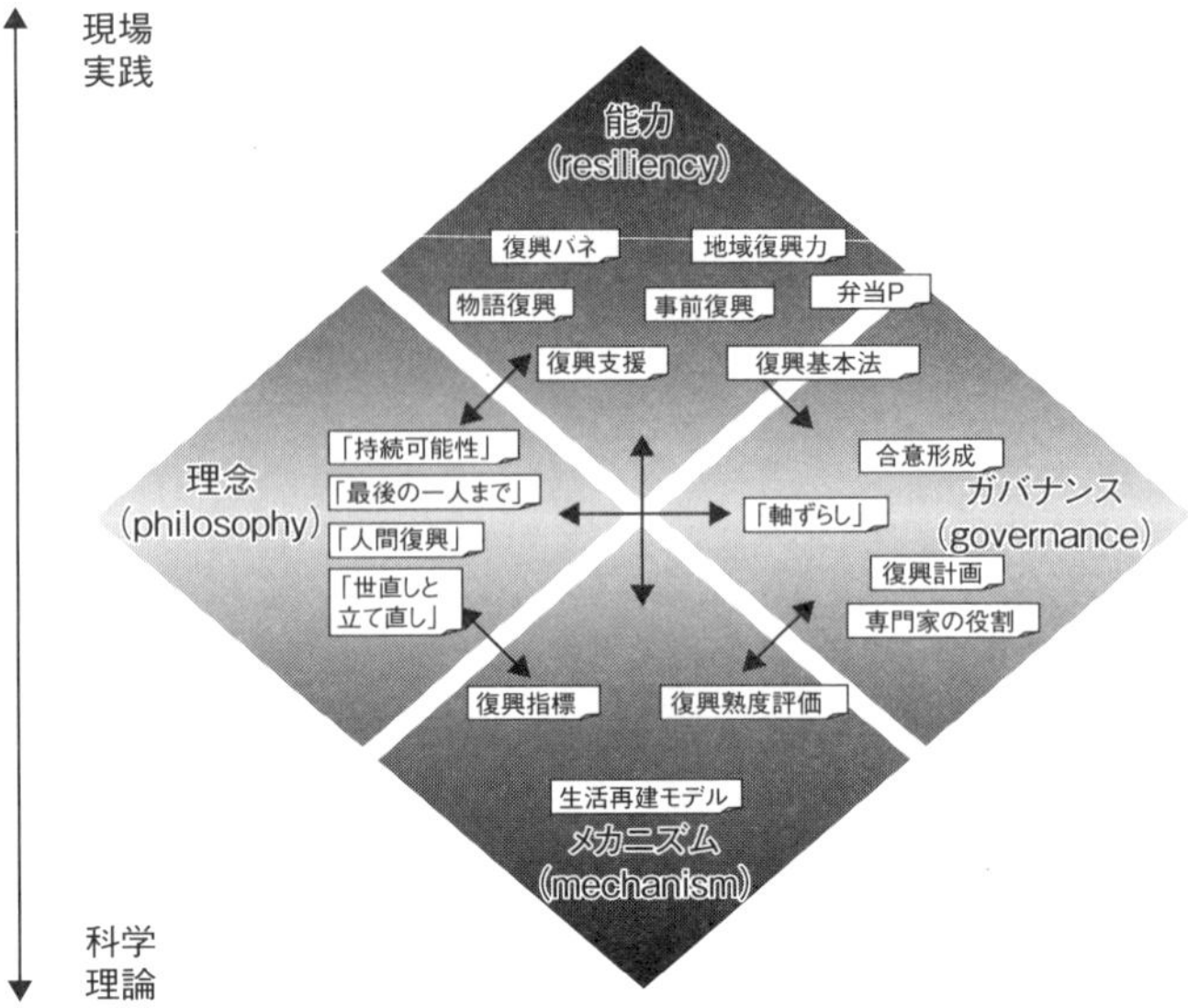

図2-1　復興概念・実相の俯瞰図（[永松 2010] より）

地元の伝統芸能、安渡虎舞の面が、津波で流されるも発見され、泥も落とされて踊りの復旧を待って、町内会長宅に大切に保管されている（岩手県大槌町安渡）

一〇万人にも及ぶ犠牲者が出ているところで、「理想的帝都建設の為の絶好の機会なり」と断じた。阪神・淡路大震災の時も、かねて再開発が課題だった神戸市長田区で大火災があったことを「不幸中の幸い」と称して物議を醸すといった事例があった。

*10　戦災と一九九五年・阪神・淡路大震災の間には例えば、一九五九年・伊勢湾台風、一九六五年・大島元町大火、一九七六年・酒田大火などが、そして阪神以降、二一世紀に入ると、二〇一一年・東日本大震災など。大沢・岸井［2005］に詳しい。

ここにおいてガバナンス的アプローチに位置づけられている筆者の復興イメージは以下のとおり。

復興とは、「復旧」という現実的な具体像（原形復旧 or 改良復旧）に、近い将来の社会変動パターン（地域総合開発計画等による地域社会生活のドラスティックな構造変容⇒「新たな社会創造」）を折り込んで構想される現況被災生活の一つの到達像＝「生活再建」、そこに至るプロセスである。そしてそのプロセスとは、多様な主体（もちろん被災者を主体とする）によるローカル、ミクロな政治過程（プロセス）である。したがって復興とは、一義的にハードな都市基盤再整備のことを言うのでは決してなく、それはあくまでありうる手段の一つであって、その本来的な中心は、損なわれた社会関係の再構築過程（プロセス）となる。

復興都市計画事業が竣工して現出する新たな社会では、従前の社会関係は清算されてしまっているから、そこで生活再建を求める被災者によって改めて自覚されてくるのが、当該地域社会の従前のかけがえのない社会関係なのである。東日本大震災で、津波で流されてきた瓦礫の山から拾い集められた写真がクリーニング・保管されるのが、かくも支持されるのは何故か。これらは単なる「思い出」を超えたものであり、損なわれた地域アイデンティティ再構築の過程での不可欠の情報（かけがえのない記憶⇒記録）なのである。これはかけがえのない記憶・記録であり、「実現させたい懐かしい未来」なのである。「実現させたい〝懐かしい未来〟」、それは、当該地域社会の生活文脈（智慧）の再構築なのだ。復興概念を再検討することで次第に明らかになってきたことは、復興とは地域アイデンティティ再構築のプロセスそのものであること、したがって既定復興とは異なる生活再建の実相としての、被災者自身を主体とする復興ガバナンスがあり得ること、であった［大矢根 2012］。

*11　一九九〇年三月、神戸市議会が、第六次空港整備五箇年計画（六次空整）への神戸空港組み入れ要望を全会一致で議決している。

*12　株式会社神戸は「山、海へ行く！」（山を削って宅地を造り、その土で埋め立て事業を行う）を進め、「輝かしい成功モデルとしての神戸市」と呼ばれたこともある［週間ダイヤモンド特別取材班 2001］。

*13　阪神・淡路大震災の一〇年検証［塩崎ほか 2005］、それと前後して続発した非都市型災害としての中山間地の災害（二〇〇四年・新潟県中越地震な

津波で流された数多くの写真が、拾い集められ洗浄・修復されて修得物展示会場に集められた。ご本人、親戚・知人の目に留まり引き取られる時を待つ（石巻市）

2　新しい「復興の物語」に向けて ―― 雲仙・阪神から中越・東日本へ

二段階復興都市計画〜阪神・淡路大震災、ボランティアによる復興まちづくり支援の挑戦

それではここで、既定復興には異議を唱えつつ、そこで模索されてきた生活再建の実相としての被災者自身を主体*15とする復興ガバナンスの具体例をひもときつつ、既定復興に代わる新しい復興の物語がいかに紡ぎ出されてきたのか、考えてみたい。

既定復興の枠組み、特に都市計画事業では、従前居住者（被災前にそこに住んでいた人々）のうち零細な権利関係者である借家層、その中でも年金暮らしの高齢・借家層は、竣工なった瀟洒なまちに住み戻ることが難しくなる。阪神・淡路大震災では、復興まちづくりの現場に参与してきたボランティア層の支援のもと、こうした従前居住者の住み戻りが模索された街区がある。そこで模索された解の一つが二段階都市計画決定における共同化住宅建設の流れであった。

阪神・淡路大震災（一九九五年一月一七日）の震災復興土地区画整理事業では、被災からちょうど二ヶ月後の三月中旬に都市計画決定がなされたことで（県・市は、国の予算補助獲得のためには年度内に都市計画決定がなされる必要があった）、権利関係者からことさら大きな不満が噴出した。避難して不在のところで「寝耳に水の都市計画決定」という訳である。そこでこの事業は実質的に二段階で運用されることとなっていった。

まず、三月中旬の都市計画決定において、①施行区域、②道路や近隣公園といった骨格とな

阪神・淡路大震災の大規模延焼火災の現場（神戸市長田区）には、こうした瓦礫の撤去後には、復興都市計画事業（区画整理や再開発）が被せられることとなった

ど）を契機として、これまでの「復興」を問い直す機運が高まっていた。

*14　日本災害復興学会のＨＰ上に、各研究会の報告要旨、討議の記録が公開されているので参照いただきたい。http://f-gakkai.net/modules/tinyd2/index.php?id=1

*15　既定復興の主体・主語は、我が国の中央行財政システムである。したがって、東日本大震災復興が既定復興スタイルで進められるのであれば、そこに掲げられるスローガンは当然ながら「ガンバレ日本！」となるのであり、決して「ガンバレ東北！」とはなり得ない。

る都市施設について第一段階の都市計画決定を行い、より身近な生活道路（区画街路）や街区公園等については、住民の要望や意見を踏まえて協議を行い、事業計画を詰めていくなかで第二段階の都市計画決定を行うというものである。通常、土地区画整理事業では主に基盤整備と宅地の整形化を行うのみで、その後の建物建設については関与しないこととなっているが、このたびは被災地の事情に応じて、その後の土地利用、建物計画、まちづくりをふまえた事業計画等が検討されていくこととなり、そこで例えば共同化[*16]による再建のための方策が模索されていくこととなった。これは施行者側（市当局）があらかじめそのような（二段階の）運用を提案したのではなく、被災者・権利関係者の激しい異議申し立てで合意形成が進まなくなったことから、結果的にそのような形になっていったというところである。

一例として、神戸市長田区御蔵通での実践［宮定 2007］を眺めてみよう。御蔵通五・六丁目地区は長田区の南東部に位置する約四・六ヘクタールの区域で、戦前よりケミカル産業[*17]、金属・機械産業で栄え、職工のための長屋住宅が並ぶ住工混在地として市街化されていたが、震災前から若年層の流出による高齢化や、産業衰退の傾向がみられる典型的なインナーエリアであった。震災による火災で地区面積の八割が全焼した（死者は二七人／住民六四七人のうち）。そこに三月中旬、都市計画決定がなされて御蔵通五・六丁目地区が震災復興土地区画整理事業地区に指定された。唐突な役所のやり方に疑問をもった地区住民有志によって翌月、「御蔵通五・六丁目町づくり協議会」（以下、協議会）が結成された。協議会では八月に、従前居住者・家主・地主に、アンケートやヒアリング調査を行い、そこで「地域に戻って再建したい」という回答が七割を越えていることを把握した。しかしながらこの地区でおこなわれる復興事業は土地区画整理であることから、この事業で処遇される権利関係者は土地所有者と借地権者に限られて

*16　まとまった面積の敷地を確保することは難しい。事業に不参加表明する権利者がいたりして、接道がままならない歯抜け区画や、不整形の敷地が多数発生することとなる。そこをまちづくり協議会などで議論を重ねて事業への参加者を募り、敷地の交換分合を進めて、土地の共同化をはかっていく。

*17　戦後の皮革加工から転じて合皮を使った靴製造（ケミカル・シューズ）が成功した。安室奈美恵の厚底ブーツはここで企画・製造されて一世を風靡した。

1985年頃の活気溢れる菅原商店街（神戸市長田区）。阪神・淡路大震災の大延焼火災でほぼ全店、焼失した（震災発・金原雅彦資料より）

いて、従前居住者の七割を占める借家人による地区内再建の希望は、あらかじめ検討の対象外であった。そこで協議会では、借家人の生活再建（なんとか住み戻る工夫）を考慮して、共同建て替えを模索していくこととなる。

そこに参画して事務局機能を担ったのが新設のボランティア団体・まちコミュニケーション（以下、まちコミ）であった。彼らはそもそも、震災ボランティアとして長田に集った若者・学生たちで、都市計画や建築に関してはズブの素人であったが、現場で被災者に寄り添ううちに、そこに被ってきた復興都市計画事業のしくみや流れを被災者に通訳する役回りを担うこととなった。都市計画事業に関しては皆目無知な被災者＝従前居住者にもわかるように、区画整理や共同建て替えについての事業手法や法制度的枠組みについて情報収集・提供を続けつつ、ともに勉強会を重ねた。合わせて、地元の婦人層と協働して慰霊祭、盆踊り、餅つき等の地域イベントを企画・開催した。これは遠く郊外の仮設住宅に移っている人々を一時的にでも呼び戻しつつ、離ればなれになった住民同士の、そして住民とボランティアの連絡体制・信頼関係を紡ぐためであった。そして一九九七年六月、事業への参加を表明した数世帯によって、「共同再建準備会」が結成された。しかしながら、候補地では権利関係に関する交渉が難航したことで、事業の敷地もなかなか確定しなかった。そこでプロジェクトへの意欲を維持していくために、準備会の各種会合、先進事例の見学会等が企画され、まちコミが（通訳者としての立場を超えて）、権利者と専門家、権利者間の調整を図り、事業全体を見守るコーディネーターの役割を担うこととなった。御蔵の復興まちづくりは、建築に関して素人集団であったボランティア団体がコーディネーターをつとめてまとめ上げた被災地唯一の事例となり、結果、わずか一一世帯の参加ではあったが、共同再建住宅「みくら5《ファイブ》」（63ページ写真）が二〇〇〇年一月に竣工

復興の土地区画整理事業で設けられた公園（長田区御蔵）には、住民創意によって慰霊碑が建立され、震災学習で訪れる修学旅行生が地元の語り部の話に耳を傾ける

した。この過程は、ボランティアが主導する復興まちづくりとして各方面から称揚され、国内外のメディアにもたびたび取り上げられて、表彰もされることとなった。*18

御蔵には、①土地所有者の住み戻り＝個人の住宅再建、②公営住宅二棟、それに③共同再建住宅・みくら5《ファイブ》が建設されたが、戻って来られた従前居住者は、従前居住者三四七軒の約三分の一（九五軒）にとどまった。焼失面積が大きく地域外での避難生活を余儀なくされ、一度地域外に出てしまうと地域に戻（れ）る可能性は低下し、「仮《かり》の住処《すみか》」が「終《つい》の棲家《すみか》」になっていく。①土地所有者の住み戻り＝個人の住宅再建を果たした層は、借家人に比べて強力な権利を有していて、被災後はしばらく地域外に避難して模様眺めしつつ、基盤整備が整ったところで自前資金で住宅再建を果たした。帰還した彼らの目には、しかしながら、外部からやってきたボランティアが我が物顔で、自分たちの街を勝手に造り換えているようにも見え、*19ここに帰還なった従前居住者の一部とまちコミの間に溝ができはじめる。そして二〇〇六年、復興まちづくりを主導してきた協議会は解散に追い込まれた。これは、その中核にコーディネーターとして存在していたまちコミの御蔵での発言権を抹消するための組織解体であった。従前居住者（特に零細な権利関係者）の住み戻りは、独力では難しく（既定復興に抗うことは難しく）、外部支援との共存もまた難しい［大矢根 2011a］。

物語復興（サンタクルーズから中越へ）の実践――「軸ずらし」と「物語復興」

二〇〇四年新潟県中越地震*20は過疎・高齢化の進む中山間地域を襲った災害であったから、大都市神戸の復興経験がそのまま活かされるということはない。活かされるとすればそれは、上述の御蔵の悔恨にあるように、時間の経過とともに変容する被災地の状況に即して、外部支援

---

*18　二〇〇三年・防災まちづくり大賞総務大臣賞、防災功労者内閣総理大臣表彰、二〇〇四年・美しい街づくり賞、地域住宅計画賞など。

*19　例えば、まちコミが、大阪より人気の河内音頭の歌い手・踊り手を招いて、数年にわたって夏祭りを企画・実施していたが、住み戻った土地所有者層はこうした新たな夏祭りにことのほかの異議を唱えた。震災で路地の地蔵を守る人の多くが亡くなり・転出し、その路地自体も区画整理で消滅したところで、まちコミは、御蔵の夏の風物詩・地蔵盆に代わる新たな集いの場を模索して河内音頭

御蔵通5・6丁目の復興まちづくり事業のなかで、ボランティア・グループが組み上げ作り上げた共同再建住宅「みくら5」（『月刊まちコミ』2002年6月号より）

の質・内容も変えて行く必要があるというところだった。

中越では、中山間地域の被災現場の緊急支援に参与したボランティアが、阪神とは異なる独自のスタイルを構築していった。そこではまず、山古志村災害ボランティアセンターを設置してボランティア・コーディネートが重ねられた。その後それは発展的に解消して中越復興市民会議の設立につながり（二〇〇五年）、さらに中越防災安全推進機構[*21]に展開していくこととなる（二〇〇六年）。この過程では、復旧から復興の段階においてまずは、中間支援組織[*22]の重要性が認識されたところで中越復興市民会議が設立された。そこから復興の過程で（それを積年懸案の過疎対策に連結して）地域振興を担う人づくりが肝要ととらえられて、地域復興支援員制度が構築されて行く。このシステムは現在、国に採用されて、過疎対策として推進されている集落支援員や地域おこし協力隊等をネットワークする「地域サポート人ネットワーク全国協議会」の設立に繋がっている（二〇一〇年）。

こうした展開、すなわち、〝復興は人づくりとともに〟という考え方は、中越での一つのかけがえのない経験にその端を発している。それが「軸ずらし」・「物語復興」という考え方・言葉の獲得である。そこに寄り添って研究実践を重ねた若手研究者は次のように記している。

> 新潟県中越地震では、山間部に散らばる過疎集落を災害がおそった。被災地の多くは、高齢化の激しい小さな村々だった。このような中山間地では、地震がおきたからといって突然「どんな地域に復興したいか」と問われても、「いや、もうオラたち年だから、どうすることもねぇろ」と、なかなか議論は進まない。地域に山積する課題が大きすぎるのである。
>
> 目先の一見どうしようもなさそうな大きな課題、あるいは悲観的な地域像から、ひとまずいちど視線をそらしてみる。これを中越では、「軸ずらし」と呼んでいる。中越では多くの学生

駆けつけたボランティア（よそ者・若者・ばか者）のこれまでとは異なる新鮮な視線が被災地に注ぎ込まれていく。石巻専修大学に設けられたボランティアセンター受付

を招いたところであるが、住み戻った土地所有者層の一部は、それらを含めて、まちコミが古くからのまちを根こそぎ壊す元凶だと主張するに至る。溝は深まるばかりだった。

*20　二〇〇四年一〇月二三日、発震。県内・北魚沼郡川口町（現長岡市）では最大震度7を観測。家屋の全半壊はおよそ一万七〇〇〇棟に上り、高齢者や子供を中心に六八名が死亡。豪雪地帯のため雪に押し潰されない頑丈な構造の家屋が多かったことから建物倒壊による犠牲が少なく、代わりに、山崩れや土砂崩れなどで鉄道・道路が約六〇〇〇ヶ所で分断された。

ボランティアが、地域行事に参加したり、畑づくりを行った。豊かでたくましい山の暮らしに、学生たちが「すごい」「おいしい」と驚嘆する。「おぃ、こんな山のなかが、そんなにすごいか？」と、よそ者の目を通して自分たちの地域の価値を再発見する。そして、そのような小さな取り組みの成功体験を重ねることで、「自分たちにも、まだまだやれるのではないか」という思いが生まれてくる。それが、共通体験を積み重ねることで、共有されていく。やがて、「地震のせいで…」と言っていた人が、「地震のおかげで…」と語るようになる。「役場が…」が、「自分たちで…」に変化していく。こうして、「どんな地域に復興したいか」という地域への思いが語られはじめる。このように、地域や自分たちについて語りなおすことを通して、復興の物語を紡ぐ形を「物語復興」と呼んでいる［宮本 2007: 26］。

　復興を自分たちで語りなおすこと、こうした復興スタイルは、阪神・淡路大震災復興の現場に携わった研究者らが、これを猛省しつつ一九八九年アメリカ・ロマプリエータ地震の復興の現場の一つ、サンタクルーズを視察して学び取って中越に導入してきたものであった。

> 「テーブルを丸く配置したんだ」と何人かから聞いた。何故、円卓がそれほど思い出深いのか。利害の対立、根強い不信、議論が前進しない焦燥感。……誰が上でも下でもない。それが円卓だった。／怒鳴りあい机を叩きあう……人のベクトルを揃えたのは「子供達の住む五〇年後の未来を考えよう」という提案だった。だからビジョンサンタクルーズの名前が選ばれた。ビジョンというのは「目に見える素晴らしい光景」のこと。／三〇〇回を越えるWSや小会議。誰もが復興計画に関わる機会を与えられ、そして実際に相当数の市民が関与した……。

　一日も早く店を再開したいという強い焦燥感・危機感というつよい想いが有志によるパビリオン設営に繋がり、そこで自然発生的に生まれた市民同士の対話が、円卓へ、そして過剰依存

*21 震災を機に中越では防災安全の機運が高まり、行政、教育研究機関、企業、市民団体の産官学民連携組織として中越防災安全推進機構が、以下の三本柱のもと設立された。①防災安全学問研究コンソーシアム（大学研究機関の共同研究）、②中越市民安全大学等の開講（市民安全大学、自治体防災担当職員の研修）、③中越防災安全情報・技術振興（震災ミュージアム、アーカイブの整備・運営）。同機構に復興デザインセンターが設けられ、センター内に中越復興市民会議が位置づけられることとなった［青田ほか 2010］。

*22 行政と地域の間に立って

新潟県中越地震の崖崩れによる河道閉塞で水没した集落では、山古志木籠ふるさと会を創設して復興資料館・郷見庵を建て、素朴な地元食材や惣菜などをふるまう

でない対等な関係へとカタチを変えた。ぶつかり合う利害を押さえるには、共通の未来への意識を持つしかなかった。ワークショップは何を言っても良い自由な発想の場となり、吐き出された膨大な提案・情報から、贅肉をそぎ落としていって最後に残った本質が、シビックリビングルームという明快な理念だった。それが出てしまえば、あとはコンサルタントや大学教授のプロの支援が意味を持ち始める。／理念が生まれたのは、震災から半年後。物語のような記述を含む復旧計画が議会で承認されたのが一年半後で、完成は二年後。／どうやら、「物語復興」という完成された手法は存在しなかったようだ。だが、結果として市民誰もが理解できる「復興物語」が生まれたことは間違いない。なるほど。物語復興というのは、物語を生み出す復興の手法ではなく、自然と物語が生まれるプロセスを指すのだろう。*23（／による改行の詰めは引用者）［上村 2007］

既定復興を批判しつつ復興のあり方が模索されて「物語復興」の思想と実践が輸入され、これが中山間地域の被災地で「軸ずらし」を包摂しながら、懸案の過疎対策として、地域復興支援員から集落支援員・地域おこし協力隊の制度化へと展開をみた。今、東日本大震災・津波被災地の小さな浜・浦はこれら過去の被災地に学ぼうと、中越の復興現場の視察の旅に乗り出している。

雲仙・普賢岳噴火災害・直接被災地「上木場復興実行委員会」の組織活動とその伝播

復興をこのように多義的にマルチステークホルダー*24で組み上げようとする現場の工夫は、これより少し前、一九九一年の雲仙・普賢岳噴火災害より見受けられた。官制・復興まちづくり（既定復興）とそれへの異議申し立て（住民反対運動）という二項対立とは異なる復興ガバナンス

雲仙・普賢岳噴火災害の土石流被災地に立ち、被害の状況を説明する地元消防団長（1992年）

様々な活動を支援する組織のことで、市民と市民、市民と行政、行政と企業などの間に立って、そのパイプ役として中立的な立場で、それぞれの活動を支援する組織。

*23　中越復興市民会議におかれた復興デザイン研究会では、研究会メンバーがサンタクルーズを訪ねて「特集　サンタクルーズ物語復興調査」を著した。そこでは「シビックリビングルーム（ダウンタウンを市民の居間に）」というキーコンセプトが承認されて復興の方向性が定まってくる過程などがレポートされている。『復興デザイン研究会ニュースレター』第

が、いかに組み上げられてきたのか、その具体的組織活動の主体・体制、戦略を紹介しよう。

一九九〇年晩秋、雲仙・普賢岳（長崎県）が約二〇〇年ぶりに噴火して土石流・火砕流被害を引き起こした。この噴火災害の直接被災地[*25]・上木場（九六世帯四〇四人の町内会）は、噴火開始から半年後五月の土石流発生で避難生活を始め、九一年六月の火砕流では付近で消防団員や研究者、タクシー等車両運転者など四三人の犠牲者を出した現場（水無川上流地区）である。その後、土石流被害が水無川下流に拡大し世論がそちらに傾斜していく中で、上木場は次第に目を向けられなくなっていったが、その間、九三年夏くらいまでの足かけ三年間に、上木場ではまずは「〝古里〟での〝生活再建〟」をキーワード（戦略言語としての〝古里〟〝生活再建〟）に設定して復興を模索しだす。その間、日々刻々と火山噴出物が堆積してこれが雨のたびに土石流となって流れ下り、水無川下流に被害をもたらし始めたところで、下流からは「早く上流に砂防ダムを造れ」との声が大きくなってきた。下流の人々の生活空間を守ることは、上流の集落がダム内に埋没して消滅することを意味する。町内での激論・苦渋の選択の結果、上流の上木場では、「住み慣れた古里での復興をあきらめる（下流域の安全確保のため砂防ダムに埋没・消滅することを容認）」と明言することとなり、これと引き替えに、生活再建の「原資」である土地の補償獲得に向けて町内会をあげての活動を展開していくこととした。

そこではまず、住民の総意を担保する地域住民組織（南・北上木場町内会をベースに「上木場復興実行委員会」）を結成した。そしてその時期ごとの町内会メンバーの被災状況・将来ビジョンを客観的に調査し（アンケート調査および戸別ヒアリング調査）、その統計解析結果・自由記述を盛り込んで要望書を作成した。その文書を代表一名が交渉の場となる新設された役場窓口・災害復興課に持参して、回答を受け取る（＝文書回答を獲得する）ことを穏やかに地道に繰り返し、実

4号（2007.7.13発行）　https://dl.dropboxusercontent.com/u/21436228/rdr/RDR_News04.pdf

*24　マルチ（多様な）・ステークホルダー（利害関係者）。多様な住民層、内外の多様な関係者を包含して討議・実践が重ねられる公共圏はいかに形成されるか、復興のガバナンスが問われるところである。

*25　土石流や火砕流などで家屋等が流焼失する被害を直接被害と呼び、それに対して、観光客の激減や産業構造上の連鎖による被害の拡大、さらには風評被害などを間接被害と呼んだ。

噴火災害・土石流被災地で呆然と立ちすくむ私たち調査チーム一行

表2−1　上木場復興実行委員会の組織活動の戦略

◇住民組織の結成	：「上木場復興実行委員会」&リーダー山下氏	組　織
◇復興専門知識の導入	：復興・防災コンサルタント木村氏	知　識
◇地域復興に向けてのキー概念の設定	：「“古里”での“生活再建”」	戦略言語
◇住民意向調査の積み重ね	：戸別ヒアリング／アンケート	データ
◇データを添えた要望書提出・文書回答・要求獲得	：「私たちの生活再建に関する要望書」等	交　渉
◇次被災地への貢献	：復興戦略・極意の伝播	伝　播

質的に生活再建資金（一世帯数千万円）を獲得してきた（表2−1）。鉢巻きをして「要求貫徹」を叫んで座り込んでも、それはそうした情景があったこととして、その日一度だけメディアに取り上げられて終わり、実を取ることはない。また、文書を手渡す際には、回答の時期と方法（体裁）を双方で、確約すること。これを忘れると、「聞き置いた」として放置されることとなる。

二年間にわたって四回の調査、五回の要望書提出で、各種税の減免や農業再開希望者への支援（倉庫代・農機具代まで）はもちろん、警戒区域設定により立ち入りできないにも関わらずその土地の測量を実施する確約・算段（数年前に撮影されていた地元の航空写真の利用）も発見した。そしてその土地の買収価格の提示要求（被災前八割で買収＝一九八二年・長崎水害の前例を発掘して提示）から、焼け落ちずに現存している家屋を移転させるという名目での現存家屋補償、その家財の補償、さらには墓地の移転、それに付随する読経費の獲得等々まで（ダム建設による水没集落の移転補償等を援用）、これらを見れば上木場がいかに過去の他被災事例を学習して、これを自らの生活再建過程に被せるべく模索を重ねてきたか理解されることだろう。全国からの善意としての義援金は確かに役立ってはいるが、それのみで生活再建が成し遂げられたのではないことが了解されよう。「端的にいえば私たちは、保険金、義援金、

恒久住宅確保支援策として被災後造成された仁田団地に、住宅再建資金を何とか工面できた世帯から少しずつ順番に住宅を再建していく（島原市）

基金助成、土地の売却によって住宅を再建しました」［「雲仙普賢岳噴火災害を体験して」編集委員会 2000: 96–97］と公言されている。

こうした復興行政窓口との交渉スタイルを創案・駆使できたのは、同町内会在住の前市議会事務局長山下一郎が上木場復興実行委員会の代表となって指揮をとったことが大きい。山下は対行政交渉の勘所としての、データを添えた要望書提出・回答書要求（文書主義）スタイルを体得していたのでこれを堅持した。また、同委員会では噴火災害調査に訪れていた在京のシンクタンク・防災都市計画研究所の木村拓郎をブレーンとして取り込み、意向調査を設計・実施させて、これを要望書の添付データとして取り込み、また、県外の過去の他被災地の訪問を木村に企画させて、復興の具体的メニューの学習を重ねた。そして二度と住み戻ることのできなくなった古里・上木場を諦めて公共土木用地として差し出すかわりに、各種補償金を獲得して、これに「防災集団移転促進事業（通称：集団移転）」や「がけ地近接等危険住宅移転事業（通称：崖地移転）」を組み合わせて、従前居住地の隣接地域に、生活再建のための住宅団地を作り上げていく算段を見出すに至った。*26

そしてこうした復興交渉スタイルは、隣接する下流の集落にも順次取り入れられていく。（復興）行政サイドは前例を踏襲するのが日本の慣例であるから、前例を適切に示すことができれば、それを採用させて成果とすることができる。小さな被災集落では、カウンターの向こう側にいる行政職員も実は被災者、知人・親戚であることが多い。敵ではなく共に生活再建を模索する仲間のうちである。したがって、要望書を携えた交渉の現場は、口角泡を飛ばす闘争の修羅場ではなく、実際には厳しくも協働的な討議の場となる。*27

既定復興・復興公共土木事業に異議申し立てをする住民運動の姿は、全国メディアからは大

*26 その後、水無川下流の同種の被災者救済（生活再建・コミュニティ再興）のために、復興事業のウルトラCと呼称される「三角地帯嵩上げ事業」を創出して竣工にこぎ着けた。水無川と（砂防施設である）導流堤の間の三角形の窪地・本来土石流等の被害の危険があるため居住に適さないところであるが、ここを十分な高さまで嵩上げして、そこに農地・宅地を産み出そうという、住民発案の公共土木事業である。

*27 「……土地部会の要望は続く第五回要望書（九三年二月）でも「土地買収価格に特段の配慮を」として盛り込まれた。こ

ダム建設による水没集落や被災後の集団的な宅地移動に際しては、ふるさとへの思いをつなぐために、墓地の移転が行われる（島原市）

図2−2　復興の道筋・極意がまとめられた一冊

きく取り上げられるが、被災者自身の取り分は少ない。それよりは、被災者自らが発案して被災地既存の素材・諸社会関係をもとに、これに過去の対応例を渉猟・接続して示しつつ、マルチステークホルダー参画型で復興の物語を共作・共演していくことが望ましい。雲仙では被災直後に、そうしたスタイルのあり方、当該首長の心構えや舵取り・戦法を北海道・有珠山噴火災害（一九七七年）の被災経験地・虻田町（現洞爺湖町）から伝えられた。[*28] 伝えられたこのスタイルに、雲仙では独自に町内会ベースの復興組織活動の成果・要点を書き加えて、これを復興の極意として一冊の本にまとめあげた［「雲仙・普賢岳噴火災害を体験して」編集委員会　2000］（図2−2）。この本はその後の被災各地にその折々に、新旧被災地同士でお見舞いの言葉とともに贈り伝えられ続けている。

有珠の前・被災者が、一九九〇年代に島原を助けた。有珠の人々は、もがきながらくぐり抜けてきた復旧・復興の茨の道筋を、僅かずつ思い起こしながら、似たような状況で苦しんでいるように見える島原の人々に手を差しのべた。重い深い経験の、自らの扉を少しずつ開けながら、あの記憶を反芻した。思い起こすだに苦しい記憶だ。臨床心理学における被災者カウンセリングでは、その手法の一つとしてデブリーフィング（debriefing）が採用される。カウンセラー

日本災害復興学会の事務局を担う関西学院大学には復興制度研究所が設けられていて、毎年、各被災地の復興の知見を交流させるための集会を開催している

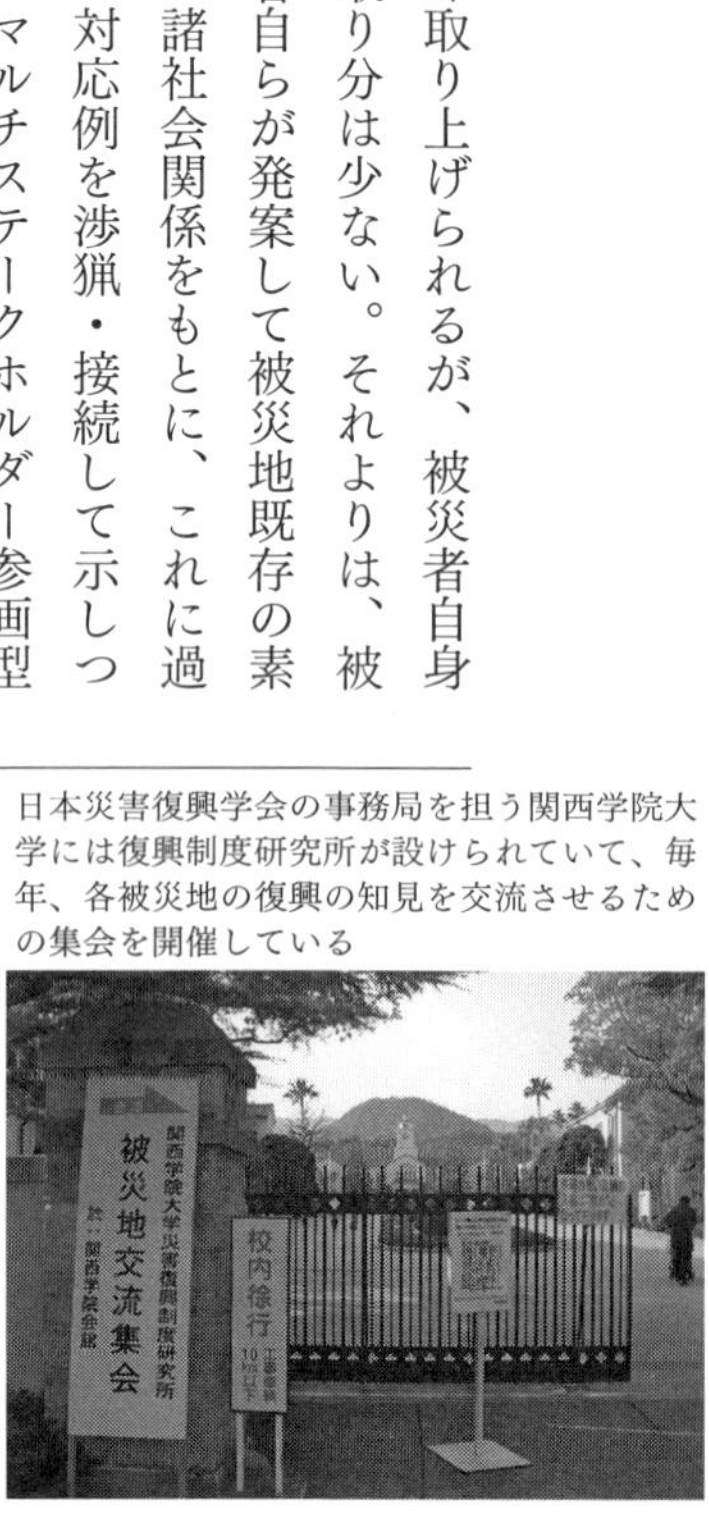

れに対する行政側の回答は「個別交渉で実現していきたい」というものであった。個別に交渉されたのは、いわゆる「地目」と「現況」をめぐる解釈などであった。山下氏は要望書を携えての交渉の場で担当者の目を見据えて「現況ですね」とひとこと念を押して双方納得を得るという凄みのある一幕が展開された」［大矢根 1996：69−70］。

*28 「被災者が一致団結して、そのトップに立つ首長が命をかけて交渉に臨む覚悟と戦術、これを島原に伝えたのは前回の有珠山噴火災害（一九七七年）を乗り切ってきた虻田町長だった。「我々の要求が聞き入れら

や精神科医が、被災者のこころのケアを行う際、その体験が被災者自身によって整理・受容されるようにカウンセリング（対話）を進めていく手法である。この有珠と雲仙の交流は、いわば地域版デブリーフィングの様相を呈していたと言われる。それも有珠の人にとってのケアである。有珠の人々は、自らのあの重い貴重な体験を島原の人々に語り始める時、結果的に少しずつ、あの体験を整理・受容し始めていることに気づき出した。自らの、あの時の「たら・れば」も折り込んで、眼前の島原の被災者に向き合う。そして数日の交流の後、有珠の人たちは「一緒に頑張っていきましょう」との言葉を発するに至る。自らの辛い体験が、この交流を通して、無駄なものではなかったこととして理解・確信され、整理・受容された（一五年後に腑に落ちた）のである。

それから一〇年たった二〇〇〇年、北海道・有珠山が再び煙を上げだした。東京・三宅島も再び噴煙を上げ、帰島の見込みのたたない全島避難が始まった。今度は島原の人たちが有珠を、そして三宅を訪ね、自らの体験と組織活動のノウハウ・成果を伝え返した（それが上述の一冊の本である）。これがきちんと言説化されることで、あの被災体験は被災者のこころの中で初めて整理・受容されるのである。それが完了するまでは彼らの噴火災害は収束しなかった。*29

3　事前復興――減災サイクルと地域防災力の醸成

このように我が国には、様々な主体が交錯する長期的復興過程の履歴が、実は厚い。複数の復興現場に参与する研究実践者によって、これらの履歴を包摂して復興の位相があらためて多

れないのであれば、私はここで切腹します。私の後ろには腹をくくった住民がついています」と、短刀を覗かせて永田町での交渉に臨んだ彼はまた、虻田町・洞爺湖温泉から観光客団を組織して、観光客減に悩む雲仙の温泉街に大金を落としにやってきた。島原の旅館の女将は泣いていた」[大矢根 2004：72]。

*29　二〇一五年五月末、鹿児島県屋久島町の口永良部島・新岳が噴火し、全島民が島外避難した。七月、二〇〇〇年の三宅島噴火全島避難の体験者が口永良部島を訪れて体験と教訓を伝える機会を得た。「……全島避難した屋久島の避難所には噴火

2015年度は箱根、口之永良部島、阿蘇と噴火が頻発している。過去の被災地の知見を学び合い伝えるために各種集会が開かれている

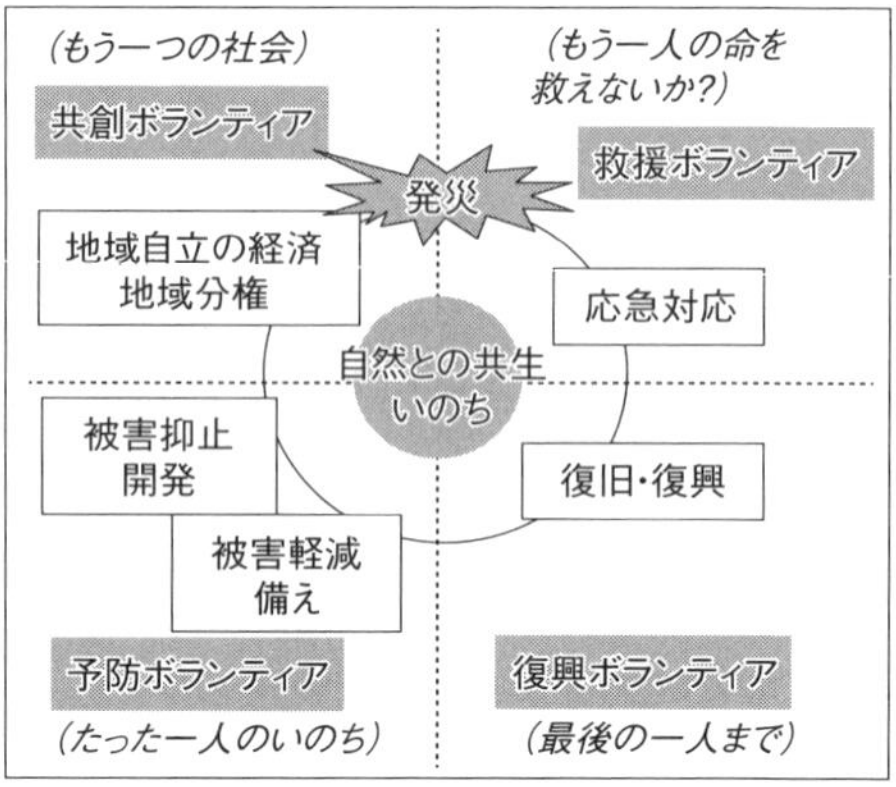

図2−3　減災サイクル（[村井 2008：212] より）

義的にとらえられて、理念的・抽象的に検討されてきた。その成果の一つが減災サイクルである。

減災サイクル

復興が公共土木事業・都市計画事業の竣工（既定復興）とは決して同義ではなく、それをその一部に据えたところでの地域アイデンティティ再構築プロセスだと解すると、視角を替えてみると、その長いプロセスは次の災害に備える防災の位相に相当することが見えてくる。これが減災サイクルである（図2-3）。

復旧・復興、そしてその延長に位置づけられる次の災害に向き合う防災対策までを、一つの円環の中で統合的に捉える考え方として「災害サイクル論」がある。様々なバリエーションが流布するが、そのうち最も普及しているのが、米国の「防災対策サイクル」（Disaster Management Cycle：通称「DMC時計モデル」）と呼ばれるものだ。我が国ではこれに、阪神・淡路大震災後に広く認知された上で防災の一主体として位置づけられてきたボランティア[30]の、その意志と活動をそこに重ね合わせて、各象限における取り組みのスローガンを添えつつ、独自に「減災サイクル」として構想されてきた。

発災時にはその応急対応において「もう一人の命を救えないか?」と奮闘する救援ボランティア。時計回りに次いで復旧・復興期には、そのドラスティックな流れに取り残されそうな

防災まちづくりの一環としてのまちあるき。まずは、参加者みなで歩くまちの地図を作るために、住宅地図をコピーして切って貼り合わせる（川崎市多摩区中野島）

直後から大学の研究者やメディア各社がやってきたが、「学者も記者も私たちから話を聞き出すだけだった」……、「今回のように支援策や長期避難の体験を教えてもらうのは初めてです。みなさんに来ていただいて、本当にありがたかった」と感謝の言葉を伝えてくれた」（日本災害復興学会・復興支援委員会＋関東ブロック学術推進委員会、合同被災者支援活動報告。学会HPより）。再び・三度、三宅の教訓が各地に伝えられ、彼ら自身の経験として静かに深く整理・受容されていく。

*30　震災が発生して、全国から延べ一〇〇万人を超える若者

人々に思いをはせて「最後の一人まで」と寄り添う復興ボランティア。そして次の災害に対峙する事前準備の時期においては、「たった一人でも救えるか？」を問い続ける予防ボランティア。ここでは、日頃からセーフティネットが充実していれば、いざ災害が発生してもまずは安心なのであるが、そうした意味で、「取りこぼしはできない」のであり、セーフティネットの網の目からこぼれ落ちる人がいてはならないとの認識で、「たった一人でも救う」ことが目標とされる。そして、そうした取り組みの認識論的な基礎あるいは延長における一つの理念的な姿として、共創ボランティアが構想する「もう一つの社会」が構想されることとなった。

事前復興の表裏

復旧・復興と防災を一つの円環としてとらえて、新たな社会のあり方を構想する試みは、ハードの領域においてもまた、既定復興の負の側面を内省するところから生まれてきた。「事前復興」と呼ばれる考え方である。

阪神・淡路大震災の復興都市計画事業における被災者の激しい批判[*31]に直面して、ここに実践的に関わり続けた防災工学研究者らは、被災地復興の舵取りの難しさを痛感・内省して、「災害が起こる前に考え準備しておくことで、事後の都市復興における迅速性・即効性を確保するとともに、諸施策・計画の総合性とその過程での住民参加をより実効性のあるものにするはずである」と考え、仮説として「事前復興都市計画」を提唱することとなった。これがいち早く東京都で採用され、「都市復興マニュアル」と「生活復興マニュアル」が策定（一九九七年度）され、その後、この二つのマニュアルは統合・改訂されて「東京都震災復興マニュアル」（二〇〇三年）となる。

たちが駆けつけ、この新たなうねりを称して一九九五年は「ボランティア元年」と言われるようになった。こうした善意を適当に取り込もうと、主に社会福祉協議会が中核となってボランティア・コーディネートのシステムが構築されていくこととなった［菅ほか 2008］。

*31　被災者が各地に避難して不在のうち、知らぬ間に都市計画事業が公告されていたこと（寝耳に水）、そこで行われるのが区画整理で自分たちの所有地が無償提供させられること（減歩）、さらにそこでは居住者の多くを占める借家層は検討の対象外に置かれていること、こう

防災に焦点を当てたまちあるきでは、防災資機材を目にするとまずは試してみる。地元小学校の裏庭にあった井戸（多摩区中野島）

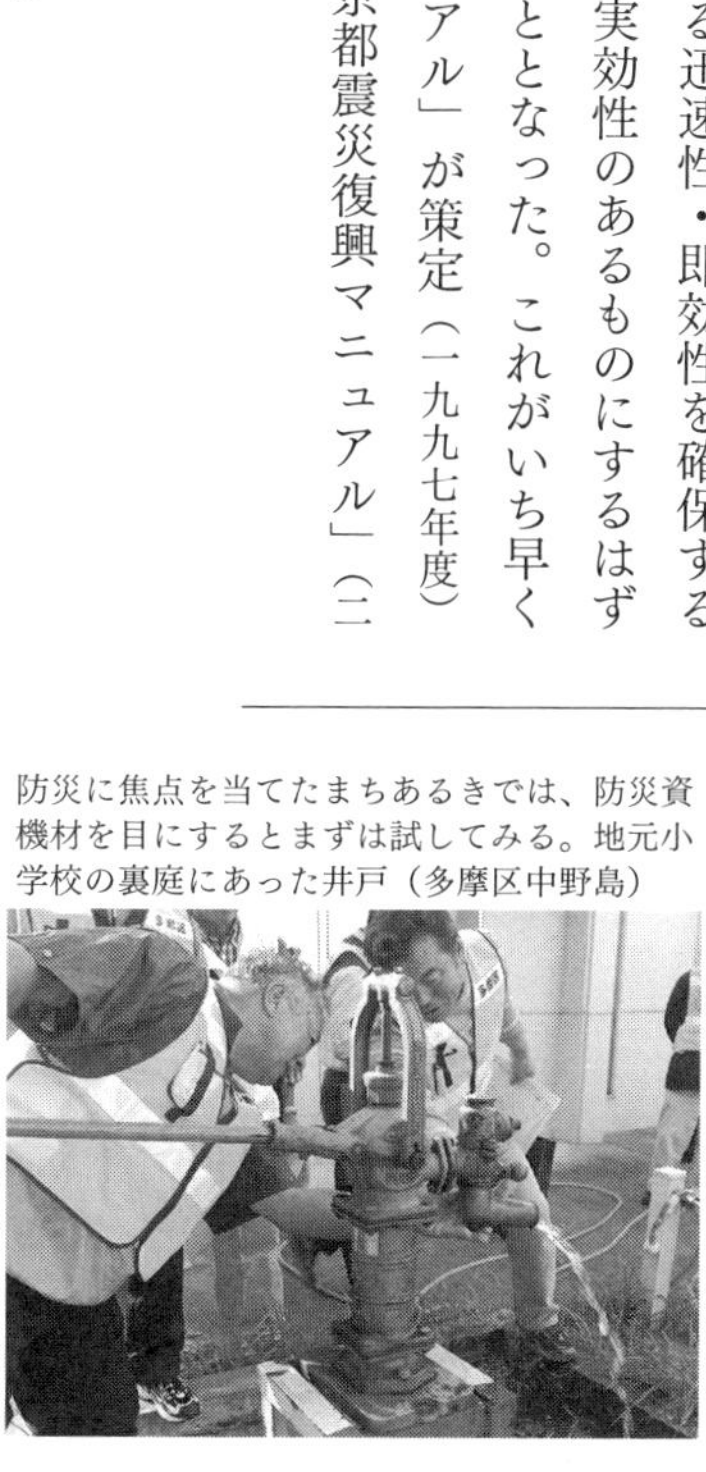

「同マニュアル・プロセス編」には、東京の震災復興を進めるキーコンセプトとして「地域協働復興」が示されていて、「行政」と「地域住民」らが「専門家」の支援を受けて協働して復興に取り組む重要性がうたわれている。具体的には「復興市民組織育成事業」制度が創設されて、「震災復興まちづくり支援プラットフォーム」準備会議を経て、世界に先駆けて「震災復興まちづくり模擬訓練」が実施されることとなった。この訓練では、「まちあるき」を通して、地域課題の把握、避難所生活から生活の再建をイメージするロールプレイ、暫定的な生活の場の形成のための「時限的市街地[*32]」の考察、地域ごとの復興方針の検討（復興まちづくり）とステップを重ねていく。「事前復興」概念を盛り込んだ震災復興マニュアルづくり、その具体的展開としての復興まちづくり模擬訓練が現在、東京では豊島区上池袋二・三丁目地区をはじめ、各地で重ねられている。

しかしながらここでは正直に、その裏面・社会的現実も記しておかなければならないだろう。東京都は歴史的大火や震災を教訓として連綿と防災まちづくりに取り組んできていて、その一つに『生活都市東京構想』（一九九七年）があり、その「重点計画」改訂版に「防災都市づくり推進計画」（一九九七年）がある。そこに「事前復興」概念が、また別の視点で位置づけられていることを確認しておこう。そこでは「防災都市づくりの事業概要」として、

> 事前復興という考え方のもと、災害に強い市街地の整備を行うもので……、整備は、震災時の延焼防止の観点から、不燃領域率の向上をめざして、震災時等の災害に対する安全性を確保するものです。このため、地域の道路、公園等の整備を一体的に行う総合的なまちづくり事業である土地区画整理事業は非常に有効であり、その積極的活用とともに住宅等の不燃化、共同

まちあるきの後半は、役場も消防団も婦人会も、そして世代を超えて老若男女みなで、地元を歩いて見いだした地域の危険と資源を、お手製大判地図に書き入れていく

したことに関して激しい批判が巻き起こった。

*32　被災者自身が主体となって暫定的につくる市街地のことで、被災後も利用可能な建築物は応急修理して暫定利用を図りながら、並行して応急仮設住宅、自力仮設住宅、仮設店舗・仮設事業所などを建設して市街地を形成していこうというもの。こうした「暫定的な生活の場」を確保しておくことで、地域住民の復興の足掛かりを築こうというものである［大矢根 2008：570–571］。これには、阪神・淡路大震災の被災地において独自に時限的市街地を措定した前例がある。神戸市長田区久

化や福祉、商工業活性化等各種事業を併せて実施し、総合的な防災まちづくりを目指すものです。

と、「事前復興」推進のために土地区画整理事業を実施することが明示されている。防災工学者の無垢な研究実践概念、あくまで考え方・仮説として創出されたはずの「事前復興」概念が、都市計画事業推進の現場に都合良く接ぎ木されて、その推進のロジックとして拡大解釈・援用されることとなった。*33

震災復興まちづくり模擬訓練はそもそも、新しい復興の物語を紡ぎ出そうとする、多様な主体が協働する地域防災力向上プログラム・防災まちづくりの実践として想像＝創造されてきたところであった。一方で、防災都市づくり推進計画に基づく都市計画事業案は、都市官僚による「防災」を旗印とする開発行（財）政・既定（復興）まちづくりとして展開を見ている。ともに「事前復興」概念を戴く。

4 復興の物語を自前で組み上げていくために

協働のまちづくりと既定のまちづくりはネジレの位置にあって、なかなかかみ合うことはない。生身の生活者はもちろん、その生活の連続性の中で（降りかかってくる）まちづくりを考えるから、自らの生活の基盤（例えば家や土地）の異動に抵抗する。できれば痛みを伴う事態は避けていきたいところだ。一方、都市官僚は、大義（例えば、安全・安心のまちづくり）を戴いた構

仁塚地区の事例がそれで、ここでは周辺三町が震災を機に「久仁塚地区震災復興まちづくり協議会」を発足させ、本来は行政が行うべき事業用仮設店舗（仮設商店街「復興げんき村パラール」（約八〇店舗））や仮設住宅を協議会が代わって建設するなどしてきた。

*33 こうして平成不況脱却のための公共投資が防災を名目として進められることとなる経緯については、本書第8章第1節の「国土強靱化」の項を参照のこと。

東京都豊島区の上池袋で行われている震災復興まちづくり訓練。この日は、過去の震災被災の教訓を学ぼうと、神戸市長田区御蔵地区から被災者を招いて話を聞いた

想の実現は、それが職務だからそれに向けて邁進する。ヒトの痛みに関する感受性の問題か。崇高な理念・使命感の実現の基底にこだまする生活者の声を聞く耳を持つか否か。被災地では、それがローカルの被災地では特に、役場職員も自らがあるいは親族・地縁者が眼前で被災しているから、まずはその救援や生活再建に目が向く。しかしながら大都市の大災害では、圧倒的多数の全く無傷の担当職員（あるいは非被災地からの応援職員）が、既に承認されている基盤再整備を職務に忠実に事業として展開することとなる。既定のまちづくりの奔流を前にして、協働のまちづくりの影は薄くなりがちだ。

本章では、ローカルの復興事例の中から、そこに見られるマルチステークホルダーが参画する協働のまちづくりの実践例をいくつか上げつつ、復興を考えてみた。各被災の現場で紡ぎ出されてきた「復興の物語」の数々、それは既定復興の圧力に対峙しつつ、それとの折り合いを見繕いながら重ねられてきた生活再建・コミュニティ再興の営みそのものであった（既定復興の対抗例）。そこから私たちは、既定復興・ジェントリフィケーションの奔流を何とか押しとどめようと被災者に寄り添いながら試行錯誤を重ねてきた復興ボランティアのまちづくりの実践例（二段階復興の共同再建事業のコーディネート：阪神）に触れ、次いで、被災者自らが復興の物語を紡ぎ出す算段を見いだしてこれを実現・構築していくスタイル（軸ずらし・物語復興と中越復興市民会議、等）を把握し、さらに、その具体的戦略としての雲仙の上木場復興実行委員会の組織活動のノウハウ（住民の総意を担保した組織創設、データを付した要望書の作成と文書回答の蓄積、被災地間の経験知の伝播……）を検討した。しかしながらこれらの事例は、災害対応の共通解として普及しているとは言えず、その状況に参与する諸主体の試行錯誤の中で浮かび上がってきたラッキーな特殊解としてその一端が記録されるに留まっているように思われる。紙幅の制約のため

復興のとば口。東日本大震災の津波被災地・石巻市雄勝町では、伝統芸能・法印神楽の復旧にみなで取り組み、何とか舞台を立ち上げた（2011年11月）

に本章で言及した事例は少ないが、しかしながらこのように、復興の物語を自前で組み上げてきた事例が少なからず我が国には存在する。[*34] まずはこうした実例の数々を進んで紐解き、復興の諸相・バリエーションとして解題・提供していくこと、これが我々研究者サイドの役割なのではないかと思う。そしてこれを、非被災各地の（将来の被災）者のリテラシーとして求めていきたい。合わせて、復興のフロントラインに立つであろう方々にはそうした視角を鍛えて、応答する体勢・心性の構築に向かっていただくよう強く念ずるところである。

参考文献

青田良介・室崎益輝・北後明彦 2010「災害復興基金と中間支援組織が連動した上での地域主導による復興推進のあり方に関する考察」『地域安全学会論文集』No.12, pp. 31–40.

「雲仙・普賢岳噴火災害を体験して」編集委員会編 2000『雲仙・普賢岳噴火災害を体験して――被災者からの報告』ＮＰＯ島原普賢会.

大沢昌玄・岸井隆幸 2005「災害復興土地区画整理事業の実態」『土木学会土木計画学研究・講演集』Vol. 32, CD-ROM.

大矢根淳 1996「災害復旧・復興課程＝生活再建に向けた組織活動の展開――雲仙普賢岳噴火災害・直接被災地＝上木場の取り組み」『社会科学討究』第122号、pp. 31–74.

―― 2004「Calamity（惨禍）へのまなざし――雲仙普賢岳噴火災害をめぐる社会学の知見」『現文研』（専修大学現代文化研究会会報）第80号、pp. 61–80.

―― 2008「復興まちづくり」似田貝香門ほか編『まちづくりの百科事典』丸善、pp. 570–571.

―― 2011a「被災地復興における優位な言説について――生活再建≒地域アイデンティティ再構築、に対峙する災害社会学の視角」『専修人間科学論集』第1巻第2号、pp. 25–36.

―― 2011b「災害と都市復興」地域社会学会編『キーワード地域社会学』ハーベスト社、pp. 296–297.

*34 東日本大震災の発生する直前の五年間、内閣府において、こうした復興の取り組みの数々が収集・整理されて加除式のバインダー式報告書として公表された（内閣府防災担当、二〇一〇年一二月『災害復興対策事例集』）。

東日本大震災の発生する直前、内閣府においてまとめてあった『災害復興対策事例集』と『復興対策マニュアル』。復興の現場ではあまり知られていない

———2012「被災へのまなざしの叢生過程をめぐって」『環境社会学研究』第18号、pp. 96–111.
———2013「復興、防災社会構築におけるレジリエンスの含意」『月刊公明』第90号、pp. 25–30.
———2014「生活再建・コミュニティ復興に寄り添う —— 長期にわたる社会学的被災地研究」木村周平・杉戸信彦・柄谷友香編『災害フィールドワーク論』古今書院、pp. 115–129.
上村靖司 2007「特集 サンタクルーズ物語復興調査：5「復興物語」は確かにあった」『復興デザイン研究会ニュースレター』第4号、pp. 7–8. https://dl.dropboxusercontent.com/u/2143628/rdr/RDR_News04.pdf
塩崎賢明・西川榮一・出口俊一・兵庫県震災復興センター編 2005『大震災一〇年と災害列島』クリエイツかもがわ。
週間ダイヤモンド特別取材班 2001『神戸・都市経営の崩壊』ダイヤモンド社。
所澤新一郎 2014「住民の声反映した移転事業 —— 手間をかけた福島県新地町の取り組み」『復興』（9号）Vol. 5, No. 3, pp. 9–12.
菅磨志保・山下祐介・渥美公秀編 2008『災害ボランティア論入門』弘文堂。
永松伸吾 2010「「復興とは何かを考える委員会」とりまとめに向けて」（「復興とは何かを考える委員会」第14回研究会、2010.9.18：http://www.f-gakkai.net/uploads/fukkotowa/100918nagamatsu.pdf）。
宮定章 2007「御蔵の事例」浦野正樹・大矢根淳・吉川忠寛編『復興コミュニティ論入門』弘文堂、pp. 113–118.
宮本匠 2007「「軸ずらし」と「物語復興」」浦野正樹・大矢根淳・吉川忠寛編『復興コミュニティ論入門』弘文堂、p. 26.
村井雅清 2008「もう一つの社会」菅磨志保・山下祐介・渥美公秀編『災害ボランティア論入門』弘文堂、pp. 212–216.

新潟県中越地震（2004年）の被災地、山古志地域追悼式で。被災時の同地域の人口と同じ2167本の灯籠にあかりがともされた（2014年10月23日）

第3章

復興の物語を読み替える

スマトラの「標準の復興」に学ぶ

2004
×
インドネシア

山本 博之

1986年2月、フィリピンのピープル・パワー革命の一場面。民衆が国軍基地を取り囲み、マルコス大統領の命を受けた軍隊の行く手を阻んだ。同基地を囲む約4kmにわたる壁には当時の様子が描かれており、ムスリム女性、NGOワーカーの学生、先住民アエタなど社会の各層が見える（2015年8月、マニラ首都圏・ケソン市）

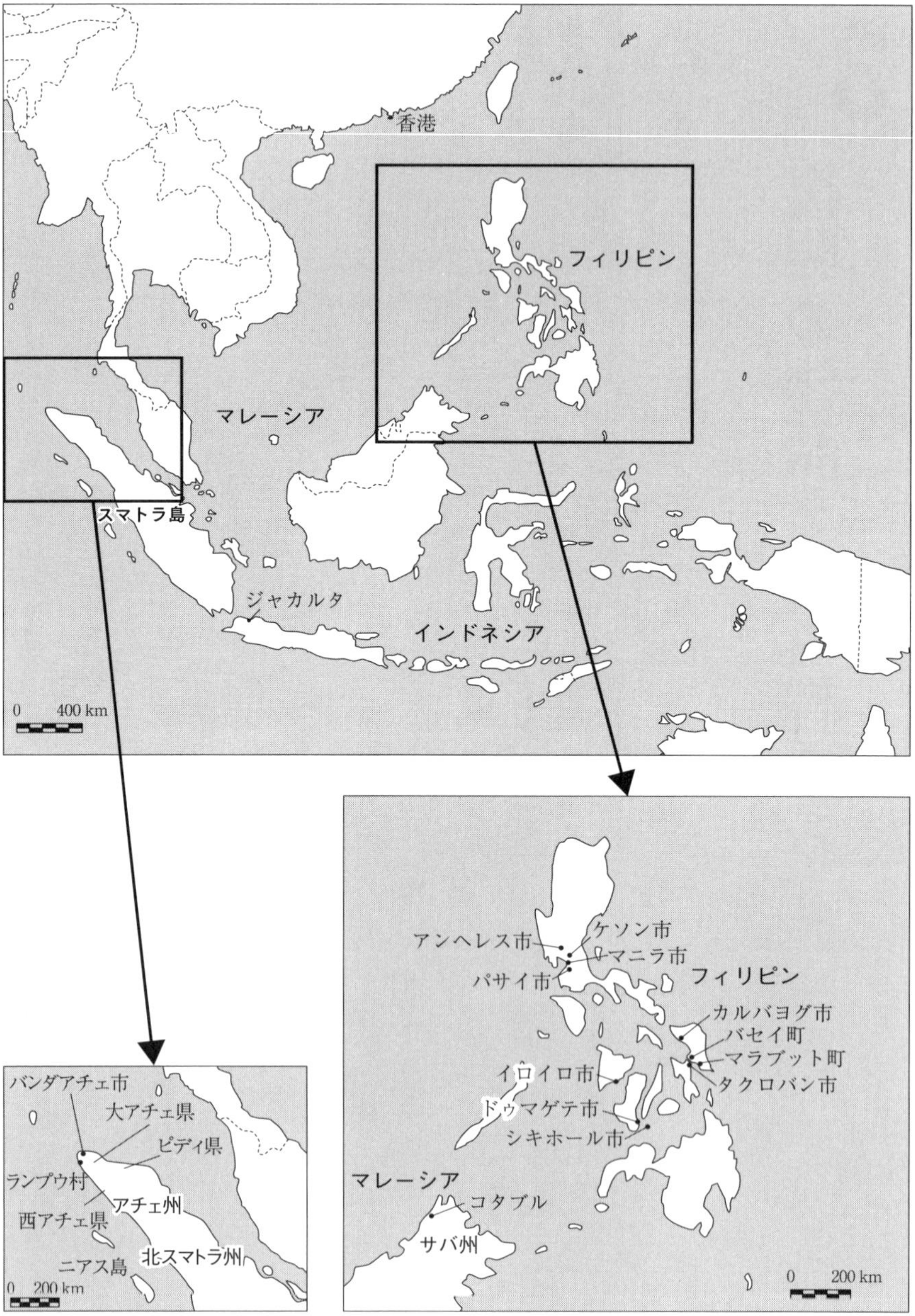
香港
フィリピン
マレーシア
スマトラ島
ジャカルタ
インドネシア
0　400 km
バンダアチェ市
大アチェ県
ピディ県
ランプウ村
アチェ州
西アチェ県
北スマトラ州
ニアス島
0　200 km
ケソン市
アンヘレス市
マニラ市
パサイ市
フィリピン
カルバヨグ市
バセイ町
マラブット町
イロイロ市
タクロバン市
ドゥマゲテ市
シキホール市
マレーシア
コタブル
サバ州
0　200 km

1　災害対応における「余白」――都市再開発と強制排除

二〇一五年七月、フィリピンの首都マニラ[*1]で開かれた災害対応に関する会議に参加していて奇妙な感覚に襲われた。フィリピン側の参加者たちが大きな関心を寄せていたのは、市街地の河川沿いに建つ不法占拠住宅（スクォッター）が洪水などの被害を受けやすく、被害軽減のためどこに再定住させればよいかという話だった。二〇一三年一一月にフィリピン中部を襲って大きな被害を出した台風三〇号（アジア名ハイエン、フィリピン名ヨランダ）への対応に関心を持ってこの会議に参加した筆者は[*2]、台風についての話がほとんど聞けず、しかも災害対応とは名ばかりでまるで都市の再開発の相談のような会議だったことに戸惑ったが、奇妙な感覚に襲われたのはそのためではない。同じ会議の別のセッションで、二〇一四年一月に政府と企業によってマニラの約五〇〇〇戸の不法占拠住宅が強制排除された出来事についての発表があり、言葉遣いだけ聞いているとまるで災害対応の話を聞いているような気がしたためだ。

強制排除された住民と行動をともにした発表者の話はおおよそ次のようだった。政府や企業によって不法占拠住宅の取り壊しが決められ、そのことが住民に突然伝えられた。住民の一部はバリケードを作って侵入者を防ごうとし、ほかの人たちはその間に家財道具をまとめて安全な場所に避難した。その過程でいくつかの家財道具を失ったが、教会や非政府組織（NGO）による支援を受けて緊急時を乗り切り、補償を求めて政府や企業と交渉を行った。これは、フィリピンの人々に台風の経験を尋ねたときに出てくる話とよく似ている。「台風が来る」と

*1　本章の本文中でマニラとはマニラ首都圏（メトロ・マニラ）を指す。マニラ首都圏はマニラ市をはじめとする一七の行政地域の集合体。首都圏全体で一千万人を超える人口が密集し、その二～三割の貧困層はスラム・スクォッター地区に住み、常に外力による生活基盤の壊滅の可能性という恐怖にさらされている。

*2　政府が弱く行政主導による災害対応（公助）が十全に機能しないとされるフィリピンでは、台風ヨランダへの対応において、海外出稼ぎ者の家族を通じた域外からの支援（共助）や、同レベルの地方行政体によ

ニノイ・アキノ国際空港そばの川沿いの不法占拠住宅。奥に見えるのはフィリピン経済の中心地マカティの高層ビル群（2015年9月、マニラ首都圏・パサイ市）

報じられると、男たちは家への浸水を防ぐ壁を作り、子どもたちも手伝ってテレビなどの家財道具を家の二階に運ぶ。たいていの台風はそれでやり過ごせるが、浸水が大きくて家財道具が濡れて使えなくなることもある。被害が大きくなると、教会やＮＧＯが支援物資を届けてくれたり、生活再建費用を手に入れる手助けをしてくれたりする。男たちはいかにしてありあわせのものを工夫して急ごしらえの壁を作ったかを話してくれるし、女たちはどの台風のときに皿を何枚失って服を何着失ったかの数字を実によく覚えている。

台風災害と強制排除という本来性格が異なる二つのものが共通の言葉遣いで語られているが、特に重要なのは、災いを被る人たちにとって自分たちのあずかり知らぬところで自分たちの運命が決められ、それが突然自分たちの身に降りかかって生活の基盤が奪われ、その一方で災いを被らなかった人たちも存在し、なぜ自分たちだけそのような目に遭わなければならないかが誰からも説明されないということだろう。その意味において、天災であれ人為的なものであれ、被る人にとってそれは災害に他ならない。起こりうる自然災害による被害を軽減し、しかもより多くの人に快適・便利かつ安全で衛生的な生活環境をもたらす目的で行われることが、その直接の対象となる人々にとって災害として現われてしまう。このことをどのように考えればよいのか。

台風災害と強制排除への対応に共通しているのは家財道具を伴った避難である。災害は生命や財産に被害を及ぼすが、生命や財産は必ず物理的に空間を占め、また、災害の被害は選択的に及ぶため、どれほど規模が大きな災害でも被害を免れる範囲が必ず存在する。災害の予防や対応では被害が及ばない空間に生命や財産を移すことが鍵であり、したがって災害対応においては被害が及ぶ範囲だけを見るのではなく、被害が及ばない「余白」の部分を含めて考える必

る公助どうしの連携などの工夫が見られた。本シリーズ第三巻第2章［細田 2015］を参照。

台風ヨランダ（2013年11月）では114万戸の家屋が倒壊などの被害を受け、人々はありあわせの材料で家を再建した（2014年３月、サマール島・マラブット町）

要がある。[*3] 住民や財物を全て空間（土地）と結びつけて「余白」なく管理しようとする発想では災害などの非常時に十分に対応できない。マニラの再定住の例に即して言えば、河川沿いの空間だけを見て「余白」なしで管理しようとした結果が住民への立ち退き命令となり、さらにそれが強制排除という形で行われたために当事者にとって災害として表われることになった。

このように、災害対応では、その直接の対象だけでなく「余白」を含めて考えることが重要である。本章は、このことを念頭に置き、本巻第2章で大矢根淳が展開する日本の災害対応研究を海外の災害対応研究と結びつけ、海外の災害対応の事例をもとに日本の災害対応について考える枠組みを得るための試論である。[*4] 二〇〇四年のスマトラ島沖地震・津波（インド洋津波）の発生以来、日本でも人文社会系を中心に地域研究の分野で、主に海外の被災地を対象として「災害対応の地域研究」が組織的に取り組まれるようになってきた。[*5] 海外と日本の災害対応の違いにばかり目が向けられ、遠い国の出来事であって日本に暮らす私たちとは直接関係ないという反応を受けることも少なくないが、海外（とりわけアジア）の災害対応の経験は、日本の災害対応を考える上で重要な示唆を与えうる。[*6]

本章では、海外の被災地での現場に即した調査研究を通じて立ち上がってきた「災害対応の地域研究」の蓄積をもとに日本の災害対応研究と接続することを試みる。はじめに日本の災害対応における「既定の復興」とそれに対する創造的復興について整理し、それとの対比においてスマトラの災害対応を「標準の復興」と捉える枠組みを提示する。この枠組みをもとに、スマトラの災害対応における物資配給、住宅再建、起業支援の三つの場面について、被災地住民が「標準の復興」を読み替えて自分たちの状況に合わせたものにしようとしている様子を紹介する。その上で、創造的復興をさらに豊かにするため、スマトラの災害対応の経験から日本の

*3 「余白」は、災害対応における重要な概念であるレジリエンスを構成する要素の一つである「冗長性」にあたる。レジリエンスについては本章の注21も参照。

*4 以下、本章で大矢根について言及する際には本巻第2章を指す。

*5 二〇〇四年スマトラ島沖地震・津波は、災害が国境を越えて被害をもたらし、災害対応において国ごとの対応ではなく国際的な協力連携が必要であることを明らかにした。「災害対応の地域研究」に関わる研究史については本シリーズ第一巻

台風ヨランダの被災地では海から40メートル以内の地帯に住宅再建を禁じる標識が立てられたが、個人による住居の再建は進められた(2014年3月、レイテ島・タクロバン市)

災害対応にどのような意味を引き出しうるかを考えたい。なお、本章の欄外では、冒頭で紹介したフィリピン社会がさまざまな災いを受け止め、それらを空間的に表現することで共有し、災いを乗り越えようとしてきた様子と残された課題について、写真を添えて紹介している。

2 「既定の復興」——行政による復興事業

「既定の復興」と創造的復興

大矢根は、日本の災害対応について、「既定の復興」という考え方と、それに対する創造的復興のあり方を紹介している。これを筆者なりに図式化するならば、災害復興においては圧倒的な資源または権限をもって復旧・復興事業を進めようとする主体があり、それに対して被災地住民*7がどのように駆け引きして譲歩を引き出すかという課題と関わって創造的復興が立ち上がるということである。まずこの図式化について少し詳しく説明しておきたい（図3-1）。

「圧倒的な資源または権限をもって復旧・復興事業を進めようとする主体」とは、日本国内の災害対応においては国を頂点とする行政である。災害による被害が甚大で被災地域の行政機能が壊滅的な打撃を受けたとしても、近隣地域の行政担当者が応援に駆けつけてその地域の行政機能を建て直し、災害対応を指揮することが日本の災害対応の前提とされている。大規模災害等の非常時であっても平常時の行政機構や法令を棚上げにして災害対応が進められることはなく、既存の法令に従って（あるいは新たに作った法令に従って）災害対応が進められる。

「圧倒的な資源または権限をもって復旧・復興事業を進めようとする主体」がどのような復

日頃から域外の関心が及ばない地域では、災害は支援や調査・報道のために現場を訪れる人々に関心を向けさせる機会にもなる（2014年3月、サマール島・マラブット町）

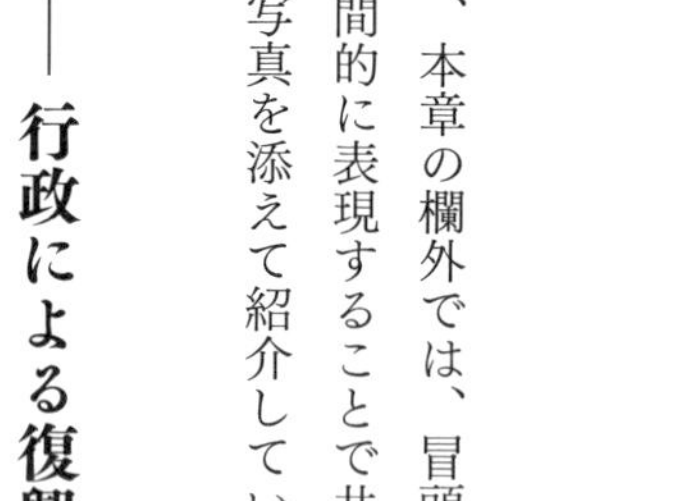

［山本 2014］の補論を参照。

*6　日本が他のアジア地域と災害対応で結ばれていることについては本シリーズ第三巻［牧・山本 2015］（特に牧紀男による「はじめに」）を参照。

*7　同じ地域に居住していても災害による被害は世帯や個人によって異なる。二〇一一年三月の東日本大震災では、仙台市内在住の被災者が、沿岸部在住の被害の甚大さに比べると自分たちは被災者であると言えないのではないかとする発言がしばしば聞かれた。本章では、直接・間接の被害を受けたかどうかによらず（受けた被害の大き

旧・復興事業を進め、それに対して被災地住民や域外者（被災地外の市民や市民団体）がどのように対応するのか。ここに地域社会ごとの災害対応の特徴が表れる。大矢根によれば、日本における復旧・復興事業では、基本的に関東大震災および第二次世界大戦の空襲・戦災の復興事業を通じて定型化された基盤再整備の公共事業が進められており、「既定の復興」と呼ばれている。このように復興事業が都市計画として進められる状況での創造的復興とは、本巻第2章で詳細に紹介されるように、被災地住民が行政に対して駆け引きを行い、行政から譲歩を引き出すことと関わることになる。

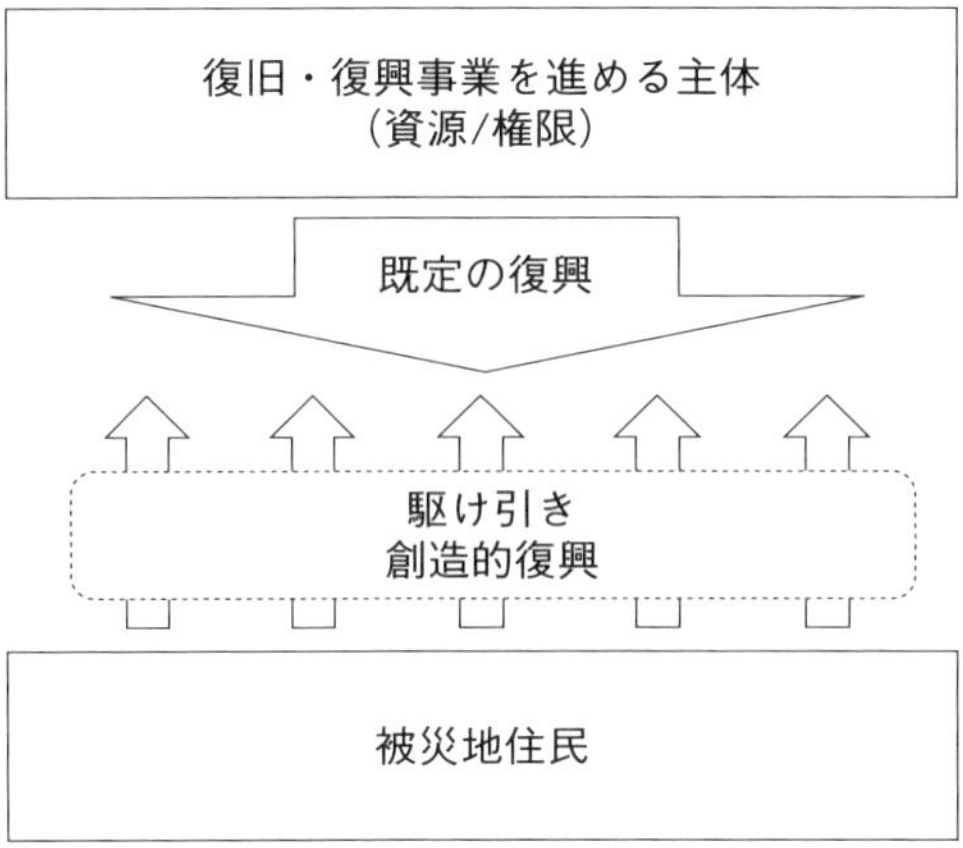

図3−1　「既定の復興」と創造的復興

一九九一年の雲仙・普賢岳噴火災害では、被災地の町内会をベースに地域住民組織が結成され、この組織が町内会メンバーの被災状況や将来ビジョンを調査して要望書にまとめることで、地域住民の総意が文書として示された。この文書をもとに代表者一人が行政との交渉に臨み、そのつど文書での回答を得ることを重ねることで生活再建資金の獲得を実現した。日本の行政は前例を踏襲するため、この経験が他の地域に伝えられることで他地域の災害対応でもこの交渉方法が採られ、官製の復興事業に地域住民の要望が織り込まれていった。さらに、二〇〇〇年の三宅島噴火災害で雲仙の人々が三宅島を訪ねてこの経験を伝え、これにより国を頂点とする官製の復興事業に

さを問わず）「被災地住民」と呼ぶ。

台風ヨランダで陸に打ち上げられた船。英語で「食糧、米、水が必要」、タガログ語で「ごみ捨て禁止」と書かれている（2014年3月、レイテ島・タクロバン市）

対する地域住民の交渉の輪が地域を超えて広がっていった。

　復旧・復興の事業主体は国を頂点とし、一方で被災地住民は個人を基本とするが、両者の間には都道府県や市町村、町内会などの中間項がある。それらの中間項は、資源や権限を伴った復興事業の実施主体としての顔と、駆け引きによって復興事業の実施主体から譲歩を引き出そうとする顔の両方を備えている。たとえば、県は国に対して駆け引きして譲歩を引き出す主体となりうるが、同時に、県内の被災地住民に対しては復興事業を進める主体ともなりうる。同様に、町や村も、都道府県に対して駆け引きして譲歩を引き出す主体となりうるが、町内や村内の被災地住民に対しては復興事業を進める主体ともなりうる。このように、いずれの中間項も、自身が資源や権限を持って復興事業を進める主体という側面と、より大きな資源や権限を持って復興事業を進める上位の主体と駆け引きして譲歩を引き出す側面の両面を備えている。

「大文字の復興」と「小文字の復興」

　ここまで復興事業の主体と被災地住民の関係のみから捉えてきたが、そこに域外者はどのように関わるのか。改めて言うまでもなく、災害対応においては行政による支援（公助）だけでは不十分で、同居家族による自助、近隣住民どうしの共助、そして域外からの支援である外助がいずれも重要である。[*8] 日本では災害時に「圧倒的な資源または権限をもって復旧・復興事業を進めようとする主体」が行政であることから、ここまでの議論では行政による復興事業を中心に見てきたが、災害対応においては行政以外による復興事業や域外からの関わりにも当然目を向ける必要がある。

　これは、先の図式で主に念頭に置かれている復旧・復興の領域を「大文字の復興」と呼ぶと

台風の被害状況を説明する市長。国とバランガイ（村）の間の情報伝達を仲介し、現場で救援活動を指揮した（2014年３月、サマール島・カルバヨグ市）

*8　自助・共助・公助および外助については本シリーズ第一巻［山本 2014］はじめにおよび第8章を参照。

すれば、「小文字の復興」と呼びうる領域における創造的復興を考えることである。災いからの復興には、街並みや産業・住居などの復旧・復興と、一人ひとりの暮らしや心理面を含む復興の二つがある。前者が集団または社会全体で大規模に進められるのに対し、後者は個人ごとに小規模に進められることから、象徴的に、前者を大文字の復興、後者を小文字の復興と呼ぶことがある。[*9] 大文字の復興は目に見えやすく、達成度を数で数えやすいのに対し、小文字の復興は目に見えにくく、数えにくい。また、大文字の復興と小文字の復興は必ず進み方にずれがあり、多くの場合、大文字の復興が先行して、小文字の復興はその後を追う。小文字の復興は内容の個人差が大きく、人によっては長い時間がかかることから、外から見てそれとわからなくても内面で問題を抱え続けていることもある。そのため、小文字の復興に取り組むには、目に見えにくく数えにくい一人ひとりの復興の様子を読み解く力が求められる。[*10]

小文字の復興に即した創造的復興において肝心なことは、それが被災地住民にとって域外者とつながる契機となることである。同じことを域外者の側から見れば、被災地住民ではない自分たちが被災地の復興過程に主体的に関わる仕組みをどのように作るかという課題と関わっている。それは、域外者が被災地を訪問するボランティアやツーリズムであったり（本巻第5章、第10章）、被災と復興の様子を域外者に伝えるための災害遺構の保存やミュージアム化であったり（第4章）、復興する街づくりの魅力的なデザインであったり（第9章）、伝承化や学校教育におけるカリキュラム化であったり、災害時の記録の整理や語り継ぎを通じた地域社会における災害文化の涵養であったり（第7章）、さらには被災地を含む社会全体の制度の変革（第1章）であったりする。

*9　宮本匠は、被災地で外部者が果たす役割についての論稿で、行政や専門家が中心的な役割を担って計画的に進められる制度的な復興を大文字の復興、個別の住民が日々の生活実感のなかで自発的に取り組むことで思いもよらぬ結果をもたらす復興の過程を小文字の復興と呼んでいる［宮本 2012］。

*10　小文字の復興に関わることがらは、言葉で直接表現されないことも多く、また、災害からの復興とは直接関係ない領域に表われることもある。目に見えにくい様子を捉えるには、被災前の社会の課題の把握や中長期にわたる継続的な関わりが必

台風被害の後に地域住民が作成した地図。自分たちが住む地域の意味づけを確認・共有し、復興再建に役立てる（2014年３月、サマール島・バセイ町）

都市計画に対応する創造的復興

ここで注意を向けておきたいのは、上で見たように、日本国内の復旧・復興事業では「既定の復興」が都市計画という形をとるため、それに対応する創造的復興も自ずと都市計画に関連するものとなり、したがって域外者が関与する創造的復興も都市計画に対応する被災地住民の駆け引きや交渉を直接・間接に支える性格を持つということである。これをかなり単純に図式化すれば次のようになる。「既定の復興」とは社会全体や将来のことを考えて被災地に都市計画の図面を引くことである。ただし、放っておくと「今、ここ」にいる被災地住民の利害や要望が後まわしにされた図面になりかねない。ところで、更地になったように見える被災地にも、目には見えないながらも歴史的・文化的あるいは個人的な意味がさまざまに付与されている。域外者が被災地を訪れたり関心を表現したりすることで、それらの意味が付与された文化空間を被災地に立ち上げることができる。[*11] 被災地に引かれる図面の線をこの文化空間に沿って曲げさせようと介入する（そのために土地に紐付けられた意味や個人の経験・記憶を集めて編み直す手助けをする）のが創造的復興の試みとなる。

被災地における街づくりデザインは都市計画と直接関わっているため、ここで挙げた意味での創造的復興の例としてわかりやすいだろう。しかし、「既定の復興」の図面の線を曲げようとする試みはそれだけに留まらない。たとえば記念碑建立やミュージアム建設は、現実世界に物理的に記念碑やミュージアムを建てることで図面の引き方に影響を与えるとともに、被災地を訪れる域外者がその場に意味づけを与える素材を与えるものでもある。被災地ツーリズムによって域外者が被災地を訪れ、そこに記念碑やミュージアムから素材を得て拡張現実的な価値を付与しつつ、経済活動も行うことで数えられる利益も被災地にもたらすならば、行政もそれ

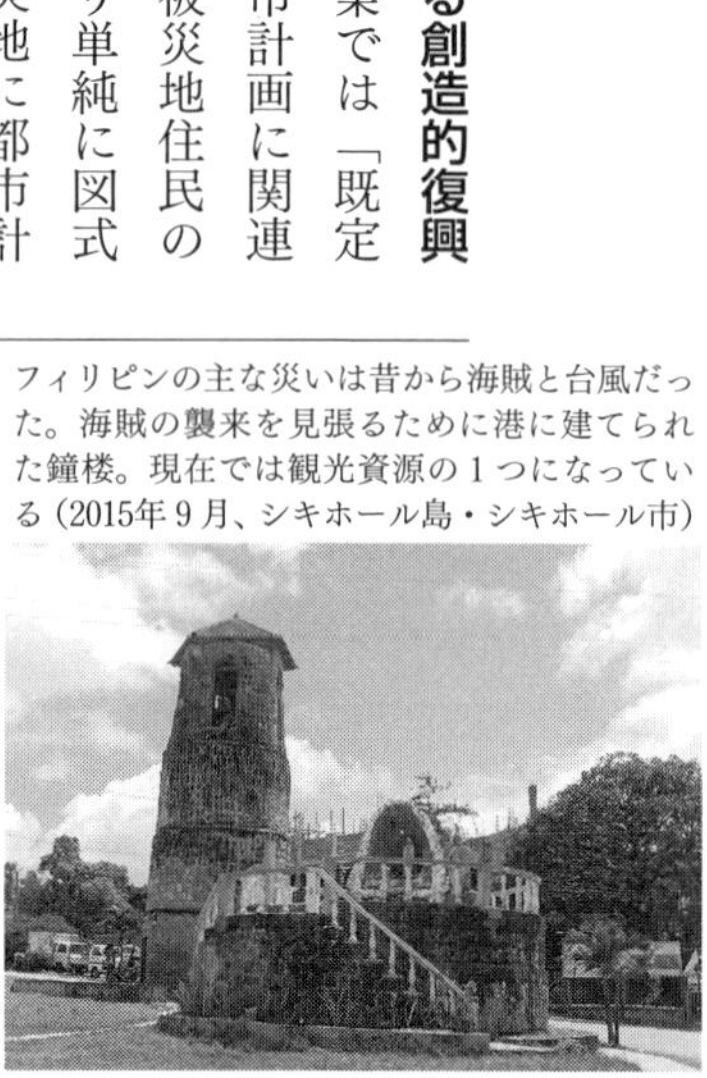

フィリピンの主な災いは昔から海賊と台風だった。海賊の襲来を見張るために港に建てられた鐘楼。現在では観光資源の１つになっている（2015年９月、シキホール島・シキホール市）

要となる。スマトラの事例について、被災前からの知見を踏まえ、被災から九年にわたって継続的に被災地と関わった結果をもとに被災地住民の小文字の復興の過程を読み解いたものとして本シリーズ第二巻［西 2014］を参照。また、自然災害以外の災厄からの復興に関連して、カンボジア内戦と東ティモール紛争を扱った本シリーズ第三巻の第3章［小林 2015］（カンボジア）と第4章［亀山 2015］（東ティモール）も参照。内戦や紛争の後の社会では、敵・味方に分かれていた当事者が社会に混在したままであることが多く、社会の傷は完全には回復しないままでその状況を互いに受け止

を無視することはできなくなり、それによって「既定の復興」が進める都市計画が調整を余儀なくされる。

繰り返しになるが、ここで象徴的な意味で都市計画の図面の線を曲げることを中心的な話題としているのは、日本では「既定の復興」が都市計画として進められ、創造的復興も都市計画にどのように対応するかという性格を帯びるためである。「既定の復興」が都市計画と異なる形を取れば、創造的復興もそれに対応して異なる形を取ることになる。

創造的復興をこのように捉えることで、日本と海外の災害対応を同列に置いて比較検討することが可能になる。日本では災害時でも行政が災害対応の中心になることは既に述べたが、その仕組みは日本以外でも確立されているわけではない。国によって状況が異なるために類型化や一般化は難しいが、日本の例と大きく異なる事例として、ここではインドネシア（スマトラ）を中心に紹介したい。

3　「標準の復興」——域外者による復興事業

行政主導の復興事業の不全

二〇〇四年一二月のスマトラ島沖地震・津波で死者・行方不明者あわせて約一七万三〇〇〇人という甚大な被害を蒙ったインドネシアのアチェ州では、地元の行政機構にかわって国際機関・NGOが緊急支援および復旧・復興事業を中心的に担った。

地元の行政が復旧・復興事業の中心的な主体にならなかった背景として、アチェ州の地方行

め合うという形をとることがある。

*11　被災と復興の経年変化を写真で示したアチェ津波アーカイブ、AR（拡張現実）機能により被災地の町並みに写真と記事で意味づけを与えるアチェ津波モバイル博物館、被災前の風景写真と同じ場所・同じ角度で写真が取れるスマートフォン・アプリのアチェ津波被災地メモハンなど。本シリーズ第一巻［山本 2014］を参照。

昔から海は外の世界への出入り口で、良いものも悪いものも海から来る。「歓迎」の言葉と大砲が同時に海に向けられている（2015年9月、ネグロス島・ドゥマゲテ市）

政に十分に対応する力がなかったことが挙げられる。それは第一に、被害の規模が極めて大きく、アチェ州の地方行政が広範囲にわたって壊滅的な打撃を受けたためである。州都バンダアチェ市では市長をはじめ多くの市職員が亡くなり、生き残った市職員も自身や家族の対応に追われた[*12]。それに加え、津波以前からアチェ州では地方行政が十分に育っていなかった。一九九九年の地方自治法によってインドネシア全国で州政府の権限が県・市政府に委譲された際にも、アチェ州は例外として州政府に権限が集中したままにされた[*13]。

もっとも、津波前から紛争地で戒厳令が敷かれていたアチェ州では地方行政が軍・警察の監督下に置かれていたため、災害対応の初期の段階では軍・警察が復旧・復興事業の担い手になろうとした。津波被災直後、インドネシア政府は外国の政府・軍や支援者がアチェ州を訪れて救援・復興事業を行うことを制限しようとした。とりわけ国軍は、人道支援であれ報道であれ、外国人がアチェ州に入って活動することが反政府ゲリラを利することになりかねないとして否定的な態度をとった。

被災翌日の一二月二七日、インドネシア政府は国際社会からの支援の申し出に対し、最初の三日間は国内の組織・人員で対応するとし、それ以降については報道や人道支援のために外国人がアチェ州に入ることを認めたものの、入域のための審査に二週間かかるとした。翌月九日にバンダアチェ市内で発砲事件があったと報じられると[*14]、国軍は外国人への管理を強めようとし、アチェ州で活動する外国の支援団体に支援者名簿の提出を求め、さらに全ての外国人支援者に対して活動の際に国軍兵士を同行させるよう求めた。

また、これと前後してインドネシアの閣議が外国人支援者によるアチェ州での活動期間を地震・津波発生から三ヶ月に限ると決定し、外国人支援者のアチェ州での活動をバンダアチェ

植民地支配の先鞭となったマゼランに抵抗し討ち取ったラプラプの像。災いの関係者を絵画や記念碑にして語り伝える（2015年９月、マニラ市）

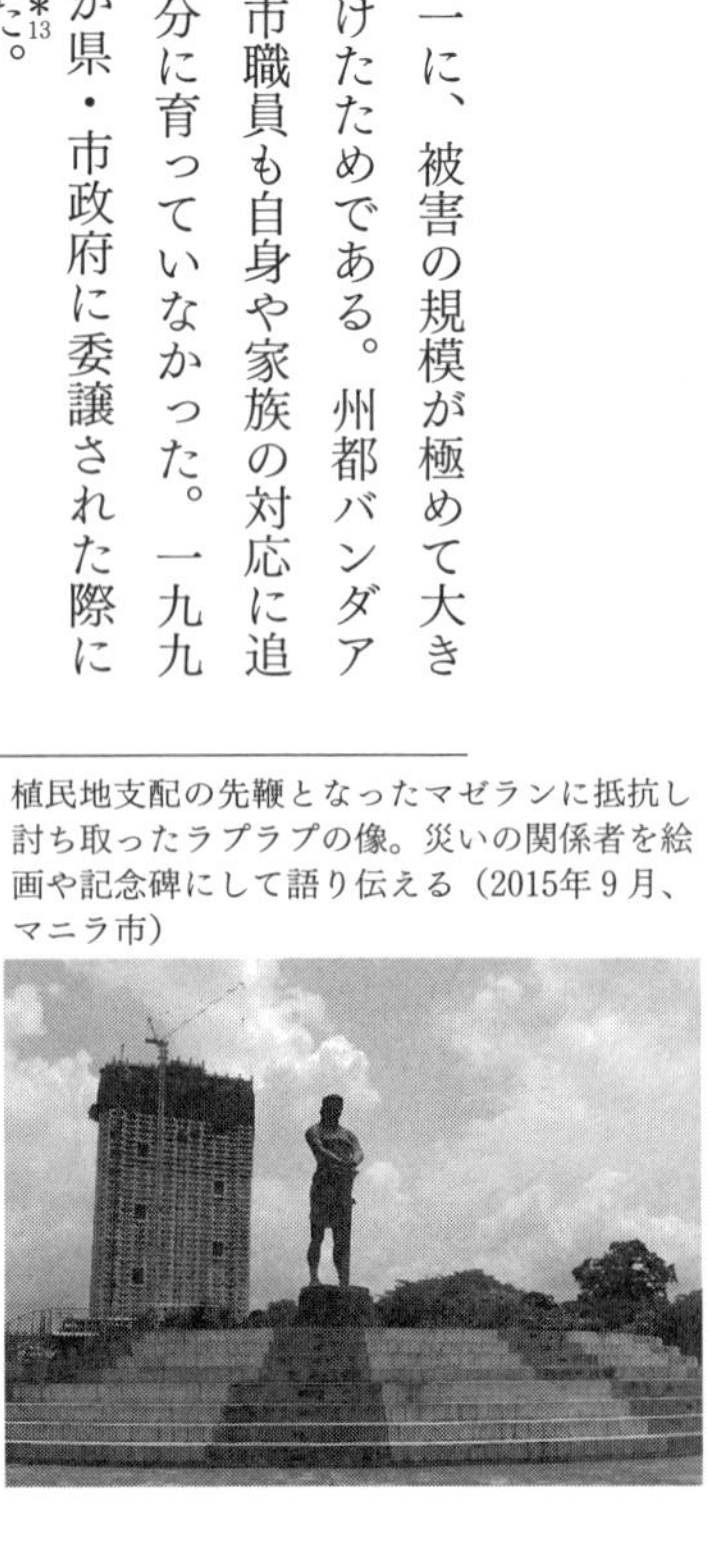

*12　アチェ州の公務員は自宅を含む地域社会での緊急対応に臨むこととされ、職場復帰の命令が出たのは津波被災から一ヶ月半後の二〇〇五年二月一五日だった。

*13　ただしアチェ州知事は汚職容疑で逮捕され、津波発生時はジャカルタで収監されていた。

*14　九日に二回生じたとの報道や八日にも生じていたとの報道がある。また、国軍はこれが独立派ゲリラの発砲によるもので国軍兵士一人が死亡したと発表したが、インドネシア政府は精神的にまいった国軍兵士が起

市、大アチェ県、西アチェ県に制限したため、ピディ県で活動していた国境なき医師団のように事業地の移転を余儀なくされたものもあった。この閣議決定に対して各国政府や各支援団体が事情説明要求という形で再考を求め続けた結果、インドネシア政府は、三月末までに撤退するのは外国の軍だけで、人道支援に当たっている団体や個人はそれ以降もアチェ州で活動してよいと認めた。こうして、インドネシア政府が提供できるよりも大規模な人員と資金が国内外からアチェ州に投入され、緊急・復興支援が進められることになった。

インドネシア政府はアチェ・ニアス復興再建庁*15（BRR、以下「復興再建庁」）を設立してバンダアチェ市に置いたが、復興再建庁は予算の上でも権限の上でも独自に復興事業を進めるには十分でなく、国内外から訪れる支援団体・個人とインドネシアの関係当局を仲介して復興事業が円滑に進む環境を整えるのが主な役割となった。

域外主体による「標準の復興」

アチェ州の復興再建において質・量ともに「圧倒的な資源または権限をもって復旧・復興事業を進めようとする主体」になったのは、海外から大挙して押しかけ、支援者側は「史上最大の支援作戦」と呼び、被災地住民からは「第二の津波*16」とも呼ばれた国際機関・NGOおよび諸外国からの人道支援だった。

この結果、アチェ州における復興事業およびそれに対する創造的復興はいくつかの特徴を帯びることになった。復興事業を進める主体は被災地住民に対して（さらに多くの場合インドネシア国内に対しても）直接的な説明責任を負う立場になく*17、アチェ州（およびインドネシア全土）でそれまで行われてきた復興事業を継承する基盤も必要性も持たず、したがって日本の復興事業で言

こしたものだと発表し、情報は食い違った。

*15　二〇〇四年のスマトラ島沖地震・津波はアチェ州及びその西海岸沖のニアス島に特に大きな被害をもたらした。ニアス島は行政上は北スマトラ州に属すため、復興再建庁はアチェ・ニアス復興再建庁とされた。ニアス島は二〇〇五年三月に発生した地震でも大きな被害を受け、アチェ・ニアス復興再建庁はこの地震災害からの復興再建も管轄した。本章では、特にアチェ州に限定する場合にアチェ州とするが、それ以外ではアチェ（州）とスマトラ（島）は互換可能である。

スペインによる植民地支配下で建てられた洋館などを舞台とする芸能が盛んになり、やがて植民地支配を災いとして演じるものも生まれた（2015年8月、パナイ島・イロイロ市）

う「既定の復興」にあたるものは存在しなかった。このことは、被災地住民にとっては、自分たちの地域ではどのような支援者がどのような計画で復興事業を進め、それがいつどのような理由で変更・中止や終了になりうるのか、そして道を挟んだ隣の地域の復興事業とはなぜ内容が異なるのかがわからないまま、そして誰もそれについて答えられる人がいないまま、それぞれ目の前の状況への対応を重ねていくしかないことを意味していた。

もっとも、各支援団体は必ずしも無責任かつ非統一的に復興事業を進めたわけではなかった。域外の支援団体は、活動に必要な資金や物資の提供者（ドナー）に対する説明責任を負い、また、国際的な人道支援業界で積み重ねられてきた合意に基づく人道支援の標準的なガイドラインに従うことが求められるため、「既定の復興」のような統一性・拘束性は持たないものの、次項で見るように、従うことが緩やかに求められる「標準の復興」*18とでも呼ぶべきものが存在した。被災地住民にとっては、大矢根が紹介するように文書をもとに法令に沿ってその解釈をめぐる駆け引きを行う日本のような方法は有効でなく、駆け引きは各担当者とのその場限りの「現金決済」とならざるを得なかった。

「標準の復興」における復興イメージ

日本では被災地住民が駆け引きすべき対象は法令の条文という形で明確化されており、それを解釈し適用する現場の担当者という交渉相手が存在し、一つの被災地で成功した手法を別の被災地に伝授することが可能だった。これに対してスマトラの事例では、国内外から被災地を訪れる支援団体・個人が復旧・復興事業を進める上で行動を縛られる法令があるわけではなかった。国際人道支援業界には支援従事者が守るべきとされる標準的なガイドラインがある

フィリピンの国民的英雄ホセ・リサールによる小説『ノリ・メ・タンヘレ』では、地震や台風・洪水と同様に山賊も災いとして扱われている（2014年3月、マニラ市）

*16　アチェの人々によって域外からの支援が「第二の津波」と呼ばれたことの意味は、本章の議論に関連して特に重要である。単に支援の規模が大きかったという意味ではなく、自分たちの与り知らないところで決められ、それを受けるしかないという思いが救援・復興支援を「第二の津波」と呼んだ理由であるように思われる。

*17　国際的な開発援助事業では事業主はもっぱらドナーに対して説明責任を負い、住民の意向が十分に反映されにくい構造にあることや、この課題を解決するために「参加型開発」が導入されるようになった経緯につ

が、ガイドラインが守られているかどうかを現場で検証し、守られていない場合にそれを指摘し改善を求める制度的な仕組みはなく、実際は担当者の現場での判断に委ねざるを得ない。これは人道支援事業のモニタリング評価をどのように行うべきかという問題とも関わるが[*19]、本章の議論に即して重要なのは、域外からの支援者が復旧・復興事業の担い手となる「標準の復興」では、被災地住民が駆け引きを行って譲歩を引き出すべき対象が、標準的なガイドラインを念頭においた個別の担当者が抱く復興のイメージとなることである。

さまざまな支援団体・個人が抱くイメージをすべて抽出して全体像を示すことは不可能だが、被災地で行われてきた復旧・復興事業およびその過程で観察された食い違いなどに着目することで、支援団体・個人がどのようなイメージを抱いて復旧・復興事業に取り組み、被災地住民がそれに対してどのように駆け引きを試みたのかの一端をうかがい知ることができる。ここでは、とりわけ途上国での被災地支援において被災地住民が向き合わなければならない支援団体・個人が抱くイメージとして二つの前提を指摘したい。

一つは、災害とはすでに十分に発展して安定した社会を部分的かつ一時的に壊すものであり、したがって災害によって損なわれたものを回復することが災害対応の基本であるとする捉え方である。しかしながら、開発途上国あるいは発展途上国という言葉が示すように、これらの国では社会が十分に発展して安定した状態を迎えているのではなく、現在なお発展の途上にあり、住居や生業といった生活基盤も常によりよいものを求めて形が変えられていく社会的流動性が高い社会である[*20]。途上国に限らず、災害は外力によりその社会の潜在的な課題に働きかけ、社会の弱い部分に大きな被害をもたらすことでその社会の課題を露にするものであり、災害によって壊れたものを元通りに直すだけでは社会の課題が改善されない。社会的流動性が高

いては［元田 2007］を参照。元田は参加型開発においても住民の意向が反映されているかどうかを評価する主体はドナーであり、事業評価は事業地の住民や社会に対するドナーの理解に左右されると指摘している。

*18 大矢根が日本の復旧・復興事業について、その実施主体による「既定の復興」という名乗りをいったん積極的に受け入れ、その意味を再構築することにより創造的復興に積極的な意味を与えようとする試みに倣い、ここでは海外の復旧・復興事業について、その実施主体が肯定的に受け入れうる「標準の復興」という名づけを行い、そ

秘密結社を組織しスペイン植民地からの独立を目指した革命の指導者アンドレス・ボニファシオの生涯が立体の絵巻風に刻まれた記念碑（2015年９月、マニラ市）

いアジアの途上国では、住居や生業の改善を求める努力は災害時だけでなく日常的に見ることができる。近年の災害対応で重視されているレジリエンスの概念に関しても、[*21] 先進国社会の災害対応を念頭において災害前の状態を起点とし、災害で損なわれた状態からそこに復帰する力をレジリエンスとする説明がしばしば見られるが、社会的流動性が高い社会においては、災害後は従来の発展の経路を再び辿って被災前に戻るのではなく、崩された状態を起点として新たに発展を求めていくという図式になる。レジリエンスを回復力と訳すならば、それは活力の回復のことであって従来の状態に戻す回復のことではない。

もう一つは、途上国では土地を共有する伝統的な地域社会が維持されており、人々は貧しいながらも互いに助け合って暮らしているという捉え方である。災害直後に被災地入りすると、避難所で着の身着のまま避難生活を送っている被災地住民の姿を見ることも多く、そのため被災地住民は被災前から簡素な衣食住により生活していたと思い込みやすい状況がある。そのため、物質主義的・個人主義的な思想を十分に受けておらず、地域住民が相互に助け合って暮らしているというイメージを抱きやすい。しかし、東南アジアは歴史的に沿岸部や河川沿いに人口がまばらに住む地域で、自然災害や戦乱などの災いがあると別の土地に移って新たに生活を始めるという長い歴史があり、人の移動がはげしいことで特徴付けられる社会である。近代化に伴って定住の割合が増えたとはいえ、人々がときに国境を越えて頻繁に移動し、家族の構成員が互いに離れて暮らし、地域社会の構成員が比較的短期間に入れ替わることはなお日常的に見られる。災害が起こると別の土地に移ろうとするし、互いに見知らぬ間柄でも柔軟にまとまりを作って共同で仕事に取り組むことにも慣れている。

このように、別の土地に移ることを含めて被災直後から新しい暮らしを立て直そうとする

の意味を再構築することが積極的な意味を持つ創造的復興に繋がることを期待して「標準の復興」と呼ぶことにする。

*19 ドナーに対する説明責任は、多くの場合、物資の配給などで重複はなかったという会計報告と、支援対象者が満足したことを示す資料によって示されることが多いように見受けられる。後者は被災地からの感謝状や子どもたちの笑顔の写真が使われることが多いが、筆者の観察の範囲では、子どもたちは外国から見知らぬ人たちが来れば事情がわからなくても微笑むものだし、男たちは支援内容に多少の不満があろうとも次の支援

映画『バジャウ』（1957年製作）はミンダナオ島南部のムスリム社会に住む漂海民バジャウの生活を描いた（2015年８月、マニラ首都圏・パサイ市）

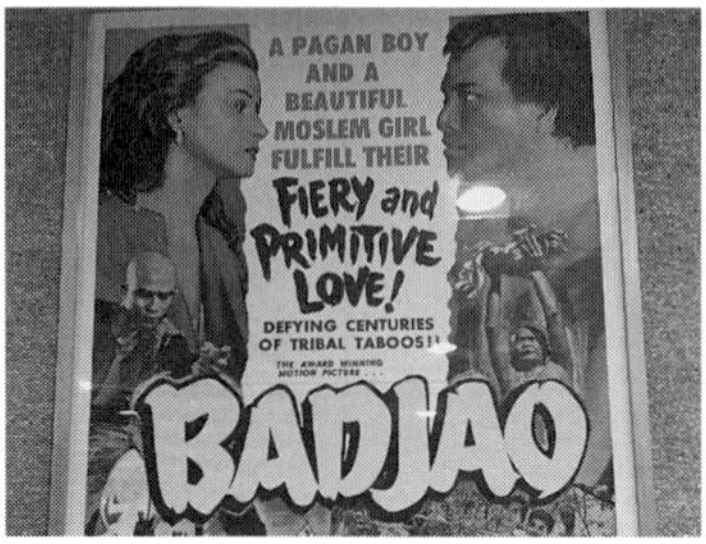

人々に対して、「標準の復興」は被災前の地域社会をもとに、被災前の生活に戻す方向で最低限の支援を平等に与えるという発想で進められる。

4 「標準の復興」を読み替える

途上国の災害時の救援・復興支援では、被災地に派遣された支援団体の担当者は、現場で起こる予期しないさまざまなトラブルに対応しながら食糧・非食糧物資の配給、住宅再建、起業支援などの支援事業を実施し、任務を終えると別の任地に移っていく。事業の規模に応じて現地のNGOをカウンターパートとしたり英語がわかる地元の通訳を雇ったりするため、担当者はトラブルの内容やその解決についてこれらの仲介者の説明により理解する。それらのトラブルは、担当者が個人的な思い出とするものや支援団体内部の報告に留まるものもあれば、報道などを通じて一般に伝わるものもある。現場での支援者の戸惑いや支援対象者に対する不満などの形で支援者側の立場から表現されるものが多いが、それを支援対象である被災地住民から見ると、以下で紹介するように、全体像が見えない緊急・復興支援事業に対する被災地住民の駆け引きや思い入れの表現を見ることができる。これらのトラブルのもととなっているのは、被災前の状況をもとに被災者を地域に紐付けて地域コミュニティとして復興を進めるという支援者側にある「標準の復興」の発想である。

を期待して表面上は微笑むものだが、女たちは支援内容に不満があれば笑顔を見せないことも多い。支援対象者の満足度を笑顔の写真で表現すること自体は悪くない方法だろうが、男子どもの笑顔ではなく女の笑顔の方が目的に適っているかもしれない。

*20 社会的流動性の高い社会では、災害対応の主体となる地域社会の構成員も固定されておらず頻繁に入れ替わりが起こる。このため、事前に地域社会に防災情報を蓄積するだけでは不十分で、災害発生時の情報共有と意思決定の仕組みを工夫することが重要となる。社会的流

中国系フィリピン人のロレンソ・ルイスは鎖国直前の日本に渡り、棄教を拒んだため穴吊りの刑に処されて殉教した。フィリピン初の聖人（2015年8月、パナイ島・イロイロ市）

移動する被災者とポスコ ── 物資配給

アチェ州の災害対応で見られた最も特徴的な駆け引きの場はポスコ（*posko*）である。ポスコとは連絡事務所を意味するインドネシア語の *pos kordinasi* の略語で、災害対応に限らず何らかのイベントに対し、情報や物資のとりまとめが必要な場合に設置される即席の詰所を指す一般名詞である。行政の部署が作ることもあれば、民間企業、学校、病院、宗教施設が作ることもあれば、地域住民が作ることもある。設置を公的機関に登録する必要はなく、「ポスコ」と書いた札を置けばそれでポスコになり、不要になれば自然に解消される。学校の定期試験の際に学生が設置するポスコもあれば、断食明けの準備のためにモスクが設置するポスコもあり、災害時に限らない。災害時に被災地住民が作るポスコでは、その地域の被災状況を整理し、訪れた支援団体から支援を受け取る窓口となり、ときには支援申請書を書いて行政や支援団体に提出する役割も担う。*22

二〇〇四年の津波で、バンダアチェ市の沿岸部は津波の直撃を受け、地区によっては住民の九割近くが亡くなった。あらゆる建物が津波で流されて更地になり、建物の土台しか残らず、電気も水道も通じなくなったため、生き残った人たちは親戚・友人の家や内陸部の避難キャンプに身を寄せた。ただし、行政からの支援は行政単位ごとに行われたため、それを受け取るには、たとえ寝泊りできなくても被災地に誰かがいる必要がある。また、沿岸部で津波による被害が特に大きかった地域では、支援対象を求めて車で時おり通りかかる支援団体があり、その支援を受け取るためには誰かがその場にいなければならない。そのため、避難先で寝泊りする一方で、もとの居住地にポスコを設置し、人を配してそこを訪れる支援者に被害状況を説明したり支援を受け取ったりした。このように、被災地住民は行政単位を越えて動くことで災害に

日本軍政期の1943年11月に大きな台風がルソン島を襲い、占領当局は「baha」（洪水）と加印した切手を販売して救援復興の資金を集めた（2015年6月、マニラ市）

動性の高さと災害対応については本シリーズ第一巻［山本 2014］を参照。

*21　何をもって回復したと見なすか、どの範囲の人々について見るか、どれだけのタイムスパンで評価するかなどによってレジリエンスの評価は異なる。人類社会が経験してきた多様な災いに関し、そのレジリエンスをどのように捉えるかについては本シリーズ第四巻［川喜田・西］を参照。

*22　二〇〇四年の津波被災地で作られたポスコの具体例とその役割についての詳細は本シリーズ第二巻［西 2014］の第

対応しようとし、動く被災地住民と行政単位ごとの支援を結びつけるためにポスコが重要な役割を果たした。

ポスコの最大の特徴は融通無碍さにある。その様子は、ポスコの設置と解消が随時行われることや、ポスコどうしの協力・連携のあり方が現場の状況に応じて柔軟に変化することなどに見られるが、ここでは日本の「既定の復興」に対する創造的復興との対比を念頭に置いてポスコの代表性に目を向けてみたい。

筆者が二〇〇五年二月にバンダアチェ市内のあるポスコを訪ね、支援活動について様子を伺おうとしたところ、そのポスコの代表者は妹が日本に留学したことがあるとのことで、広島と長崎の原爆投下からの日本の復興についての話などを交えながらポスコの様子を聞かせてくれた。そこにアメリカの支援団体が訪れ、支援対象を探しているのでポスコの代表者に会わせてほしいと求められると、奥から別の男性が出てきてポスコの代表者として応対した。どちらが本当の代表者か尋ねると、実はポスコに代表者はなく、相手に応じてその場にいる適切な人が対応しているとのことだった。アメリカ人支援者に応対した男性は、アメリカ留学経験があって英語が話せるので外国の支援団体への応対に重宝されているが、海外生活が長いために地元のアチェ語はあまりうまくなく、地元政府との交渉には別の人があたるという。話せる言葉だけでなく、建築業界で働いていた人や車を持っている人などそれぞれ得意とする分野があり、相手に応じて誰が対応するかを決めているとのことだった。

先に見たように、日本の「既定の復興」に対する創造的復興においては、町内会をベースに地域住民組織を結成して、住民の総意をまとめた文書を作成して代表者一人が行政との交渉に臨んでいた。これは相手である行政に適した交渉方法が取られたものである。これに対してア

2章および第3章を参照。

ダグラス・マッカーサーは1944年10月にレイテ島に上陸した。日本とフィリピンはマッカーサーを通じて「きょうだい」になった（2015年5月、マニラ市）

チェ州では、復興事業の主体は域外から訪れるさまざまな支援団体であり、被災者にとってはそれらのうちどの団体が自分たちの地域に来るのか、そしてどのような予算規模と計画でどの分野の復興事業を進めてくれるのかわからなかった。規模の大きな支援団体であれば、緊急対応から復興事業までを通じて、食糧や非糧食物資の配給、住宅再建、起業支援などの支援メニューがあり、支援団体内で定めるスケジュールに従ってこれらの支援メニューが順に出されると想像がつくが、規模が小さな支援団体では支援メニューが一つしかないことも多く、被災者は支援団体の担当者が通訳を通じて伝える事業計画を受け取るしかなかった。また、事業規模が小さい支援団体では、被災地を車でまわって被災地住民が集まっているところを見つけると「台所用品を五〇世帯分供与したいけれどニーズはあるか」といったニーズ調査を行い、その地域のニーズに合致すればそこで支援を行い、合致しないと判断すれば別の地域に行くということもしばしば見られた。このような状況で、被災地住民は、いつどのような支援メニューを持って訪れるかわからない支援者に対応するために地域住民の総意を取りまとめて代表者を一本化して待つのではなく、動員可能な人をなるべく多くポスコに張り付けておき、訪れる相手に応じて最適と思われる人が対応することで可能な限りの支援を確保しようとした。

復興住宅地の「空き家」——住宅再建

復興再建庁は、各支援団体による住宅再建を含め、二〇〇九年四月までに一二万棟の復興住宅（恒久住宅）を建設することを目標に掲げた。その一部は津波前に住宅があった場所での住宅再建となったが、被災前に土地を持っていなかった借家人などを対象に、内陸部や郊外の高台を宅地開発して復興住宅地が作られたところもあった。

独立後の最大の災いは戒厳令と独裁だった。ボニファシオ広場の一画には戒厳令に抵抗して命を落としたマニラ市民の名前が刻まれている（2015年９月、マニラ市）

復興再建庁が二〇〇六年六月に発した指示により、被災前に土地を所有していた人は、津波によって土地が失われたとしても、床面積三六平方メートルの復興住宅と新たな土地の取得が保証された。これに対し、土地を用意できなかった被災地住民は、土地や住宅を取得する頭金や分割払いの一部に当てるために現金が支給されることになったが、復興住宅の供給対象にはならなかった。この指示を受けて同年九月に借家人を中心とする大きな抗議行動が起こると、復興再建庁は二〇〇七年二月に借家人にも復興住宅の取得を認め、支援団体などの供与者が決まっている場合には三六平方メートル分の復興住宅相当の土地を復興再建庁が供給し、そうでない場合は土地と復興住宅の両方を復興再建庁が供給するため、供給される住宅は二一平方メートルの復興住宅となることになった［フダほか 2014］。

この方針に従って復興住宅が再建され被災地住民に供与されたが、その一方で復興住宅に入居者がなく空き家が多いとの報道がしばしばなされた。一般に、途上国の都市部の借家人はインフォーマルセクター（屋台や露天商、バイクタクシーの運転手など）に就いていることが多く、内陸部や郊外の高台に入居すると都市部に出るまで交通費がかかるために従来の仕事に就けない。また、復興住宅の近くに学校や市場がないと日常生活に支障を来たす。そのため、供与された復興住宅を放棄して都市部の借家を探す例など、空き家が見られるのにはいくつかの理由が挙げられている。

ここではそれと異なる理由で復興住宅が住宅として使われていない例を紹介したい。*23 バンダアチェ市の郊外にある大アチェ県のランプウ村は、海岸近くに集落があり、二〇〇四年の津波でモスクを残して全ての建物が流され、住民のほとんどが犠牲になった。トルコ赤新月社の支援により七〇〇棟の復興住宅が建設され、この村の住民あるいはその遺族に供与された。他地

*23 この例について、詳しくは本シリーズ第二巻［西 2014］第5章を参照。

国外追放先のアメリカから帰国したベニグノ・アキノの暗殺を契機に反マルコス運動が一気に広がり、ピープル・パワー革命に繋がった（2015年9月、マニラ首都圏・パサイ市）

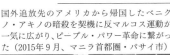

域の人が投資目的で復興住宅を購入することを防ぐため、供与の際には住宅として利用することや第三者に転売しないことなどが条件とされた。しかし、被災からしばらく経つと、復興住宅が改装された土産物屋が作られた。「サフィラ」と名づけられたこの土産物屋は、復興住宅二棟を繋げたもので、飲み物やお菓子が置かれた店と、子ども向けのTシャツと大人のムスリム（イスラム教徒）女性向けの服が並べられた衣料品の店から成っていた。観光地の土産物屋にあまり似つかわしくない品揃えだと思われたが、店の奥には額に入った幼い女の子の写真が掛けられ、「二〇〇四年一二月二六日に津波の犠牲になった私たちの一人娘サフィラ」と書き添えられていた。この土産物屋の名前はこの女の子の名前をつけたもので、店に並べられていたのは、今や服を買ってあげることができなくなった娘に着せてあげたかった服であり、娘ののどが渇いたりお腹がすいたりすることがないように用意した飲み物やお菓子なのだろう。

アチェ州では津波で流されて遺体がみつからない犠牲者も多く、遺体がないままでどのように弔うかが問題となった。「サフィラ」の所有者は、津波後に別の場所で生活を始めていたが、支援団体がこの地域に住んでいた人かその遺族に住宅を供与し、転売を認めないという条件をつけたことに対し、その条件をなるべく満たして住宅の供与を受けた。供与された復興住宅に住まずに土産物屋に改装したことは、人道支援の論理からすれば褒められることではないかもしれないが、見たり触れたり声を聞いたりできなくなった家族の思い出と一緒に暮らす場所を作るという意味では、復興住宅として適切な使われ方だとする見方も可能ではないだろうか。

撤退と引き継ぎ——起業支援

規模の大きな支援団体には、被災地に担当者を派遣し、現地事務所を開設して、一年近くの

ピープル・パワー革命（1986年２月）では民衆がアギナルド国軍基地を取り囲み、マルコス大統領の命を受けた軍隊の行く手を阻んだ（2015年８月、マニラ首都圏・ケソン市）

期間にわたって支援事業を行うものもある。「標準の復興」においては、支援事業の最終的な段階に起業支援が行われることが多い。職種に応じて、起業に必要な調理用コンロ、ミシン、ニワトリやヤギ、そしてある程度まとまった資金を貸し付け、週ごとや月ごとに売り上げから決まった額を返済してもらうという仕組みである。返済の期間は半年から一年程度のものがよく見られるが、支援団体にとっては支援事業の最終的な段階で行われるため、起業支援を始めたタイミングによっては、返済期間が終わるのを待たずに現地事務所を閉鎖し撤退することも珍しくない。

撤退後の支援事業の実施、とりわけ貸し付け金の返済については、それまで数ヶ月間の活動をともにしたカウンターパートである現地ＮＧＯに任せることになる。アチェ州の津波被災地で起業支援を行っていたある支援団体は、返済された資金を現地ＮＧＯが管理しておき、満額が返済された後、起業支援の参加メンバーたちが相談して新しい事業を進めたいとなればそのための資金として使ってよいが、事前に伝えてしまうと参加メンバーが毎回の返済を滞らせる可能性があるため、そのことは数ヶ月後の返済期間が終わったときに「よい便り」として公表し、それまでは参加メンバーに知らせないようにという約束を地元ＮＧＯと交わしていた。

ところがこの支援団体の撤退直前に参加メンバーに話を聞いていると、これから数ヶ月間の返済が負担であるといった様子が全く見られず、そのことが話題になると、参加メンバーは口を揃えて、「よい便り」があるから問題ない、ただし「よい便り」が何かを口に出してはいけない、と言い、何らかの理由で返済が負担でなくなったことがうれしくて誰かに話したくて仕方ない様子だった。さらに個別に話を聞くと、支援団体が撤退して以降の返済は必要ないこと、撤退までに返済済みの金額は地元ＮＧＯが別の復興事業に宛てることについて、地元ＮＧ

アギナルド国軍基地を囲む塀にはフィリピンの革命の歴史が約4kmにわたって描かれている（本章扉の写真も参照）（2015年8月、マニラ首都圏・ケソン市）

Oと参加メンバーの代表者の間で話がついていたことがわかった。

この起業支援事業の参加メンバーは、被災前からこの村に住んでいた人の中から選ぶという支援団体の要請に従って選ばれたが、被災から半年以上も経つために多くの人は別の地域で新しい暮らしを始めていた。しかし被災後も村に住んでいる人だけだと支援団体の求める数に満たないため、別の地域に移った人もメンバーに加え、週に何回かの研修に通ってもらっていた。支援団体の撤退を送り出すとグループは解散し、それぞれ別の地域での新しい暮らしに向かった。結果だけ見ると、担当者との約束は果たされていない。ただし、これは担当者を出し抜くためではなく、支援団体が設定した枠組みを受け入れた上で、被災地住民が自らの置かれた環境で復興に役立てようとした工夫だと理解すべきだろう。

5　創造的復興を豊かにするために――スマトラから学ぶこと

本章では、日本の災害対応と接合させるため、二〇〇四年の津波災害を主な事例としてスマトラの災害対応について検討してきた。日本の災害対応が国を頂点とする行政による「既定の復興」として進められ、それに対して被災地住民が駆け引きして譲歩を引き出す営みとして創造的復興が立ち上がるのに対し、復興事業の実施主体が域外に拠点を持ち、被災地住民に対して直接的な責任を負わない国外の災害対応においては、駆け引きの対象が「標準の復興」であり、その内容は現場ごと担当者ごとに変わりうる。

「標準の復興」においては、支援者は標準的なガイドラインとそれを支える支援者個人の復

ピナトゥボ山が大噴火（1991年6月）を起こすとアメリカ軍は基地をフィリピンに返還し、空軍基地跡は経済特区に転換された（2015年9月、ルソン島・アンヘレス市）

興に関するイメージに従って復興事業を進める。支援者にとって、国際的な標準に従って支援プログラムを組み、人道支援業界やドナーに対する説明責任に十分留意して復興事業を進めているとしても、復興事業の対象となる被災地住民の多くはガイドラインや支援団体のプログラムについての十分な知識を持たず、したがってそのような復興事業は被災地住民にとって自分たちの関わりえないところで決められ下されるものとして現われる。別の言い方をすれば、被災地住民にとって復興事業は「気まぐれ」で与えられるものと受け止められ、したがって被災地住民による駆け引きも「場当たり的」なものとならざるを得ない。

被災地住民による対応が場当たり的なものとなれば、それによって得られる成果も属人的な一回限りのものとなり、一度うまくいってもそれを積み重ねたり別の事例に応用したりすることは期待できず、この点において日本のような行政主導の「既定の復興」とそれに対する駆け引きとしての創造的復興と好対照をなす。ただし、本章で見たように、場当たり的な対応には与えられた環境に応じた最適解を求める工夫が見られる。ポスコではさまざまな人が相手に応じて代表者になり、被災前の社会で固定されていた社会的役割を超えて人々に機会が得られていた。復興住宅を土産物屋に改造したのは、失った家族の思い出とともに暮らす家にするためだったと理解できる。起業支援のグループが支援団体の撤退とともに解散したのは、与えられた支援をそれぞれの新しい生活の場に持ち帰って生活再建の元手にするためだった。

ここで強調すべきことは、これらのことは支援事業の対象である被災地住民が支援団体やその担当者を騙して出し抜こうとしたわけではないということである。いずれの事例も、被災前から存在し、被災後も同じように維持されていくであろう地域社会を支援対象とするという支援団体の要請の枠内に収めようとして、そのために工夫を凝らし、部分的に食い違いが露呈し

ゲートで囲まれた富裕層向け住宅地、急増する車両登録台数、頻発する台風・洪水などのため、マニラでは交通渋滞が深刻化している(2014年3月、マニラ市)

たものであって、支援団体の要請をなるべく満たそうとした結果である。食い違いが生じるのは、被災前から住んでいた土地で地域コミュニティとして復興再建していくという「標準の復興」が、元に戻すのではなく移動して新しい生活を始めることで災いに対応しようとする被災地住民の現実と噛み合っていないためである。

二〇〇四年の津波災害でアチェ州が大きな被害を出したことは、土地と結び付けた住民管理の「余白」のなさと結び付けて理解することができる。被災前の国軍と独立派ゲリラによる武力衝突が続く中で、アチェ州の一般住民はどちらの陣営に加担するかが常に問われ、何らかの理由により相手陣営側だと見なされると、略奪され、誘拐され、殺害された。人々はそれを恐れて山間部から街道沿いに出て集まって生活したため、沿岸部の幹線道路沿いに住宅や商業施設が集中することになった。国軍と独立派ゲリラがそれぞれ住民を把握することで勢力を確保しようとしたため、土地に紐付けられた形で住民把握が進み、津波前のアチェ州には居住地選択に「余白」がほとんどない状況が生じていた。津波による被害の大きさの背景の一つにこのことがある。津波後の復興支援をめぐる地域住民の駆け引きは、被災と支援によって生じたこの「余白」を最大限に広げようとしたアチェ州の人々の工夫だったと見ることもできる。「余白」を広げようとするアチェ州の人々の思いと行動が津波を契機とした内戦の終結を背後から支えたというのは言いすぎだろうか。

スマトラの事例は、土地と結び付けた住民と財物の把握を進め、「余白」を減らす形で災害対応が進められることへの警鐘として受け止めるべきだろう。とりわけ行政主導の「既定の復興」が進められる日本では、土地ごとに住民や財物を把握し、「余白」をなるべく少なくすることで災害に備えようとする発想に陥りがちである。しかし、日本では被害がどれだけ甚大で

海外在住フィリピン人の送金総額はフィリピンのGDPの約1割を占める。海外での労働環境の改善はフィリピン国民全体の課題の1つ
(2011年8月、中国・香港・ヴィクトリア公園)

も行政主導で救援・復興が進められることになっているが、仮に首都機能が麻痺するような首都直下型の大災害が生じた場合でも行政主導による救援・復興は十分に進められるだろうか。あるいは、被害が広域に及ぶ連動型の災害が生じた場合に、救援・復興のための資材や人員は国内で十分にまかなえるだろうか。今日の世界は災害時の国境を越えた支援が常態となっており、東日本大震災で明らかになったように日本もその受け手として例外ではない。

災害対応においては、行政（国家）だけでなく民間や外国が提供する人員や資金やサービスも活用する必要がある。これらのよい意味で「気まぐれ」な支援提供者たちがそれぞれどのような計画や予算を持ち、支援事業を進めるにあたってどのような制約や要請があるかを理解した上で、支援を受ける側が連絡窓口や支援対象者を支援提供者とうまく組み合わせ、ときに支援内容を柔軟に読み替えることで、支援する側とされる側の双方の満足を得ながら復興事業が進められていく。さらに域外者が加わってさまざまな「小文字の復興」が織り込まれることで、下からの知恵や交渉力・展開力が最大限に活用され、「既定の復興」や「標準の復興」が想定する復興の物語を超えた新しい復興の道筋が切り開かれていく。こうして、被災地から他の地域への広がりを持ち、それぞれの現場で一人ひとりに即したさまざまな復興の物語が生まれていくのである。

参考文献

亀山恵理子 2015「「小さな物語」をつなぐ方法——一九七五〜九九年東ティモール紛争」牧紀男・山本博之編著『国際協力と防災』京都大学学術出版会、pp. 125-152.

川喜田敦子・西芳実編著（印刷中）『歴史としてのレジリエンス』（災害対応の地域研究4）京都大学学術出版

ミンダナオ島で約40年にわたって続いた武力紛争で、解放戦線とフィリピン政府は2016年までに自治政府を創設することで合意した（2015年6月、マニラ首都圏・ケソン市）

会。
小林知 2015「紛争とその後の復興が教えること —— 一九七〇〜九三年カンボジア紛争」牧紀男・山本博之編著『国際協力と防災』京都大学学術出版会、pp. 91-124.
西芳実 2014『災害復興で内線を乗り越える —— スマトラ島沖地震・津波とアチェ紛争』（災害対応の地域研究2）京都大学学術出版会。
フダ、ハイルル・山本直彦・田中麻里・牧紀男 2014「二〇〇四年インド洋大津波後にインドネシア・バンダアチェ市とその近郊に建設された再定住地の居住者履歴と生活再建 —— パンテリー地区慈済再定住地とヌーフン地区中国再定住地の比較から」『日本建築学会計画系論文集』（第79巻第697号）、pp. 597-606.
細田尚美 2015「自然災害のリスクとともに生きる —— 二〇一三年フィリピン台風災害とサマール島」牧紀男・山本博之編著『国際協力と防災』京都大学学術出版会、pp. 51-85.
牧紀男・山本博之編著 2015『国際協力と防災 —— つくる・よりそう・きたえる』（災害対応の地域研究3）京都大学学術出版会。
宮本匠 2012「「津波後は旅の者に満たされる」：大文字の復興と小文字の復興」『Synodos』二〇一二年八月二日（http://synodos.jp/fukkou/2457）。
元田結花 2007『知的実践としての開発援助 —— アジェンダの攻防を越えて』東京大学出版会。
山本博之 2014『復興の文化空間学 —— ビッグデータと人道支援の時代』（災害対応の地域研究1）京都大学学術出版会。

マレーシアには古くからフィリピン系住民が多く住む。領土問題への矮小化ではなく人々の生活向上のための両国の取り組みが求められている（2005年9月、マレーシア・コタブル）

居住の権利 —— 住むことは生きること

たけしま さよ

私は一九九五年二月から九七年三月まで、神戸のあるＮＧＯの救援センターで、毎週末、主として公的避難所以外（公園テント村や損壊住宅居住者、野宿生活者など）の巡回訪問や救援物資配布などを行なっていました。阪神淡路は私の故郷であり、馴染みの景色が壊れ、「燃えとう、早よ消して」などという悲鳴を聞くと、じっとしていられませんでした。

震災後数ヶ月も経たないうちに、現地では早くも、「立ち直り」の明暗が現れ始めました。まず八月二〇日の災害救助法の適用打ち切りで、テント村や元の避難所に残った人々は、たちまち「不法占拠者」となりました。また、市民と同様に被災しながらもり災証明もなく、さりとて簡易宿泊所も再建されずで野宿を余儀なくされた人々が路上に溢れ出ました。「住むとこ

ろのない」人々が「復興」から取り残されようとしていました。

テント村住人や野宿のおっちゃんらは、たくましく、人間味にあふれた人たちでした。二年以上も現地に通い続けられたのは、彼らに会うのが楽しかったからだと思います（現地での体験を描いた四コママンガ「愛ちゃんのボランティア神戸日記」は最初神戸入りした学生ボランティア向けのレクチャー用資料だったが、好評を得て上梓。http://volunteer.netswest.org/ で無料公開中）。

救援センターは、他のNGOや被災者団体と連携して、「人権救済申し立て」の実施や、国際居住権擁護団体の招聘、そして一九九六年の国連人間居住会議（Habitat II　トルコ・イスタンブル）への参加など、災害救助から人権擁護へと活動を広げて行きました。

トルコでは皮肉なことに、人権を守る目的の会議を開くために、激しい人権侵害があり、街の「浄化」で野宿生活者などが追い出され、一方、抗議の座りこみやデモに参加した市民が一五〇〇人も連行されていました（ＮＧＯフォーラムとして抗議）。しかし、このハビタットⅡで生存権の一つである「居住の権利」について学んだことは、私たちにとって大きな収穫で、参加者の一人である、待機所（公的避難所閉鎖後、公民館などに設けられた）で肩身の狭い思いをして暮らしていた住民は、「自分たちの人権意識の低さを知った」と語っていました。個人的には、我々日韓のデモ隊に乱入して来たクルド人のおばちゃんたちと一緒に踊ったのが忘れられません（クルド人については本書第７章の注15も参照）。

「居住の権利」とは、「安全、平穏に、人間としての尊厳を持って生きる場所を持つ権利」と定義され、日本も批准した国連の「社会権条約」に基づいています。この会議で、日本を含む全参加国は、この理念をさらに進めた「居住の権利宣言」を採択しました。

震災後、阪神淡路の「復興」は成ったのでしょうか。二〇年も経った今になって、借上げ公営住宅[*1]に住む人たちが、退居を求めて訴えられようとしていま

職能

レストランでバイトしていたN君
ぼ!
おーっ
キッチンをしきり大むこうをうならせる
企業ボランティアのYさん
カチャ カチャ カチャ カチャ カチャ カチャ
データ入力の鬼と化す
鍼灸師のHさんは
どひゅーん
私の出前で一日走り回った
被災地の最強の足スーパーカブ!
あなたにできることすべてが
あち!
誰かの役に立ちます

（4コママンガはすべて「愛ちゃんのボランティア神戸日記」より）

す。成り行きを注視して行こうと思います。

東日本大震災ではさらに、比較にならないほどの多くの人々が居住の権利を奪われました、天によって、そして人によって。

住まいとは単なるハコではありません。人が人として生きるための環境そのものです。「自助努力」には限りがあります。何よりそこに生きようとする人々の、相互理解と連帯が、居住の権利の確立には必要なことと考えます。

＊1　阪神・淡路大震災により住宅を失った被災者に対して、民間や都市再生機構（UR）などから賃貸マンションを借り上げて公営住宅として供給したもの。期限はとりあえず二〇年とされるが、入居時に告知されなかった世帯や、自治体によっては期限をなくした所もあり、不公平が生じているとして問題になっている。

第二部

忘れる、伝える

「災害は人間を異常にする」これがいつわらざる実感です。それだけに今回の記録誌の作成は、できれば思い出したくもない過去の傷をえぐり出すような作業でした。

（加藤正時「おわりに」、『雲仙・普賢岳噴火災害を体験して ――被災者からの報告』島原普賢会、p. 116、2000年）

第4章

神戸という記憶の〈場〉

公的、集合的、個的記憶の相克とすみわけ

1995
×
阪神・淡路

寺田 匡宏

神戸市中央区諏訪山のヴィーナスブリッジから見た神戸の中心部。神戸港をはさんで正面にポートアイランドを見る（2015年８月）

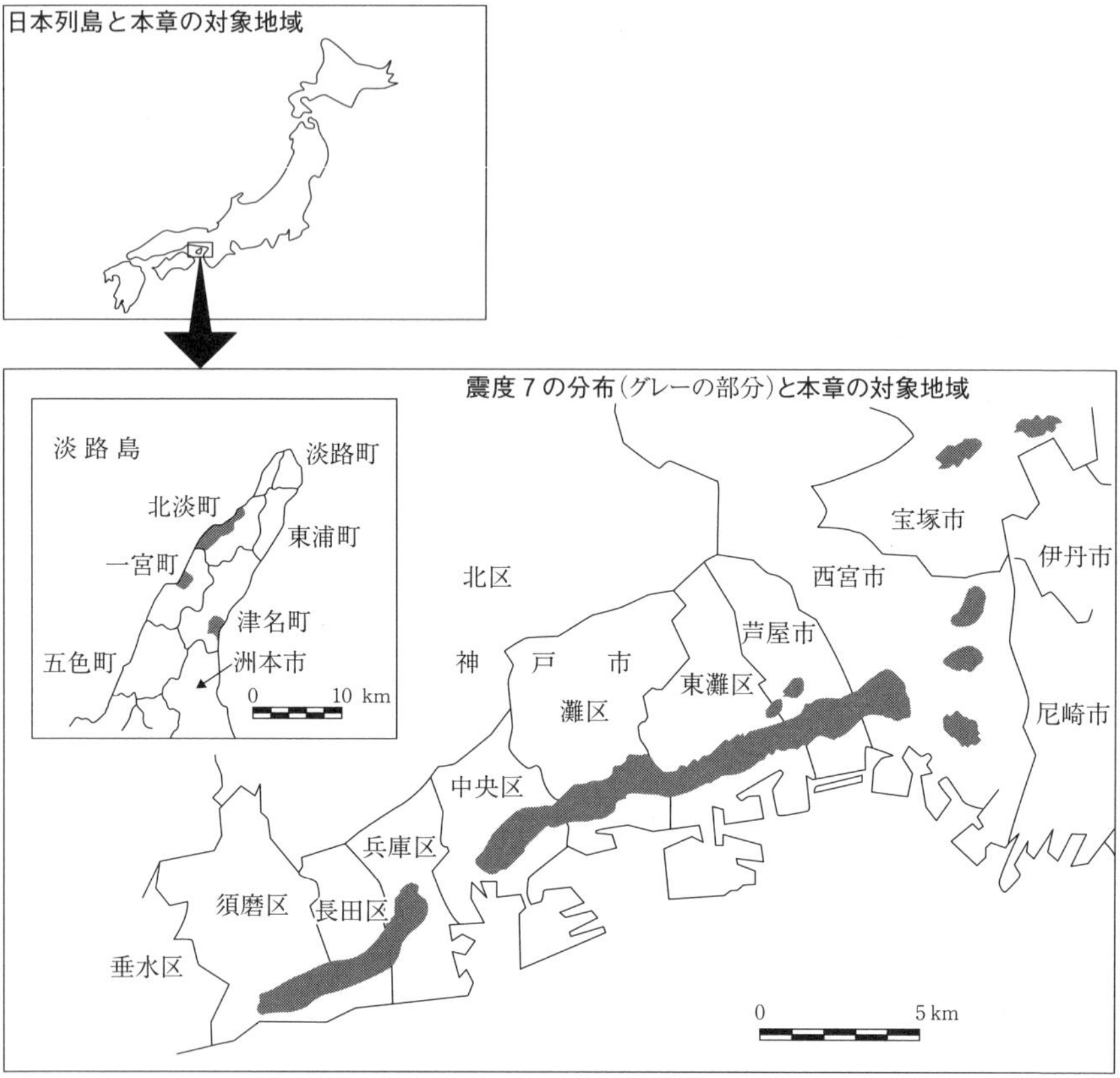

気象庁『平成7年（1995年）兵庫県南部地震調査報告』（気象庁技術報告第119号）、1997年、p.60の図に加筆した。市町村名は震災当時のもの。淡路町・北淡町・一宮町・東浦町・津名町は合併して淡路市に、五色町は合併して洲本市になっている。

1　記憶・公共性・〈場〉

この章で取り上げるのは、一九九五年に起きた阪神・淡路大震災がどのように記憶されたか、そして、なぜそう記憶されたかである。

災害の忘却と記憶

阪神・淡路大震災は、東日本大震災以前には、戦後の日本で起こった自然災害のうちの「最大」といってよい出来事で、社会に衝撃を与えた。*1 日本列島は、太平洋のリング・オブ・ファイアーと呼ばれるプレート境界に位置し、地震、火山噴火、津波などが多発する地球物理学的位置に存在する。伊勢湾台風（一九五九年）や、新潟地震（一九六四年）、雲仙・普賢岳噴火（一九九一年）、奥尻島沖津波（一九九三年）など自然災害は起こっていたが、同時代人にとっては、アジア・太平洋戦争（一五年戦争、第二次世界大戦、「大東亜戦争」）による社会的混乱とその後の復興の方が大きな問題であったし、自然災害は、現代日本の経済と社会が立脚する都市生活とは無関係のように受け止められていた。いわば、巨大自然災害が起こることは「忘却」されていた。そのため、その地震の発生は大きな衝撃として受け止められた。

この災害は、高齢化する社会の問題や、都市化の問題、中央と地方との関係、助け合いとは何か、行政と民間セクターの役割、NPOなど従来の社会組織では対応できなかった組織原理の重要性、防災の重要性など様々な問題を社会に投げかけた。記憶の問題もその一つであっ

*1　被害の概要は下記のとおりである。死者六四三四人、行方不明者三人、全壊家屋一〇万四九〇六棟、半壊一四万四二七四棟。全焼七〇三六棟、経済的損失約一〇兆円。

村上春樹に「神戸まで歩く」というエッセイがある。地震の2年後の訪問記。地震から7年目（2002年）の冬、彼とほぼ同じところを歩いてみた。以下本欄の写真はその記録

た。災害という出来事をどのように捉えるのか、どのように後世に伝えるのかが様々な形で模索された[*2]。

　では、阪神・淡路大震災という出来事あるいは経験は、だれが、何のために、あるいはだれのために、どのように記憶しようとしていったのだろうか。

記憶と公共性

　本章では、それを、公的、集合的、個的記憶をキーワードとして明らかにする。記憶とは、個々人の脳内の現象である。脳を他者と共有することは不可能であるため、厳密にいうなら、寸分たがわぬ全く同じ記憶を複写のようにして複数の人が持つことは不可能である。しかし、人間は、言語をはじめとした様々な媒介を利用し、それを近似的に分かち持とうしてきた。記憶で問題となるのは、その様態である。ここでいう、個的記憶とは文字通り個々人の脳内の記憶である。一方、集合的記憶とはある社会集団の中における記憶である。デュルケーム社会学においては、社会という集合は個人という部分によって成り立っているが、その集合は部分の単なる総和ではなく、その総和以上であり、それ自体がすでに独立した存在である［廣松 1996: 255ff.］。集合的記憶も決して、個的記憶の総和ではない。個的記憶をもとにしつつ、そこから独立して機能し、さらに、個的記憶にも翻って影響を与える。

　一方、公的記憶とは、集合的記憶の中で、公共性を代表するものとしてよりオーセンティシティを持つ記憶を指す。その際、何が「公」であるかは、歴史によって異なり、社会によって、また言語によってニュアンスが異なる。日本においては、公は古代においては「おほやけ（大宅）」、すなわち朝廷を指し、近世（江戸時代）においては「公儀」は「おかみ」とも言い換

*2　この災害において、記憶がそれほどまでに問題になるとは、地震発生以前には、だれも予想できなかったに違いない。それ以前には、もちろん記憶という言葉は存在したが、今日いわれているような広範な内容を指すことはなく、また行政・学術用語としても広く使われているというわけではなかった。実際、今日では「記憶」と呼ばれる領域は、それ以前にはそれを指す用語が存在していなかった。近い概念に、「体験」や「歴史意識」という言葉が存在したことは存在したが、それらは今日「記憶」が扱う内容と異なっていた。

始まりは、阪神西宮駅。かつては酒蔵と「えべっさん」でにぎわった商店街もがらんとしていた。それは、地震によるものか、あるいはそうでないのか

えられ、徳川幕府すなわち中央政府を指した［鈴木ほか編 1992など］。今日いわれるような公私の別は、前近代には存在しなかったともいわれる［丸山 1996: 223–235］。ハンナ・アーレントは古典ギリシア以来の西欧で、公共と私がどのように分離してきたかを明らかにしたが［アーレント 1994］、それは、英語でいうとプライベート（private）とパブリック（public）、ドイツ語でいうとプリバート（privat）とオッフェントリッヒ（öffentlich）の分離であった。ユルゲン・ハーバーマスは近代のヨーロッパにおいて公共がメディアの展開と結びつき、市民的公論によって形成されてきたことを示した［ハーバーマス 1994］。アーレント、ハーバーマスがいう「公共」とは、オッフェントリッヒカイト（Öffentlichkeit）という名詞が「開かれる（オッフェン、offen）」という動詞からきているように開かれていることを意味する。

　とはいえ、公共にはそれ以外の意味もある。英語では、公共に対応する語として、辞書的にはパブリック（public）、コモン（common）、コミュナル（communal）だが、それ以外にもステート（state）、オフィシャル（official）、フォーマル（formal）などもそれにあたるといえよう。フランス語では、公共はピュブリック（public）、コミュン（commun）とオフィシエル（officiel）だが、それらは区別される。つまり、意味論的にみるなら、日本語の「公共」という語には、オフィシャル（official）、ガバメンタル（governmental）という系統の、「公」に力点を置く意味と、パブリック（public）、コミュナル（communal）、オッフェントリッヒ（öffentlich）という系統の、「共・開」に力点を置く意味があるのである。本章では、その違いに注意を払う。記憶についていうと、前者に相当するものは「公定」記憶、後者は「公共」記憶と言い換えられよう。だれが、何を公定（official、governmental）とするのかは、公的記憶をめぐる大きな問題であった（第2節）。また、公的記憶が、「公定」記憶であるのか「公共」記憶であるかも問題であった

国道に出る。そこここで続く工事。遠くに六甲山が見える。それをひたすら西に歩く。神戸までは、約15キロ

（第4節）。

図4－1　人と防災未来センター

〈場〉と記憶

もう一つ、本章のキーワードの〈場〉について述べておきたい。記憶とは、本来は個々人の脳内の現象であり共有は不可能だと書いた。しかし、記憶とは、他の記憶たちのからまりあいの中で形成されるものでもある。つまり、公的、集合的、個的記憶が、相克とすみわけというからまりあいを伴いながらも、〈場〉を形成する契機が神戸には存在した。第一に、〈場〉とは、それらが抗争するアリーナのことを含意する。

また、第二に、それは、近年の哲学、環境学の議論を援用し、単なる物理的空間ではなく、人と人との主観と客観が長期的な相互作用のもとで作り上げたある場所という含意もある。生物学のヤコブ・フォン・ユクスキュルが環世界、地理学・哲学のオギュスタン・ベルクが、和辻哲郎を引用しつつ風土と呼んだものをここでは〈場〉と表現する［ベルク 2013］［Berque 2014］［ユクスキュル／クリサート 2005］*3。記憶についてみると、戦争に関しては、たとえば広島が、人々が記憶を残す場として長期にわたって作り上げてきた〈場〉であろうし［笠原 2005］、ドイツにおける、強制収容所やモニュメント、街角の表示や石への記名（躓きの石、Stolpersteine）などが複合したあり方も〈場〉であるといえる［「記憶・歴史・表現」フォーラム 2005］。

夙川。特に地震の影響はないようだ。村上春樹は中学生くらいまでこの近くに住んでいたそうだ。この橋は彼の短編「ランゲルハンス島の午後」に出てくるといわれている

*3　ここで、ユクスキュルの用いた「環世界」やベルクの用いた「風土」という用語を使用していないのは、環世界は生物学用語、風土は地理学用語のニュアンスが強いためである。ニュートラルな語感の語を使用する意図から〈場〉という用語を使用している。

本章では、神戸においてもある一定の時間を経て、震災の記憶をめぐる〈場〉が形成されたと考える。以下、具体的に見ていこう。

2　震災〝メモリアル博物館〟設立の経緯と公の論理

阪神・淡路大震災の記憶を、博物館の展示として公共に提供している施設として「人と防災未来センター」がある（図4-1）。毎年、年間約五〇万人の訪問者が訪れている。現在はその名前からすぐに震災の記憶と関係する場であることを想像するのは難しいが、*4 当初は「メモリアルセンター」としてメモリアルの機能が前面に出て構想されていた。

「復興のシンボル」として

まずは、建設の経緯を見ることにしよう（表4-1）。

そもそも、この施設の淵源をたどると、それは、「阪神・淡路復興委員会」が一九九五年五月二二日に出した「提言」の中にある「復興のシンボルに相応しい施策・事業」を特定復興事業とするという文言に求められる［総理府阪神・淡路大震災復興対策本部事務局 2000］。「阪神・淡路復興委員会」とは、総理府に直属した機関であり、内閣総理大臣を本部長とする阪神・淡路復興対策本部に対して提言を行うことを目的として「阪神・淡路復興の基本方針および組織に関する法律」に基づいて設置された組織である。戦災復興院、建設省、経済企画庁総合開発局長、国土庁事務次官、総合研究開発機構理事長を歴任した下河辺淳（当時七二歳）を委員長と

*4　実際、このセンターには十数人の研究スタッフが常勤し防災研究を行っている研究所の側面を持っているし、この建物には博物館以外にも国際防災人道支援協議会事務局などが入居している。

香露園浜。六甲の山並みを見晴るかす。右端に写っているのは、回生病院。「火垂るの墓」に出てくる。清太と妹節子が水浴びしたのはこの浜。曇天、うす曇り

表4－1　「人と防災未来センター」開館までの経緯（主に国の動きを中心に）

年	月日	地震からの経過	事項
1995	1月17日		兵庫県南部地震発生
	2月15日	約1ヶ月目	「阪神・淡路復興委員会」設置
	2月24日	約1ヶ月目	「阪神・淡路大震災復興の基本方針および組織に関する法律」により「阪神・淡路復興対策本部」と「阪神・淡路復興委員会」が設置される。設置期限は5年
	5月22日	約4ヶ月目	阪神・淡路復興委員会第7回会合（於・総理府特別会議室）が「提言8－復興10カ年計画の基本的考え方」を提言。この中に、「復興特定事業」を行うことが提言されている（注1）
	10月30日	約9ヶ月目	報告書を提出して、阪神・淡路復興委員会は任期切れ前に解散（注2）
1996	2月	1年1ヶ月目	阪神・淡路復興委員会解散を受けて国・兵庫県・神戸市の協議会（総理府は「地元との協議会」と呼称）を設置。出席者は政府幹部、兵庫県知事、神戸市長
		1年目	この間、復興委員会からの「提言8」をうけて国、兵庫県、神戸市、民間団体からなる検討委員会が具体的な「阪神・淡路大震災記念プロジェクト」の事業内容を検討
1997	1月	2年目	阪神・淡路復興対策本部会議が「復興特定事業」の内の「阪神・淡路大震災記念プロジェクト」として7事業を認定（注3）
	12月26日	約3年目	財団法人阪神・淡路大震災記念協会設立。兵庫県、神戸市、被災9市10町の出資による。理事長石原信雄（元内閣官房副長官）、副理事長井戸敏三（兵庫県副知事）、基本財産2億円
1999	2月	4年目	阪神・淡路大震災記念協会内に「阪神・淡路大震災メモリアルセンター基本構想検討委員会」を設置。第1回委員会
	5月26日	約4年4ヶ月目	阪神・淡路大震災記念協会が「阪神・淡路大震災メモリアルセンター（仮称）基本構想（基本的考え方）」をまとめ公表
	6月	約4年5ヶ月目	阪神・淡路大震災メモリアルセンター構想推進協議会、兵庫県、神戸市、兵庫県商工会議所連合会が『阪神・淡路大震災メモリアルセンター整備構想』を発表
	6月10日	約4年5ヶ月目	「地元との協議会」第9回でメモリアルセンター構想が話しあわれる
	12月	約5年目	平成11年度第2次補正予算に「特定地震防災対策施設（阪神・淡路大震災メモリアルセンター（仮称）」の整備が盛り込まれる。国土庁に対して30億円
2000	2月22日	約5年1ヶ月目	阪神・淡路復興対策本部第11回本部会議（最終回）。新産業プロジェクトと阪神・淡路大震災記念プロジェクト関連の特定事業の選定。「阪神・淡路大震災メモリアルセンター（仮称）構想」と「神戸震災復興記念公園」を新たに復興特定事業に位置付ける
	2月23日	約5年1ヶ月目	阪神・淡路復興対策本部解散
	5月8日	約5年4ヶ月目	第1回阪神・淡路大震災メモリアルセンター（仮称）展示・交流検討委員会開催
	5月10日	約5年4ヶ月目	兵庫県が「メモリアルセンター（仮称）」に関して記者発表
	7月	約5年6ヶ月目	「阪神・淡路大震災メモリアルセンター（仮称）展示に関するアイディアの募集」（市民からの意見公募）
	10月14日	約5年9ヶ月目	「阪神・淡路大震災メモリアルセンター（仮称）フォーラム」（主催兵庫県）開催
2001	1月	6年目	着工
	秋	約6年6ヶ月目	名称の公募
	12月8日	約7年目	名称を「人と防災未来館」にいったん決定
2002	1月7日	7年目	異論が出たため、再検討の末、名称を「阪神・淡路大震災記念人と防災未来センター」に決定
	4月21日	約7年3ヶ月目	人と防災未来センター開館記念式典

［総理府阪神・淡路大震災復興対策本部事務局 2000］ほかより作成

（注1）「提言8　復興10カ年計画の策定に当たり、長期的視点から10カ年を通じて、復興のためにとくに重要と認められる戦略的プロジェクトあるいは復興のシンボルとして相応しい施策・事業を復興計画として選択し、その事業を確定すること」

（注2）任期は当初1996年2月14日までだった

（注3）7事業の内訳は1）三木震災記念公園、2）北淡町震災記念公園、3）マルチメディア関連連携大学院（神戸大学）の設置等高度情報化社会の発展を支える人材の育成、4）ＪＩＣＡ国際センターの設置および国際交流施設の整備、5）兵庫留学生会館の設置、6）スーパーコンベンションセンターの整備、7）阪神・淡路大震災記念協会設立後の連携、支援

し、堺屋太一、後藤田正晴などの中央に〝にらみ〟の利く重鎮、貝原俊民、笹山幸俊の兵庫県知事と神戸市長をそろえたメンバーからなる。平均年齢は、六九・六歳で、戦後の復興と高度成長を担った世代でもあった。

その委員会が地震から四ヶ月後に出した提言の中に、「復興のシンボル」という文言があるのである。もちろん、阪神・淡路復興対策本部は「復興」への対策を業務とするわけだが、単に復興を行うだけでなく、その「シンボル」が求められたのである。なぜシンボルが必要だったのだろうか。復興は目指されていたものの、この時点では、その方法と最終的な像は明らかではなかった。しかし、政治においては、復興を決意として示す必要があった。復興とは投企である。自らを主体的に未来に投げ出すことである。投企であるからには、現在において未来の視点を先取りすることが求められる。人類学のヴィクター・ターナーは、社会が常態から非常態に移行した際、それを復元するために人々が動員されるためにはシンボルが必要であることを述べている［Turner 1974］。委員会が述べた「シンボル」とはまさに人々を動員するための公定的（official）な象徴である。人々は、復興したのちの姿を想像し、それに「相応し」くふるまうことを求められた。復興とは、一面では象徴、記号としてあったといえる。

とはいえ、規範がないところにおいてその存在しない規範に沿うようにそれに「相応し」くふるまうことは難しい。兵庫県・神戸市など地元自治体はそれに「相応し」い事業を模索することになった。「復興事業」として実施された事業を見ると、まさに模索といえる。三年目にあたる一九九八年には三木、淡路の震災記念公園が建設され、またＪＩＣＡ国際センター、スーパーコンベンションセンターなどが提言されている。前者はまだしも、後者は果たしてそれが「復興」のシンボルなのかは判断が難しいところである。同時にこのころ「阪神・淡路大

さらに西に。新しい家並みと広い道。この道は昔からあった道なのだろうか。それとも、地震の後に作られた道なのだろうか

震災記念協会」も設立されている。

四年目に入るとこの記念協会が「メモリアルセンター」の検討を開始し、復興のシンボルとしてのメモリアルセンターの建設が動き出す。それに合わせるように、県・市・商工会議所・地元協議会も構想を発表した。そして、政府の阪神・淡路復興対策本部の解散期限（五年目）の直前の国家予算（補正予算）にメモリアルセンターの建設費が計上される。直接的には、これによってメモリアルセンターの建設が進む。

まとめると次のようになる。震災直後に中央政府において発想された「復興のシンボルに相応しい」何かを地方政府は模索し、いくつかのいわゆる「ハコモノ」が作られた、そして、復興対策本部解散前に駆け込みのようにセンター予算が計上された。これは、中央政府の定めた「復興」方針とスケジュールに規定された経緯であり、復興の中に、復興を未来の視点から語る公定（official）のシンボルをつくることまでもが含まれていた、という象徴をめぐるポリティクスでもあった。メモリアルセンターとは被災直後の段階で先取りされた「復興」のシンボルであった。*5

公定記憶をめぐる中央政府と地方政府の論理の齟齬

ここに見られるような中央政府が「復興」を主導することは、日本の「復興」の歴史的なあり方に規定されている。復興委員会のメンバーの平均年齢を見てもわかるように、この復興の発想を担ったのは、戦災復興の経験を持つ人々であった。第2章で大矢根淳が指摘している通り、日本の「復興」とは、関東大震災以降、戦後復興期を通して、都市計画による公共事業とイコールのようにとらえられ、そのような施策がとられてきた。同時に、それは復興が社会の

*5　二〇一一年に起きた東日本大震災では、東日本大震災復興構想会議が災害から約三ヶ月後の二〇一一年六月二六日に発表した『復興への提言〜悲惨の中の希望』の中に、「地震・津波・原子力災害の記録・教訓について、中核的な施設を整備することや、「原資料、津波災害遺産などを早期に収集し、国内外を問わず、誰もがアクセス可能な一元的に保存・活用できる仕組みを構築すること」、「新しい情報通信技術を用いてフィールドミュージアム」を「構築」すること、「「鎮魂の森」を整備すること」が書かれているが、復興のシンボルとして博物館を建設することは位置づけ

芦屋市まで来た。中央地区から芦屋川方面を見る。中央地区は大きな被害を受けたところ。正面にカトリック芦屋教会

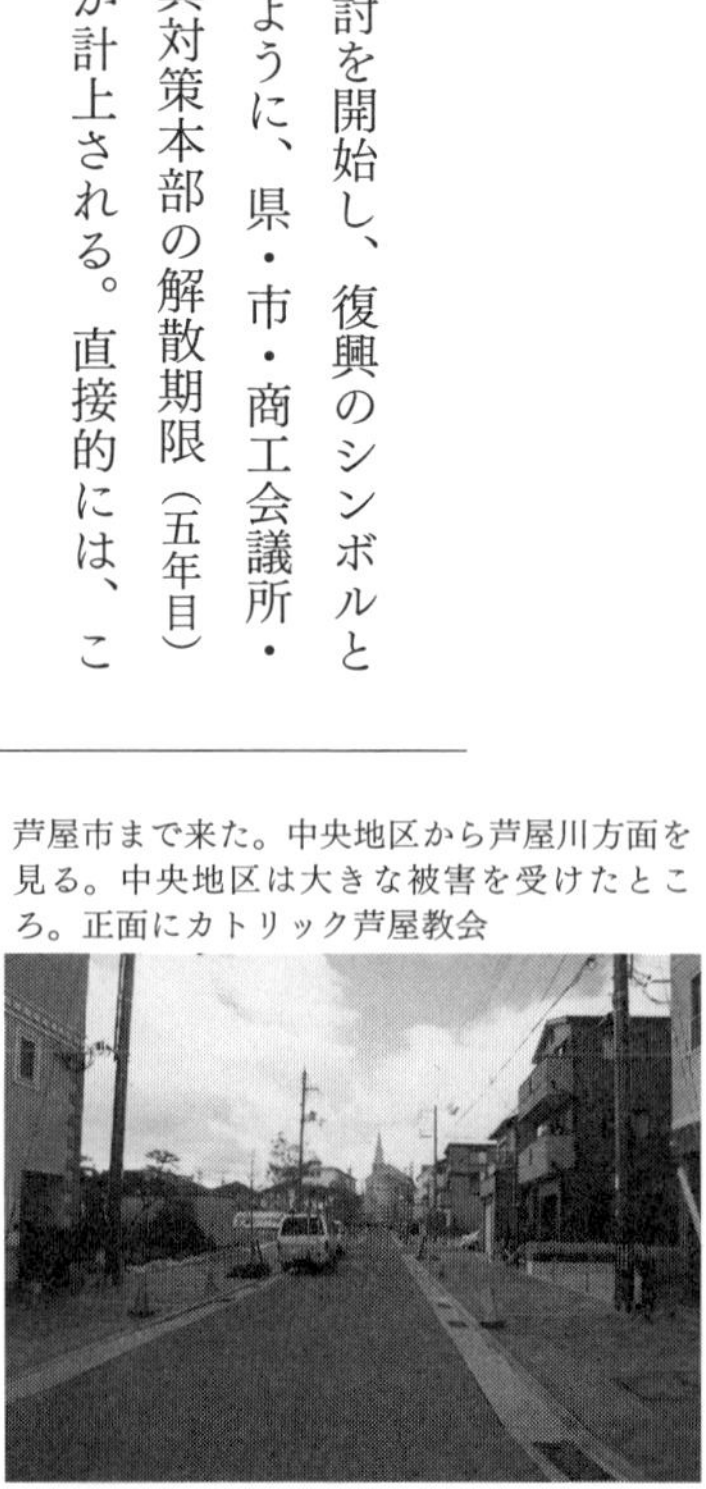

実態とずれてしまう矛盾をも構造的に生み出すものでもあった。*6

ずれは、公定記憶の必要性の論理の違いにも表れていた。たとえば、中央政府と地方政府の違いを見てみよう。このセンターが予算化される際の根拠を述べた「阪神・淡路大震災メモリアルセンター（仮称）の整備（平成一二年二月選定）」という文書において、中央政府の書き手は、震災の問題をシステムの問題であると述べ、そこからの復興は、システム論的に社会を構築することであるという。*7 また、その復興は、情報・教訓として、いわば無機的にとらえられている。

一方、地方政府の論理はどうだったのか。地方政府が、地域の産業界とともに起草した「阪神・淡路大震災メモリアルセンター整備構想」の書き手も、中央政府の書き手のように、経験と教訓という言葉を使用している。*8 しかし、中央政府の側が徹底して「システム」の問題としてとらえようとしていたのに対して、地方政府の側は「経験」や「命」などという言葉を使用する。これらは、あいまいで情緒的な言葉であるともいえようが、しかし、人という主体から見た時にはそうとしか言えない側面を表現した言葉でもあるともいえる。

メモリアル博物館がどのような論理に依拠して設置されるかは、公的記憶の表象のあり方に直結する。システム論を基盤として表象された公的記憶と、「経験」や「命」として表象された記憶は大きく異なる筈である。その意味では、中央政府の論理が、人というあいまいな主体をあくまで排除しようとしていたのに対して、地方政府の側は、あえてあいまいな言葉を用いることで、社会の現実に近づこうとしていたともいえる。

すでにみたようにメモリアルセンターは公定的（official）なシンボルとして構想された。しかし、ここで見たように、同じ「公」であっても、中央政府（central government）と地方政府

芦屋川堤から歩いてきた道を見る。新しい道と新しい家たち。ここは、都市計画による復興区画整理が行われたところ。その街づくりもほぼ終わっているように見える

られていない［東日本大震災復興構想会議 2011: 55］。この二つの災害における、シンボルとしての「復興」をめぐるポリティクスの相違を暗示している。

*6 別の論文で大矢根は「総論は国家レベルで規定のことで、これが被災地の地域的・歴史的・文化的諸特性を反映させて被災者の総意として発信される構造にはなっていない」と指摘している［大矢根 2007: 20］。なお、最近では、兵庫県知事であった貝原俊民の唱えた「創造的復興」はそのような相克を乗り越えようとしたものであったという証言もある。『神戸新聞』二〇一五年一月一日。

(local government) ではとらえ方が異なっていた。それは、どのような公定記憶をつくるかについて、公の内部においても、綱引きが行われていたことを意味している。

3　個的記憶の心情

メモリアルセンター建設は、「シンボル」すなわち、復興を導く象徴として中央政府から発想されたものであった。しかし、だからと言って、一方的に上から押し付けられたものでもなかった。独裁者および一党による独裁制の国家において、人民の実態からかけ離れたそれが公定記憶とされることはあるが、民主主義体制である日本においては、それを「公」であると考える人々による有形無形の承認が必要である。すでに述べたように地方政府も地方の経済界などとともにそれを積極的に受け入れようとした。それは、社会の中に広く存在した、震災を記憶したい、震災を記録したいという動きを背景としている。震災後五年たって、メモリアルセンターの建設が俎上に上り始めたのは、その意味で、社会的妥当性があった。

とはいえ、その動きは、はじめから明確な形をとっていたわけではなかった。震災の「記憶」は、その言葉とともに、徐々に社会の中で作られていったものだった。

戦争の記憶／震災の記憶

「記憶」として、まず、思い起こされたのは、「震災前」の記憶である。

たとえば、華僑で神戸在住の作家・陳舜臣《ちんしゅんしん》は、地震の八日後に発行された『神戸新聞』の一

国道にまた戻る。国道を行きかう車。2002年ごろは、こんなモデルの車が走っていたのか。少し晴れてきた

『神戸新聞』二〇一五年一月三日、『神戸新聞』二〇一五年一月四日。

*7 「この大震災からの復興は、単に住居、ライフライン、都市施設、産業等をもとの状態に復することのみならず、高齢化・情報化の進展の中で、大都市の社会システムそのものを復興し、如何に災害に対応できる社会構造を構築するかという壮大な取り組みでもあったということと、今後の復旧復興対策に一石を投じることとなった。／また、（中略）復旧復興過程において社会システムの再構築を図るノウハウを有する専門家はおらず、大震災からの復興を社

面に掲載された「神戸よ」と題する文章で、目前の震災の被害と、彼が神戸の住人として体験した約五〇年前のアジア・太平洋戦争末期のアメリカ軍による空爆による被害、約六〇年前の水害の記憶を重ねあわせた。*9 そして、そこから立ち上がった記憶によって人々を励ました。けれども、記憶として想起されたのは、過去の災害の記憶だけではなかった。

震災の前の町がどのようだったのかも同時に想起された。アルバムやピアノを救出するボランティアが現れ、「街の記憶、風景の復旧」と題するシンポジウムや「記憶の断片 —— 創造に向けてのガレキ」、「記憶の継承 —— ガレキからモニュメントへ」と題された一連の展覧会やワークショップが芸術家たちによって行われた［寺田 1996］。

震災直後に都市計画決定がなされた地区では、震災によって家が壊れたのに重ねて、都市計画によって街路までもが変更されることのショックが大きく、震災前の記憶はより強く想起されることになった。そのような地域の一つ神戸市東灘区森南町では、地震から約七ヶ月後の一九九五年八月に住民が独自に作成した「森南地区　復興街づくり憲章」［森南町・本山中町まちづくり協議会 1995］で、第一条に「震災前のまちの記憶を大切にするまちづくり」があげられ、震災以前の生活の記憶と亡くなった人々の記憶を大切にすることがうたわれた。

震災後に決定された都市計画については、それが上から強引に進められたものであったため、地域社会を分断し、様々な軋轢を生んだことが指摘されている［岩崎・塩崎 1997など］。ここではその都市計画が「過去を捨て去る」ものとしてとらえられ、それとは対照的に、住民である自分たちが望むのは記憶と共存する再建であることが述べられている。この文章は都市計画に対するオルタナティブとして、住民自らが再生するためには記憶が必要であると述べる。第2章で大矢根がいう、「復興を自分たちで語りなおす」行為である。その際に、記憶が援用

会システム論として捉え、（中略）復旧復興に（中略）応える人材を早期に育成する（中略）ことが目下の急務である。更に、これらの情報・教訓は広く一般市民に可能な限り公開しつつ、一種の体験学習として継続的に発信され続けなければならないものである。」（原文のママ。／による改行の詰め、中略、傍線は引用者。資料の引用に関しては以下同じ）［総理府阪神・淡路大震災復興対策本部事務局 2000：123-124］

*8 「私たちは、この大震災で多くの尊い命と営々と築いてきた財産を失ったが、自然の持つ力の大きさと生命の尊さを再認

パン屋でパンを買う。ビゴというフランス人青年が1960年代に来日して始めた店。フランスパン（バゲット）は当時珍しかった

されているのである。*10

以上のように、地震の直後に想起されたのはまずは過去の記憶だった。しかし、次第に「記憶」という言葉は震災そのものに対しても用いられるようになり、震災を「記憶」したい、し

表4－2　震災後2年時点（1997年）で震災の記録の保存に取り組んでいた機関・団体

名称	収集した資料	開始時	特徴	所在地
神戸大学附属図書館「震災文庫」	図書2270、ビラ・雑誌6640	1995年5月	コーナーを設けて一般に公開。インターネットでも目録を公開	神戸市東灘区六甲台町
(財) 21世紀ひょうご創造協会	図書655、雑誌1200、写真500、一次資料(未整理)	1995年10月	兵庫県から委託。包括的資料収集目指す。避難所・仮設住宅の資料を収集	神戸市中央区
東京大学生産技術研究所「KOBEnet」	図書約1600	1995年2月	震災研究者のネットワーク。事務局にて公開	東京都港区
震災・活動記録室	図書500、ミニコミ紙150、ボランティア団体一次資料（未整理）	1995年3月	民間団体。震災ボランティアの記録のため結成。ボランティア団体とネットワーク	神戸市長田区
震災記録情報センター	写真8000（提供予定含む）、未整理資料	1995年8月	民間団体。震災の記録と地域の記憶を保存するため写真アーカイブを構想	神戸市灘区
兵庫県立図書館「フェニックスライブラリー」	図書1100、ビラ1230、雑誌など4090	1995年11月	コーナーを設けて公開	明石市明石公園
(財) 公害地域再生センター	作文・機関誌など200、写真200	1996年11月	震災2周年展を開催。地域の団体と協力。歴史学関係者も参画	大阪市西淀川区
尼崎市立地域研究史料館	図書760、雑誌・論文147、写真など（未整理）	1996年1月	書籍類は文庫として公開。写真、ビラの収集を行う。ボランティア団体と資料保存のネットワーク	尼崎市昭和通
芦屋市立図書館	図書429、雑誌・パンフ	1995年9月	震災1周年展がきっかけ。市内、市役所内に呼びかけ	芦屋市伊勢町
神戸市立中央図書館	図書941、ビラ・パンフ70、ビデオなど9	1995年4月	従来の郷土資料収集の延長で開始。震災関連雑誌記事索引を作成	神戸市中央区
長田区役所「人・街・ながた震災資料室」	図書・写真・避難所記録など段ボール10数箱(未整理)	1997年1月	震災2周年展がきっかけ。役所職員のボランティア活動	神戸市長田区
北淡町歴史民俗資料館	写真約2000枚、書籍など	1995年4月	地震直後から町並みを撮影。館内の2室を使い常設展示	津名郡北淡町

［寺田1997:37］より
注）1997年5月時点での調査に基づく

識するとともに、自然と共存した安全な都市づくりや防災体制整備の必要性などを貴重な教訓として学んだ。／これらのこと

なくてはならないという動きも、徐々に形になっていった。手記を出版する活動は、地震から約一年後から活発化し始め、地震から二年後の一九九七年夏ごろには、市や大学などの図書館、資料館やボランティア団体など一二が資料収集を実施していた［寺田 1997］（表4-2）。そのほか、上記以外にも演劇、美術など多様な形態での「残すこと」「記憶すること」への試みが行われた。

　これらは、当初はそれぞれ無関係の動きだったが、徐々に積み重なり、全体として、神戸を記憶の〈場〉とすることになる。

「意味がねえ……」——記憶を支える心情

　ここで、そのような震災を「記憶すること」はどのような心情で行われたのかを見てみたい。たとえば、自身も経営する会社が全壊という被害を受けながら、震災・活動記録室という震災の記録活動のボランティアに携わっていた詩人の季村敏夫は『生者と死者のほとり——阪神大震災・記憶のための試み』という記憶をテーマにした文集を地震から約二年後に編み、その中で二〇世紀初頭のロシアの作家・劇作家アントン・チェーホフを引用しながら、震災という出来事に遭遇した意味についての問いを重ねた。*11

　季村が何度も問うているのは、震災の意味である。しかし、その意味は明らかにはならない。彼が述べているのは、震災を意味づけようとする言説に違和感をおぼえつつ、しかし意味を求めるという心のはたらきである。人々の苦しみ、悲惨の意味が求められているが、同時に、意味そのものよりも、意味を求める行為自体に意義も見出されている。また、仮に意味が見出されてもそれは、ぼんやりしたものであり、残すこと、記憶することの行為自体に意義が

を決して風化させることなく、大震災の経験やこれから得た貴重な教訓を絶えず被災地から内外に発信し、次世代へ継承していくことは、私たちの責務であり、内外からいただいた多大な支援に報いる道でもある。」［阪神・淡路大震災メモリアルセンター構想推進協議会、兵庫県、神戸市、兵庫県商工会議所連合会 1999］

*9「我が愛する神戸のまちが、壊滅に瀕するのを、私は不幸にして三たび、この目で見た。水害、戦災、そしてこのたびの地震である。大地が揺らぐという、激しい地震が、三つの災厄の中で最も衝撃的であっ

芦屋川に出た。川の下を鉄道が走る珍しい天井川。正面に六甲山。いい天気になった

あるともいえる。

それは、まさに心情というのがふさわしく、論理的であるというよりも、論理を求めて模索する行為だった。大谷順子は、阪神・淡路大震災で被災して仮設住宅で暮らした高齢者たちの「さびしい」という気持ちを分析し、その中に含意されたいくつもの意味を読み解いているが［大谷 2006: 191–223］、「記憶」にも様々な意味が込められていた。

これらは、明確な輪郭をとった記憶ではなかった。個的記憶は、そのようなぼんやりしたものとして存在したのである。

4　「メモリアルセンター論争」

前の二つの節では、公的記憶をめぐる論理と個的記憶の心情の位相を見た。それらの齟齬が表れたのがメモリアルセンターの建設をめぐって起きた論争である。

開かれた記憶と公論

ここでいう論争とは、二〇〇〇年七月ごろから起こったものである。前述したように、メモリアルセンターが建設されることは、一九九九年一二月の中央政府の補正予算で決定された。その後、その事業を中心に行うことになる地方政府である兵庫県は、早速、準備に着手。設計者の選定や、展示の構想委員会の結成が行われた。

問題は、その過程が社会に対して開かれていなかったことであった。

河原で、さっき買ったフランスパンを食べる

た。／私たちは、ほとんど茫然自失のなかにいる。／それでも、人びとは動いている。このまちを生き返らせるために、けんめいに動いている。滅びかけた町は、生き返れという呼びかけに、けんめいに答えようとしている。地の底から、声をふりしぼって、答えようとしている。水害でも戦災でも、私たちはその声をきいた。五十年以上も前の声だ。いまきこえるのは、いまの轟音である。耳を掩うばかりの声だ。／それに耳を傾けよう。そしてその声に和して、再建の誓いを胸から胸に伝えよう。」（『神戸新聞』一九九五年一月二五日）

たとえば、建築史研究者の笠原一人は、設計者の選定が公開で行われなかったことを批判して論陣を張った［笠原 2000］。笠原は設計者が「設計競技（コンペティション）」ではなく、「プロポーザル」方式で選ばれたことを批判している。プロポーザル制度の場合、設計者はあらかじめ選ばれており、密室性を招きやすく、選定者の恣意性が入りやすい。一方、設計競技の場合は、あらかじめ設計の条件が公開され、審査が行われることで透明性が高められる。公共の建物、とりわけ、公的記憶を担うべきメモリアルセンターにおいては、密室性や恣意性が避けられるべきであるのに、それが行われなかったことを批判したのである。

これは、この時期から行われるようになった市民参加による施設の形成などを念頭に置いた批判であった。たとえば、同時期にそのような方法で建設が進められていた施設としてせんだいメディアテーク（図4-2）や、群馬県の邑楽《おうら》町新庁舎などがあるが、それらの建設過程では、設計者の選定から市民に公開され、プログラムそのものに人々が関与することができる方法がとられていた。

図4-2　せんだいメディアテーク

公共性（Öffentlichkeit）とは、それが「オッフェン（offen）」という文字通り「開く」を意味する動詞からきているように、開かれていることであり、公論によって担保されることは、ハーバーマスが指摘したとおりである。ここで問われていたのは、笠原の論考が掲載されたミニコミ誌『瓦版なまず』の特集タイトルが「メモリア

＊10　森南地区では紆余曲折の末、区画整理は行われたが、その過程で地区内は紛糾し、まちづくり協議会は分裂した。原因については［岩崎 1999］が、地域内での利害の違いなどいくつかの要因を整理したうえで、中央政府、地方政府、コンサルタント会社などが複合して作り上げている強固な「復興都市計画」という枠組みを、まちづくりではなく「まち壊し」と述べ、それがもう二度と繰り返されてはいけないことを指摘している。ここで述べられている「記憶を大切にするまちづくり」とは、そのような既定の復興に対する異議申し立てであった。

良く晴れた冬の日。ぽかぽかしている。ちょうど7年前のこんな日、地震は起きたのだった

ルセンターと「公論」だったことが示すように、「公論」のあり方だった。環境保全やまちづくりの分野で一九九〇年代から「順応的ガバナンス（Adaptive governance）」「協働的ガバナンス（collaborative governance）」という方法が存在する。その方法においては、試行錯誤のもと、失敗してもかまわないという前提で、社会からの人々の参加のもと、フィードバック機能を組み込んだガバナンスが行われる*12［宮内編 2014］。せんだいメディアテークや邑楽町新庁舎の建築のありかたもその例のひとつである。しかし、メモリアルセンターの構想にあたっては、そのような開かれた仕組みが取り入れられていなかった*13。ここで問われていたのは、公的記憶とは、開かれている、つまりパブリック（public）、オッフェントリッヒ（öffentlich）なものであるべきであり、それは、中央政府、地方政府だけが担うオフィシャル（official）、ガバメンタル（governmental）なものであるべきではないということであった。

展示委員会と展示ディスプレー会社 ―― 公的記憶を作成したアクター

では、実際にだれがメモリアルセンターにおける公的記憶を構想したのだろうか。ここでは、メモリアルセンターのうち、展示に関わったアクターを見たい。二つアクターがある。

第一のアクターは展示委員会である［寺田 2015b: 69］。委員会のメンバーの特徴としては以下のようなことがあげられる。一九人中、男性が一六人で女性が三人と男性が多いこと。大学教授（助教授）が七人、役所関係者が四人、マスコミ関係者五人、NPO関係者三人、経営者二人で、知識階級に属する人が大半を占め、いわゆる市井の「被災者」や「遺族」は入っていないこと。エスニシティの点では、マジョリティである「日本人」のみによって構成され、神戸に多数存在する華僑、印僑、在日ベトナム人、在日朝鮮人のバックグラウンドを有する人はい

昼ご飯を終えて、また歩き始める。芦屋市津知町。ここも、被害がひどかったところ。戦前からの和風の家がほぼ軒並みぺしゃんこになった。多くの人が亡くなった

*11 「意味がねえ……。いま雪が降っている。なんの意味がありますか?」（チェーホフ『三人姉妹』）／地の揺れからまる二年、私はチェーホフのこの言葉をずっと抱いていた。「なんの意味が」、おもわず言い出しそうになり、おさえた。震災を意味づけようとする言説に違和感をおぼえた。どの言葉（意味づけ）も、「悲惨」からそれているように思えた。明らかに非当事者の私も、そのことに無縁でありえなかった。（中略）私たちはどこに行こうとするのか。（中略）私たちの再出発はどうなるのだろう。あの「苦しみ」、あの「悲しみ」の本当の意味が、わかるときが来るのだろう

ないこと。文学理論のガヤトリ・スピヴァクは抑圧された存在である「サバルタン」の特徴のひとつとして公共圏へ声をアクセスさせることの困難を挙げたが［Spivak 2007］、マイノリティやサバルタンの声が反映されることは、構造的に困難だったと思われる。*14

　第二のアクターは、展示ディスプレー会社である。展示ディスプレー会社とは、博物館などで展示設計や施工を実際に請け負う展示のプロであり、日本国内のどこにおいても、どんなテーマでも博物館展示を作り上げる力を持っている集団である。展示が産業となっているという点で、ホルクハイマーとアドルノの言う文化産業（Kulturindustrie）に属している［ホルクハイマー／アドルノ 1990］。メモリアルセンターを手がけたのはトータルメディア開発研究所で、同社は、国立民族学博物館、国立歴史民俗博物館、昭和館ほか、カップヌードルミュージアムなど企業博物館の展示実施の豊富な経験を持っていた。

　これらのアクターはどのように機能したのか。委員会の「議事録」を閲覧すると、展示の具体的な内容に関しては、委員会が発意、企画、構成したというより、展示ディスプレー会社と事務局が出してきた設計図に対して「検討」を加えるという関与の仕方であった。展示委員会も兵庫県も、震災の博物館を作ることは未経験の事業であった。そこで、実態としては、文化産業に蓄積された技術とノウハウにいわば頼っていたといえる。

記憶はどのように語られるべきか

　これらのアクターは、前節でみたような、ぼんやりとした個的記憶の心情をすくいあげていたのだろうか。

　二〇〇〇年九月に行われた兵庫県主催の「阪神・淡路大震災メモリアルセンター（仮称）

か。私たちが死んで何百年か経ち、いつの日かすべてわかる日が訪れるのだろうか。そのとき世界は、どのような光に包まれているのだろう。」［季村 1997a: 118-138］。「あの震災はなんであるのか。何度もおもい起こすこと。深く想起すること。私たちは、ここを旅立ちの場所とし、私的な記憶を通路として歩もうとおもう。」［季村 1997b: 262］。

*12　とはいえ、その方法は、民意をすくいとるという名のもとに、産業と官界からなる複合体の利権の構造を強化する場合もあることを民俗学の菅豊は、二〇〇四年の新潟県中越地震を

7年後も工事が続いている。復興まちづくりで、住民と行政がなかなか合意に至らなかった。それが響いている

フォーラム」では、それが問われた。それを報じる『神戸新聞』は、「大震災の揺れ再現　是か非か」として、その議論の状況を伝えている（『神戸新聞』二〇〇〇年一〇月一五日）。それによれば、震災を記録し、残すことについては、賛成する声があった一方、展示委員会が構想している揺れを再現するような展示については反対の声があった。

ここで問われていた「揺れ」とは二つのことを意味している。一つは、揺れという身体に働きかけ、強い情動を呼び起こすものを公的記憶とすることに関する是非が問われたということである。これは、地震から五年後であって人々の中にまだ揺れの記憶が生々しかったから抵抗感があったということを示しているといえる。

もう一つは、公的記憶を文化産業の手にゆだねることへの抵抗である。フォーラムでは展示ディスプレー会社が作成したイメージ・イラストが人々に披露された。それは、テーマパークで見られるような、「揺れ」を売り物にしたアトラクションを人々に想起させるものだった。震災の公的記憶は、テーマパークのアトラクションのように表現されるべきなのか。フォーラムの場では明らかにはされなかったが、揺れを再現するコーナーを制作するのは、映画美術などが専門の東宝映像美術であり、監督は怪獣映画シリーズ「ゴジラ」の特撮監督で著名な川北紘一だった。また、これもこの時点では明らかにはされていなかったが、その後の来場者数の推移を見ると、年間の来場者としては、五〇万人規模が想定されていたと思われる。

年間五〇万人の来場者を集めるためには、テーマパークや大衆映画の表現方法を取り入れることも必要かもしれない。本書でも第5章で市野澤潤平が、第10章で山下晋司が取り上げているように災害とツーリズムは、今日密接な関係を持つ。市野澤はインド洋津波災害後のタイ沿岸の観光地において、災害について語らないことも含めた災害の記憶の残し方の技法が発展し

区画整理はかなり広い範囲にわたって行われた。中に入り込むと、ここがどこなのかもうわからない。埋め立て地にでも入ってしまったかのようだ

例に明らかにしている［菅 2013］。

*13　もちろん、メモリアルセンターの建設にあたっては、兵庫県は、まったく人々の関与を遮断していたわけではなかった。人々が、メモリアルセンターに関わる回路としては、以下のような回路があった。第一は、資料の提供、第二はインターネットと郵送による意見の募集に応じること、第三は、「市民フォーラム」に参加して意見を述べること、そして、第四は、センターの名前の公募に応じることである。とはいえ、このような機会はあったが、インターネットによる意見の募集

たことを明らかにしている。マスツーリズムのツーリストを呼び込むためには、それに応じた災害の語り方が必要ではあろう。一方、山下はマスツーリズムに回収されない、ボランティアや「まなび」をめぐる新たな形のツーリズムが災害をめぐって生まれていることを述べている。となると、そもそも、年間五〇万人を集めるマスツーリズムのための施設として災害の記憶のためのセンターを構想することはどんな意味を持つのか。「揺れ」の再現への反対意見表明は、「揺れ」の表現への抵抗とともに、ツーリズムと災害の記憶についての問いも投げかけていた。

先ほど見た公論をめぐる議論は、だれが公的記憶を語るべきかという問題をあつかっていた。ここで、「揺れ」の再現が議論の焦点になったことは、それが、どのように語られるべきかという問題であったといえる。

5　無名の死者の捏造 —— 被災と復興の演出

実際にセンターで提示されている公的記憶はどんなものなのか。このセンターで提示されている公的記憶はあるストーリーとして提示されている。この施設は博物館であるため、映画や小説などとは違って、そこにストーリーという形のナラティブがあることは読み取りにくいが、そこには、確固とした語りがあり、それに沿って全てが周到に設計されている。

は、二〇〇〇年の七月の短期間に行われただけだったし、「市民フォーラム」は二〇〇〇年九月に一度行われただけだった。継続して人々が関わることや、企画過程そのものに参画することはできなかった。

*14　実際に展示では、それらの人々やいわゆる旧「被差別部落」に関する言及や展示物は存在しない。

*15　捏造とは fabrication の訳語として使用している。過去は現在とは異なった存在論的な位相を持ち、そこにアクセスするためには様々な方法がとられなくてはならない。過去と現在

工事の様子。人のにおい、生活のにおいはもちろん一切しない。ほこりっぽい、即物的な空間

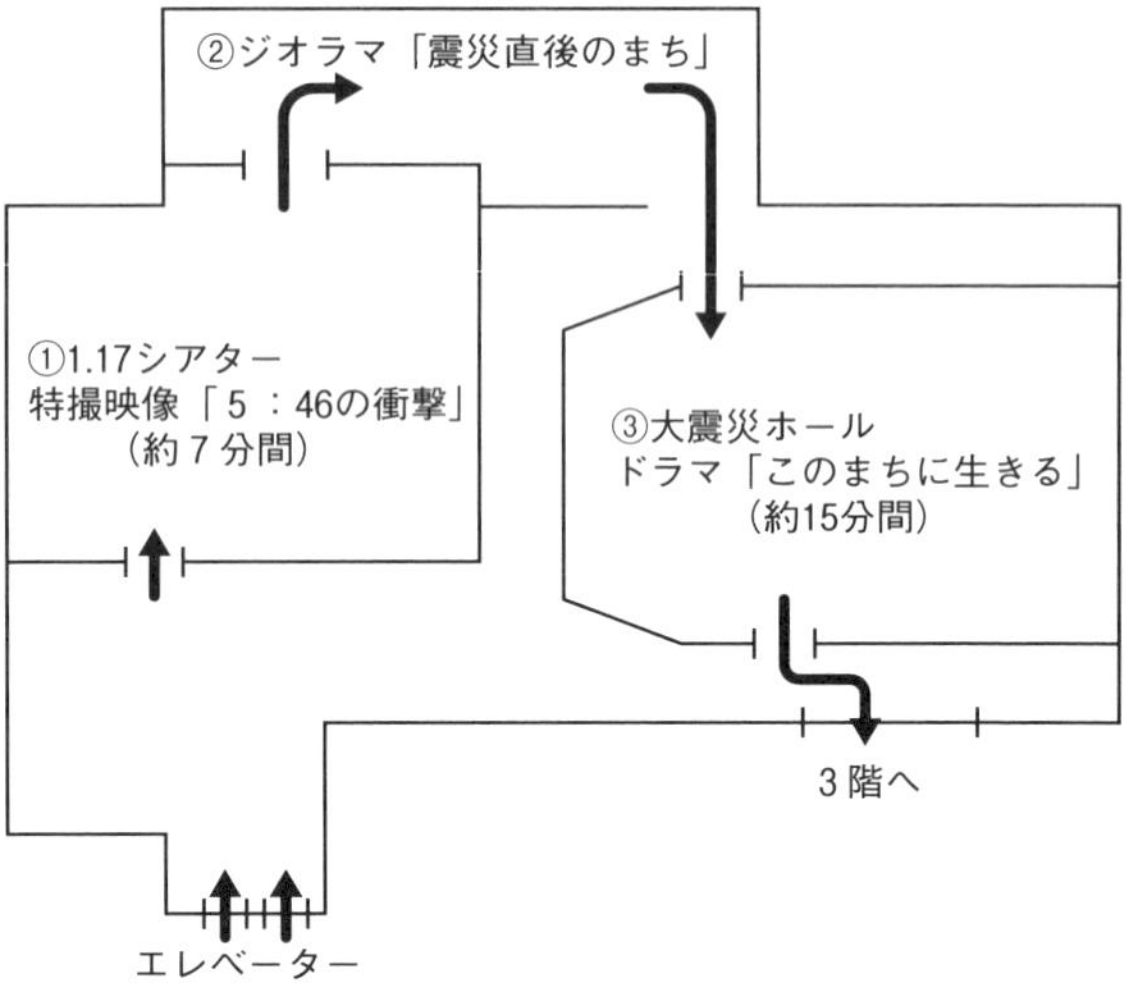

図4-3　メモリアルセンター（人と防災未来センター）4階の見取図（矢印は導線）

無名の死者に収斂するナラティブ

それは、「捏造」された震災の無名の死者に収斂するストーリーである。捏造されているのは、ある一人の若い女性である。[*15] この博物館における公的記憶のナラティブは、その捏造された無名の若い女性に向かって収斂していくように組み立てられている。

具体的に見よう（図4-3）。[*16] 博物館を訪れた来場者は、まず、六百円のチケットを一階のチケット売り場で買う。チケットを購入した来場者は、エレベーターで四階に導かれる。この博物館の展示は、上から下の一方通行式であり、後戻りはできない旨の注意が喚起される。[*17] 四階に到着した来場者は、コンパニオンに迎えられる。コンパニオンは来場者を、「一・一七シアター」と呼ばれる映像スクリーンのある部屋に導く。ここでは、先述の川北紘一が特撮監督し東宝映像美術ほかが制作した映像によって、地震の揺れを「再現」したジオラマ映画が上映される。映画には、代表的な被災した建物が破壊される様子が一五シーン登場する。現実のドキュメンタリーフィルムは登場せず、すべてが模型を地震動に見立てた爆破によって破壊した様子を撮影した映像である。人も登場しない。映

このあたりが、区画整理の対象地区とその外側との境界。新しい家も見える

を接続する回路としては、ほかに、再現（representation）、提示（presentation）がある。再現は、過去を現在に改めてよみがえらせる方法であり、提示は現在残されたモノを提示するだけで過去そのものを再現しようとはしないが、モノを通じて過去を想像させることであり、捏造は過去には存在しなかったが存在しそうなことを現在に作り出すことである［寺田2015b］。捏造には負の語感があるが、ここでは学術用語として用いているため負の意味はこめてはいない。

*16　紙幅の関係上、本章では、展示の内容を詳細に紹介、分析

像は約七分間だが、その間中、低音の爆音が続き、またそれに合わせて可動式の床が振動し、画面の中の地震動に見立てた爆破の度に、天井とスクリーン前面に仕込まれたフラッシュライトが激しく点滅するため、見ている人にとってはあっという間だと思われる。映像はランダムに並んでいるようだが、静から動に、比較的小規模な建物の破壊から大規模な建物の破壊へと映画の文法に忠実に並べられている。映像は、破壊が中心であるが、最後に火災を暗示する赤い炎が現れ終わる。

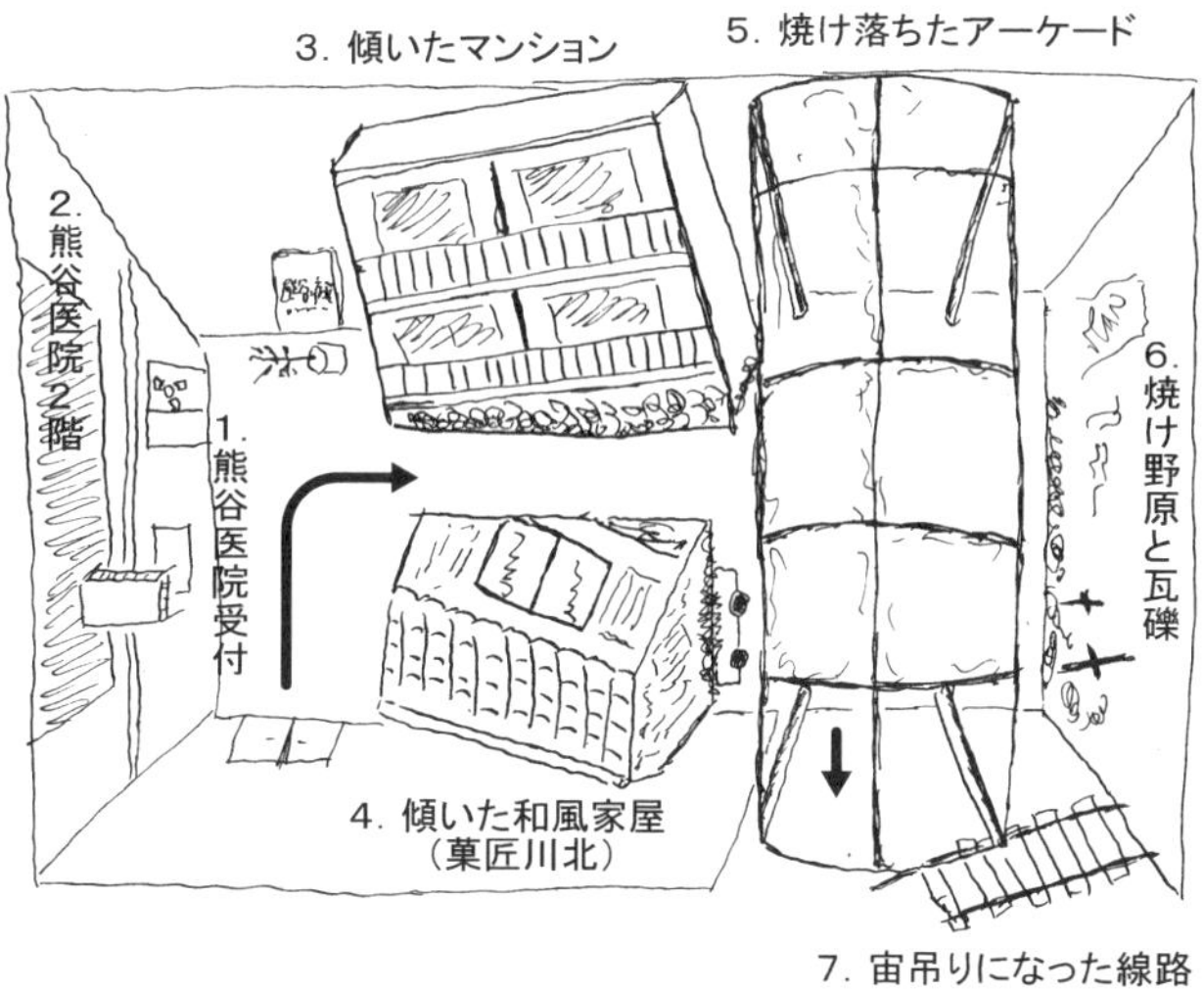

図4－4　ジオラマの見取り図（矢印は導線）

続いて、来場者が導かれるのは、「震災直後のまち」と題されたジオラマである（図4-4）。このジオラマも東宝映像美術が制作し川北が監修している。ここには、1／10から1／4のスケールで精巧に作られた、傾いた病院、傾いた和風家屋、崩れたマンション、焼け落ちた商店街、崩れた鉄道の高架などが設置されている。来場者はその間に設けられた約一メートル幅の導線を歩く。ここに登場する建物は、仮に現実世界でなら、隣り合って存在することはありえない。しかし、それは不問となっている。ここにも

することはできない。詳細な記述は［寺田 2015b］で行った。センターの建築に関しては［寺田 2015c］で分析した。

*17　エレベーターで一方通行式に導かれる展示の例としては、ワシントンDCの全米ホロコースト博物館の例などがあるが、一般に博物館において、導線がエレベーターから始まることはあまりない。これは、博物館が、強力な一つのナラティブを展示することを忌避することによる。また、仮に導線が「強制導線」であっても逆戻りは可能な措置が講じられるのが一般的だが、この展示においては、逆戻りは不可能となっている。

少し高いビルに上ってみた。どの家も、新しく葺き替えられたつるんとした屋根。昔ながらの瓦屋根は、地震で街から消えた

人の存在はない。音声では、避難を呼びかける声や、消防隊員の声、ラジオの声などが聞こえてくるが、人は、偶像の形では提示されていない。導線の最後にあるのは、ここでも火災である。来場者の意識の中には、先ほどのシアターの最後に出てきた炎、そして、このジオラマでの焼け落ちたアーケードにより、火災が強く残ることになる。一方、そこに人の姿が見えないことで「人はどこにいるのか」と来場者は思うことになる。

被災一家の群像

最後に来場者が導かれるのは、「このまちに生きる」と題された映画である。ここでやっと人が出てくる。映画は、ニュース映像を再構成し、ナレーションをかぶせたものである。そのナレーションで語られるのは、震災で発生した火災によって姉が生きながら焼死したという壮絶な体験をしたという設定の少女の一人語りであり、その語りを通じて浮かび上がってくるある一家の群像である。「一・一七シアター」とジオラマで最後に火災が出てくること、人の姿が描かれないことはこの映像を効果的にするための伏線だったのである。

神戸市長田区か兵庫区の町工場の立ち並ぶ下町のインナーシティで暮らしていたと思われる少女「私」と姉は、震災の際に、倒壊した家屋の下敷きになって生き埋めになる。「私」は助け出されたが、姉は助け出されることはかなわなかった。火災の炎が迫るが、炎に包まれる直前、姉は妹に「いいから、行って」と叫ぶ。少女と一家は、避難所で姉の葬儀を出し、仮設住宅に移る。少女の父の会社も、母のパート先も被害を受け、一家は意気消沈する。しかし、全国から集まったボランティアたちの助けを受け、少しずつ前向きになる。復興が少しずつ進み、祖母も復興住宅に入居する。弟は、高校に進学する際に防災学科を選び、「私」も念願

同じく高いビルからの眺め。見事に瓦屋根はない。本章の本文で述べている森南地区の一部がこの写真の手前部分に写っている

ここには、単線的な一つのナラティブへの強い意志が働いていて、それは、無名の死者へストーリーを収斂させる必要からきているといえる。

*18　このセンターは、二〇一四年三月末時点で約一八万六千点の資料を所蔵する（同センターウェブサイトより）。市民からの資料の寄贈もあり、第3節でみた人々の震災の記憶を残したいという漠然とした心情の受け皿になっているといえる。とはいえ、一九万点近い資料の大部分は、センターが収集した資料ではなく、センター設立以前に、21世紀ひょうご創造協会、阪神・淡路大震災記念協会

だった看護師になる。このように姉の死を乗り越えて生きる「私」の今が語られ、それと重ね合わせられるように復興を遂げた神戸の今が映し出され映画は終わる。

ここで展示されている映画は、純粋な意味での劇映画ではない。ストーリーは、ナレーションによって来場者に与えられるが、俳優が演じる劇として映像化されているわけではない。音声とともにスクリーンに映るのは、震災当時の現実のニュース映像である。それらが、ナレーションの語るストーリーに合致するようにつなぎ合わされている。語り手の少女が名乗ることもないし、その一家の名前が画面に出てくることもない。一家そのものは声の中だけに存在し、実際には姿として、画面に登場することはない。つまり、無名の家族であり、無名の死者である。

以上で四階の展示は終わり、来場者は三階にエスカレーターで導かれる。三階は「震災の記憶」と題され、大量のモノ資料が展示される。[*18] 壁面だけでも六九三点（二〇一二年六月の調査時点）あり、それらは仮に一点につき一分間注視するとして約一一時間かかる量である。これらは、大まかには、被災から復興へという流れで展示されているが、後述するように、資料が大量に展示されていることによってその流れはたどりにくい。むしろ、資料の厖大性、すなわち、人々の体験の無数にあることを暗示することが中心になっていると思われる。三階の厖大なモノは下部構造として、上部構造である四階の公的記憶のナラティブを支えているといえる。

未婚の若い女性の犠牲というモチーフ

センターにおける公的記憶は無名の若い女性の死者に収斂していくように組み立てられてい

が収集した資料が、センターの開館後に寄贈されたものである。

JR 本山駅前まで来た。駅前の繁華街。友達のお父さんがやっていたお好み焼き屋さんがみえている。阪神タイガースの選手も来て繁盛していた

表4－3　生者と死者をめぐる存在論的分類の4象限

	この世に存在する	この世に存在しない
名前がある	生者	死者
名前がない	胎児、嬰児	無名戦士、無名の死者、幽霊

る。仮に意識の中を前景・中景・後景というタブローのように構造化してみた場合、無名の死者が前景に来るような操作が行われている［寺田 2015b: 88–92］。

なぜそのようなナラティブが用いられなくてはならなかったのだろうか。ひとつの要因としては、公定記憶は無名の死者を必要とするからだといえる。政治学者ベネディクト・アンダーソンはその著書『想像の共同体』の中で、宗教、王国など永続性を担保するものが存在しなくなり、国民国家がそれを担保する必要が出てきた時、同時に「無名戦士の墓」も作成され、そこが国家的儀礼によってまつられるようになることを明らかにした［アンダーソン 1997］。無名戦士とは、名前もなく、存在もない「存在」である。これは、表4-3の生者と死者をめぐる存在論的分類の4象限によると、生者の対偶に位置する。生者の位置をもっともあいまいさの少ない位置だとしたら、対偶とは最もあいまいさの強い位置だといえる。アンダーソンによると、国家が国民統合を要請する際には、そのような、生者の対偶に位置する存在が作り出されなければならない。メモリアルセンターの無名の死者も存在論的には、その無名戦士と同じ象限に位置する。第2節でみたように、メモリアルセンターは、中央政府が国家予算を用いて作成し、地方政府もそれが国家的事業として建設されることを望んだ。それゆえ、センターで作り出されなければならなかったのは、国民国家を支える無名戦士と同じ存在的位置づけにある無名の死者であったといえる。*19

その無名の死者が若い女性であるのはなぜか。それは、もう一つの「復興のシンボル」とい

山沿いの旧道を西に歩く。江戸時代からの村をたどって続く道。国道沿いに比べて被害は少ない。地盤が関係しているようだ

*19　なお、近代国民国家日本が経験したもう一つの巨大都市型地震災害である関東大震災（一九二三年）でも、慰霊堂（一九三〇年完成）において無名の死者がまつられている。ただし、それとともに、そのメモリアル・ミュージアム（「関東大震災復興記念館」一九三一年開館）では、天皇（当時は摂政）の視線の下における「復興」が描かれている［寺田 2008, 2015c］。

*20　ひとつは神戸市長田区の鷹取商店街の自宅兼店舗の四軒長屋で生き埋めになった女性（当時六九歳）が夫（被災時七四歳）に向かって言ったとい

う条件と関係する。第2節でみたように、このセンターは特定復興事業として国家予算化された。特定復興事業とは、「復興のシンボルに相応しい」ものでなくてはならないと阪神・淡路復興委員会によって定められていた。つまり、このセンターで展示されるのは公定（official）記憶であり、それは「復興」のコンテクストによって語られることは、すでに決められていた。となると、あとは、それをどう効果的に語るかという問題だけである。

　この映画の、地震によって発生した火災に巻き込まれたが逃げられず、残された近しい人がそれを目撃し「いいから行って」という最期の言葉を聞くというショッキングな設定は限りなく実話に近い。そのような死者がいたことは知られているだけで二つあり、人口に膾炙していた。[*20] その実際の死者は、一人は高齢の女性、もう一人は男子大学生であった。しかし、ここでは、そのような事実が事実として描かれることはなく、死者として選ばれているのは名前のない若い女性である。

　そもそも、阪神・淡路大震災の場合、実際の死者の大半は高齢者だった。[*21] たしかに、死者には二〇歳台の人々もいたが、それは、学生の下宿の倒壊によるものが多く、映画の舞台として想定されているインナーシティの下町エリアに代々住む住人ではなかった。その意味で、この映画の死者が三世代家族の中の若い女性であることは、決して阪神・淡路大震災における、現実の死者を「代表」しているものではない。

　若い女性とはジェンダー的にみると、忍従を示す［モリオカ・トデスキーニ 1999: 199–222］。また、民俗譚においては、若い女性（処女）が生贄になることで浄化がなされるモチーフとなるものは多い［六車 2003など］。さらに、精神医学においては、若い人ほど正常な立ち直りを行うことが明らかにされている［野田 1992］。ここから考えると、若い女性とは、一方でか弱く、

う、「もうええから行って……、もうええから」という例である（[震災モニュメントマップ作成委員会・毎日新聞震災取材班編著2001:112]。もうひとつは、神戸大学工学部三年で灘区六甲町のアパートで被災した青年（当時二二歳）が助けようとした友人に言ったという「もうええから逃げてくれ」という例である（『朝日新聞』（一九九五年三月一七日）、[住田 1999: 24]。

*21 神戸市での死亡者の年齢を一〇歳刻みで見ると、一〇歳未満三・八%、一〇歳代四・九%、二〇歳代八・一%、三〇歳代四・二%、四〇歳代八・

ハッピー食堂。表札の「大仁」さんというのはこの辺りの古くからある姓の一つ。サッカーで有名な大仁さんという方もこの辺り出身だとか

図4−5　人と防災未来センター3階の壁面の展示　遺品は左手前のケースの中に存在するが、目立つようにはなっていない

図4−6　広島平和記念資料館の展示　遺品は一つ一つ独立したガラスケースに収められ展示室中央に独立して展示されている（写真は大下定雄氏寄贈資料）

また他方で生命力を秘めているという両義的な存在である。それを主人公としたストーリーは、一方でそのか弱さによって見る人の情動を強く揺さぶり*22、他方でその若さによって強い立ち直りへの希望を示す。つまり「復興」を効果的に描くためには、若い女性を「犠牲者」としたナラティブが必要だったといえる*23。

公定記憶と個的記憶の相克

そのように、公定記憶を無名の死者に収斂させることは、相克をはらむものでもある。無名の死者への公定記憶の収斂は、同時に、現実の死者の記憶を人々の意識の前景からは遠ざける

八%、五〇歳代一五・九%、六〇歳代一九・二%、七〇歳代一九・〇%、八〇歳代一二・八%、九〇歳代一・八%、不明一・四%となっており、六〇歳代以上が過半数を占める。[朝日新聞大阪本社「阪神・淡路大震災誌」編集委員会編 1996: 126]。

*22　見学者の情動を揺さぶることはセンターの構想にあたって重視されていたと思われる。センターのオープン前の試写会では、自らも被災体験を持つ若い女性スタッフがこの映像を見て感極まって号泣したのを見て、同センターの最高幹部着任予定者は「よしっ、行ける」と

地震から7年もたっているというのに、こわれたままの和風家屋があった。残っていることは、逆に珍しい

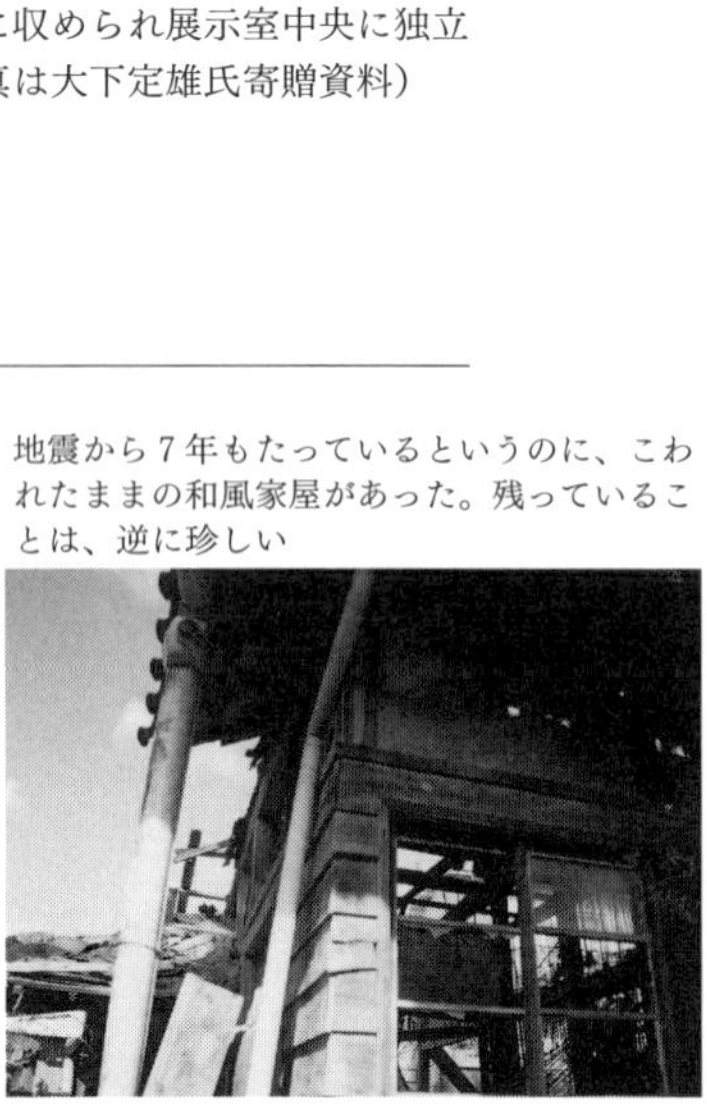

ことを意味する。このメモリアルセンターの三階の展示「震災の記憶」では、遺品や遺族の証言が展示されているが、それらは、必ずしも目立つようにはなっていない（図4-5）。遺品をそれとして特別に示した展示ケースはなく、それ以外のモノ資料と等価値にあつかわれている。展示されているモノ資料が膨大なため、いわば大量のモノ資料の中に埋没して展示されているといえる。これは、亡くなった人の個別性を際立たせない方法であるといえる。

亡くなった人の個別性を際立たせ、亡くなった人との対話を促進するような展示は、近年広く見られる。たとえば、遺品や亡くなった人に特別の価値を見出した例としては、広島の平和記念資料館の展示がある（図4-6）。そこでは、遺品の一つ一つが特別の大きな独立したガラ

図4-7　沖縄の平和の礎　沖縄戦の激戦地だった摩文仁の丘に建つ。沖縄戦などの死者24万人の名が軍人・民間人、国籍の別を問わず刻まれている

図4-8　ベルリン・ホロコースト・メモリアル　墓石のような石柱が2711本並ぶ独特のモニュメント。展示空間は地下にある

曇り空。工事用のクレーンが屹立していた

その「成功」を確信したという。博物館展示における情動の操作の特徴については、［寺田 2007］。

*23　とはいえ、「復興」を効果的に描くためなら事実と異なるストーリーを捏造してもかまわないのか、あるいは、どの程度の捏造がどのような論理によって許されるのかというアポリアは残る［cf. 寺田 2015b］。

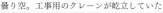

ス製のケースに入れられて展示されている。同館の近傍には、二〇〇二年に、国立広島原爆死没者追悼平和祈念館がオープンした。ここでは、亡くなった個々人の情報が収集され名前と写真が網羅的に展示されている。また、沖縄の摩文仁の丘の「平和の礎《いしじ》」には、沖縄戦で亡くなったすべての人の名前が刻まれ、対話の場となっている（図4-7）。ドイツ・ベルリンのホロコースト・メモリアル（ヨーロッパで殺害されたユダヤの人々のための碑、Denkmal für die ermordeten Juden Europas）（図4-8）の地下にある展示館では、ホロコーストの犠牲になった約六百万人の名前が、六年七ヶ月二七日かけて延々と読み上げ続けられ、その綴りがスクリーンに投影される部屋が、人々を深い沈思に誘う。沖縄戦にしろ、広島の原子力（核）爆弾攻撃にしろ、ホロコーストにしろ、その犠牲者の数は膨大で、個々の人々の個別的存在にまで向き合うことは一般的に困難である。しかし、それらの展示は、その困難を超えて、個別の犠牲者に向き合うことが、非業の死者の尊厳を取り戻すためには必要であることを訴える。

一方、センターの展示は、そのような展示ではない。膨大な資料は提示されているが、上記の施設のような一人一人の死者に向き合うことができる仕掛けはない。センターで大量の資料が情報端末装置に入力されていることを指して、歴史学研究者の大門正克は「バーコードに閉じ込められた展示」とよび、「ここには震災について考える時間や空間が保障されていない」と述べている［大門 2002］。

ここには、二つの矛盾するベクトルが存在する。実際の六四三四人の死者は個別の名前を持っている。遺品を強調することは、その個別の多くの死者への注意を向けさせることになり、見る人の意識の前面にそれが来ることになる。公定記憶の中で、一人の無名の死者を浮かび上がらせるためには、個別の現実の死者への注意はなるべく無くす方がよい。かといって、

石屋川に出た。ここはもう、神戸市灘区

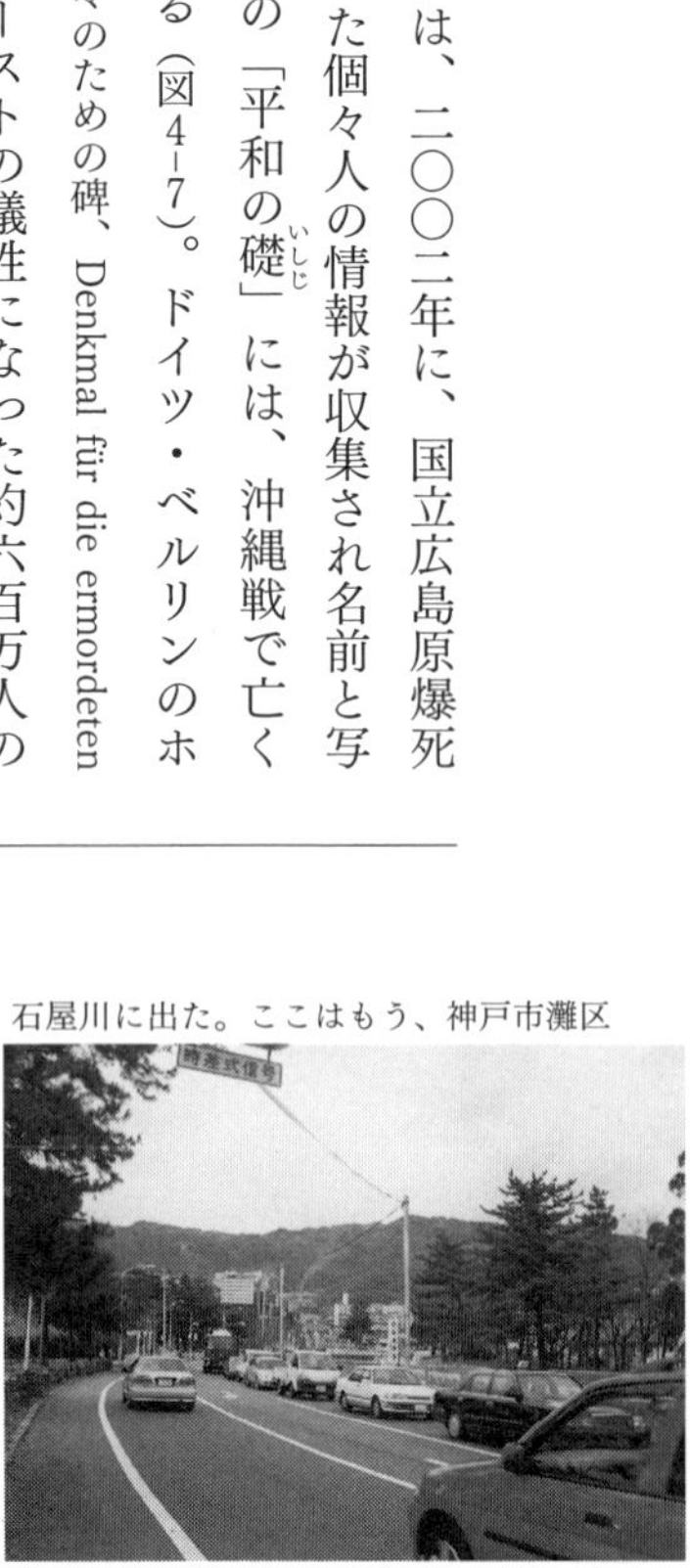

民主国家である日本では公定記憶は、個別の記憶の集合でもあるという側面もあるため、個別の死者の記憶を排除することはできない。遺品が大量のモノ資料の中に埋没し、見え隠れしたようなアンビバレントな状態で展示されていることは、個別の実在の死者と公定記憶のなかの捏造された無名の死者の間のアンビバレンツとその演出における相克を示す。

さらに、この相克は歴史をどう語るかという現代の困難とも関係する。復興をわかりやすく描くためには、その過程を単一のストーリーとして力強く描くことが効果的だが、一方で、「歴史の物語批判」に代表されるように［ダント 1989など］、歴史を直線的なナラティブとして語ることへの批判と個別のミクロな歴史を尊重することへの要求も、近年、強くなってきている［野家 1996］。モノ資料が大量に展示され、その文脈を容易にたどりにくいことは、単一のストーリーに収斂しえない膨大な体験の存在を暗示し、単一のナラティブを避けるためでもあろう。この展示は、復興を歴史として語ることの困難も示している。

6　石として、樹として ―― 震災モニュメント

記憶とは個別の人々の脳内の現象であるから、公定記憶として一つのストーリーに収斂することは厳密にいえば不可能であろう。相克はそもそもそこから生じる。しかし、集合的記憶という言葉が示すように、人間が群居する生物であり、コミュニケーションを通じて記憶を共有することもできるのも事実である。阪神・淡路大震災において、個別記憶は、第3節でみたように、あいまいなものであり、時としては、それとして名指すことすらも難しいものでもあっ

石屋川の堤防を下る。ここから見えるあたりのアパートで「生きた証」（本章147ページ）の若い夫婦が亡くなった

た。それらが集合したときどのような記憶の形態となったのだろうか。その点に関して、震災モニュメントという現象を中心に見ることで明らかにしたい。

モニュメントマップ、モニュメントガイド

これは、震災後三年目（一九九八年）ごろから自生的に発生した現象である。だれかが主導したわけでもない、まさに集合的な行為として、様々な形態のモニュメントが、被災地のあちこちに建立されるようになった。

それらが増えるにしたがって社会的な関心が高まり、一九九九年一月には一二〇のモニュメントを掲載した「震災モニュメントマップ」初版が、震災五周年にあたる二〇〇〇年一月には『震災モニュメントめぐり』というガイドブックが刊行された。これらのマップやガイドブックはその後も版を重ね、二〇〇一年一月（震災六周年）には、一五八のモニュメントを掲載した「モニュメントマップ」第二版が刊行され、ガイドブックの続編としての『希望の灯りともして…』（二〇〇一年五月）、『思い刻んで』（二〇〇四年一二月）も刊行されている。『思い刻んで』によると、その数は二三六になっているということであるから、五年余りの間に倍増していることになる［阪神淡路大震災1.17希望の灯り・毎日新聞震災取材班編著 2004: 6］。

モニュメントはそれをそれとしてみると単なるモノでしかない。それを集合的記憶の現象としたのはガイドマップやガイドブックであった。ハーバーマスが重視したように公論形成にあたっては、メディアの果たす役割が大きいが、集合的記憶においても、メディアが果たす役割が大きい。マップやガイドブックとは可視化の装置である。タイの歴史学者であるトンチャイ・ウィニッチャクンは、地図が国民国家という想像の共同体を創造するうえで大きな役割を

みかんがたわわに実をつけていた。あざやかな黄金色

果たしたことを明らかにした［ウィニッチャクン 2003］。「震災モニュメント」においても、マップやガイドブックによって可視化されることによって、モニュメントは、いわば「震災モニュメント」という集合的な現象に「なって」行ったといえる。地図化されるということは、〈場〉として人々にそれを認識させることになる。〈場〉として記憶が人々に認識される際、これらが果たした役割は大きかった。

石として、樹として残す

具体的に見てみよう。図4-9は、西宮市に存在する「阪神・淡路大震災西宮市犠牲者追悼

図 4-9 「阪神・淡路大震災西宮市犠牲者追悼之碑」 江戸期以来の墓地と火葬場、戦時期の忠魂碑などが並ぶ伝統的な慰霊のトポスに建つ

図 4-10 アパートの駐車場の植え込みの中の碑 草かげにかくれて目立たない高さ50cm ほどの石碑

阪急六甲まで来た

之碑」である。この碑には一〇八二の西宮市域で震災で亡くなった人々の名前が刻まれている。九・二メートル×三メートルの大きな一枚岩である。これは、西宮の満池谷《まんちだに》公園の一角に存在する。そこは、西宮市の市街地から数キロメートル離れた北部の山間部である。江戸時代から続く墓地がこの一帯には存在し、火葬場も存在する。この公園には、アジア・太平洋戦争期に作られた「忠魂碑」も存在する。また、ここは、スタジオ・ジブリがアニメ化したことで有名になった野坂昭如の小説「火垂るの墓」の舞台となった場所でもある。少年と少女の幼い兄妹が暮らし、妹が栄養失調のため死んでしまった洞穴があったという設定がこの満池谷である。近世から近代を通じて、いわば、死を悼む行為が連綿と続くトポスに建立されている。

図4-10は、神戸市灘区に存在する碑である。あるアパートの駐車場の横にある植え込みの中に設けられている。高さ五〇センチメートルほどの花崗岩でできた丸い石碑で、表面には、地震が起きた日付と時間だけが刻まれており、それ以外の追悼を意味する文字や建立主体をあらわす文字は刻まれていない。モニュメント・ガイドによると、ここには、震災前もアパートが建っており、震災によって倒壊したそのアパートの下敷きになって女子中学生とその母親ほかの四人が亡くなったという［阪神淡路大震災1.17希望の灯り・毎日新聞震災取材班編著 2004: 78］。だれがそれを建立したのか、その石碑は明らかにしないが、そのような目立たないものがそこに存在するということでかえって、そのことを印象付ける。

同じ石でも、偶像化された石の形態で建立されたモニュメントもある。図4-11は「桜子ちゃんの観音さま」と呼ばれる観音像である。神戸市東灘区森南町に存在する。「桜子ちゃん」は当時六歳で、家族と一緒に住んでいたが、一人だけ、倒壊した家の下敷きになって亡くなった。それを悼んで、「桜子ちゃん」の祖父にあたるF氏が建立したものである。F氏は、

阪急六甲駅の北の喫茶店に入って休憩する。窓の外に「災害時避難所　六甲・高羽小学校」という看板が見えている

森南町の自治会長を務めるなど、地域の活動にも熱心な人であった。[*24] 森南町は、第3節でも述べたように、震災後、神戸市によって土地区画整理が計画され、その計画の賛否を巡って地域を二分する争いが起きた。この観音が建つのは、その区画整理によって新しく誕生した敷地に建つF氏宅の玄関の横である。F氏宅の玄関は、区画整理によって誕生したJR甲南山手駅に続くメインストリートに面している。そこにあることによって、F氏の「桜子ちゃん」への思いが表現されるとともに、まちづくりを見守る存在として「桜子ちゃんの観音さま」が位置づけられることにもなっている。

石ではなく、樹として残す形態のモニュメントもある。図4-12は「生きた証」と名付けら

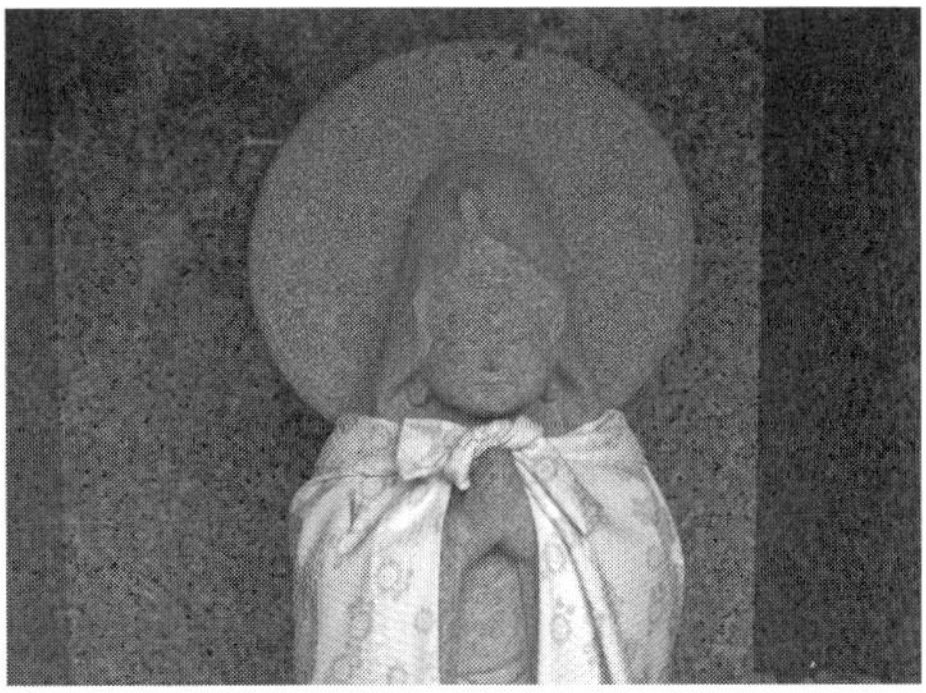

図4-11 「桜子ちゃんの観音さま」 震災後のまちづくりによって誕生した新しいまち並みを見守る

図4-12 「生きた証」と名付けられた桜（後方） 春には建立した両親や知り合った人々が花の下で集う場ともなっている

＊24 F氏と桜子ちゃんについては、［野田 1996］による。野田の著書では実名が記載されているが、ここでは仮名とした。

神戸高校。ぼくはこの高校で新聞部だった。村上春樹さんも何十年か前の編集長。当時、部室でバックナンバーをあさると、彼が高校時代に書いた映画評や音楽評が出てきた

表4－4　「震災モニュメント」のモチーフ

モニュメントのモチーフ	実数	%
個別の犠牲者を鎮魂、名前を刻む	62	24.7
復興を記念する	43	17.1
被災したモノを残す	42	16.7
犠牲者一般への鎮魂	40	15.9
特定のメッセージはなく抽象的なもの	24	9.6
壊れたモノの復活	14	5.6
苦難を語りつぐ	13	5.2
激励	7	2.8
タイムカプセル	4	1.6
感謝	1	0.4
その他	1	0.4
合計	251	100

［阪神淡路大震災1.17希望の灯り・毎日新聞震災取材班編著 2004］から集計
注）1つのモニュメントに対して複数のモチーフをカウントしたため上記文献に記載されたモニュメントよりカウントされた数が多くなっている。

れた桜の木である。この木は、神戸市灘区の石屋川沿いの公園に存在する。この石屋川から見下ろせる灘区高徳町のアパートの下敷きになり亡くなった若い夫婦を悼んで、その夫婦の夫の側の両親が植樹したものである。亡くなった夫婦は、夫が二七歳、妻が二五歳で、震災前の四月に結婚したばかりだった。夫の故郷である兵庫県の北部の豊岡市の両親は、若くして亡くなった息子を悼み、そのアパートの跡地が見える公園に桜を植樹した。桜は毎年春に花をつける。いつしか、その花の下で、両親やその花の由来を知った人々が集まるようになり、その集まりは植樹が行われた二〇〇〇年以来毎年続いているという（『神戸新聞』二〇一五年四月五日）。

これらの建立主体は市、自治会、財産区、家族などである。建立のモチーフとしては、個別の犠牲者の名前を刻み鎮魂することを目的としたものが最も多い。それに続き、「復興を記念する」というモチーフと、鎮魂や復興というような文言は特に記載されないが被災したモノをモニュメントとしてそのままとどめるもの、個別の犠牲者の名前を刻むことはないが、犠牲となった人一般を悼み鎮魂を目的としたものという「鎮魂」が目立つ（表4-4）。これは、先に

神戸高校のグランド越しに海を見る。冬の晴れた日は低い太陽が海面にキラキラ反射して、授業に飽きた時は、窓からその光景を見ていた

見た震災の記憶の多様性を示す。犠牲者の記憶であると同時に、人々の苦難の記憶や復興の記憶でもあり、また、復興や苦難といった言葉では表現しきれない、地震に出会ったことそのものへの思いのようなことも含まれる。

石や樹として残されていることはそれと無関係ではない。死者を悼むモチーフのものの形態を見ると、石に刻むものが最も多いが、植樹という形で樹として残すという例も多い。また地蔵などの宗教的な偶像として残す例も目立つ（表4-5）。プラスチックや陶器、金属などの例はあるが、石や樹という自然物が中心である。石や樹という自然物は人間界とは別の時間のコスモロジーに属す。たとえば、樹は毎年花をつけるが、それは、四五億年前の地球の誕生以来続く地軸の傾きによる季節という人間とは異なった位相の時間の存在を示唆する。震災モニュメントでよく用いられる石は花崗岩だが、花崗岩は多くは中生代、すなわち約二億五千万年前から約六千万年前に生成したものである。形態として見られる地蔵や観音などの菩薩（ボディサットヴァ、bodhisattva）は、仏教のコスモロジーによると五六億七千万年後の弥勒菩薩の出現まで人間を救済する役割を持つ。

人類学者クロード・レヴィ＝ストロースは、犠牲をささげるというそれ自体は聖性とは関係ないともいえる行為がなぜ聖性を帯びるのかについて、犠牲奉納者、犠牲祭

表4-5 「震災モニュメント」のうち犠牲者の鎮魂、名前を刻むことをモチーフにしたものの形式

形式	実数	%
石に名を刻む	42	67.7
樹として残す	5	8.1
地蔵や観音として残す	3	4.8
その他	3	4.8
銅像として残す	2	3.2
その他のモノ（時計など）	2	3.2
金属板に刻む	2	3.2
タイムカプセルに入れる	2	3.2
写真として残す	1	1.6
合計	62	100

［阪神淡路大震災1.17希望の灯り・毎日新聞震災取材班編著 2004］から集計

神戸高校の前の坂を下りる。地獄坂といわれて、運動部の練習はここをダッシュするのがお決まりだった

祀、犠牲、聖性という回路における行為と行為者の連続によって徐々に聖性に近づいていくことを示した［レヴィ＝ストロース 1976: 269］。モニュメントは、石や樹というモノであり、決して死者そのものではない。死者は存在として無であり、現世には存在することはありえない。しかし、樹や石に名前が付けられること、名前が刻まれること、その建立をめぐる儀式が行われることなどの連続によって、死者はそれらのモノが属する異なった時間のコスモロジーに近づき、現世における永続性を帯びる。また、人間を超えた時間は、存在論的な問いをも含んでいる。

第3節では、ぼんやりとした個的記憶の位相を見た。公定記憶がそのストーリーを「復興」に収斂させるのとは対照的に、この集合的記憶は、それには収斂されない、地震に遭遇したことで人々が感じた生命や存在そのものへの問いを表象していたといえる。メモリアルセンターには、そのようなあいまいな記憶は展示しえない。前者が、メモリアルセンターで、後者がモニュメントという形で存在したことは、その二つのすみわけの様態を示しているといえよう。

半ば開かれ、半ば閉じられた記憶、過去の兆候読解によるアクチュアルな関与

モニュメントに表象されたのは、集合的な記憶である。が、同時に個的な記憶でもある。たしかに、それは、名前を公共的な場に刻んだり、死者を想起させる物体を公共的な場に置いたりしている。しかし、図4-10のアパートの石碑のように、直接的に、だれがその記憶を記憶しているのかがあいまいにされている場合もある。公共的な場といっても、個人の家の門の横やアパートの駐車場など、私的領域と公共領域のはざまにあるものも多い。

トラウマ的記憶について治療者の立場から関与・研究している精神医学者の中井久夫は、ト

さらに西に歩く。神戸は坂の街。坂を見下ろす

ラウマ的な記憶を語るのがいいのか語らないのがいいのかはわからないという。また、もし、語るとしても、それは、信頼のできる人にひっそりと語る方がいいともいう［中井 2004］。記憶とは、個々人の領域にあるものであり、その個々人の内部の領域を開いていくことは、危険な作業でもある。これらのモニュメントのあり方は、半ば閉じられ、半ば開かれている。個的記憶は、一挙に集合的記憶にはなりえない。それは、少しずつ時間の経過とともに、段階を踏んで進んでいくものであることを、これらのモニュメントのあり方は示しているといえる。

　モニュメントは、〈場〉の中で展開されることによって集合的記憶を形成している。その際、注目されるのは、モニュメントを巡礼のようにして歩くモニュメント・ウォークという行為が人々の間から自発的に出てきたことである。*25

　モニュメントを歩くことは、モニュメントをたどり、そこであったことを想像することである。それは、メトミニー（換喩）的な過去へのかかわり方である。メトミニー的な過去へのかかわり方とは、過去を歴史としてとらえる際の歴史家の主体的な行為でもある。歴史とは、ある全体のことを指すのだが、その歴史という全体を見たことがあるものは誰もいない。それは、本書のキーワードとなっている語を使用すれば、ある部分が提示されることによって全体が想像＝創造されるという意味でメトミニーとして存在するものである。歴史理論では、歴史というものを批判的に見るとき、その修辞的、比喩的な関与の仕方に自覚的になることの必要が指摘されている［White 1973］。

　あるいは、歴史とは、兆候（clues）として存在するわずかな記号（signs）を手掛かりにして、その先にある見えない全体を構築する営為であるともいえる［ギンズブルグ 1988］。モニュメントとは、そこにおいて、すべてが語られているものではない。半ば開かれ、半ば閉じられてい

*25　のちには行政機関などが行う公的行事にも取り入れられた。二〇〇〇年一月一七日に開催された兵庫県主催の地震から五周年の行事では、市民と並んで来賓として来神した皇族（紀宮清子内親王）もこれに参加して歩いた。

川も坂を下る。曇ってきた

るそれは、それを兆候ととらえ、そのモニュメントの先にあるはずの語られていない記憶を想像＝創造することを要求する。モニュメントを歩くことは、そのようにして、部分をつなぎ合わせて全体を個々人がその内面で構築していくという行為である。

人間学的精神医学の木村敏によると、人間の現実へのかかわり方には二つあるという。それは、リアリティとアクチュアリティである。リアリティは、その語源がモノを意味する res というラテン語であるように、現実を構成する物事の存在に対して認識する立場である。一方、アクチュアリティは行為、行動を意味する actio というラテン語からきているように、現実に働きかける行為そのものについていわれる言葉である［木村 2000: 13］。

震災モニュメントとは単なるモノであった。しかし、そのモノに主体の側から働きかけることが、モニュメントを歩くという行為、そしてその歩くという行為の背後にある兆候の読解という行為である。木村によれば、アクチュアリティは行為から生じる。震災モニュメントという〈場〉に人が主体的にかかわることとは、震災というもう存在しない過去に、人が行為としてかかわるということである。行為として記憶に関わるとき、そこに想像＝創造的で、アクチュアルな記憶が生まれる。

これは、メモリアルセンターの一つのストーリーで語られる公定記憶とは位相を異にする。公定記憶においては、記憶すべきことは「復興のシンボル」としてすでに決められており、個々人はそれを客体として受け取る側でしかなかった。しかし、ここにおいては、個々人は主体として記憶にアクチュアルに、想像＝創造的にかかわる。

本章のはじめに、主体と客体の相互的な作用によって作られたある環境のことを〈場〉と定義した。ベルクによると、人間の周りを取り巻く環境は人間に対して単なる客体として対峙し

新幹線の新神戸駅に着く。正面に新しくできた「新神戸オリエンタルホテル」の建物

ているだけでなく、逆に、人間は環境によって無限に構築されるとともに、また再びその環境を構築する共同的な生成の過程にある［ベルク 2013: 102］。それは、ここまで見てきた語を使うと、アクチュアルで想像＝創造的な環境へのかかわり方である。メトミニー的な過去への兆候読解的アプローチとは、人々がモニュメントという集合的記憶を読解することで個々人の内部の個的記憶を構築することであった。それは、個的記憶がモニュメントを生み出し、そのモニュメントがモニュメントマップやウォークを生み出し集合的記憶を構築するという、〈場〉のあり方と相同的な、往還する作業である。

とはいえ、モニュメントだけが神戸において記憶の〈場〉だったわけではない。多様な試みが全体として神戸を記憶の〈場〉としていった。そこには第2、4、5節でみたメモリアル・センター（人と防災未来センター）も含まれるし、第3節でみた、まちづくりにおける記憶や、資料保存機関も含まれる。もちろん、モニュメントもその一部である。それらが、相克とすみわけというからまりあいを伴いながら全体として徐々に形成されていったのが、神戸という記憶の〈場〉だった。

神戸が記憶の〈場〉になっていったこと、それは、人々が記憶に対するアクチュアルで、想像＝創造的な関わりを実践していたことでもあったといえる。

7　課題と引き継がれるもの

これは、ある時間のある空間において起きた一回限りの出来事である。フランスの歴史家ピ

三宮。神戸の中心街。とりあえず、ここがゴール。村上さんは、映画館で時間をつぶした。ぼくも、時間をつぶす

エール・ノラの『記憶の場』[*26]の序文「記憶と歴史のあいだ」を読むと、彼は、記憶の場という概念の形成について、フランスという特定の社会とフランスという特定の歴史的文脈の結びつきから徹頭徹尾論じていることに気づかされる［ノラ 2002］。ある社会のあり方はその社会の過去表象のあり方を規定する。彼によると、脳内の記憶しか頼るものがなかった時代や、共同体が記憶と結びついていた時代には、そもそも『記憶の場』が問題とするようなモニュメント、遺跡や景観の顕彰やシンボル化・観光化、歴史編纂などが複合した過去を記憶するための大規模な制度は必要とされなかった。意識されにくいが、記憶のあり方は、その時々の社会、制度、テクノロジーなどのあり方によって規定されている。今日、記憶が問題になっていることは、逆に、記憶の社会や共同体における不確かな位置も示していると彼は言う。

それを参照しながら、神戸の事例を他と比較しながら、社会への問いや課題、引き継がれているものについて、少し広い視野から、最後に述べておくなら次のようになるだろう。

第一は、伝統社会との関係である。ここで述べた事例には、伝統や宗教の文脈が驚くほど少ない。筆者の視角の偏りもあるかもしれないが、実際、記憶に関してはそのような要素は目立たなかった。その意味では、神戸が記憶の〈場〉となったのは、神戸という場が記憶のための共同体を欠いていたからだともいえる。伝統社会が息づいている地域だったとしたら、記憶はその中で伝えられただろう。伝統的なものの中に記憶が込められている事例は、その後の災害で見られる。新潟県中越地震の後、山古志村では、牛突きが震災からの復興において、重要な意味を果たし［菅 2013］、東日本大震災の津波被害においては、被災した沿岸部の伝統的民俗行事である「鹿踊り」が被災直後から復活し、それが死者を弔い未来への力づけとなった［林 2011など］。神戸のような記憶の〈場〉のあり方は特殊な例だともいえるし、また都市化した現

*26　ノラは必ずしも本章のような意味で場（lieu）という用語を使っているわけではない。『記憶の場』は、空間的な場所以外にも制度や慣習など、一見すると場とはいいがたいことがらをも対象とする。従来、「歴史」としてとらえられてきたものやことを「記憶」として再定位しようとする含意が強い。

*27　さらにいうなら、伝統社会における災害のやりすごし方や移動のあり方の問題もある。清水展が第1章で述べるような災害に際して家そのものを移動してやりすごすような社会や、山本博之が第3章で述べる流動性の高い社会においては、記憶

夜、新長田駅前に行った。地震から7周年のこの日、人々があつまり、ろうそくをともしていた。見ず知らずの人同士が同じ火を見つめる日

代においては、普遍性を持つものであるともいえる。伝統と現代の中でどのような記憶のあり方が望ましいのか、神戸の例は問うているともいえるだろう。*27

また第二にテクノロジーとの関係である。ここで述べた一九九五年から二〇〇〇年ごろは、インターネットやパーソナルメディアなど情報技術は今日のようには発達していなかった。人と防災未来センターの展示が、映画やジオラマといういわば「近代」の技術を中心にして行われたことは、それを象徴している。本シリーズの第一巻で、ビッグデータに関する技術が長足の進歩を遂げたことを述べる山本博之は［山本 2014］、それらを用いた災害対応の研究を進めている。山本らが開発したスマートフォンのアプリ「メモリー・ハンティング」・「モバイル博物館」は、過去の情報を現地で読み出すことのできるソフトで、阪神・淡路大震災や二〇〇五年のスマトラ島沖地震・津波で被害を受けたアチェなどを対象にして実施されている。また、二〇一一年に起きた東日本大震災に関しては、せんだいメディアテークの「3がつ11にちをわすれないためにセンター」がインターネットや動画を利用した新しい形の取り組みを進めている。記憶とテクノロジーの関係は、進行中であるといえるだろう。

第三にグローバリゼーションである。それに伴って、神戸における記憶の状況が、外国で参照されるようになってきた。上記のアチェでは津波博物館の建設に際して、第7章で木村周平が対象とするトルコでは防災館（ブルサ防災館）の建設に際して、神戸のメモリアル博物館（人と防災未来センター）が参考にされた。一方、神戸の震災に関して、外国語とりわけ英語で書かれた文献は少なかったが、東日本大震災後の日本の災害への関心の高まりなどから、外国語での発信について関心が高まっている。グローバルな文脈で見た時、神戸の震災の記憶はどのように評価されるのか、これは、今後問われていくことであろう。

と〈場〉の関係も異なるだろう。阪神・淡路大震災においては、流動性というと、全国から神戸を訪れた百万人ともいわれるボランティアがそれに該当する。彼らの記憶が記憶の〈場〉とどうかかわるのかは、本章では扱うことができなかったが、清水や山本らの視角はそのヒントを示している。阪神・淡路大震災のボランティアの記憶については、［寺田 2003］など。

ろうそくをともす人影

第四に、記憶の意味についてである。第3節で漠然とした記憶の心情についてみた。神戸においては、それは必ずしもうまく、公的記憶に取り入れられなかった。一方、東日本大震災においては、せんだいメディアテークが「てつがくカフェ」という形態で意味を問い続けている。当事者とは、支援とは、日常とは、記録することとは、など根源的な問題が立てられ、一般市民の参加者が自らの経験を基に議論を行っている。これらは、根源的だが公共の場で議論することは日本では、それほど一般的ではない。しかし、災害に出会ったとき、人々はそのような大きな問いに直面し、記憶もそれと無関係ではない。それにせんだいメディアテークという公的（municipal）な組織が取り組んでいることは意味が深い。

今日、神戸の街を歩いても、そこで災害の傷跡を直接的に感じることは少ない。その意味では、神戸は復興に成功したともいえるかもしれない。では、記憶は成功したのだろうか。記憶が成功するとは、定義が難しいが、少なくとも、たたりのようなネガティブで、忌避されるべきものとして、記憶が語られることは少ないように思われる。[*28] 記憶の〈場〉となることは、往還作業である。その往還作業は長い年月を要する。災害とはある意味で忌まわしい記憶である。しかし、その忌まわしい記憶を、人々が、長い往還作業を通じて、それぞれの内面において、やわらげ、受け入れられるものとしてきたことと神戸が記憶の〈場〉となったことは、表裏一体の過程であった。

とはいうものの、本章で見たように、そこには多くの課題があった。災害からの復興の中で記憶はどう継承されるべきか。記憶は、現代社会の問題でもある。災害はその一端を示している。その望ましい在り方は、試みが積み重なることで少しずつ実現されていくのにちがいない。

*28 東日本大震災の津波に関して外国のメディアが幽霊によるたたり譚を報告していることは興味深い［Parry 2014］。

次の朝、ヴィーナスブリッジに行った。神戸が一望に見えることで有名な場所。これは、その途中に見た車窓風景。136ページの写真のあたり

参考文献

日本語

朝日新聞大阪本社「阪神・淡路大震災誌」編集委員会編 1996『阪神・淡路大震災誌——一九九五年兵庫県南部地震』朝日新聞社。

アンダーソン、ベネディクト（白石隆・白石さや訳）1997（原著1983）『想像の共同体——ナショナリズムの起源と流行』NTT出版。

アーレント、ハンナ（志水速雄訳）1994（原著1958）『人間の条件』筑摩書房（ちくま学芸文庫）。

岩崎信彦・塩崎賢明 1997「区画整理事業一六地区における住民の苦闘と前進」神戸大学〈震災研究会〉編『神戸の復興を求めて』（阪神大震災研究3）、神戸新聞総合出版センター、pp. 132–146.

岩崎信彦 1999「復興「まち壊し」土地区画整理事業は今回で終わりに」神戸大学〈震災研究会〉編『大震災五年の歳月』（阪神大震災研究4）、神戸新聞総合出版センター、pp. 224–252.

ウィニッチャクン、トンチャイ（石井米雄訳）2003（原著1994）『地図がつくったタイ——国民国家誕生の歴史』明石書店。

大門正克 2002「バーコードに閉じ込められた言葉」『瓦版なまず』13、震災・まちのアーカイブ、pp. 5–6.

大谷順子 2006『事例研究の革新的方法——阪神大震災被災高齢者の五年と高齢化社会の未来像』九州大学出版会。

大矢根淳 2007「被災地におけるコミュニティの復興とは」浦野正樹・大矢根淳・吉川忠寛編『復興コミュニティ論入門』（シリーズ災害と社会2）弘文堂、pp. 18–23.

笠原一人 2000「「記録」と「記憶」の前提条件」『瓦版なまず』8、震災・まちのアーカイブ、p. 5.

—— 2005「原爆ドームと被爆建物」［［記憶と表現］研究会編 2005: 56–59］

［記憶と表現］研究会編 2005『訪ねてみよう戦争を学ぶミュージアム／メモリアル』岩波書店（ジュニア新書）。

［記憶・歴史・表現］フォーラム編 2005『Someday, for somebody いつかの、だれかに——阪神大震災・記憶の「分有」のためのミュージアム構想」展2005冬／神戸』［記憶・歴史・表現］フォーラム。

車窓から見えるのも、真新しい家が多い

季村敏夫 1997a「鷹取に住む人びと」季村敏夫・笠原芳光編『生者と死者のほとり――阪神大震災・記憶のための試み』人文書院、pp. 118–138.

―― 1997b「さまざまな声の場所」季村敏夫・笠原芳光編『生者と死者のほとり――阪神大震災・記憶のための試み』人文書院、pp. 259–268.

木村敏 2000「時間の間主観性」『偶然性の精神病理』岩波書店（岩波現代文庫）。

ギンズブルグ、カルロ（竹山博英訳）1988（原著1986）『神話・寓意・徴候』せりか書房。

震災モニュメントマップ作成委員会・毎日新聞震災取材班編著 2001『阪神大震災　希望の灯りともして…――六七人の記者が綴る一五八のきずな』どりむ社。

住田功一 1999『語り継ぎたい。命の尊さ――阪神大震災ノート』一橋出版。

菅豊 2013『「新しい野の学問」の時代へ――知識生産と社会実践をつなぐために』岩波書店。

鈴木正幸・水林彪・渡辺信一郎・小路田泰直共編 1992『比較国制史研究序説――文明化と近代化』柏書房。

総理府阪神・淡路大震災復興対策本部事務局 2000『阪神・淡路大震災復興誌』大蔵省印刷局。

ダント、アーサー（河本英夫訳）1989（原著1965）『物語としての歴史――歴史の分析哲学』国文社。

寺田匡宏 1996「被災地の歴史意識と震災体験」『歴史科学』146号、pp. 12–23.

―― 1997「復興と歴史意識――阪神大震災記録保存運動の現在」『歴史学研究』701号、pp. 31–41.

―― 2003「風が運んだ救援隊――阪神大震災ボランティアと北川幸三の写真」『ドキュメント災害史1703–2003』国立歴史民俗博物館、pp. 152–157.

―― 2007「現代のメモリアルとミュージアムの場における過去想起に伴う感情操作の特徴――ポーランド・ベウジェッツ・メモリアルとベルリン・ホロコースト・メモリアルの空間構成と展示による過去表現に関する比較研究」『国立歴史民俗博物館 研究報告』第138集、pp. 37–66.

―― 2008「ミュージアム展示における自然災害の表現について――関東大震災「震災復興記念館」の事例」岩崎信彦・田中泰彦・林勲男・村井雅清編『災害文化と災害教育』昭和堂、pp. 176–187.

―― 2015a『人は火山に何を見るのか――環境と記憶／歴史』昭和堂。

―― 2015b「「無名の死者」の捏造――阪神・淡路大震災のメモリアル博物館における被災と復興像の演出の特徴」木部暢子編『災害に学ぶ――文化資源の保全と再生』勉誠出版、pp. 64–115.

がらんとした朝の電車の中

―――― 2015c「〈場〉のあり方から見た日本の近代／現代における自然災害の公的記憶 ―― 関東大震災と阪神大震災に関する博物館・メモリアルのトポスと建築における復興と慰霊の表象の比較分析」ベトナム国立大学ハノイ校人文社会科学大学東洋学部日本研究学科ヴォ・ミン・ヴ編『日本学研究論文集』（5、災害と復興）、世界出版社（ベトナム、ハノイ）、pp. 147–168.

中井久夫 2004『兆候・記憶・外傷』みすず書房。

野家啓一 1996『物語の哲学 ―― 柳田國男と歴史の発見』岩波書店。

野田正彰 1992『喪の途上にて ―― 大事故遺族の悲哀の研究』岩波書店。

―――― 1996『わが町 ―― 東灘区森南町の人々』文芸春秋。

ノラ、ピエール（長井伸仁訳）2002（原著1984）「序論　記憶と歴史のはざまに」ピエール・ノラ編『記憶の場』1、岩波書店、pp. 29–56.

ハーバーマス、ユルゲン（細谷貞雄・山田正行訳）1994（原著1962）『公共性の構造転換 ―― 市民社会の一カテゴリーについての探求』未来社。

林勲男 2011「民俗芸能の被災と復興に向けて ―― 大船渡市、南三陸町の鹿踊りを事例に」『季刊民族学』138号、pp. 20–29.

NPO法人阪神淡路大震災1.17希望の灯り・毎日新聞震災取材班編著 2004『思い刻んで ―― 震災一〇年のモニュメント』どりむ社。

阪神・淡路大震災メモリアルセンター構想推進協議会、兵庫県、神戸市、兵庫県商工会議所連合会 1999『阪神・淡路大震災メモリアルセンター整備構想』阪神・淡路大震災メモリアルセンター構想推進協議会、兵庫県、神戸市、兵庫県商工会議所連合会。

東日本大震災復興構想会議 2011『復興への提言 ―― 悲惨の中の希望』東日本大震災復興構想会議。

廣松渉 1996『廣松渉著作集』（1、世界の協働主観的存在構造）、岩波書店。

ベルク、オギュスタン（鞍田崇訳）2013「風土とレンマの論理」立本成文編著『人間科学としての地球環境学 ―― 人とつながる自然・自然とつながる人』京都通信社、pp. 89–118.

ホルクハイマー、マックス／アドルノ、テオドール・W（徳永恂訳）1990（原著1947）『啓蒙の弁証法 ―― 哲学的断想』岩波書店。

元町駅で降りて、諏訪山を登るとヴィーナスブリッジがある。そこから東の方を見る。昨日歩いたところがかすかに見えている

丸山真男 1996「近世儒教の発展における徂徠学の特質並びにその国学との関係」『丸山真男集』1、岩波書店、pp. 125–307.

モリオカ・トデスキーニ、マヤ 1999「死と乙女 ── 文化的ヒロインとしての女性被爆者、そして原爆の記憶の政治学」ミック・ブロデリック編『ヒバクシャ・シネマ ── 日本映画における広島・長崎と核のイメージ』現代書館、pp. 199–222.

森南町・本山中町まちづくり協議会 1995『森南地区　復興まちづくり憲章』森南町・本山中町まちづくり協議会。

宮内泰介編 2014『環境保全はなぜ失敗するのか』新曜社。

六車由実 2003『神、人を喰う ── 人身御供の民俗学』新曜社。

山本博之 2014『復興の文化空間学 ── ビッグデータと人道支援の時代』（災害対応の地域研究1）、京都大学学術出版会。

ユクスキュル／クリサート（日高敏隆・羽田節子訳）2005（原著1934）『生物から見た世界』岩波書店（岩波文庫）。

レヴィ＝ストロース、クロード（大橋保夫訳）1976（原著1962）『野生の思考』みすず書房。

英語・仏語

Berque, Augustin. 2014. *Poétique de la Terre: Histoire naturelle et histoir humaine, essai de mésologie,* Paris: Benin.

Parry, Richard Lloyd. 2014.“Ghosts of the Tsunami,” *London Review of Books,* 36(3): 13–17.

Spivak, Gayatri Chakravorty. 2007. “Writing Wrongs-2002: Accessing Democracy among the Aboliginals,” in *Other Asias,* Blackwell Publishing, pp. 14–57.

Turner, Victor. 1974. “Social Dramas and Ritual Metophors,” in *Dramas, Fields, and Metophers :Symbolic Action in Human Society,* Ithaca: Cornell University Press, pp. 23–59.

White, Hayden. 1973. *Metahistory: the historical imagination in nineteenth-century Europe,* Baltimore: Johns Hopkins University Press.

眼下に神戸の街の風景。どこかの校庭で、運動する中学生たちの声。雲の切れ間から差し込んだ光が遠くの海面を静かに照らしていた

第5章

プーケットにおける原形復旧の一〇年

津波を忘却した楽園観光地

2004
×
タイ

市野澤潤平

津波の危険を警告音と多言語アナウンスで伝える、警報タワー。海難事故防止の監視塔のようにも見え、違和感なく浜辺の風景に溶け込んでいる（プーケット、2015年４月）

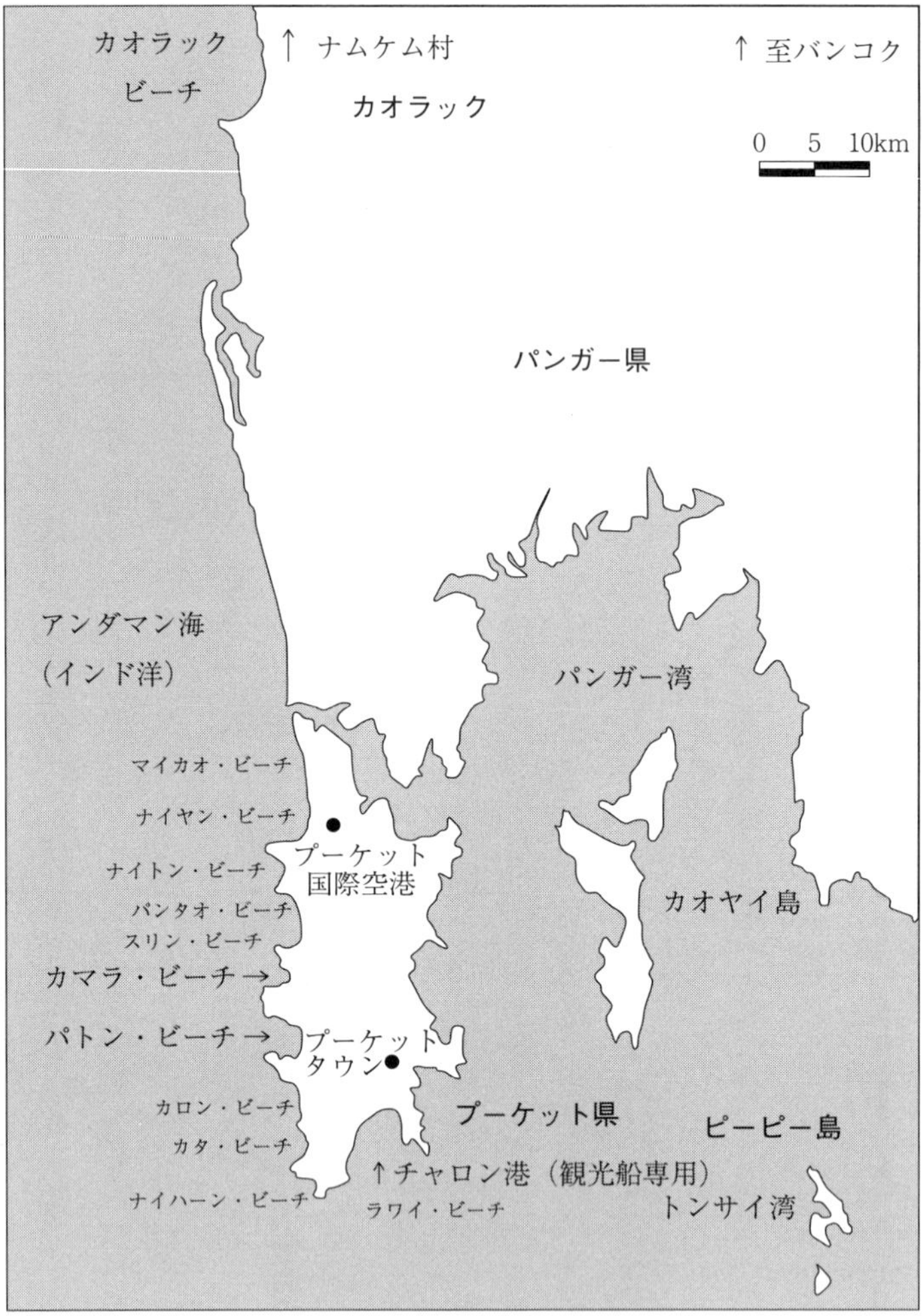

カオラック
ビーチ
↑ ナムケム村
↑ 至バンコク
カオラック
0 5 10km
パンガー県
アンダマン海
（インド洋）
パンガー湾
マイカオ・ビーチ
ナイヤン・ビーチ
プーケット
国際空港
ナイトン・ビーチ
バンタオ・ビーチ
スリン・ビーチ
カマラ・ビーチ→
カオヤイ島
パトン・ビーチ→
プーケット
タウン
カロン・ビーチ
プーケット県
ピーピー島
カタ・ビーチ
↑チャロン港（観光船専用）
ナイハーン・ビーチ
ラワイ・ビーチ
トンサイ湾

1　喉元過ぎれば熱さ忘れる？

二〇一四年一二月二六日――タイ全土で八〇〇〇名を超える犠牲者を出したインド洋津波から一〇年目の区切りのこの日、被災地であるタイ南部のアンダマン海（インド洋の東端部分）沿岸各地で、慰霊と追悼の式典が催された。タイの新聞やテレビニュースはこぞってこの話題を取り上げて、プーケット[*1]やピーピー島（レオナルド・ディカプリオ主演の映画「ザ・ビーチ」の撮影場所として知られる）といった世界的に著名な観光地が一〇年前に経験した災禍を振り返った。タイの報道でインド洋津波がこれほど大きく扱われるのは、久方ぶりである。

インド洋津波によるタイ国内での死亡者には、二八名の日本人が含まれる。大半は年末年始の休暇を過ごすためにタイを訪れていた観光客であり、その死のニュースは、当時の日本で大々的に報道された。プーケットで催された津波一〇周年の追悼式典には、日本から犠牲者の遺族も招かれて、涙ながらにスピーチをした。その模様を現地から報告する日本のニュース報道は、遺族における「忘れられない悲しみ」に焦点を当てつつ、当のプーケットで津波の記憶が風化し、防災対策がおろそかになっている現状を危惧する、といった論調である。

未曽有の大災害から一〇年。ひときわ早い復興を見せたプーケットでは今、津波の痕跡はほとんど残っていない。……大津波の後、政府は津波が発生した際、複数の言語で避難を呼びかけるサイレンや看板を設置するといった対策を講じたが、津波の後も防潮堤などはつくられな

*1　プーケットも島であるが、タイでは「島」をつけて呼ばれることが稀である。本稿でもその慣習にならって「島」をつけずに表記する。

プーケットのパトン・ビーチ。津波の危険など忘れ去ったかのように、多数の外国人観光客でにぎわう（2015年4月）

いまま。津波の危険区域を示す標識の中には、風化し、ほとんど文字が読めなくなってしまったものもあった。……住民や観光客に対する啓蒙活動は進まず、意識も大きくは変わっていない。……改めて、人々の防災に対する意識をいかに高め、維持していくかが今後の課題と言えそうだ。［日本テレビ 2014］

「災害の教訓が忘れ去られ、防災も不十分」という問題含みの状況として、津波後一〇年を経たプーケットを描く、日本の報道。そこには、日本では皆が暗黙のうちに共有する災害復興への見方が反映されている、とは言えないだろうか。すなわち、被災の記憶に学んで悲劇を繰り返さないよう対策を講じる（＝状況を改良する）ことが、災害復興の重要な軸をなす、という理解である。例えば、二〇一一年の津波により壊滅的な損害を被った東北地方の太平洋沿岸では、被災住民の高台移転を伴う「防災強化された復興まちづくり」が進行している。巨大津波は、数十年後、確実にまたやって来る。であるなら、津波が来れば浸水する沿岸低地に従前どおりの街並みを再建するべきではない――震災の悲劇に学んで、津波の被害を受けないまちづくりをするのが、当然であるとみなされる。大規模災害の後では、「おなじような外力によって再び同じような惨禍に見舞われないように、災害に強い社会を構築するべき」という声が強まり、被災者たちが従来の生活状況を取り戻すことが、防災強化の名の下に阻まれる場合すらあるという[*2]［大矢根 2007: 18–19］（cf. 本巻第2章）。

こうした復興観からすれば、災害から立ち直ったビーチリゾートの現状には、防災上の観点から疑義が生じる。かつて津波に洗われた各地の海辺に、高台移転や防潮堤築造がなされぬまま、ホテルやレストランが再建されているのだ。二〇〇四年に等しい地震がスマトラ沖で再発

被災から立ち直ったパトン・ビーチの発展を象徴する、大型ショッピングセンター「ジャングセイロン」。津波で浸水を被ったエリアに建造された（2013年8月）

＊2　例えば、古い木造家屋が密集する街並みを「改良」した結果、地代が高騰するなどして、元々の住民が転居せざるを得なくなるようなケースが、典型的である。

すれば（長期の時間軸で考えれば確実だと思われる）、それらの建築物は、二〇〇四年と全く同様な仕方で津波に呑まれるだろう。

津波に襲われた一二月二六日――クリスマスから年末年始に続くこの時期は観光地プーケットにとって最大のかき入れ時であり、二〇一四年も国内外からの旅行者で賑わっていた（近年急増していたロシア人観光客のみは、直近におけるルーブル暴落の影響で、潮が引くように姿を消した）。二六日の午後、一〇年前に一五〇名を超える犠牲者を出したパトン・ビーチで追悼式典が催されているまさにそのとき、眼前の砂浜では、無数の観光客がパラソルの下でくつろいでいる。中には式典を軽くのぞき見る者もいるが、多くは直ぐに興味を失い、明るいパラソルの林へと戻っていく（これが日本であれば、不謹慎だという非難の声が上がるだろう――何がどう不謹慎なのかはさておき）。仮にパトンが新たな津波に襲われたとき、浜辺を埋め尽くす観光客たちの安全は、確保されるのだろうか。かつて被災したまさにその場所で、津波への危機感を忘れて安穏と繁栄する観光地は、我々の目には、いささか奇異に映る。本章では、プーケットが経験してきた独特な復興の軌跡を振り返り、日本の災害復興のあり方と対比させながら、その合理性について考察する。

2 青天の霹靂

二〇〇四年一二月二六日、スマトラ島沖での地震発生から約二時間後の午前九時五五分頃、総延長が九五六キロメートルに達するタイ南部のアンダマン海側沿岸に津波が押し寄せた。各

プーケットのチャロン港。毎朝、離島訪問やダイビング・ツアーに参加する観光客が多数集結し、通勤ラッシュを思わせる混雑となる（2013年８月）

地を襲った津波の最大波高は、一〇メートルを超えた。津波による被害は、アンダマン海沿岸の全域に及び、確認されただけでも八〇〇〇名もの死者・行方不明者を出した。後述するように、国際的に著名なビーチリゾートが被災したこともあり、観光客を中心に外国人の犠牲者も多数に上った。

地震発生から津波の到着まで二時間のタイムラグがありながら、これほど著しい人的被害を出した最大の理由は、津波への警戒心の欠如である。*3 タイ南部では過去にも同様の津波が存在したと考えられるが、少なくともタイ人たちが一般に知る歴史にはその事実は書かれておらず、したがって「津波が来るかも知れない」という発想そのものに、彼らは思い至らなかった。防災・警報システムの不在により、津波を見越しての避難行動を取るきっかけも与えられず、濁流に巻き込まれて初めて危機の発生を知るというのが、実情であった。

津波の不意打ちを受けたタイ南部の沿岸には著名な観光地が複数あり、年末年始の休暇を過ごす日本からの観光客に加えて、観光業に従事する邦人が少なからず在住していた。彼らは、地震が津波を引き起こすことを知っていたはずだが、やはり無防備なまま、津波に被災した。日本で過去に津波災害のニュースを見聞きしていたはずの人びとが津波を警戒しなかった理由は、大きく三つある。第一に、タイ人たちの災害観と等しく、タイに地震と津波はないと素朴に思い込んでいたこと。第二に、スマトラ島沖はタイからは遙かに遠く、その影響としての津波がタイの海岸線にまで及ぶとは、全くの想定外であったこと（一九六〇年に日本を襲ったチリ地震津波の教訓は、ここでは生かされていない）。第三に、政府・自治体による（テレビやラジオ、拡声器などを通じた）注意喚起や警報が、皆無であったこと。結果として、津波という概念を持つ者にとっても持たない者にとっても、二〇〇四年の津波災害は、まさに青天の霹靂だった

*3 タイ南部を津波が襲う可能性については、一九九〇年代に一部の研究者から指摘がなされていたが、ほぼ黙殺されていたようである［Husted and Plerin 2013］。

ピーピー島の被災状況。津波に洗われて多くの建造物が全壊し、地域全体が廃墟となった（2005年2月）

のである。

3　災害に対する観光地の脆弱性

漁村などに加えて、ビーチリゾートが被災した点が、タイにおけるインド洋津波の大きな特徴である。筆者は、タイ南部の津波被災地は、理念的に二つのタイプに分けられると考えている［市野澤 2010, 2011, 2013］。第一のタイプは、漁業を始めとする従来的な産業に依拠する地域（村落）共同体である。そこでの物的被害は主に住居家財と漁具であり、生活・生業の再建はその補償によってなされる。*4 また、住宅再建までの一時待避場所には、地域コミュニティが（幾分かの変形・欠落を生じながらも）そのまま移植されることになる。住居と生産財の破壊、そして地域コミュニティの一時移動を特徴とする第一のタイプの被災は、我々日本人が一般に思い描く自然災害の有り様と、大筋で合致するはずだ。

タイ南部には、それとは条件を異にする第二のタイプの被災地があった。すなわち、観光地（より具体的にはビーチリゾート）である。プーケットのパトン地区を筆頭として、ピーピー島やカオラックなどタイ南部の主要なビーチリゾート*5は、ほぼ純粋な観光産業集積だとみなせる。つまりそれらは、バンコクやチェンマイなどの都市型観光地とは異なり、「外部から短期的にやってくる訪問者が直接落とす観光収入に頼って存立する特異な経済圏」［小河・市野澤 2013: 42］なのである。ほぼ無人であった地域に、長く美しい砂浜だけを頼りに人と投資を呼び込んで達成されたビーチリゾート開発は、「金鉱の発見にともなうゴールドラッシュが、砂

*4　実際には、地域の漁業の実情に見合った漁具が供給されない、補償の配分が（一部有力者の意見に左右されて）不公平になった、などの問題があった。

*5　首都バンコクから遠く離れたタイ南部では従来、第一次産業が経済の主役であったが、一九八〇年以降に進展した観光開発により、国内外から観光客を集めるビーチリゾートが、続々と建設された。現在では、旧来の産業に取って代わり、観光業がタイ南部最大の産業になったと言われている。例えば、プーケットは一九七〇年代まで錫の一大産地であったが、

ピーピー島の被災状況。かろうじて全壊は免れた商店街も、ゴミと瓦礫に埋もれて再開の目処は立たない（2005年2月）

漠の真ん中に突如として活気に富んだ街を生み出す事態にも比せられ」る［小河・市野澤 2013: 42］。こうした特殊な条件を備えているがゆえに、アンダマン海沿岸の観光地で生じた被害の様相は、第一のタイプとは大きく異なっていた。

観光地（または観光業）における被災の特徴は、災害に対する二つの脆弱性として、整理することができる。*6

第一の脆弱性は、観光地で災害が発生した場合、観光客の安全確保が難しいという単純な事実だ。著名で人気があればあるほど、その地は観光客で賑わう。しかしながら、いざ災害が生じた際に、域外各地から一時的に集っている不特定多数の人間を、安全かつ円滑に避難誘導するのは、決して容易ではない。日本の三陸海岸のように、過去に大きな災害が発生し、また将来の反復が予想されている地域では、防災意識の啓蒙や避難訓練などを通じて、住人たちが「いざという時」に備える下地を醸成することができる。*7 しかし観光地にあっては、ホスト側である地域住民への防災啓蒙はある程度実現し得るとしても、しばし遊びに来たゲストたちへの防災意識の周知徹底は、困難である。

第二の脆弱性は、経済的な二次被害に対する無防備さである。ここで言う二次被害とは、人的犠牲や建造物などへの物理的被害の後に顕在化する、主に観光客の激減が導く収入基盤の崩壊を指す。一般に、観光目的の旅客数は、商用などのそれと比べて、不可測の要因による経時的な増減が著しい（ボラティリティが大きい）。タイ南部の観光地は、青い海、白い砂、まぶしい太陽を特長とする典型的なビーチリゾートとして、マスメディアに依存する形で国際観光市場へと売り込まれている。欧米や日本（さらに近年ではアジア諸国）からの観光客は、マスメディアによって提示された「楽園」イメージを期待して、プーケットやピーピー島にやって来

カオラック・ビーチ。津波は二階建てのホテルを丸呑みし、外国人観光客を含む多数の犠牲者を出した（2005年２月）

錫鉱業は現在では廃滅し、観光客相手の博物館にその面影が残るのみである。

*6　タイ南部の被災においては、こうした観光地特有の脆弱性が露呈した一方で、ほぼ観光のみに立脚する経済圏であったがゆえの、ある種の頑健性や復元性が見いだせた事実も、付記しておきたい。津波の直撃を受けたパトンのビーチエリアは、宿泊施設、商店、飲食店が建ち並ぶ繁華街の様相を呈していたが、それは結果として内陸部に立地する居住エリアを守る防潮堤の役割を果たした。また、住人の大半を占めた域外の出身者（季節的・一時的な出稼ぎ者を

る。当然のことではあるが、津波被災のニュースが（やはりマスメディアを通じて）世界を駆け巡ると、タイ南部に観光客を惹きつけていた楽園イメージは、瞬時に失墜した。グローバルな観光市場には、同様の楽園リゾートが無数に存在するため、タイ南部は競争力を失って、他国の観光地に客を奪われた。

ピーピー島およびカオラックに立地する観光関連の施設は確かに甚大な被害を受け、観光客を受け入れるのは難しい状態となった。しかしながら、タイ南部最大の観光地であるパトンを擁するプーケットでは、犠牲者の数が二七九人と（地域の人口の多さと稠密さを考慮すれば）少なかったことからも分かるように、比較的軽度の被害にとどまった。パトンでは浜辺に面した建物こそ破壊されたものの、大半の宿泊施設が無傷に近い状態で残り、最も大きな打撃を受けたカマラ・ビーチでも、瓦礫は速やかに片づけられ、ホテルや商業施設が再建された。観光地としてのプーケットは（物理的には）急速に復旧し、旅行者の収容能力も発災から半年後には津波前と遜色ない水準に戻った。

津波による物理的な擾乱が終息した後、プーケットでは観光客受け入れ態勢の復元が順調に進んだのに対して、肝心の来訪者数は、津波後の急減から遅々として回復しなかった。*8 事故や災害に見舞われた観光地が、安全性や利便性に格段の問題が生じてはいないのにもかかわらず、刺激的な報道の氾濫に端を発するイメージダウンにより、外部からの旅行客に忌避されてしまう――そうした事態を、筆者は「風評災害」と呼んでいる*9［Ichinosawa 2006, 市野澤 2006, 2009, 2010, 2011, 2013］。タイ国政府観光庁（Tourism Authority of Thailand: TAT）の統計によれば、二〇〇五年のプーケットへの外国人訪問者数は、前年比で四割弱にとどまった。その結果、外国からの訪問者がプーケット経済にもたらした二〇〇五年の総収入は、二〇〇四年に比

含む）にとっては、血縁や（出身地の）地縁を頼っての域外退避が、比較的容易であった。早々に見切りをつけて各地へ転居した者たちは、観光が再度盛り上がれば、また元の事業・職場へと復帰する可能性を残している。また、国際観光市場そのものが霧散した訳ではなかったため、時を経てタイ南部が市場競争力を回復すれば、一時的にはタイ南部を敬遠していた観光客もまた戻ってくる。

*7　残念ながら、楽しみを求める観光客の要望充足や利益確保が優先されるあまり、ホスト側における安全への備えがおろそかになることもある。

カオラック・ビーチ。レンガとタイルをはがされてコンクリートの基礎組みだけが剥き出しに残る、リゾート・ホテルのプールサイド（2005年2月）

べて七四％もの大幅な減少率を示した。観光のみに立脚するビーチリゾートの経済にとって、長期にわたる観光客の激減は死活問題である。

　残念なことに、被災の様子を伝えるニュース報道は殊更に刺激の強い絵面を追い求め、[*10]「タイの海＝被災地」という強烈な印象を形作った後、復興が進む過程を肯定的な視点から報じることはほとんどしなかった。観光客の送り出し側にあたる国外の旅行代理店は、プーケットやピーピー島を早々に商品カタログから削除した。観光客の足となる各国の航空会社は、自国からプーケット国際空港への直行便を取り止めた。風評災害は、このように被災地域外の利害関係者がかかわる網の目のなかで顕在化するがゆえに、被災当事者にとっては対策が立てづらい［市野澤 2010, 2011］。加えて、タイ南部の観光セクターには、観光ビジネスの落ち込みに直面した人びとの苦難を増幅するような、構造的な要因が隠れていた［市野澤 2010, 2011, 2013］。例えば、低賃金で立場の弱い労働者や零細事業者が多かったために、解雇や事業倒産が目立つことになった。また、大規模な自然災害を想定した保険やセーフティー・ネットの欠落により、被災者の救済に支障を来した。

4　観光業の低迷と焦燥

　タイ南部のビーチリゾートのなかで最も深刻な被害を受けたのは、パンガー県のカオラックとピーピー島のトンサイ湾沿岸である。カオラックは一〇メートル、ピーピー島は六メートルの津波に呑まれて、建造物の多くが、復旧不能な大損害を被った。[*11]カオラックとピーピー島の

被災２ヶ月後のパトン・ビーチ。砂浜とビーチロードを隔てる護岸が、津波によってえぐられている（2005年２月）

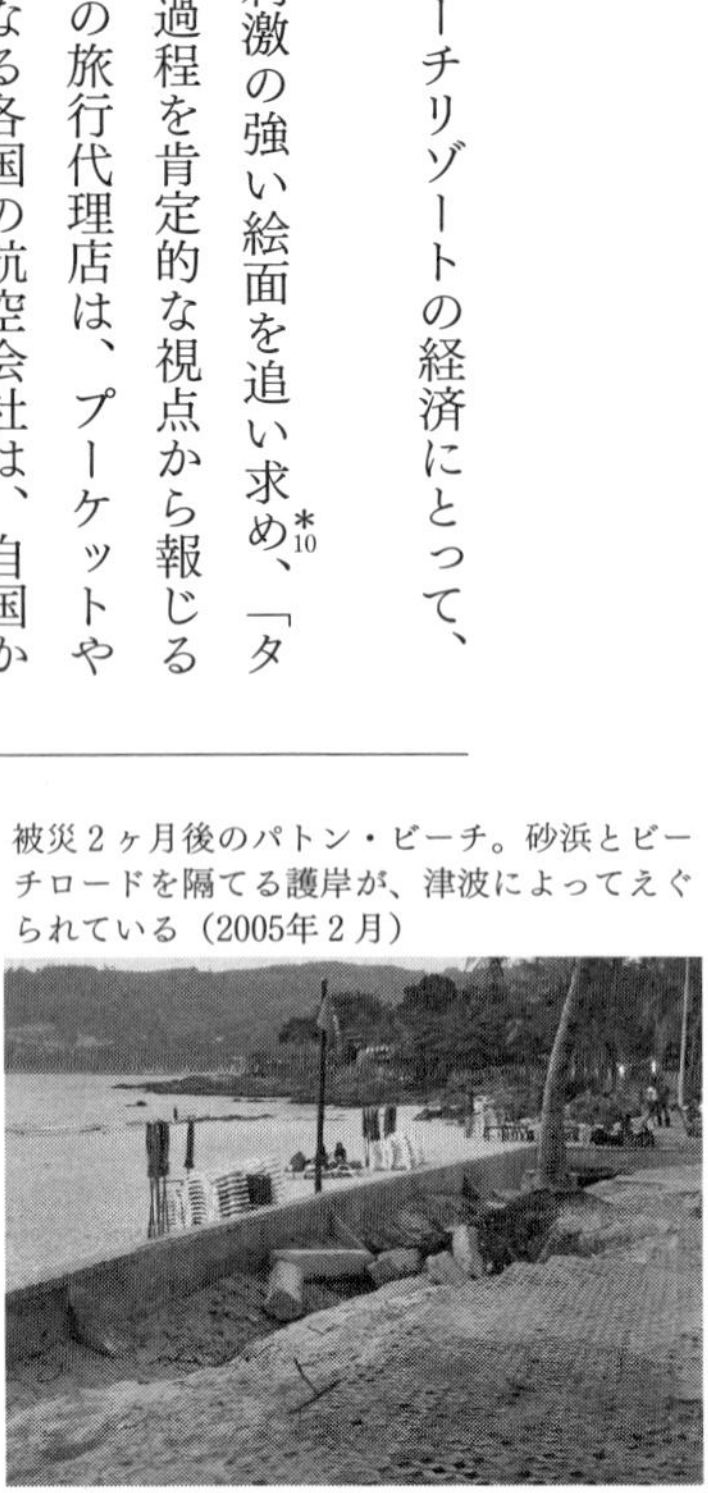

*8　特に日本人観光客の激減は、プーケットの住人にとっては印象的であったようで、「日本人はプーケットを見捨てるのか」といった語りが、頻繁に聞かれた。二〇一一年、日本（の第一次産品）が諸外国から危険だと忌避されて多くの国民は慨嘆したが、プーケットからの訴えを聞かずに「見捨てた」［市野澤 2011］自らの過去にも、思いを向けるべきである。

*9　一般に使用される「風評被害」という語を敢えて採用せずに「風評災害」と呼ぶのは、消費者による旅行（商品の購買）忌避という理解にとどまらず、多面的かつ長期的な問題と

いずれにあっても、建造物が再利用される見込みは立たず、被災から数ヶ月後には取り壊されて、一帯は更地となった。さらに、観光関連施設を再建し、従来の滞在客収容量を取り戻すには、数年の時間を要した（図5−1）。

対してプーケットでは、津波の高さは四メートル内外[*12]であり、全壊して再開不能にまで追い込まれた施設は、過半を占めるには至らなかった。プーケットは淡路島とほぼ同面積の大きな島で、タイ本土とは狭窄な海門を挟んで、陸路で連結された半島のような地理的位置にある。パンガー湾に面した東岸はマングローブ林が残る砂泥地となり、白い砂浜を求める外国人観光客の需要にそぐわないため、ビーチリゾートはアンダマン海に面した西岸に、偏って立地する（皮肉なことに、外海に開かれて津波の直撃を受ける西岸を選んで、観光開発がなされたことになる）。各ビーチはカオラックと同じく南北に延びるが、東方向に軽く抉れた湾内に位置するなどの地形的理由もあって、カオラックに比べると津波による物理的な衝撃は少なかった。

タイ南部最大の観光地であるパトン地区には、長大な砂浜から内陸方向へ約一キロメートルにわたって商業施設や宿泊施設が密集し、大規模な歓楽街を形成しているが、津波によって深刻な打撃を被ったのは、浜辺と平行するビーチロード一帯のみであった。ビーチロードに沿って立ち並ぶ建

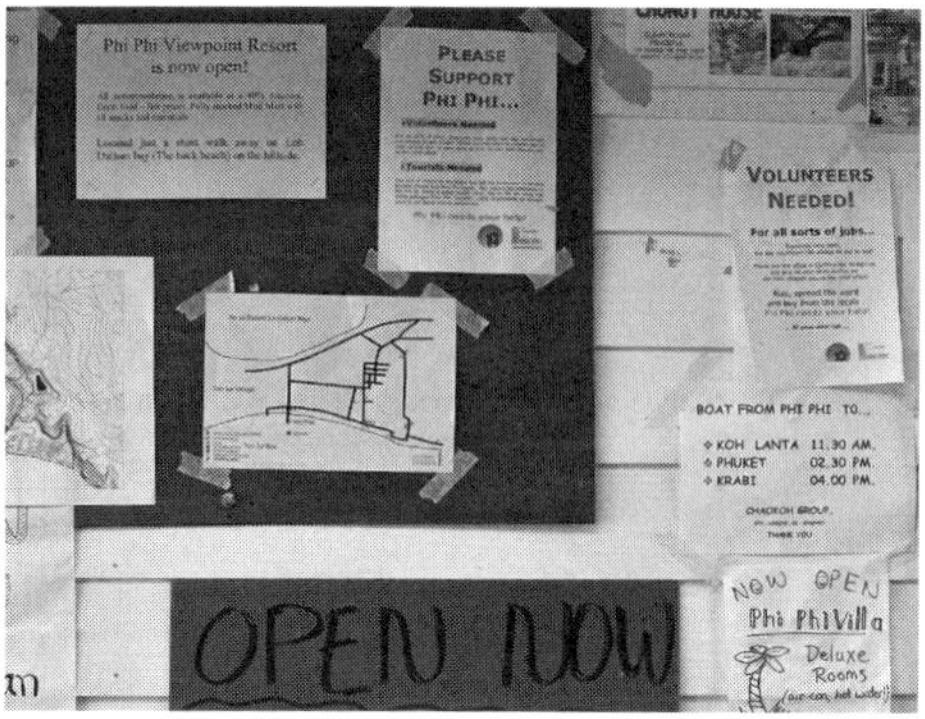

図5−1　大打撃を受けても、観光業は素早く立ち上がる —— ボランティア募集や営業再開などの各種告知（ピーピー島、2005年2月）

しての「災害」として問題を捉えることにより、防災・減災への道を拓くべきだ、という考えに基づく。

*10　タイ南部の観光客がハンディカメラで撮影した津波来襲の映像は、ニュース報道の格好の材料とされた。二〇〇四年のインド洋津波は、一般の被災者が撮影した無数の映像がインターネット（特にYouTubeなどの映像投稿サイト）を通じて世界中に拡散する、初めての大規模災害となった。

*11　カオラックでは、遠浅の海底を駆け上がってきた津波が南北に延びる砂浜を呑み込み、

遠浅で海水浴に適するカオラック・ビーチ。津波はこの地形を駆け上がるようにして、海辺に点在する宿泊施設に襲いかかった（2005年2月）

物群の三階までには津波は到達せず、一階の店舗部分を突き通り、二階に浸水するにとどまった。以上の状況から、パトン地区の観光収容力減損は、限定的と言えた。津波の威力がプーケットで最も大きかったのは、パトン湾から岬を挟んですぐ北に位置するカマラ・ビーチであった。カマラは深刻な打撃を受けたものの、小構えなリゾートである。開発規模が突出して大きいパトンの被害が限定的であったことが幸いして、プーケットの観光地としての機能は、著しく損なわれずに済んだと言える。

漁村や農村に比べて経済規模が大きく、外貨獲得の旗頭でもある観光地には、被災直後から、政府による重点的な支援がなされた。[*13] 救護活動を始めとして、負傷したり宿泊先を失ったりした観光客への便宜（帰国費用をタイ政府が負担するケースすらあった）や、犠牲者の遺体の捜索と収容において、ビーチリゾートには特別な配慮がなされた［Cohen 2008］。電気や水道といったライフラインの回復や瓦礫の撤去についても、観光地は優先的な取り扱いを受けた。パトンの海辺とビーチロード、そして津波の直撃を受けた建造物の一階部分は、瓦礫と漂流物で埋め尽くされた状態となったが、自動車やスピードボートなどの大型の物体も含めて、一週間程度で大まかには片付けられた。ビーチに面した大手ホテルの大多数は、プール付きの庭と天井の高い一階ロビーが打撃を受けた一方で、上層にある客室部分には直接の被害がなかったため、年明けから五月雨的に営業を再開していった。より小規模な商店やレストランも、使用不能となった店舗部分を屋台のような簡易店舗に仕立てるなどして、営業を再開した。[*14]

二〇〇五年二月のパトンでは、トタンの塀で覆われた店舗跡地といった津波の爪痕は確かに残っていたものの、多くの商店や宿泊施設が営業を再開していた。しかし、観光客数は減少したまま、回復の兆しを見せなかった。被災直後からタイ政府は、負傷者救出と遺体収容に続く

津波避難所から望むピーピー島のトンボロ地形。津波は、両側の山地に挟まれて水位を増し、全てを洗い流しながらトンボロを乗り越えていった（2015年4月）

観光関連施設のほとんど全てを破壊した。ピーピー島は、二つの縦長の山が砂州によって連結された、アルファベットの「H」に比せられる形状の島である。H型の横棒部分にあたる陸繋砂州（トンボロ地形）は、山勝ちなピーピー島のなかで唯一、低地が広がる部分であり、宿泊・商業施設、そして住居が集中する人口稠密地となっていた。二つの山が形成する湾の最奥に低地があるのは、三陸地方のリアス海岸と同様に、津波の威力を増す地形条件である。不幸にも、山に行く手を阻まれた津波が押し寄せる通り道に人口が密集していたことが、ピーピー島における被害を大きくし

最重要の課題として、観光業の復興を捉えていた。発災の数日後には関係閣僚が漁村の被災地を後回しにしてプーケットなどの被災状況を視察し、観光業への財政的支援を迅速に開始した[The Guardian 2005]。タイ政府による観光業の復興プランは、①インフラストラクチャーの復旧、②タイの（観光地としての）評判の回復、③津波警報システムの確立による観光客の安全確保、の三点を主たる目標に据えて、とりわけ国際観光市場におけるイメージ回復に注力した（被災者対応にあたり観光地／客へ特別な配慮がなされた背景には、こうしたイメージ戦略があると考えられる）[Cohen 2008]。TATが中心となって、観光客への免税、海洋国立公園の入場料の無料化、各国の旅行会社を視察ツアーに招待、などのマーケティング上の施策が矢継ぎ早に放たれたが、その効果のほどは定かでない[市野澤 2011]。

プーケットを中心とするタイ南部のビーチリゾートを全体として捉えれば、津波による被害は限定的であり、観光客を迎えいれる機能は迅速に復元された。発災から数ヶ月後には、タイ国政府に加えて、世界観光機関[*15]や太平洋アジア観光協会[*16]が相次いで被災観光地の安全を宣言した[*17]こともあり、観光客数が従来の水準に戻るまでには長くを要さないという予測もあった。しかし被災から一年を経ても、観光客数は前年比マイナスの状態が続いていたため、ビーチリゾートの住人は必ずしも楽観的なままではいられなかった。むしろ、観光関連事業者（旅行会社やホテルなど）にとっては、被災イメージの払拭を通じた観光客数の回復が、重要な課題として意識され続けることになったのである。

た。

*12 津波の大きさ及び強さは、地形的要因に大きく影響されるため、同じプーケットの西岸であっても、場所ごとに顕著なばらつきが生じた。

*13 対照的に、各国政府やNPO、国際機関などによる国外からの財政的・物的支援は、観光地を素通りして、漁村の被災地に集中した。

*14 その店舗の経営者ではない者が、軒先を借りて商売を開始するケースもあった。

*15 World Tourism Organi-

被災２ヶ月後のパトン・ビーチ。例年であればビーチ・パラソルで埋め尽くされるハイシーズンも、観光客に敬遠されて寂しい限り（2005年２月）

スマトラ島沖地震（およびそれに起因する巨大津波）の発生には周期性があるとみられることから、インド洋沿岸の被災地の全域で、防災体制の強化が図られた。インドネシア、タイ、インド、スリランカなど被災各国の努力はもちろん、国連開発計画（ＵＮＤＰ）に代表される国際機関、さらには欧米各国や日本が協力して、津波の早期警報システムの開発が推し進められた [United Nations 2009]。

タイ政府は、二〇〇五年五月に国立災害警報センター（National Disaster Warning Center: NDWC）を設立し、各省庁を横断して迅速な災害情報の伝達が可能となるよう、制度的な対応を開始した。またタイ南部の津波被災地でも、後述するように、警報システムおよび避難経路・場所の確立と、防災を念頭に置いた街並みの復興とが、試みられた。しかしながら、東日本大震災後の津波被災地で大規模な防災対策工事が推進されたのに比べると、タイ南部での新たな防災まちづくりは、極めて限局されていた。特にビーチリゾートでは、観光関連施設の復旧、およびイメージ回復のためのマーケティングに注力がなされ、数年を経て客足が回復してくるとともに、防災への取り組みは低落していったように見える。その背景には、観光産業の復興を最重要の課題とする政策的意図があった訳だが、同時に、観光地の住人たち（および観光客）による、防災施策への強い要望が継続しなかったことも、また事実であった。

ＮＤＷＣが主導した、タイ南部での防災体制構築の主眼は、警報と避難の二点に集約でき

5　原形復旧型復興

zation（本来のイニシャルはＷＴＯだが、二〇〇三年に国連機関となった後はＵＮＷＴＯと略称する）。

＊16　Pacific Asia Travel Association（ＰＡＴＡ）は、日本支部の公式ウェブサイトによれば、「太平洋アジア地域への観光客誘致及び域内交流の活性化を目的」とする「非営利の広域観光団体」である。

＊17　社団法人日本旅行業協会（ＪＡＴＡ）も二〇〇五年一月にタイ南部を視察し、観光業の復旧が進んでいると報告している。

被災２ヶ月後のパトン・ビーチ。被害が限定的だった多くの宿泊施設が、早期の営業再開を目指して急ピッチで復旧工事を進めていた（2005年２月）

る。防潮堤の構築、浸水地域の嵩上げ、高台への街並み移転といった、土木工事を伴う物理的な防災対策は、一切取られなかった。NDWCの主要な役割は、津波を含む各種災害にかかわる情報収集と、その情報を沿岸部に迅速に伝えるための早期警報システムの構築・運用である。タイは、南西側がアンダマン海、南東側がタイ湾に面する長大な海岸線を抱えているため、独自に浮かべた観測ブイを活用するのみならず、米国の太平洋津波警報センターや日本の気象庁とも連携して、津波の発生や規模判断にかかわる情報収集に努めている。津波警報は、ラジオおよびテレビ放送に加えて、沿岸各地に設置された警報タワーにより、近隣住人に伝達される。外国人観光客の利便を考慮して、タイ語および英語、ドイツ語、中国語、日本語の計五ヶ国語でのアナウンスに、大音量のサイレンや警告灯を付帯させて、伝達力を高めるよう工夫している。

二〇一二年までにほぼ完成を見た津波早期警報システムの根幹を成すのが、アンダマン海に浮かべた三つのブイである。近海に一つ、最大一〇〇〇キロメートルの遠海に二つ配置されたブイが海面水位を観測し、異常があれば衛星回線を通じて即座にNDWCに伝える。NDWCは、ブイによる異常の観測から一五分の短時間で、沿岸の住民に津波を警告できるとしている[Saengpassa and Sarnsamak 2012]。この迅速な情報伝達を可能とする装置が、上述の警報タワーである。二〇〇五年のうちにパトンを皮切りとしてプーケットの西岸一帯に一五基が設置され、二〇一二年までに計一三六基がアンダマン海沿岸全域に配備された[Husted and Plerin 2013]。しかしながら、こうした措置がなされてもなお、世界各国からゲストを集める国際観光地では、警報や注意報を受け取り損ねる人びとが生じる懸念が残る。例えば、かつてプーケットで津波注意報が流された際に、近年増大しているロシア人観光客が、その意味が分から

ピーピー島の津波警報タワー。島で一番の繁華街である船着き場のすぐ近くに配置されている(2015年4月)

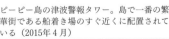

図5－2　立木などに遮られて視認性が悪い避難路標識（パトン・ビーチ、2015年4月）

ずに混乱したことがあったという［Husted and Plerin 2013］。多言語アナウンスにロシア語が含まれていなかったためである。*18 また、プーケットの西岸に設置された警告タワーの一部は、潮風と直射日光に晒されて早くも老朽化の兆候を示しており、長期的な保守管理が課題となる。

警報を受けた住人や観光客は、津波の及ばない高台へと避難することが求められる。アンダマン海沿岸には、津波危険区域（Tsunami Hazard Zone）の標識、高台への避難路（Tsunami Evacuation Route）を指し示す標識、津波避難地図、そして地点毎の津波の到達波高を示す杭型の標識が、配置された。いずれも、基本的に青地に白い文字（または白地に青い文字）を使用し、遠目からも際立つデザインとなっている。標識類は、高波（から逃れようとする人物）を模した図柄*19と、英語とタイ語による警告文が描かれた、五〇センチ内外の大きさの方形や円形のボードである。危険区域標識は、二〇〇四年の津波に洗われたエリアに設置され、高台または内陸へと避難するよう、警告している。加えて、避難路標識が、矢印と距離表示を組み合わせて、避難先を教示している。現在、ビーチリゾートには重点的に危険区域／避難路標識が配置されているが、色褪せや錆で劣化したものが散見される。また、観光客向けの派手な看板が密集する中に埋もれて目立たないものや、障害物に遮られて視認が困難なものもあり（図5-2）、総体として警告能力に疑問

パトン・ビーチの津波避難路標識。すぐ下にある自動車向けの交通標識が右折を指示しており、紛らわしい（2015年4月）

*18　五ヶ国語で同内容が繰り返されるため、一回のアナウンスに約三分半の時間を要する。使用言語を増やせばそれだけ時間が掛かるため、観光客が聞き逃したり、自分が理解できる言語を待って避難行動を遅らせたりする恐れが高まる。ゆえに、ロシア語などを新たに加える予定はないという［Husted and Plerin 2013］。

*19　二〇〇三年に国際的な合意がなされたデザインに準じた図柄である。

が残る。特に、内陸への抜け道が限られる（後述）パトンのビーチロードでは、避難路標識の絶対数が少ない上に、その矢印の一部は、海岸線に沿っての平行移動を指示する体となっている。高台へのルートの全体像を直感的に掴みづらい方向指示であり、いざ津波に直面した時には、あまり警告として意味を成さないかもしれない。さらに言えば、多くの観光客がくつろぐ砂浜には、津波にかかわる標識の類が、そもそも全く見当たらない（二〇一五年四月現在）。

津波被災地にあっては、避難路標識こそ設置されたものの、新たな避難路が設けられた訳ではなかった。例えば、南北三キロメートルの長さを誇るパトン・ビーチは、内陸部へ通じる道路の数が少ないという都市設計上の欠点を抱えているが（道路以外の部分は建造物が密集して通行できない）、避難路となるのは結局のところそれら数本の既存道路にすぎないため、観光客の避難誘導に際して遅滞が生じる懸念は、解消されていない。また、避難場所として指定されたのは、海岸から五〇〇メートル内外に位置する開けた低地（市場や広場など）が多いが、いずれも二〇〇四年には床下浸水に見舞われた場所である。例外的に津波が内陸奥深くまで入り込んだカオラックと、低地から逃れる高台が（急峻な崖に囲われた山地以外には）存在しないピーピー島には、津波を免れる（と想定される）高さの避難所（Tsunami Shelter）が建設されたが、保守管理が不十分なままに放置されている。ピーピー島の避難所については、その存在を地元住人こそ知るものの、観光客への周知徹底はなされていない。

政府にとって、二〇〇四年の津波災害は、無秩序に増殖を続けてきた観光地／産業を、白紙から設計し直す都市計画上の好機だと受け止められた［Cohen 2008］。かねてから、ビーチリゾートの観光開発は悪質な環境破壊であるとの批判があったことから、政府は持続可能な観光業の実現を旗印に掲げて、無数の事業者が野放図に利益を追求する混沌状態を減ずべく、大企

ピーピー島の津波避難路標識。著しい色褪せに加えて、落書きとステッカーによってほとんど判読不能となっている（2015年４月）

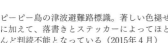

業を優先する秩序再編を試みた（ただしその意図が真に環境保護にあったかは、疑わしい）。パトン地区の復興計画は、当時のタクシン首相が主導し、TATや地域自治体との折衝を経て、二〇〇五年に提示された。これは、海岸線に近いエリアを建設規制区域に設定して、防災と美観と観光客の利便とを鼎立する統一的な方針において、再建を目指すものであった。海岸部の建築物の一部移転、道路の拡張・新設、保護砂丘や緑地の造成、ビーチでの貸しパラソルや露店などの営業規制を含むこの計画は、しかしながら、観光収入の早期回復を望む住民たちの強固な反対に阻まれて、次第に骨抜きにされていった［Cohen 2008］。ビーチロード沿いの建造物については、移転が実施されずに、ほぼ津波前と同じ形で再建された*20。ゆえに、既存道路の拡張や内陸に抜ける新たな道路の建設もなしえず*21、津波以前から悪化の一途を辿っていた交通混雑も解消できなかった（その結果、津波注意報に慌てて半ばパニックとなった住民や観光客が、内陸に向かう道路上で紛乱したこともあった*22）。ビーチを埋め尽くす貸しパラソル（および木製のベンチ）が、津波によって大量に漂流した反省から、パラソルの総数規制も試みられたが、反対意見が続出したため実現に至らなかった。

津波以降の一〇年を振り返ると、タイ南部のビーチリゾートの復興は、警報タワーと標識類（と少数の避難所）の設置を除けば、防災まちづくりや観光地としての魅力向上において、質的に新たな達成が得られないままの「原形復旧」であった。壊滅して更地となったカオラックやピーピー島においてさえ、目立った防災上の工夫をすることなく、津波以前と瓜二つの街並みが再建された。防災強化と地域振興を重視する東日本大震災後の復興事業とは好対照の、タイ南部におけるこうした経過を、本章では、「原形復旧型復興」として定位したい。

日本での激甚災害からの再起に向けた「復旧」は、文字通りに「旧きに復する」ことだけを

「津波避難所まで100メートル」の案内。ピーピー島の船着き場からここまで、避難路標識を辿っては到着できず、地元住人に何度も道をたずねた（2015年4月）

*20 パトンにあっては、ビジネス戦略上の理由から、ビーチロード沿いに商業施設、内陸部に居住地区という街区構造が元々存在していた。これは図らずも、東日本大震災後の被災地域の一部で試みられている、低地部分には（盛り土をした上に）商業・観光施設を配置し、居住地は高台に移転するという「復興土地区画整理事業」の青写真と結果的に相似している。加えて言うなら、パトンには高層階のホテルが数多くあるため、避難場所には事欠かない。その意味で、費用対効果を焦点として考えれば、防災上の観点からも優れた選択であったと言えるかもしれない。

意味するのではない。そこには多くの場合、（少なくとも防災上の観点からの）「改良」が含意されている。国土交通省による（主に公共のインフラストラクチャーの）災害復旧事業についての基本的な考え方は、元の状態を再現する「原形復旧」を原則とするが、被害規模が大きい場合には、改良を加えた復旧を行うというものである。日本の災害復興においては一般に、防災はもちろん被災者の生活再建から社会経済構造の再構築まで広きに渡り、災害以前よりも状況を改良することが目指される（少なくとも総論または建前としては）。対して津波後のプーケットは、何事についても殊更に改良を目指さない、言わば原形復旧型の復興を志向した。

　災害からの復興は、地域住民と、行政を筆頭とする多彩な利害関係者との協働の中で成し遂げられる。そこで改良が目指される場合、誰の視点において、何がどう改良なのかが、問題として浮上する。防災面での改良を目的として、ときに多くの住人が住居移転を余儀なくされたり、多額の資金投入を伴う土木工事が実施されたりするが、それらは往々にして、被災者の意向を十全に反映しての措置とは、言い難い。タイ政府とＴＡＴは、経済社会制度の再編をも視野に入れて、様々な変革を含んだ復興を目論んだが、なしえなかった。それがゆえの原形復旧は、改良の蹉跌である一方で、地域住民や観光関連事業者の意向を忠実に反映した結果[*23]であったと、評価できないだろうか。

6　記憶の放棄と痕跡の抹消

津波後プーケットの復興は、防災対策などの物理的な側面にとどまらず、在住者の意識にお

＊21　後に、観光客が増加して市街が拡大するに伴い、ビーチと平行に内陸を走る新たな道路が建設された。

＊22　例えば、二〇〇五年三月二八日や二〇一二年四月一一日に発生したスマトラ島沖地震の際など（いずれもマグニチュード八・六程度の大規模地震）。

＊23　タイ南部は元来マレー文化圏であった。さらにプーケットでは、タイの政治経済に隠然たる力を持つ潮州系ではなく福建系の華人が多かったという歴史的な経緯もあり、中央政府の統治が浸透しづらかった。政財界における地域有力者の勢力が

ピーピー島の津波避難所。筆者の訪問時には、なぜか全く関係ない建設工事の資材置き場（および一部労働者の簡易宿泊所）として使われていた（2015年４月）

いてもやはり、原形復旧型復興であった。本節では、時計の針を発災直後に巻き戻し、津波に対する人びとの認識と思考に焦点を当てて、前節とは異なる角度から、復興の経緯を振り返る。

津波の記憶も新しい二〇〇五年四月二九日、パトンで避難演習が実施された。首相や各国の大使が来賓となり、国内のテレビでも紹介された晴れのイベントは、津波警報のサイレンを起点として、あらかじめ決められたルートを通って避難所まで移動するという内容で、パトンの住人に加えて多数のボランティア、そして警察と軍までが動員される、大規模なものであった。観光客を世話する立場の事業者による避難誘導の訓練や、住人の防災意識向上を目的とした避難演習は、その後もプーケットの各地で実施された。しかし時を経るにつれて、参加者たちの真剣味は薄れ、参加者数も減少していった［Sidasathian and Morison 2013］。津波から一〇年を経た現在、ビーチリゾートの住人（すなわち観光業従事者）の防災意識は薄く、観光客に至ってはほぼ皆無と言って良い。

筆者が二〇〇五年に訪問した際には、プーケットやピーピー島の住人は、被災の苦しみについて、そして自らの考える望ましい復興や防災のあり方について、饒舌に語ってくれた。のみならず、自らの被災経験や、各地に残る被災の爪痕を観光客に紹介するなどして、津波という出来事を、ある種の「売り」にしようという意識さえ、垣間見られた。二〇〇五年二月には早くも、津波の映像や画像を収録したＤＶＤが、パトンの露店に並んだ。レストランは津波の名を冠したメニューを売り出し、他にも津波を描くタトゥーや「津波人形」といった具合に、様々な商品が津波へと関連づけられ、巷に氾濫した［Cohen 2008］。しかし、こうした動きが見られた期間は短く、住人による津波の語りと表象は、急速に消え失せていった。その主要な

被災２ヶ月後のパトン・ビーチ。津波の直撃を受けて閉鎖された郵便局の前に、土産物屋の露店が並んでいる（2005年２月）

強く残る独特な事情も、政府やＴＡＴの思惑通りに復興が進まなかった遠因としてある。

理由は、楽園観光地として再起を図るプーケットにとって、津波の表象が障害となることを、観光関係者が感じ取っていたからに他ならない。

　当然ながら、悲劇を語らないことがそのまま、悲劇を忘れたことを意味する訳ではない。津波の惨禍を目の当たりにした在住者たちは、その刹那に何が生じたのかを、つらい心情とともに記憶している。その心情が、悲劇の記憶を語る妨げとなることもあろうが、それ以上に、観光地に住み観光業に従事しているという条件こそが、彼らの口を重くした。観光客がタイ南部に投げかける「まなざし」において、バカンスを楽しむ観光地であることと、多数の犠牲者を出した被災地であることとは、基本的に両立しない［市野澤 2010］。カオラックとピーピー島の甚大な被害状況（特に少なからぬ観光客が命を落とした事実）が繰り返し報道されたことは、タイ南部の楽園イメージにとっては致命的であった。その点を気に病む被災者＝観光業従事者たちは、自身が抱え持つ被災の記憶が悲惨であればあるほど、観光客にそれを語って可視化する所行を、避けようとする。筆者が二〇〇六年に話をしたある日本人在住者によれば、津波被害について興味を示す観光客に対しては、自発的には語らず、聞かれたら答えるが、決して具体的な詳細は提示せず、半ば煙に巻くように話をするのだという。*24

　小規模なビーチでありながらパトンと並んで多くの死亡者を出したカマラでは、二〇〇六年七月二二日、津波災害を記念する公園が開場した。その中心には、タイ人の造形家によって創られ、「Heart of Universe」と名付けられたオブジェが鎮座している。人の背丈の数倍にもなる、渦を巻く鳥の巣のような金属製のオブジェは、一見したところ何を形象しているのか不明な、現代美術風の作品である。加えて、津波災害を説明する（よりも装飾模様の方が目立つ）石碑が設置されてはいるものの、この公園には、惨烈な被害を具体的に伝える要素（例えば津波

*24 こうした対応は、現在筆者が調査をしている観光ダイビング業界で、インストラクターが過去に生じたダイビング事故を語る作法に、通じるものがある。

被災2ヶ月後のパトン・ビーチ。津波の映像と写真を収録したDVDが、土産物として露店で売られていた（2005年2月）

の物理的痕跡や悲劇の再現描写）は、存在しない。公園を訪れて抽象的なオブジェを見上げる者も少なく、黒い石版に刻まれた碑文を読む観光客は、ほぼ見かけられない。そもそも展示物として誘引力を欠く上に、大多数の観光客の行動範囲外に所在するこの公園の意義は、どこにあるのだろうか。津波の記憶と教訓を残すのが目的だとするなら、パトンに置かれるのが最適であるはずだ。

津波を記念するその他の事物は、プーケットから陸路で二時間と遠いカオラック周辺に点在する。ビーチリゾートとともに漁村が大打撃を被ったこの地域では、最大で二・五キロメートル内陸まで入り込んだ津波が運んだ船舶が、撤去されずに残留している。そのうちの一隻は、海岸からほど近い漁村（ナムケム村）に保存されている漁船であり、もう一隻は、二キロメートル内陸に打ち上げられた水上警察の巡視艇である。いずれも、津波の威力を具現するモニュメントとして扱われており、その周囲は記念公園化され、説明掲示板が付設されている。またカオラックには、身元不明の各国の犠牲者を埋葬する共同墓地もある。[*25]この墓地も、国内外からの来訪者を想定した一種の記念公園として整備されたが、筆者が訪問した二〇一三年の時点では、もはや管理をする者もおらず、雑草が生い茂るのみであった。立地の不便さもあって、いずれの公園にも、訪れる観光客は少ない。

プーケットにもカオラックにも、被災直後からしばらくの間は、被災状況を興味本位で確かめにくる者や、復興支援のボランティア活動を志望する者など、被災地ツーリズム[*26]と言える動きが、幾ばくかは存在した。しかし現在は、記念公園の寂れ具合に象徴されるように、被災地観光への需要はほとんど無い。[*27]ときおり、中国人の観光ツアーバスがカオラックの三ヶ所を手早く回っていくが、参加者たちの目当てはあくまでもビーチリゾートであり、津波モニュメン

*25　ナムケム村の漁船保存場所にも、犠牲者を悼むプレートが設置されているが、次第に風化してきている。

*26　日常的な日本語における「観光」は、大まかに「旅行による娯楽」といった意味であるが、「ツーリズム」は、業務出張などの娯楽ではない移動も含む、より幅の広い概念である。

*27　復興が進んだ土地での被災地観光は、被災の爪痕が薄れているがゆえに、優秀な語り部か、入念に構築された再現展示がなければ、魅力的な観光経験を提供できない。そのどちらも欠けていたことが、タイ南部の

カマラ・ビーチの津波記念公園。その中央に鎮座するオブジェ（2013年８月）

トの訪問はおまけにすぎない（ゆえに各公園での滞在時間はわずか数分である）。そして最大の観光地であるプーケットには、観光するに足る被災の痕跡は、もはや存在しない。カオラックの記念公園を観光に活用しようという動きは、今後も細々とは（または机上の計画レベルでは）残るかもしれないが、総体としては、タイ南部の津波被災地は、被災の記憶と痕跡を観光資源にする道を選ばなかった[＊28]、と言えるだろう。

ビーチリゾートの復興は、基本的に原形復旧であった。原形復旧を厳密に考えるなら、それは時計の針を戻して津波襲来前の世界に回帰すること、となるのではないか。もちろん叶わぬ相談であるが、それでもできるだけ津波以前の世界に今を近づけようと願うなら、津波の痕跡や惨禍の記憶を抹消しようとするのは、当然の態度に思える。被災以前のプーケットやカオラックでは、人びとは被災の記憶はもちろん、津波への恐れ（さらにほとんどのタイ人たちは津波の概念）すらも、持ってはいなかった。あたかもエデンの園のように、悲しみも恐れも知らない人びとが暮らす楽園観光地。そこに被災の痛哭や津波の恐怖を持ち込めば、楽園は失われる。だとすれば、楽園イメージを武器として国際観光市場に打って出るビーチリゾートにとっては、観光客の目に災禍の痕跡が映らないよう努力する以外に、津波の記憶への向き合い方はないのである。カオラックもピーピー島も、津波以前の無防備な街並みを再現した。その街並みは、二〇〇四年と同規模の津波が再来すれば、二〇〇四年と同様に壊滅するだろう。しかし、津波の悲劇を思い出させ、また将来の津波来襲を予期させる防潮堤の存在は、楽園のビーチには似つかわしくない。敢えて原形復旧が選択された背景にあるのは、防災の軽視というよりも、楽園を維持するための、透徹した合理性に裏打ちされた判断なのではないか。

観光収入のみに立脚する「観光モノカルチャー経済」を生きる人びとにとっては、観光以外

被災地観光が廃れた要因のひとつであろう。またそれは、日本の津波被災地が現在抱える問題でもある。

＊28 同時に、災禍の記憶と教訓を伝える「負の遺産」を保持する意志も、またないのだろう。したがってタイ南部には、「広島平和記念資料館」や神戸の「人と防災未来センター」のような、被災の詳細な実態や苦しみを細説する施設が、欠落している。

ナムケム村に保存される木造漁船。保守管理が不十分なため、風雨によって朽ちてきている（2013年８月）

に生活の糧を得る場はない。被災直後から、在住者たちは一貫して、観光業の復興を望んでいた。観光業の復興とは、端的に言えば、気前よくカネを落す客が舞い戻って来ることである。その観点からすれば、ニッチ的にしか成立しない被災地ツーリズムは、経済的な意味で観光業の復興にさしたる貢献はできない。確かに、各種インフラや観光資源が破壊された被災直後にあって、被災の事実そのものを売りにできる被災地ツーリズムは、現金収入を得る貴重な手段であり、また新しい多様なスタイルの観光を育てていく契機ともなる（cf. 本巻第10章）。しかしそうした動きは寡少にとどまるがゆえに、プーケットのように肥大した観光地の復興への特効薬とは、なり得ない。被災直後の興奮が冷めた後のビーチリゾートは、それを知るがゆえに、津波以前と同じ街並みを再建するとともに、被災の記憶を放棄し痕跡を抹消して、徹底した原形復旧への意志を貫いたのである。

二〇一四年一二月二六日の津波追悼式典に先立つクリスマスに、プーケットでは大規模な避難演習が実施される予定であった。しかし行政当局は、その演習を直前になって中止する。被災の悪い思い出を呼び戻すから、というのがその理由だという［Wittayarungrote 2014］。封印すべき「悪い思い出」[*29]――津波の記憶が楽園プーケットにとっていかなるものかを、端的に示す表現である。

二六日、パトン・ビーチで開催された追悼式典[*30]は、きらびやかに演出されていた。式典会場の前の砂浜には、城郭や海の生物をかたどったサンドアートが並び、それらは夕暮れとともに幻想的なキャンドルアートの燭台となった。津波による犠牲者を弔うための、花と光のセレモニーである「ライトアップ・プーケット」。ほろ酔いの観光客が、機嫌良さそうに、キャンドルの光に浮かび上がる砂像の合間を縫って歩く。その近くには、白い紙で折られた千羽鶴と、

水上警察の巡視艇。これと言った破損も腐食も見当たらない良好な保存状態だが、そのせいか「ただ船が置かれている」という平板な印象を与える（2013年8月）

＊29　独特の精霊信仰が存在するタイでは、悪霊や死者の幽霊といった話題が、ときに人びとの関心の的になる。二〇〇四年の津波被災地は、幽霊出没の噂が多数流布することで、恐怖と忌避の対象となっていたという［Cohen 2008］［薬師寺 2013］。

＊30　タイの伝統的な様式に則った、僧侶による読経なども実施された。他にも音楽、舞踊、要人によるスピーチなど、イベントの内容は多岐にわたった。

鳩が飛び交う中に「PEACE」の言葉が際立つ大判の絵。また別の場所は即席の美術館とされ、慰霊のための絵が並べられた——笑顔で擬人化された波濤、その上に浮かぶ大きなハート、生き残った人びとの穏やかな表情［Plerin 2014］。悲劇の記憶と教訓を新たにする効果はありそうもない、これらのアート作品で式典を飾り立てる理由は、どこにあるのか。ビーチリゾートの楽園イメージを毀損しない演出意図、さらには津波の「悪い思い出」を上書きする思惑を見て取るのは、筆者の邪推に過ぎるだろうか。

7　プーケットの視点から考える

プーケットが選択した原形復旧型復興は、楽園観光地の再興という観点からして、合理的だと評価できる。防災がないがしろにされているようにも見えるが、津波早期警報システムが額面通りに動いてくれさえすれば、二〇〇四年のような無警戒の状態にはならないため、多数の死亡者が出るとは考えづらい。数十年後に再来するかもしれない、スマトラ島沖地震に伴う大津波は、震源からプーケットに到達するまでに二時間の猶予を与えてくれる。観光客を高台へ誘導する仕組みは貧弱だが、近隣のホテルなどの上層階に移動するのみで、緊急対応としては事足りる。プーケットでは、情報伝達や誘導の段取りが多少悪くとも、観光客の避難は完了できるだろう。多くの犠牲を出さないという次元に限れば、防災体制に決定的な瑕疵はない。

先述したように、パトンを筆頭とするビーチリゾートは、ゴールドラッシュによって出現した都市に比せられる。外貨の運び手である観光客は一九八〇年代から増え続け、「観光モノカ

パトン・ビーチで開催された津波10周年の追悼式典。「ライトアップ・プーケット」のキャンドルアートが犠牲者に捧げられた（2014年12月26日、写真：ZUMA Press/アフロ）

ルチャー経済」は成長の一途を辿ってきた。被災前のプーケットの原形とは、増産を重ねる金鉱のようなものであり、その復旧とはすなわち、経済成長が続く状態への回帰を意味する。成長への約束が埋め込まれている原形復旧――それは創造的復興のひとつの形なのではないか。TATの統計によれば、二〇〇四年に約四八〇万人であったプーケットへの訪問者数は、津波の影響で二〇〇五年には半分以下に激減したが、現在は一〇〇〇万人を超えるまでに増大した。その受け皿として、ホテルや商業施設の（野放図な）新規建造も続いている。それが、プーケットが選択した原形復旧の、一〇年を経た結実である。

タイの国際観光を調査し、宮城の大学に勤務する筆者は、図らずも一〇年弱の間に二つの津波災害に関わることとなった。タイ南部と日本の東北地方における、互いに似ても似つかない再生への道程。目の前の観光収入を重視して低コストの原形復旧を選んだプーケットと、やがてまた来るべき津波を見据えて防災強化に大金を注ぎ込む日本。二つの「復興」が見せる圧倒的な差異が我々に教えてくれるのは、良き復興の形は、その地域が置かれた特有の状況に加えて、何を重視し、どういう時間軸で考えるかに応じて多様だという、単純な事実である。二〇一五年二月、筆者が訪れた神戸の「人と防災未来センター」では、「復興は、震災を忘れることではありません」と大書されているのが、印象的であった（cf. 本巻第4章）。対照的にプーケットは、津波を忘れ、災害の痕跡を消し去ることで、復興を成し遂げた。楽園プーケットが望んだのは、何も変わらない被災以前への回帰だったが、長らく内戦状態が続いて疲弊していたインドネシアのアチェ州においては、二〇〇四年の津波災害が、武力衝突の停止という大きな変化をもたらした（cf. 第3章）。また同地では（そして第1章で描かれるピナトゥボ山噴火の場合も）、国内外から多くの人道支援がなされた反響として、既存の社会的な枠組みの刷新や、

パトン・ビーチ。浜辺から徒歩数分の範囲に、津波をやり過ごすのに十分な高さのホテルが数多く建っている（2015年4月）

地域住人による自己認識の変革が、導かれたという。プーケットの原形復旧型復興は、防災面での目立った改良も、アチェのような社会の創造的転成も、欠いている。しかしそれは、非生産的な滞留では必ずしもなく、一定の合理性を持つ選択であったことを、本章は描いてきた。我々は、復興とは常にこうある「はず」だという常識や、こうある「べき」だという信念を、いつの間にか抱いてはいないだろうか。しかし災害は、その都度異なる条件下で生じる以上、いつでもどこでも一様に通じる復興の「はず」や「べき」は、存在しない。

人びとが先祖代々住み続け、一つの職業を全うするような地域社会のモデルは、プーケットには当てはまらない。観光地プーケットでは、人の出入りが激しく、また事業の栄枯盛衰のサイクルも短い。ビーチエリアでは、経済活動に機動性が要求される。例えば、事業者であれば、初期投資は短期間で回収し、客を集められなくなれば店をたたんで別の商売に移る。労働者であれば、ハイシーズンの出稼ぎとして数ヶ月のみ、または若いうちの数年間のみ、リゾートで働く。短い滞在を楽しむ観光客はもちろん、在住者にあっても、次の津波が来るときまでプーケットに住み続けている公算は少ない。そして、楽園にあこがれ、または高収入に惹かれて新たにやって来る/住み着く人びとは、津波を経験してはいないし、また取り立てて興味も持たない。古くからの住民は、それら新参者に、津波の記憶の共有を求めない。[*31] そのような楽園観光地の有り様を受け入れる限りにおいて、記憶する（忘れない）ことを基盤としない原形復旧型復興は、他に選択肢を思いつかないほどに、合理的であった。

二時間の猶予、四~五メートル程度の波高、そして津波を上回る高さの建築群の存在を与件として、ようやく一定の実効性が認められる、限定的な防災対策。急成長中の楽園観光地という特異な条件下で成立した、原形復旧型復興。このようなプーケットの事例から、我々は何か

＊31 次から次へとやって来る（そして去っていく）人びとに、その都度津波の経験を語り聞かせ、記憶の共有を図ろうとするのは、波打ち際に真砂の楼閣を築き、流されてはまた築き直すのに似た、不毛な行為である。多くの人間は、その繰り返しを耐え続けるほど、堅忍ではない。「知らない人に話しても仕方がない、意味がない、どうせ分からない」といった語りは、津波以前からのプーケット在住者同士の会話のなかでは、時折見受けられる常套句である。

カオラックの共同墓地。外国人の訪問を想定して、門柱には英語で大きく「TSUNAMI VICTIM CEMETERY」との表示がなされている（2013年8月）

を学べるだろうか。二〇メートルに達する津波に呑まれた、水産業を生命線とする東北地方の被災地が、プーケットに倣って原形復旧型復興を目指すべきだとは、到底思われない。しかしながら、再起への処方箋を見いだす手本とはならず、また失敗に学ぶ対象ともできないような、根本的に異質な事例であっても、復興を考える上での他山の石にはなり得ると、筆者は考える。

プーケットが結果的に選択した資源配分の方針は、復興戦略のモデルとして、一考に値する。すなわち、津波による衝撃を防ぐことはあきらめ、避難に徹する。防災のための高額な土木工事は避けて、財政資源を主要産業の復旧（さらには改良）へと集中配分する。①復興とは収入基盤の回復に他ならない（住居家財の保護よりも事業と雇用の創出を重視する）、②完璧な防災体制を求めない（住人が避難行動をとることを前提とする防災計画）、という共通理解が、利害関係者の間で成立するなら、こうした資源配分の産業復興への「選択と集中」モデルは、十分に首肯できる選択となる。防災対策への財政支出は抑制し、地域経済への総花的な支援ではなく、最大規模で競争力の強い産業に集中して、資源配分をする――もし同様の考え方を三陸の被災地で採用するとしたら、具体的にはどのような施策を組み合わせれば、現実的なアプローチとなり得るだろうか。

田老地区の「万里の長城」*32が雄弁に物語るように、宮城から岩手にかけての主立った被災地にあっては、大津波の脅威を防潮堤によって消し去ることはできない。平野部で進行する一〇メートルもの高さの嵩上げも、同様である。仮にプーケットに倣うなら、それらの土木事業は潔く放棄して、代わりに避難所として活用できる四〇メートル級の頑強な高層建築を、分散配置する形になろう。もちろん、自力脱出が困難な弱者を救助する十全な避難体制が必須である

*32　宮古市田老地区（旧田老町）では、昭和三陸津波翌年の一九三四年から、地区全体を防護する巨大防潮堤の建造を開始した。約三〇年の歳月を掛けて完成した、高さ一〇メートル、総延長二・四キロメートルに達する「日本一の防潮堤」は、しかしながら、東日本大震災の巨大津波を遮断できなかった。

カオラックの共同墓地の門柱には、埋葬された犠牲者の出身国が列記されている。かすれてしまっているが、16番目に日本の国旗も見える（2013年8月）

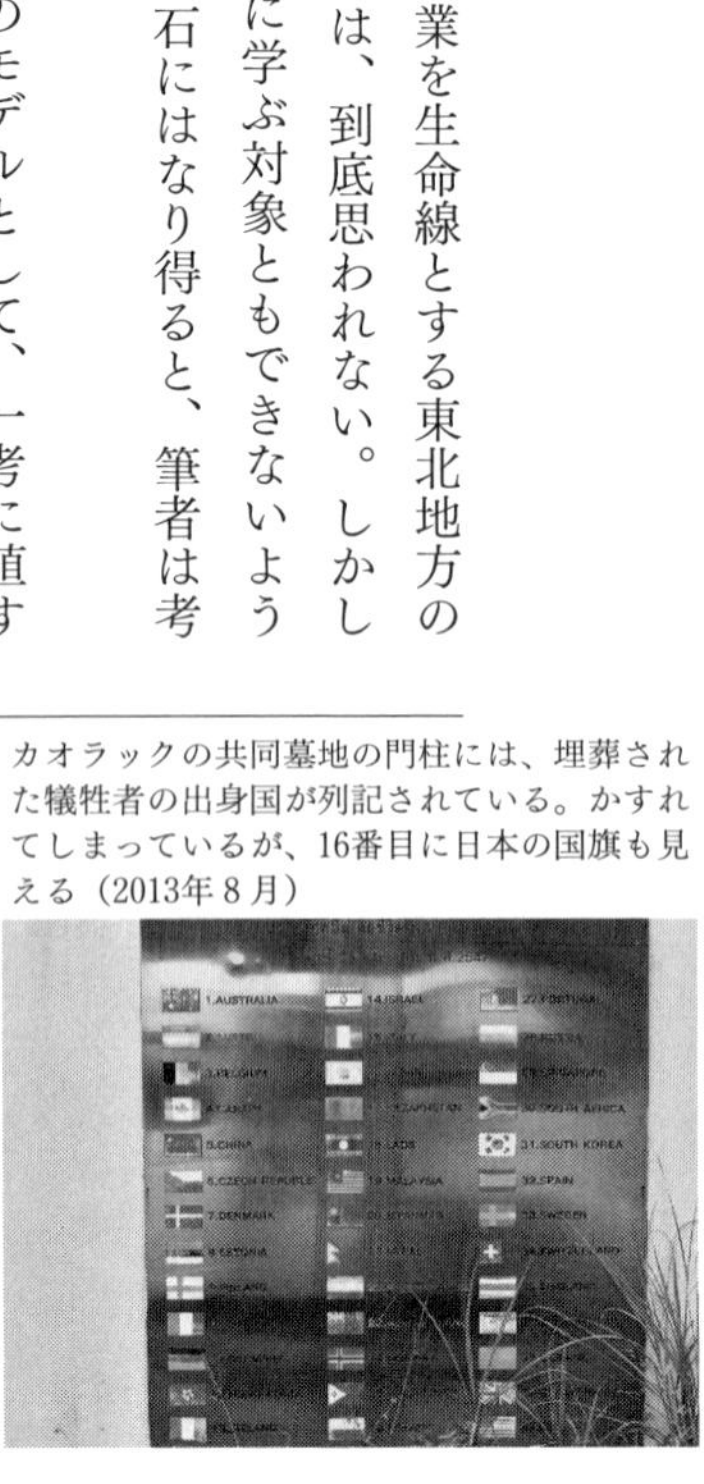

とともに、逃げ遅れによる犠牲を、ある程度まで許容しなければなるまい。そして、巨額の復興予算の過半を、地域の最大の強みとなる産業の強化に注ぎ込む。自然条件を最大限に活用するという意味でも、水産業が有力な候補となるはずだ。観光など相乗効果が見込める産業を、新たに育成する選択もある。この水産業（と観光業）振興への「選択と集中」モデルにあっては、自然環境と生態系護持への配慮が、防災への取り組みに優先する。――以上は現実を是正するための提言ではなく、三陸海岸の復興にプーケット方式を持ち込んだらどうなるか、という思考実験である。

本章では、日本との比較を通じて、プーケットの復興過程における一見しての非合理性に、特定の欲望の形に応じた合理性を見いだした。それは裏を返せば、日本で進められる災害復興の合理性を、プーケットという鏡に映して問い直す行為でもあった。ある者が特定の視点から考える合理性（または非合理性）には常に、「他の視点から見た姿」がある――ゆえに、我々が考える、こうある「はず／べき」災害復興の常識にもまた、「他の視点から見た姿」がある。その当然の道理を、我々は忘れがちだ。

プーケットでは、被災地住人の大多数を占める観光業関係者たちが、目先の観光収入への欲望を共有していた。だからこそ、防災強化という重要な課題が半ば棚上げされての復興が、合理的な選択として円滑に成立した。ただしその合理性は、観光収入の増進を第一義とし、数年間という短期のスパンで物事を考える限りにおいて、成り立つにすぎない。プーケットが選択した原形復旧は、少し視点を変えれば、致命的な危険を自ら育んでいるようにも見える。すなわち、観光業の長期的な持続（不）可能性の問題である。被災の記憶の封印によって成長軌道に復帰したマスツーリズムは、主たる観光資源である海洋環境の悪化をもたらす。仮に数十年

カオラックの共同墓地。打ち棄てられた敷地内には雑草が生い茂る（2013年8月）

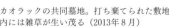

後、再び津波に襲われたそのとき、プーケットは今日のように観光客で賑わっているだろうか。観光収入の早期回復という目的に照らして、原形復旧型復興は目覚ましい成功を収めた。しかし、その目的自体を括弧に入れてしまえば、プーケットの成功には大きな疑問符が付く。美しい海の景観を維持することによって得た成功が、その美しい海を破壊していくというのは、皮肉な話だ。

二〇一一年の津波被災地は現在、巨大な防潮堤の築造、山地を削っての宅地造成、平地一帯への盛り土という、徹底的な地貌の改良に邁進している。犠牲者ゼロを目指すという、我々にとって圧倒的に「正しい」欲望*33を共有せず、危険なビーチをあるがままに保持したプーケットの人びとは、三陸海岸の大幅な改良を、どう評価するか。例えば陸前高田に盛り土のための土砂を運び入れる巨大なベルトコンベヤー（iiiページ口絵）——通称「希望のかけ橋」は、防災という眼鏡を外して眺めれば、希望ではない何か別なものへのかけ橋に、見えてはこないだろうか*34。観光収入の眼鏡を掛けていない我々が、経済成長を謳歌するパトンの繁栄をして、豊かな生態系のゆりかごを汚損する近因だと理解するように。

プーケットが固執した原形復旧と、宮城・岩手における山海の変造に向かう改良とは、正反対の志向に基づく動きでありながら、人間の欲望の赴くままに所与の自然を破壊するという点で、奇妙に符合している。一方では、観光収入のために浜辺の繁華街を拡大し、汚水を海に垂れ流す。他方では、防災のために山を切り崩し、平野を嵩上げして、海を寸断する長大な堤を作る。半ば自明のこととしてある目的を脇に置いて見直せば、我々にとって前者は、海洋汚染という大きすぎる代償を支払う自滅的な軽挙に見える。翻って考えれば、後者の「他の視点から見た姿」もおそらくは、費用対効果、地域共同体の再生、景観保護、自然の尊重といった

カオラックの共同墓地。刈る者のいない雑草に埋もれる墓標（2013年8月）

*33　ただし、繰り返し津波に襲われてきた土地に住みながら、津波による危険を皆無とするのは不可能であるという意味で、「間違った」欲望でもある。

*34　宮城・岩手の津波被災地での盛り土事業にかんして、多くの住民が、嵩上げ地の安全性などの観点から不安を示した［朝日新聞 2014］［河北新報 2013］。

南三陸町観光協会の災害スタディツアーなどで「語り部」として活動する「南三陸ガイドサークル・汐風」の佐々木光之氏によれば、同地での平地嵩上げと高台移転については、被災者たちの間でも評価が分かれ、

様々な文脈において、十分に合理的ではあるまい。[*35] 相異なる二つの「復興」の合せ鏡に浮かび上がったのは、自然への敬意を失って増長した現代人の強欲と愚昧であるように、筆者には思えるのである。

参考文献

日本語

朝日新聞 2014「被災地の巨大盛り土工事いよいよ　安全性に不安も」朝日新聞二〇一四年七月一〇日 http://www.asahi.com/articles/ASG6P567PG6PUJUB00D.html

市野澤潤平 2006「風評災害の社会学に向けて――「風評被害」論の批判的検討」『Sociology Today』第15号、pp. 41–51.

―― 2009「インド洋津波と風評災害――タイ南部プーケットにおける観光客の減少と在住日本人」『社会人類学年報』第35号、pp. 107–119.

―― 2010「危険からリスクへ――インド洋津波後の観光地プーケットにおける在住日本人と風評災害」『国立民族学博物館研究報告』第34巻3号、pp. 521–574.

―― 2011「プーケット復興委員会の熱い夏――インド洋津波後のプーケット在住日本人の経験におけるリスクと孤独」『地域研究』第11巻2号、pp. 161–187.

―― 2013「風評災害に立ち向かおう――インド洋津波に襲われたプーケットの経験に学ぶ」総合観光学会編『復興ツーリズム――観光学からのメッセージ』同文舘出版、pp. 93–100.

Wedge 編集部 2015「福島、三陸から考える 町づくりの「選択と集中」（上）」『月刊 Wedge』二〇一五年五月号 http://ironna.jp/article/1323

大矢根淳 2007「被災地におけるコミュニティの復興とは」浦野正樹・大矢根淳・吉川忠寛編『復興コミュニティ論入門』（シリーズ災害と社会2）、弘文堂、pp. 18–48.

小河久志・市野澤潤平 2013「タイ南部沿岸における観光開発と漁業――プラチュワップキーリカン県バーン

反対する声も少なくなかった。ただし、仮設住宅での生活に困憊した住民たちにおいては、時が経るにつれて、現在進行中の土木工事に異を唱えるよりも、一刻も早く通常の生活に戻れるようこのまま事業の完了を急いでもらいたい、と心境が変化する傾向にあるという（二〇一五年一月二九日に聞き取り）。

被災者たちのこうした妥協が、自律的な得失判断というよりも、行政機関を始めとする利害関係者との軋轢や、「既定復興」の完遂に向けて外濠を埋めるが如き土木建設事業の進展、そして心身を疲弊させる種々の状況要因（仮設住宅で不便を託つ日々の長期化はその典型だろ

ナムケム村に設置された、津波到達地点の標識。「TSUNAMI HAZARD」の文字がかすれてしまっている（2013年8月）

サパーン湾を事例として」『宮城学院女子大学研究論文集』116号、pp. 39–59.
河北新報 2013「焦点　津波浸水域の宅地かさ上げ　大規模盛り土、尽きぬ不安」http://www.kahoku.co.jp/news/2013/01/20130121t73026.htm
近藤民代・柄谷友香 2015「東日本大震災の自主住宅移転再建にみる住宅復興と地域再生の課題 ― 持続可能な住宅復興のかたちを展望する」『住宅総合研究財団研究論文集』41号、pp. 73–84.
日本テレビ 2014「風化する記憶…インド洋津波から10年」『日テレNEWS24』二〇一四年一二月二七日 http://www.news24.jp/articles/2014/12/27/10266152.html
薬師寺浩之 2013「二〇〇四年津波被災後のタイ南部・アンダマン海沿岸ビーチリゾートにおける幽霊をめぐる混乱と観光復興」『立命館大学人文科学研究所紀要』102号、pp. 93–128.

英語

Cohen, Eric. 2008. *Explorations in Thai Tourism*, Emerald Group Publishing.
Husted, Chris and Chutharat Plerin. 2013. "Tsunami: A world without warning," *Asia News Network*, http://www.asianewsnet.net/tsunami/19.html
Ichinosawa, Jumpei. 2006. "Reputational disaster in Phuket: The secondary impact of the tsunami on inbound tourism," *Disaster Prevention and Management*, Vol. 15(1), pp. 111–123.
Plerin, Chutharat. 2014. "Love, humanity ripples through Phuket tsunami memorial service," *Phuket Gazette*, 29 December 2014, http://www.phuketgazette.net/phuket-news/Love-humanity-ripples-Phuket-tsunami-memorial-service/43893
Saengpassa, Chularat and Pongphon Sarnsamak. 2012. "Tsunami warning system finally ready, after 8 years," *The Nation*, 25 December 2012, http://nationmultimedia.com/national/Tsunami-warning-system-finally-ready-after-8-years-30196748.html
Sidasathian, Chutima and Alan Morison. 2013. "Phuket Residents Not Prepared for Next Tsunami, Says Disaster Alert Chief," *Phuket Wan Tourism News*, 21 February 2013, http://phuketwan.com/tourism/phuket-prepared-tsunami-says-disaster-chief-17614/

ナムケム村の海岸。犠牲者を鎮魂する仏像（2013年8月）

うによって、事実上ねじ伏せられての諦念でしかない可能性に、我々は敏感であらねばならない。

*35　陸前高田の「希望のかけ橋」については、土砂運搬の大幅な効率化に寄与する一方で、「神への冒涜」と評する人もいる」という［Wedge 編集部 2015］。また、陸前高田、南三陸、女川などでの平地嵩上げと住人の高台移転を伴う区画整理事業は、その規模の大きさゆえに、発災から四年を経ても完成に至っていない。その遅れにしびれを切らせた被災者たちが自力での早期生活再建を模索した結果、市街地の拡散と低密度化が進み、「市街地空間形成とい

う側面からは持続性において課題を抱えている」［近藤・柄谷 2015］。

津波で保護者を失った児童の養護施設に寄贈された、世界各地からの寄せ書き。カオラックの「バーン・ターン・ナムチャイ財団」にて（2013年8月）

The Guardian. 2005. "As sunbeds return to beaches, villages wait for help," *The Guardian*, 18 January 2005, http://www.theguardian.com/world/2005/jan/18/tsunami2004.travelnews

United Nations. 2009. *Tsunami early warning systems in the Indian Ocean and Southeast Asia*, United Nations Publications.

Wittayarungrote, Natthaphol. 2014. "Phuket officials consider postponing Christmas Day tsunami drill," *Phuket Gazette*, 22 November 2014, http://www.phuketgazette.net/phuket-news/Phuket-officials-consider-postponing-Christmas-Day-tsunami/39553#ad-image-0

コミュニティ防災の決め手

鍵屋　一

私は、東京都板橋区で防災課長四年、危機管理担当部長一年の五年間、防災を担当した。本当に災害被害を防ぐには、コミュニティ・レベルの防災が不可欠という思いがあって、別の部署に異動しても、各地の訓練、研修やボランティアで動き回ってきた。特に、耐震化促進については、二〇〇〇年ごろからＮＰＯ仲間とともに先進事例や現場の悩みの紹介、国への制度提案、イベントやセミナーでの普及啓発に取り組んでいる。

現実には、住民のほとんどは必ず大地震は来ると思っているのに、備えは不十分だ。それはなぜだろう。個人だけでなく企業・団体、自治体、政府に至るまで危機管理の優先順位が低いからではないか。コミュニティ・レベルでの防災を考えるときも、危機を正面から受け止められるかどうかが勝負だ。

本稿では、東日本大震災で優れた活動をした自主防災組織、一般企業、それに自治体の事例を紹介したい。そして、コミュニティ・レベルの防災で被害の大小、復興の遅速を決めるものは何か、を探っていく。

自主防災組織：岩手県大槌町安渡町内会

安渡地区は、津波常襲地区であったため、東日本大震災以前にも年に四回程度の津波避難訓練を行うなど、防災に熱心な地域として知られていた。しかし、この大震災で二一六名（地区住民の一一％強）の方が犠牲にあわれてしまった。

なぜこんなことになってしまったのか、何が悪かったのか、地区の住民は専門家の支援を受けながら検証を始める。生存者の避難行動等のヒアリングを行い、そのデータをもとに「安渡町内会防災計画づくり検討会」で一一回の議論を重ねる。この議論は、一回当たり三～四時間をかけ、徹底して繰り返された。全員が納得するまで話し合う。やっとある部分が決まっても「俺は、あの時、この計画、この言葉で夜中でも逃げただろうか」と自問し、難しいと判断したら、次回の会議でちゃぶ台をひっくり返す。そして、また議論だ。二年かけて、「安渡地区津波防災計画」を発刊したが、今も見直しを続ける。
現在のルールの例を挙げたい。
・要援護者避難支援は、地震後一五分以内に、……自助で玄関先まで来ていれば「同伴避難」、「車避難」等ができる。ギリギリの共助である。
・要援護者の家族は、必要な移動手段の準備や避難訓練への参加など一定の自助を行うこと。

安渡町内会長の佐々木慶一氏は、どうしてここまで熱心に取り組むかという私の質問に、次のように答えてくださった。「自分たちのためではないんです。自分たちは経験しているから必ず逃げる。しかし、次の世代や新しく町内会に入った人たちはわからない。だから、自分たちが真剣に議論して、こういう結論を出したという姿を見せなければならない。文字だけでなく、映像でも伝わるように議論の様子はすべてビデオに撮っている。」

一般企業：オイルプラントナトリ

オイルプラントナトリ（以下、オ社という）は、名取市の仙台空港に近い会社である。社員数が約五〇人、廃油などをリサイクル処理し再生燃料として販売する事業をして売り上げは約六億円の中堅企業。東日本大震災では、二つある工場がどちらも津波に飲み込まれ、貯蔵タンクやドラム缶が流されるという壊滅的な被害を受けた。

それにも関わらず、翌週には事業を一部再開し、その後の復旧・復興は目を見張るものがある。

事業継続計画（BCP: Business Continuity Plan）（以下、ＢＣＰという）では、目標復旧時間は業務ごとに一日～三〇日と定めていたが、仮に自社で復旧できない場合は、県外に委託することを決めていた。

大地震の発生時、停電になったが非常用発電機を動かし、ＴＶ・ラジオをつけ最大一〇メートルという大津波警報の発令を知った。会社は県の被害想定では、津波の来ないエリアに立地して

津波で流出し回収したタンクに社員がシャチの絵を描いている（写真撮影：オイルプラントナトリ社員、写真提供：新建新聞社リスク対策.com 中澤幸介編集長）

いる。このため、ＢＣＰには津波という言葉はなかったが、とっさに全社員に対して、三キロほど離れた大型スーパーに避難するよう指示して、全社員の安全を確保した。

発災後、オ社は、自社のＢＣＰより地域のニーズを重視した。自治体からは陸に上がった船からのオイルの回収、被災したガソリンスタンドからのオイル回収などの依頼があった。ＢＣＰでは優先事項ではなかったが、地域貢献の仕事を優先的に実施した。

他県同業者との相互応援体制を構築していたのも早期復興につながった。同社は災害前から廃棄物処理やリサイクルの事業者でつくる全国ネットワークに加盟し、自社でできることもあえて他者に委ねる協働作業に積極的に関わってきた。そうすれば、お互いにいざという時に助けあえると考えていたのだ。

自治体：東松島市

東松島市は二〇〇三年七月の宮城県北部地震で、一日に三度もの震度6弱の地震を経験した。その時の経験を活かして、高い確率で起こると予測されていた想定宮城県沖地震対応のマニュアル整備とそれに基づいた訓練をずっとやってきた。

ところが今回、実際に入ってくる情報では、今までのマニュアルや訓練では対応できないことが直感的に分かった。そうなると、現場の状況や情報で判断して動かざるを得ない。当初は、ご遺体担当、食料担当、道路担当、支援物資の仕分け担当にした。臨機応変に優先順位を決めていく。マニュアル通りの行動ができるようになったのは、四月一〇日以降になってからだ。

二〇〇三年七月の地震災害では、ごみを分別しないで混積で処分したので、最終処分までに一二億二〇〇〇万の費用がかかった。今回は、試験的にやって一四品目まで分別できたため、ストックヤードに見本を作って分別した。分別しきれないものについては、被災者を優先して九〇〇人を雇い、手選別で一九品目に分別して九七・七％ほどリサイクルできた。結果的に、当初六五〇億ぐらい見込んだ処理費は一三〇億円ぐらい安く済んでいる。

東松島市では二年前から、親睦だけでなく課題解決型の自治協働のまちづくりを進めていた。課題を解決するために事業をすればするほど、コミュニティに資金が入る仕掛けを作って、市民が自主的に動く機運を作っていた。それが、避難所運営、炊き出し、捜索に力を発揮したという。二〇一一年の夏から秋にかけて、復興を考えるワークショップを中学生も含めて、二千人規模で実施した。これで、サイレントマジョリティを含めた大多数の意見が記録され、集約された。そのせいか、復興計画は最初から八割以上の同意率でスムーズに進行している。

コミュニティ・レベルの防災力を強化する要素

これら優れた事例には、次のような共通点があると言える。

(1)事前の対策、訓練

安渡地区は、年に四回も避難訓練を重ねるなど防災活動に熱心な地区として知られ、地区住民も自負していたという。それゆえに、真剣に見直すというバネが働いた。中途で妥協しない姿勢は、事前の訓練があったればこそだ。

オ社は、三年をかけてBCPを策定し、目標復旧時間を業務ごとに一日~三〇日と定めていた。仮に自社で復旧できない場合、県外に委託することを決めていた。このような事前の準備があればこそ、先の見通しが立ち、的確な事業復興につながったといえよう。

東松島市も、二〇〇三年の地震の経験を生かし、マニュアルや訓練、ごみの分別、などの事前対策を重ねていた。

(2)リーダーの判断力

安渡地区は、多くの犠牲者を出した後、徹底的に検証し議論するという方針を定めている。それも、自分たちのためでなく後世のため、言葉だけでなく映像でと、志の高さと視野の広さを実感させる。

オ社も、的確な情報収集で被害想定にないにも関わらず、全社員に退避を命じて命を守った。また、発災後の状況を踏まえて、自社業務よりも地域ニーズを優先して取り組むなど優れた判断で、結局は社員の雇用を維持し事業を継続させている。

東松島市は、マニュアルでは動かないと判断すると、臨機応変に優先順位を定め、組織を動かしている。さらに実験的に徹底したごみの分別を行い、いけるとなると大胆に実行した。

(3)地域等との連携

安渡地区は、町内会の計画を定めた後、大槌町との連携、訓練を実施している。避難所生活が始まり、次の復旧・復興を見据えて、町との連携は欠かせないと判断したのである。

オ社は、ＢＣＰで他県同業者との相互応援体制を構築していた。災害前から知的障害者の支援をしたり、地域活動に熱心に取り組んでいたために、発災後にも地域ニーズ優先など優れた取り組みをすることができた。

東松島市は、課題解決型の自治協働のまちづくりを進めていて、避難所運営、炊き出し、捜索に力を発揮した。復興にあたっても、中学生も含めたワークショップを二千人規模で実施し、大多数の意見を集約し、最初から八割以上の同意率でスムーズに復興事業を進めている。

おわりに

このように優れた事例から学び、コミュニティ・レベルの防災に重要な必要条件は「事前の取り組み」「リーダー層の判断力」「関係者間の連携」と確信するようになった。

さらに言えば、すべて「人」に関係する。人のすることを計画化・訓練する、リーダーとなる人を発見し育てる、関係する人々のコミュニケーションやネットワークを強化する、である。それは、予防対策、緊急対応、復旧・復興を問わない。

災害時には、知っているか知らないかというレベルでは測ることのできない「人間の質」が問われる。その場で創意工夫して窮地を脱したり、法制度やマニュアルの奴隷にならない判断力、胆力が試されるからだ。逆にいえば、判断力と人格にすぐれた人ならば、特に防災の知識がなくとも優れた災害対応をやってのけるものだ。事実、被災地で話を伺うと、なんと素晴らしい人たちだろうと感嘆することが実に多い。コミュニティ防災の決め手は、危機に正面から向き合える「人」にある。

最後に、関東大震災復興のリーダー、後藤新平が倒れる直前に知人に残した言葉を紹介したい。「よく聞け、金を残して死ぬ者は下だ。仕事を残して死ぬ者は中だ。人を残して死ぬ者は上だ。よく覚えておけ」[*1]

*1　三島通陽「ボーイスカウト十話（三）後藤新平　最後のことば」『毎日新聞』一九六五年二月二七日。

第6章

制度の充実と被災者の主体化

生活再建をめぐるせめぎあいの二〇年

阪神・中越・東日本

重川希志依

小千谷市において建物被害認定調査が開始され、“下げ振り”という道具を使い、建物の傾き具合を測る市役所職員（新潟県中越地震発生から5日後）

新潟県中越地震の震度7の分布（グレーの部分）

気象庁『平成16年（2004年）新潟県中越地震調査報告』（気象庁技術報告第127号）、2005年、p.35の図をもとに作成。市町村名は当時のもの。川口町と山古志村はその後、長岡市に編入されている

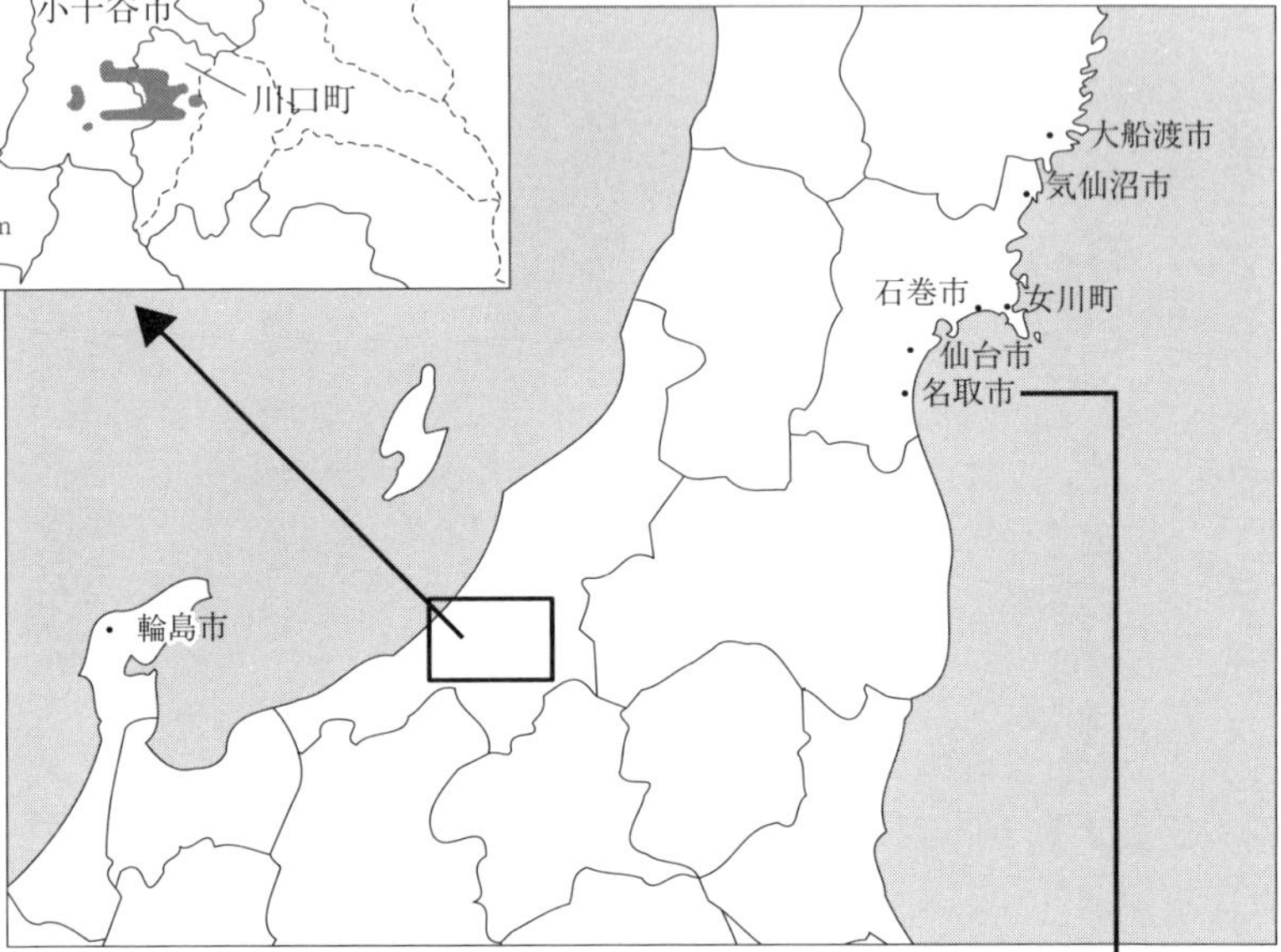

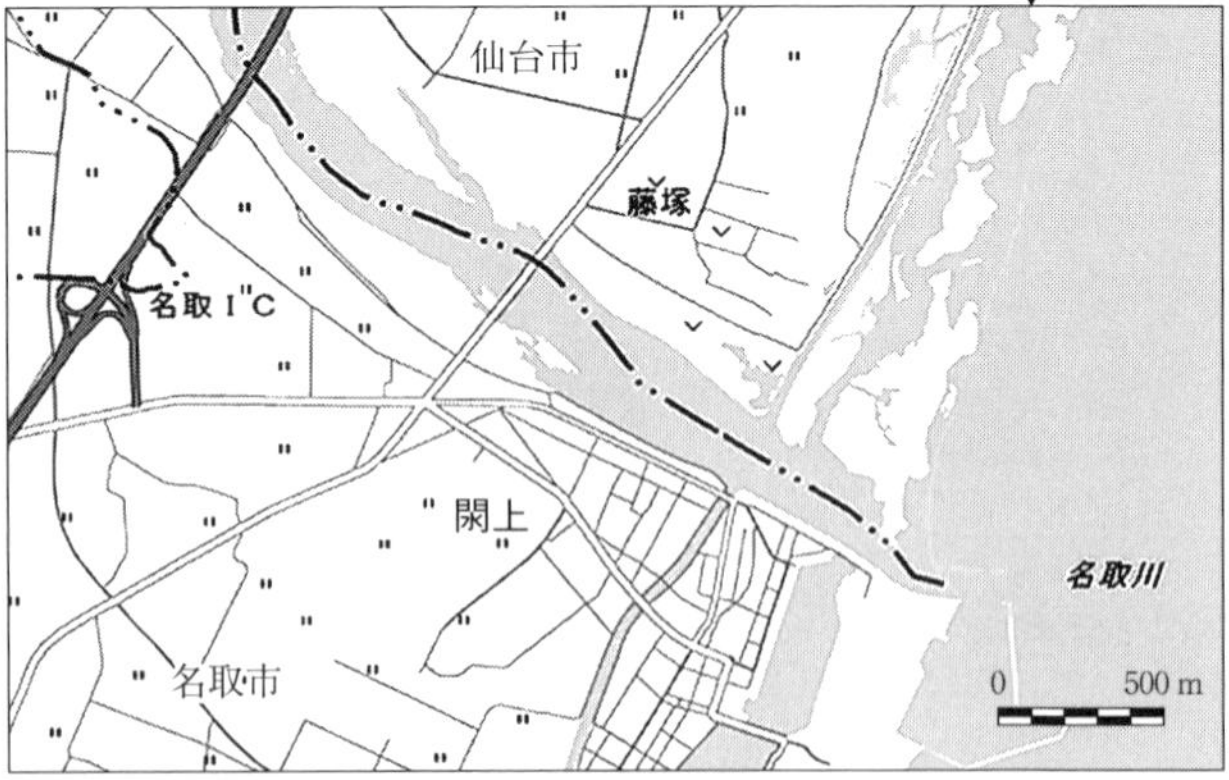

名取市閖上地区周辺　国土地理院地図（http://www.gsi.go.jp）をもとに作成

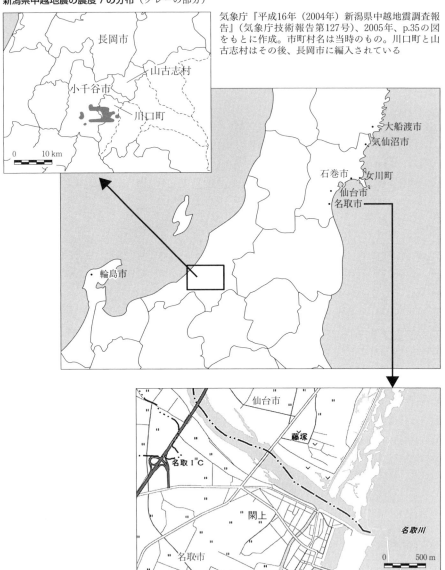

1　あらためて生活再建支援を考える

わが国の、災害による被災者の生活再建に対する公的な支援策の大部分は、戦後に整備されたものである。戦前までは、災害後の生活再建は、自助努力や地域での助け合い、すなわち自助や共助が基本であり、公助に頼る部分は少なかった。

終戦直後の一九四六年に発生した南海地震が契機となり、翌年に災害救助法[＊1]が整備されたが、この法律ができたことによって初めて、被災者の衣食住の確保など、統一的な基準で災害直後の被災者保護が行われるようになった。その後、自力で住宅再建できない人を対象にした災害公営住宅の建設、災害による死者や障害を負った人への弔慰金・見舞金の支給、生活再建に必要な資金の貸し付け制度など、様々な支援策が拡充されていった。また阪神・淡路大震災がきっかけとなり、一九九八年には被災者生活再建支援法が整備され、現在では生活再建のために最大三〇〇万円の支援金が支給されるようにもなった。

このように、被災者の生活再建を目的とした公的な支援策は徐々に拡充されてきたが、いくつかの課題も指摘される。まず、災害救助法が制定されたのは終戦直後のことであり、生活が格段と豊かになった今の日本においては救助の内容がそぐわない、あるいは巨大災害発生時には可能な対応に限界があるとの指摘である［中川 2011］。また、多様な支援制度が用意されているにも関わらず、現行制度の不備を補うように一つ一つの制度が「つぎはぎ的」に拡充されてきたため、生活再建につながる支援が体系的でない状況となっている［内閣府 2014］。この生

＊1　法律が制定された当時、災害救助法は厚生省が所管していた。その後の省庁再編により厚生労働省の所管となったが、二〇一三年の法改正に伴い、内閣府に移管された。

東日本大震災の被災地、気仙沼市災害ボランティアセンターに残された寄せ書き。阪神・淡路大震災がボランティア元年と呼ばれている（はまなすの館、2011年7月）

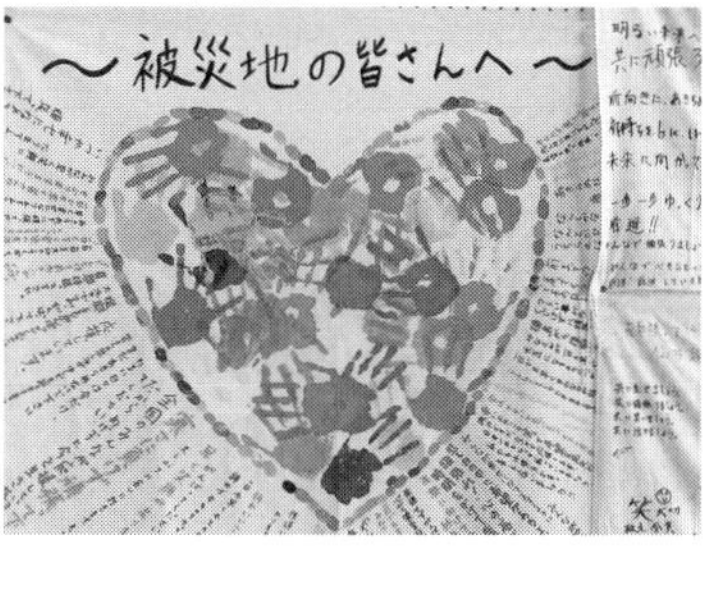

活再建支援策が体系的でないという問題の一因に、わが国では、被災者の生活再建に関わるノウハウの蓄積が少なかったことがあげられる。

むろん、一九二三年（大正一二年）に発生した関東大震災からの帝都復興、第二次世界大戦からの戦災復興など、復興事業に取り組んだ事例は多数存在する。本書第2章で大矢根が述べるように、被災地復興は都市基盤再整備の公共事業を軸に進められ、以降、わが国で災害復興といえば一義的に既存の基盤再整備の公共事業（復興都市計画事業）が疑義なく重ねられてきた。現に、過去の災禍からの復興に関わる記録を見ると、人々がくらす社会の容れ物としての「都市」の復興、すなわち、道路や鉄道、公共施設や住宅の整備に代表される、ハード面での復興プロセスの記録が主となっている。関東大震災からの復興のために創立された帝都復興院や戦災復興院から出された報告書の類を見ても、復興の事業計画や進捗状況の記載が中心であり、人々の暮らしの復興プロセスや生活再建を支援するためにとられたソフト面での対応に関する記述はほとんど見当たらない。

さらに、本書7章で木村が述べるように、日本における被災者の生活再建は、住家を基準にプログラムされ、避難所から仮設住宅へ、そこから恒久住宅へという流れを取ることが一般的であるとされる。被災者が住まいを取り戻すまでのプロセスにおいて、避難所の開設から仮設住宅の提供、被災者生活再建支援金の支給に代表される資金補助や災害公営住宅の建設など、公的な制度枠組みの中で推し進められる生活再建の過程が、私たちにとって「復興の普通のルート」として刷り込まれてしまった。その結果、被災者の生活再建を支援するためには、復興の基調とされる公的な支援制度を拡充することこそが、最重要課題として捉えられてしまうこととなった。被災者生活再建支援法も、その後二度にわたり大きな改正が行われ、その都度

現在では、被災者の生活再建に関わる様々な支援策が用意されている。写真は東日本大震災時の大船渡市役所内の申請窓口案内（2011年5月14日）

支援の内容が大きく見直されたが、見直しの方向は常に、政治的に受けが良い支援内容の拡充となっている。

防災は自助共助が基本であると多くの場で語られながら、復興というフェーズでは、あまりにも過度に公助に寄りかかり過ぎる風潮に陥ってはいないだろうか。いまだ東日本大震災からの復興途上にあり、さらにそう遠からぬうちに南海トラフ巨大地震や首都直下地震など、大都市を直撃する災害の発生が懸念される今、公助が基調となる復興は「普通のルート」でも「あるべき姿」でもないことを、身を持って示してくれた方々に、東日本大震災の被災地で巡り合うこととなった。

2 阪神・淡路大震災の衝撃——災害エスノグラフィーとの出合い

〝人への支援〟の視点が加えられた災害対応

一九九五年一月一七日、経済的に豊かになった現代日本の都市を直撃した阪神・淡路大震災は、伊勢湾台風（一九五九年）から三六年ぶりに一〇〇〇名以上の死者を出す大災害となった。自然災害に対する危機意識が希薄となっていた私たちは、解くべき方法の分からない難問に次々と直面することとなった。

阪神・淡路大震災の経験がわが国の防災対策に与えた影響は極めて大きい。たとえば避難所運営のあり方に関する改善もその一つである。避難所とは「災害のため避難しなければならない者を一時的に学校、福祉センター、公民館等に受入保護することを目的とする」［災害救助実

災害弔慰金制度により生計維持者の方が亡くなった場合500万円のお見舞金が支払われる。写真は東日本大震災時の石巻市役所内の申請窓口（2011年４月18日）

務研究会編 2011〕場所のはずであった。ところが劣悪な避難所の環境は、震災後関連死と呼ばれる死者を約六〇〇人も生み出すこととなった〔上田ほか 1996〕。体育館や教室の床に直に毛布を敷き、多数の避難者が寝泊まりする避難所の環境は身体的のみならず精神的にも劣悪なものであり、せっかく助かった／助けられた生命が、次々と失われていったのである。この苦い経験に基づき、避難所では住民が主体となり、自主的に避難所生活を運営していくことの重要性が認識された。現在では地域の防災訓練の中に「避難所運営訓練」が取り入れられることも増え、またHUG（避難所運営ゲーム）*2も開発されている。

また仮設住宅の建設用地が住み慣れた市街地から遠くでなければ確保できず、さらに従来のコミュニティがバラバラとなって仮設住宅に入居せざるを得なかったために、仮設住宅での孤独死に代表される予見できない問題が発生した。この経験を踏まえ、従来のコミュニティを壊すことのないように地域単位でまとまって仮設住宅へ入居できるように留意したり、居住者が交流できる場として仮設住宅内に集会施設を設けるなどの対策がとられるようになった。

“自立再建が基本”の原則を変えた支援策の誕生

避難所運営のあり方や仮設住宅の基準の見直しなどに加え、被災者の生活再建支援に対する新たな公的制度が創出されたのも阪神・淡路大震災が契機となっている。それが被災者生活再建支援法に基づく被災者生活再建支援制度である。戦後未曽有の大災害となった阪神・淡路大震災では、高齢等の被災者の中には、自助努力のみでは自立した生活を開始することが極めて困難な方が少なからずおり、現行制度の運用だけではもはや対応が困難であり、被災者の生活再建を公的に支援するための恒久的な法制度の創設を求める声が高まった*3。その結果一九九八

*2　二〇〇七年に静岡県が開発した防災ゲームで、多様な人たちが災害後に生活することとなる避難所の運営を参加者がともに考え疑似体験するゲーム。HUGはH（hinanzyo 避難所）、U（unei 運営）、G（game ゲーム）の頭文字を取ったもので、英語で「抱きしめる」という意味を持ち避難者をやさしく受け入れることのできる避難所にしてほしいという願いも込められている。

*3　一九九八年被災者生活再

避難所の環境を改善するために、様々な取り組みが進んでいる。写真は段ボールを使った簡易ベッド。冷たい床に直に寝なくてすむ

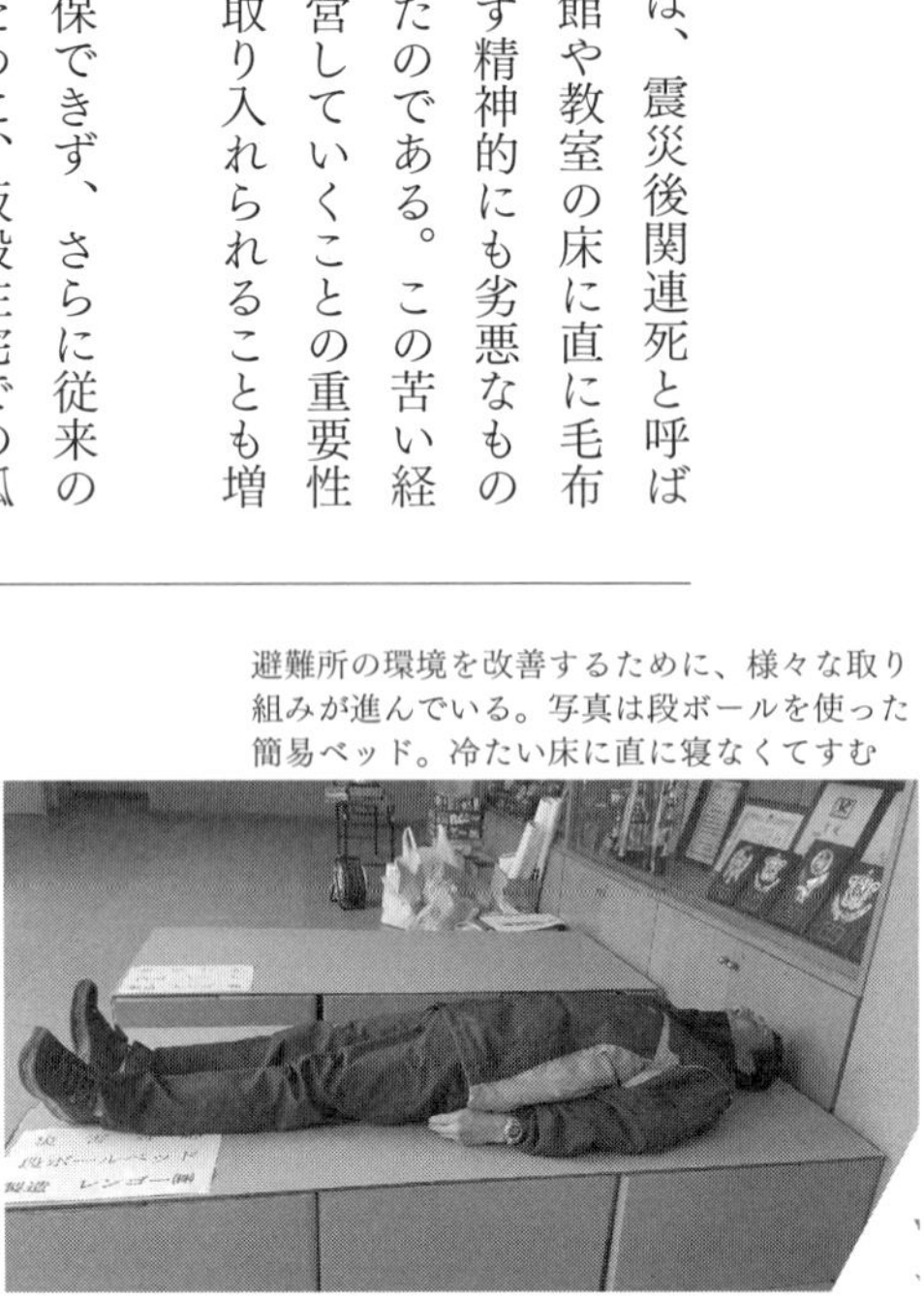

年に誕生したのが被災者生活再建支援法である。この制度の目的は、「自然災害によりその生活基盤に著しい被害を受けた者であって経済的理由等によって自立して生活再建することが困難なものに対し、……自立した生活の開始を支援すること」とされていた。[*4] そのため、支援の対象となる世帯には所得制限が設けられており、年収八〇〇万円を超える世帯は支援の対象外であった。さらに世帯の所得や世帯主の年齢に応じて支給額は異なっていた。また支援の内容は、住宅が全壊した被災世帯を対象に、生活のスタートに必要な家財道具等を購入するために要した経費等を最大一〇〇万円支給するというものであった。本制度は、阪神・淡路大震災による被災者には遡及適用されることはなかったが、制度創設以降に発生した災害では、支援金を受け取ることができるか否かが、被災者にとって大きな関心事となっていった。とりわけこの制度は二〇〇四年、二〇〇七年の二度にわたり大きく改正され、その都度支援の内容が大きく見直された。具体的には支援金の増額や支援対象要件の緩和が図られるなど、政治的に受けの良い支援内容の拡充が繰り返されてきたことによって、あたかもこの制度が被災者の生活再建を左右するという誤った認識を植え付ける事につながっていった。

災害エスノグラフィーとの出会い

阪神・淡路大震災は、防災研究のあり方に大きな見直しを迫る出来事でもあった。これまで誰も経験したことのないような災害状況に、被災者も行政もマスコミも、そして私たち防災の仕事に携わる者たちも直面した。今何が起こっているのか、次に何が起こるのか、次に起こることにそなえて今何をすべきなのか、災害対応のプロセスがどのように移り変わって行くのかが見えないままに、目の前で起こっている問題に対症療法的に対応せざるを得ない状況が続い

建支援法案提案理由説明：一九九八年四月二二日、参議院災害対策特別委員会。

*4　被災者生活再建支援法制定時の法第一条。

新潟県中越地震時に小千谷市で最大の避難所となった小千谷市総合体育館に設けられた被災者のための生活再建支援相談窓口（2004年12月5日）

た。

この震災が起こったとき、関東大震災や一九五九年（昭和三四年）に発生した伊勢湾台風など、過去の大災害を記録した報告書や研究論文、手記などを紐解いても、これから起こるであろう災害対応の全体像を理解するのには役に立たなかった。たとえば公的な報告書には、○○万戸の仮設住宅を○○年で建設し、○○年後に全世帯が退去したということが記述されていても、広大な建設用地を探す苦労、円満に仮設住宅を退去してもらうための被災者対応のノウハウなど、一番知りたい情報はどこにも残されていない。

自然災害が多発するわが国であっても、自らが災害の被災者となる確率は決して高くはない。災害による過去の教訓を学べとよく言われるが、災害は一つ一つすべて異なった様相を見せ、さらに同じ災害であっても、被災者一人一人の体験は異なる。自らが被災した人たちの多くは、初めて遭遇した災害に戸惑い、その度に現場で苦悩し工夫し新たな知恵を生み出しながら災害を乗り越える努力を繰り返してきたのである。

次にどこかで大規模な災害が発生したときに、刻々と変化する災害事象に対して、先を見通し、最も賢く対応するためには、阪神・淡路大震災の被災地で起こってくるであろうあらゆる事実をしっかりと記録し、将来にわたり多くの人が共有できる情報として残すことが、防災研究に携わる私たちの使命だと思うようになった。ちょうどその頃に、京都大学の林春男先生からエスノグラフィー調査という言葉をお聞きしたのである。エスノグラフィーは〝民族誌〟と訳される。エスノグラフィー調査は民俗学・文化人類学の分野で、特定の民族や集団がもっている自分たちとは異なる文化の内実を具体的かつ体系的に記録するために確立された、科学的な研究方法の一つである。私たちの目の前で展開されていく阪神・淡路大震災の様々な事象

東日本大震災時の宮城県女川町役場災害対策本部の活動状況に関するエスノグラフィー調査の模様。震災から1年程度経過し、落ち着いた頃に実施させていただいた（2012年2月）

は、これまでに知りえなかった新たな事実が多く、私たちにとっては初めて目にする〝異文化〟だった。災害という異文化を理解するために、文化人類学で用いられているエスノグラフィーを応用する必要性を強く説いたのが林春男先生である［林・重川 1997］。私たちは研究チームを組み、この震災の災害過程を、誰も知らない未知なる文化としてとらえ、科学的に記述するために災害エスノグラフィー研究をスタートさせた。*5 その後筆者は、防災の分野でエスノグラフィーを用いた研究を続けてきた。

当初は、研究成果を発表すると「エスノグラフィー調査が重要なことは理解できるが、しかしこれは個別の事例を取り上げただけではないか。客観性に欠けており、科学的ではない」という意見が必ずと言って良いほど寄せられた。筆者自身、工学部の出身であり、実験や現地調査などを通じて数値データを集め、それを分析する研究方法を主として用いてきたため、このご意見はよく理解できた。しかし一方で、災害現場に居合わせた人たちの言葉を聞き、初めて出くわした問題の何に悩み、苦労し、どのように解決していったのかという一連の問題解決プロセスを明らかにすることにより、これまでの防災研究では切り捨てられてきた新たな事実を発掘することが可能となった。エスノグラフィー研究でなければ知り得ない、分散して蓄積されているその場限りの経験を集約化し、体系化する試みを通して、被災者の生活再建のあり方を考え続けてきた。

*5　エスノグラフィーとは〝民族誌〟と訳される。私たちの目の前で展開されていく阪神・淡路大震災後の様々な事象は、防災研究者がこれまでに知りえなかった新たな事実が多く、初めて目にする〝異文化〟であった。災害という異文化を理解するためにエスノグラフィーを応用し、災害対応に携わった行政職員、ボランティア、被災者など様々な立場の人を対象に調査を続けた。

エスノグラフィー調査で聞き取った内容をテキストにし、防災研修会で活用することも多い。写真は内閣府が主催した国家公務員防災担当職員研修会

3　被災者の生活再建とり災証明書

阪神・淡路大震災の教訓をいかす

阪神・淡路大震災から九年ぶりに震度7を記録した新潟県中越地震（二〇〇四年）[*6]は、日本でも有数の豪雪地帯である中越地域の中心に位置する小千谷市、川口町・山古志村（現長岡市）等に大きな被害をもたらした。筆者らはすぐに被災地へ行くための準備をし、震災から二日目の一〇月二五日に小千谷市に到着した。

われわれが小千谷市に向かった理由の一つに、これから始まるり災証明書発行業務を少しでも手伝えないかという思いがあったからである。というのも、阪神・淡路大震災後に行ったエスノグラフィー調査[*7]を通じ、り災証明書の発行と、それに必要となる建物の被害調査業務は、大規模な災害が起これば行政にとって最も負荷の多い仕事になることが明らかとなっていたことによる。

調査は、神戸市、西宮市、芦屋市、明石市、北淡町（現淡路市）の四市一町の協力を得て、①当時窓口等の第一線において、り災証明の発行等被害認定の業務に携わっておられた職員、②担当課長等、被害認定に関する事務の実質的な責任ポストにおられた職員、を数名程度選定してもらい、検証作業を行うメンバーと共にグループディスカッションを実施し、現状、問題点、次の災害に生かせる教訓等を話し合った。

調査を進めていくうちに、二四万棟を超す全半壊建物を前にして、時間が足りない、人手が

地震発生直後から小千谷市に集結した緊急消防援助隊。この日、妙見のがけ崩れ現場から２歳男児が92時間ぶりに奇跡的に救助された（小千谷消防署前、2004年10月27日）

＊6　二〇〇四年一〇月二三日一七時五六分に発生した新潟県中越地震では、魚沼郡川口町（現長岡市）で最大震度7を記録した。震源の深さが一三キロメートルと非常に浅く、直下型の地震であったため地震による揺れが激しく、建物や水道・ガスなどのライフラインにも大きな被害が生じた。

＊7　阪神・淡路大震災から五年目に兵庫県が実施した震災対策国際総合検証事業において、筆者は被災者支援の一環として実施された「建物の被害程度の認定の課題とあり方」を担当した。

足りない、壊れた建物を見る専門的なノウハウがないなど、極めて厳しい条件の中で、自らも被災者であった行政職員や、建築・法律の専門家ボランティアの努力により、進められてきた仕事であることが明らかとなった。建物が大きな損傷を受けていなくても、わが家の被害を公的に証明するり災証明書を求める被災者は多数いたために、ある自治体では市内の全ての住宅を対象に、一棟一棟被害調査を実施したところもある。また、被害の程度が大きいほど得をするという考えがいつの間にか被災者の間に広がり、もう一ランク上の被害認定を目指して再調査の依頼が寄せられた。

「壊れた建物を評価するような目は、誰も持っていなかった」、「こんなに後々までり災証明書が様々な支援策に関係するとは思わなかった」、「新たな支援策が出るたびに、住民から被害認定に対する不満が出てくる」、「り災証明書発行会場に広がる混乱の雰囲気を治められなかった」など、調査を担当した自治体職員から様々な課題を指摘する意見が聞かれた。避難所運営や仮設住宅に関わる問題と比べ、マスメディアに取り上げられる機会があまりないり災証明書問題であるが、このままいけば次の被災地で同じ苦労が繰り返されることは明白であった。このため、建築の専門家らを交えて、建物被害調査とり災証明書発行を支援するためのノウハウ、技術を向上させるためのトレーニングシステムを開発し、災害時の混乱を防ぐために微力ながら行政職員を対象とした研修等に取り組んできた経緯があった。

小千谷市の混乱

小千谷市に到着した私たちは、市役所一階の食堂に設けられた災害対策本部の片隅に座り、終日その場で部屋の様子を見続けていた。内陸直下型地震で最大震度7を記録した小千谷市

新潟県中越地震発生当夜、市役所1階の食堂に設置された災害対策本部（小千谷市役所、2004年10月25日）

（人口四万一三一四人：震災当時）では、激しい余震が続くため市役所に程近い小千谷消防署にテントを三張り張って臨時の災害対策本部が設けられた。しかしそこには電話もなく、また情報入手はラジオ以外に頼るものがない状態であったため、震災当日の深夜に、数名の職員を連絡要員として消防本部に残し、市役所一階にある食堂を急ごしらえの災害対策本部として本部を移転していたのである（209・210ページの写真）。当時市役所では、全国から続々と到着する救援物資の積み下ろし作業、ひっきりなしに訪れるマスコミ対応等に多くの人手を割かれ、また初めて体験する大規模地震の対応に困惑し、何から手をつけてよいのか分からないという状況に陥っていた。

小千谷市を訪れた理由の一つである建物被害調査とり災証明書発行の支援を申し出るタイミングと、誰に話をすれば良いかを判断するために、災害対策本部の中で丸一日観察を続けた。夜になり、私たちが最初に声をかけたのは四〇代の女性職員だった。彼女は常に冷静に、淡々と着実に仕事をこなしているように見受けられた。「り災証明書発行の事で何か困られているのでしたら、お手伝いさせていただきたいのですが」と話すと、すぐにその仕事を担当している市役所税務課に話を持って行って下さった。

一方、われわれとほぼ同時期に、阪神・淡路大震災の経験を持つ神戸市から広域応援活動の先遣隊が小千谷市役所に到着していた。先遣隊の目的は、これから支援が必要となる被災地のニーズを自分たちの目で確認することであった。聞取り調査の結果をすぐに神戸市に連絡し、阪神・淡路大震災の経験からこれら業務のノウハウを持つ職員が次々と小千谷市に派遣されることとなった。専門的なノウハウが求められたのは、いずれも被災者の生活再建支援に関わる業務であった。

食堂内に設置された小千谷災害対策本部。情報班、避難所班、物資班など役割ごとに島を設け、職員が執務している（震災から２日目、2004年10月25日）

り災証明書発行と追いつめられる行政

建物の被害認定調査とり災証明書発行を担当する小千谷市税務課では、地震から三日後の一〇月二六日になりようやく、建物の被害認定調査を何とかしなければいけないという意識を持ち始めていた。阪神・淡路大震災のノウハウを持つ神戸市応援職員や筆者らの研究チームが合同で、具体的な調査方法の説明や調査員に対する事前トレーニングの実施、さらに阪神・淡路大震災で起こった問題を事前に回避するためにやるべき事など、現場での状況を観察しながら支援を続けた。このような経緯を経て一〇月二八日午後から建物被害認定調査を開始し（本章扉の写真参照）、一一月二一日からり災証明書の発行を行うに至った。

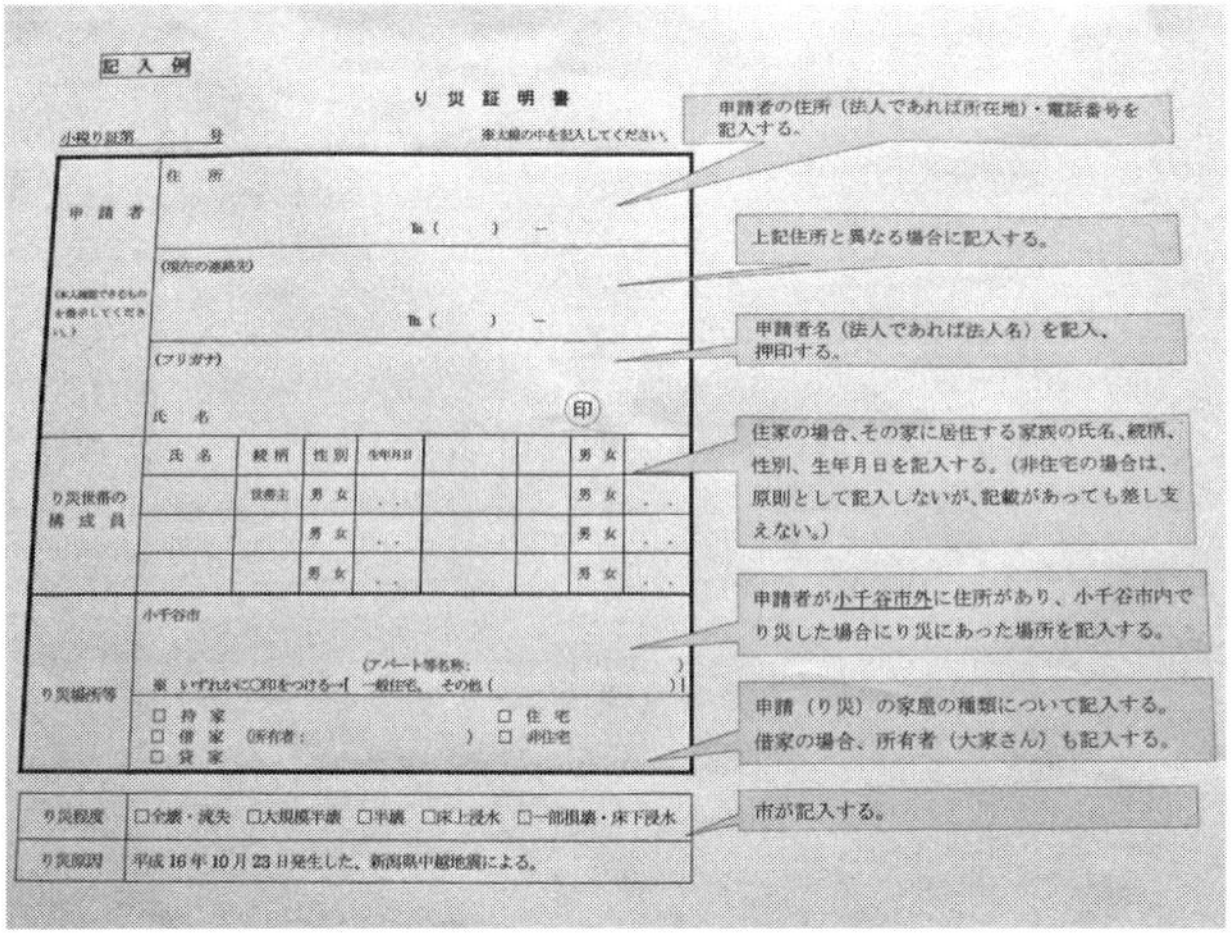
記入例
り災証明書
小税り証第　　号
※太線の中を記入してください。
申請者　住所　℡（　）－
（現在の連絡先）　℡（　）－
（フリガナ）
氏名　印
り災世帯の構成員　氏名　続柄　性別　生年月日　世帯主　男 女
り災場所等　小千谷市
（アパート等名称：　）
□持家　□借家（所有者：　）□貸家　□住宅　□非住宅
り災程度　□全壊・流失　□大規模半壊　□半壊　□床上浸水　□一部損壊・床下浸水
り災原因　平成16年10月23日発生した、新潟県中越地震による。

申請者の住所（法人であれば所在地）・電話番号を記入する。

上記住所と異なる場合に記入する。

申請者名（法人であれば法人名）を記入、押印する。

住家の場合、その家に居住する家族の氏名、続柄、性別、生年月日を記入する。（非住宅の場合は、原則として記入しないが、記載があっても差し支えない。）

申請者が小千谷市外に住所があり、小千谷市内でり災した場合にり災にあった場所を記入する。

申請（り災）の家屋の種類について記入する。借家の場合、所有者（大家さん）も記入する。

市が記入する。

図６－１　り災証明書の申請用紙

「り災証明書」には住宅の被害程度が記されており、被災者生活再建支援制度、仮設住宅や災害公営住宅の入居資格、税の減免や学費の免除など、その後受けられる支援策を大きく左右することになる。[*8] 本来であれば、自宅の被害が大きいことを望む人など存在しないはずなのに、り災証明書と様々な支援策が結びついていることにより、り災証明書発行時に限っては本末転倒な意識を持つ人たちが

＊8　り災証明書に記載される住宅の被害程度は「全壊」「大規模半壊」「半壊」「一部損壊」の四区分となっている。たとえば、仮設住宅に入居することができるのは、自宅が半壊以上の被害を受けた被災者となる。

新潟県中越地震から２日後、小千谷市役所に押し寄せる救援物資の積み下ろし作業に従事する市役所職員。幹部職員以外は全員、この業務に手をとられた（2004年10月25日）

表6－1　新潟県中越地震時の生活再建支援策

（2人以上世帯で世帯収入500万円以下の場合）

<table>
<tr><th>被災区分</th><th colspan="2">支援区分</th><th colspan="2">支援額</th></tr>
<tr><td rowspan="2">全　壊</td><td rowspan="2">生活再建支援</td><td>国</td><td>最大300万円</td><td rowspan="2">最大400万円</td></tr>
<tr><td>県</td><td>最大100万円</td></tr>
<tr><td rowspan="4">大規模半壊</td><td rowspan="2">生活再建支援</td><td>国</td><td>最大100万円</td><td rowspan="4">最大360万円</td></tr>
<tr><td>県</td><td>最大100万円</td></tr>
<tr><td rowspan="2">応急修理制度</td><td>国</td><td>最大 60万円</td></tr>
<tr><td>県</td><td>最大100万円</td></tr>
<tr><td rowspan="3">半　壊</td><td>生活再建支援</td><td>県</td><td>最大 50万円</td><td rowspan="3">最大160万円</td></tr>
<tr><td rowspan="2">応急修理制度</td><td>国</td><td>最大 60万円</td></tr>
<tr><td>県</td><td>最大 50万円</td></tr>
<tr><td>一部損壊</td><td colspan="4">なし</td></tr>
</table>

生まれてしまったのである。

新潟県中越地震が起こる半年前に被災者生活再建支援制度の支援内容が拡充されていたことに加え、新潟県が独自に設けた支援制度が適用されたため、最大四〇〇万円の支援額が受けられることになった（表6-1）。り災証明書と連動して受けられる支援金の額にこれだけの差が生じると、被災者の中には出されたり災証明書の内容に納得せず、何度も何度も調査を依頼し、上の被害程度を認めてもらうまではり災証明書を受け取らないケースも続発するようになった。そのために市役所の窓口で苦情を述べる被災者への説明、繰り返し実施しなければならない住宅の被害調査など、市役所職員は疲弊しきった状態に陥った。

さらに、支給申請手続きが非常に複雑かつ煩雑であり、*9 それを被災者に正確に理解してもらうことは殆んど不可能なことであった（図6-1）。窓口で被災者対応に当たる現場の市町村職員には膨大な業務がのしかかることとなった。先の見えない状況の中で心身ともに追い詰められ、苦しむ職員の姿をこれまで数多く見てきた（本章扉の写真参照）。被災者の生活再建のために、次々と新しい施策が繰り出される一方で、生活再建と直接向き合う現場では、理不尽とも言えるほどの苦労が強いられることが繰り返されている。

*9　支援金の支給申請手続きには概算支給申請（前払いで領収書は不要）と清算支給申請（後払いで領収書が必要）の二つの方法があり、さらに支援対象となる要件が異なる国と県が独自に設けた制度で、支援の対象となる要件が異なるため、申請窓口業務は混乱を極めた。

住宅地図で1件1件確認しながら、市内にある住宅11,000棟すべての被害調査を約2週間で終了させた（小千谷市役所、2004年11月17日）

表6－2　被災者生活再建支援制度の変遷

	1998年法制定時	2004年法改正	2007年法改正
対象世帯、支給限度額	使途限定、必要経費積み上げ方式	使途限定、必要経費積み上げ方式	住宅再建の態様等に応じて定額渡し切り方式
	全壊　最大100万円 生活関係経費 最大100万円	全壊　最大300万円 生活関係経費　最大100万円 居住関係経費　最大200万円	基礎支援金（被害程度に応じ） 全壊　100万円 大規模半壊　50万円
		大規模半壊　最大100万円 居住関係経費　最大100万円	加算支援金（再建方法に応じ） 建設・購入　200万円 補修　100万円 賃貸　50万円
対象経費	家財購入費等	家財購入費等	使途の限定なし
		解体撤去費、整地、ローン利子等	
支給要件	年収500万円以下（世帯主が45歳以上の世帯700万円以下、世帯主が60歳以上の世帯800万円以下）	年収500万円以下（世帯主が45歳以上の世帯700万円以下、世帯主が60歳以上の世帯800万円以下）	年齢・年収要件撤廃

拡充一途の被災者生活再建支援金

阪神・淡路大震災の生活再建支援の教訓を契機につくられた被災者生活再建支援法は、その後二度にわたり支援内容の見直しが図られてきた（表6－2）。新潟県中越地震発生の直前に実施された同法の見直しでは、新たに「居住安定制度」として最高二〇〇万円の支援が追加され、また「大規模半壊」という分かり辛い表現の被害区分が支援の対象とされるようになった。この分かりにくい言葉が生まれたのには次のような理由がある。

わが国では、自然災害による被害のうち、個人財産に対する公的な補償は行わないとする大原則があり、被災者生活再建支援法が成立した当初も、その原則は貫かれていた。しかしながら被災を受けた住宅の修理や建て替え等のために支援金を活用できるようにするべきとの要望は根強く、また修理すれば居住が可能な

新潟県中越地震で自宅の再建が困難な被災者のために建設された災害公営住宅。東山地区の人を対象とした防災集団移転先として造成された場所に建てられている（2007年8月）

半壊の建物まで支援対象にするため解体してしまう理不尽な状況も発生した。個人財産である住宅の被害を公的に支援することに対しては国会議員の中にも否定的な声が強く、財務省においても住宅本体に支援金を使うことには非常に神経質になっていた。このため、二〇〇四年の法律改正に関わった当時の内閣府の担当者らは、①将来住宅再建に直接支援金を使用できる道を開いておきたい、②修理すれば住める家を壊してしまうような理不尽なことはさせたくないとの思いで、財務省とのやり取りを開始した。

内閣府の担当者らは、住宅関係の本を買い集め、住宅本体に関わる経費と見なされない経費を一つ一つ積み上げて二〇〇万円の限度額を設定した。ここで住宅再建のための周辺経費として「居住関係経費」という表現の支援が生まれた。また半壊被害の中でも、建物の主要な構造体の一部を交換しなければならないような被害程度の場合は支援の対象とすることで、大規模半壊と言う被害区分が生まれた。個人の住宅被害に対して公費を投入することに極めて否定的だった政府の姿勢が、一転して公助拡大路線をとり始める転機となった。

“自立再建が基本”vs.“公的支援のさらなる拡充”

二〇〇四年の法改正から四年後の見直しが始まったのが二〇〇七年三月である。政府に「被災者生活再建支援制度に関する検討会」が設置され、三月一日に第一回検討会が開かれた。この検討会の中では、前回の法改正で創設された居住関係経費の使用率が極めて低いこと、被災者の申請手続きが極めて煩雑であることなどの問題点が指摘された。また新潟県中越地震の体験から、被災者と事務を扱う行政にとって使い勝手の良い制度への見直しが強く求められた。一方、生活再建は自助努力なくしては成しえないものであり、住宅価格に比べればわずかな額

2007年３月25日の能登半島地震で最も建物被害の大きかった輪島市門前地区（2007年３月31日）

の支援金を増額することが、被災者の自助の意識を阻害する要因ともなりかねないという意見も多く出された。

この第一回目の検討会直後の三月二五日に能登半島地震が発生し（214～217ページ写真）、七月一六日に新潟県中越沖地震が発生したため、二つの地震の被災地を中心に、支援法見直しに対する世間の関心が非常に高まっていた。*10 一〇月に支援法の改正に関する国会審議が始まったが、現に苦しんでいる被災者のために何としても改正案を通さなければという強い意識が、与野党ともにあった。一一月八日、自公民三党合意法案が衆・参災害対策特別委員会ならびに本会議いずれも全会一致で原案どおり可決・決定した。この法改正により、①使途を限定しない定額渡しきり方式とする、②年齢・収入要件を撤廃することが盛り込まれた。住宅の修理や建て替えに被災者が自由に支援金を使うことが可能となったのである。また年齢や収入のチェックをする必要がなくなり、事務を担当する自治体職員にとっては業務に関わる手間暇が大幅に軽減されることとなった。

被災者生活再建支援法二〇一一年の見直し

二〇〇七年の被災者生活再建支援法の大幅改正から四年後の制度見直しに向け、二〇一一年二月三日、国に「被災者に対する国の支援のあり方に関する検討会」が設置された。しかしその直後の三月一一日に東日本大震災が発生し、検討会はしばらく中断されたが、東日本大震災の被災者の生活再建にあたり、住まいの確保、就労、コミュニティの維持、心身のケアなど、生活全般にわたる多様な支援策のあり方を検討することが必要となり、二〇一一年一二月に検討会は再開された。阪神・淡路大震災の被害をはるかに上回る未曽有の災害による被災者の生

*10　しかし七月にまとめられた被災者生活再建支援制度に関する検討会中間報告では、制度改正の選択肢と課題は述べられているが、改正すべき方向性を示す提言はなされていない。

能登半島地震時の建物被害調査、市役所職員が２人１組となり、１棟１棟調査を進める（輪島市、2007年３月27日）

活再建に向けて、支援のあり方はどのようにあるべきなのか。リアルタイムで進んでいく被災地での災害対応の現実をにらみながら多角的に検討が進められた。震災から一年後の二〇一二年三月に出された検討会の「中間整理」の中で、被災者支援に関し留意すべき基本的事項として、被災者の自立を支援していくこと、被災者の主体性を喪失させない支援であることが掲げられている。しかしその後現在に至るまで、被災者生活再建支援制度の具体的な改正は行われていない。

4　普通のルートを通らぬ被災者

借上げ仮設住宅制度の適用

東日本大震災の被災地で筆者らは、行政をあてにせず主体的に自らの生活再建に臨む方たちの存在を知ることになった。避難所での生活も経験せず、仮設住宅にも入居しない、公的支援に頼ることなく自力で生活再建に取り組む被災者、これまで「普通のルート」と考えられてきた生活再建過程を通らない被災者である。その方たちとの出会いは、「民間賃貸住宅の借り上げによる応急仮設住宅（以下、借上げ仮設住宅）」に住む方たちへのエスノグラフィー調査がきっかけとなった。この借上げ仮設住宅制度は、東日本大震災で初めて大規模に採用されたものであり、本震災で提供された仮設住宅約一三万六〇〇〇戸の仮設住宅の半数は、民間賃貸住宅の借上げ仮設住宅が占めている（図6-2、218ページ写真）。その数は、これまで主流であったプレハブ建設仮設住宅を大きく上回っている。一四万戸近い大量の仮設住宅を提供するためには、仮設住宅の

＊11 ［米野 2012］によると過去の災害時における仮設住宅供与戸数は次の通りである。

	プレハブ仮設	借上げ仮設
阪神・淡路大震災	48,300戸	139戸
新潟県中越地震	3,460戸	177戸
東日本大震災	48,839戸	68,177戸

翌日の建物被害調査員の割り振りをする輪島市担当者。作業は連日、深夜から翌朝まで続いた（能登半島地震、2007年3月31日）

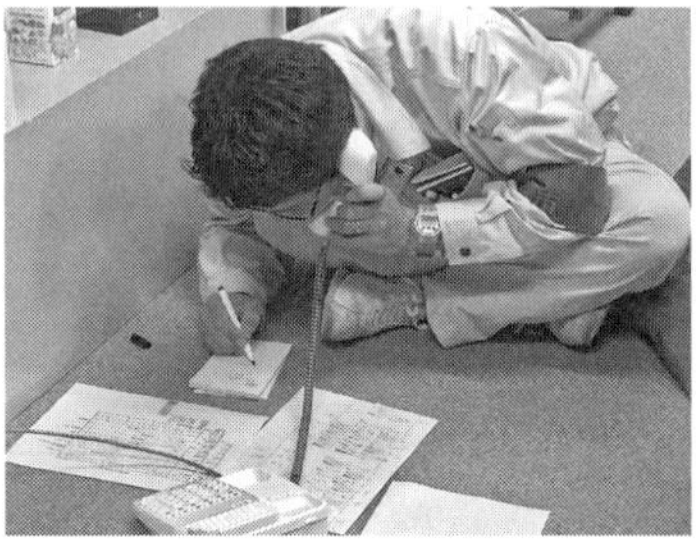

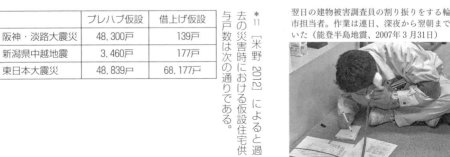

建設用地不足や工事期間の長期化などの問題により、相当数を民間賃貸住宅の空室を活用した借上げ仮設住宅で賄う必要が生じた。東日本大震災以前も、借上げ仮設住宅の実績はあったがその数は極めて少なく、[*11]また、自治体が民間住宅を借上げて、それを被災者とマッチングする方式がとられていた。しかしマッチング方式では迅速に被災者に住宅を提供することは不可能であり、被災者が自ら探した住宅を仮設住宅として認める特例措置がとられることとなった。[*12]

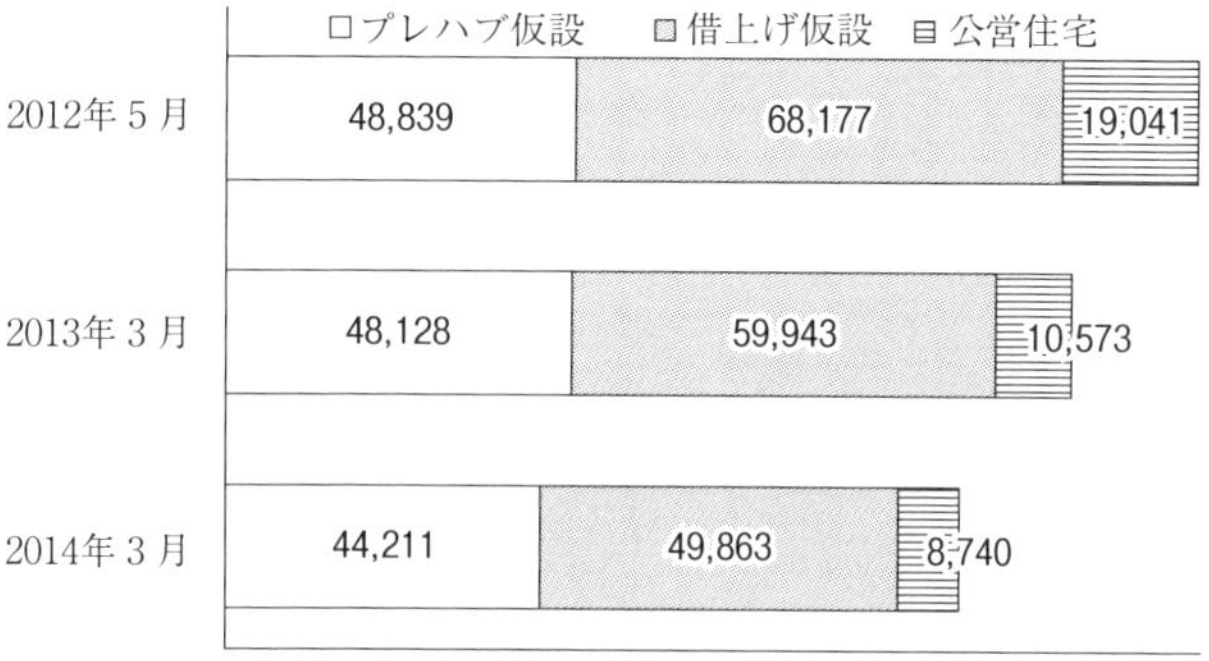

図６−２　東日本大震災時の応急仮設住宅戸数（『復興の現状と取組』2012年６月11日、同2013年３月26日、同2014年５月30日、復興庁より作成）

この制度を利用した人たちがどのように生活再建をしていくのか、本制度が生活再建にどのような影響を与えるのか、さらに制度の利点や課題はどこにあるのかなど、東日本大震災で初めて大々的に導入された借上げ仮設住宅制度に焦点をあて、仮設住宅居住者や被災者や行政、不動産関係者らに対するエスノグラフィー調査を始めた。調査は津波で壊滅的な被害を受けた宮城県名取市閖上地区を主なフィールドとして、これまでに四〇世帯に対して、震災直後から生活再建のプロセスの詳細な聞き取りを行ってきた。ここではまず、閖上地区の概要を説明し、その後、代表的な三つの家族の生活再建過程の一部を紹介する。

閖上地区とは

震災当時、名取市の人口は約七万人、そのうち閖上

＊12　二〇一一年四月三〇日、厚生労働省から岩手県・宮城県・福島県知事あての通知が出され、県（県の委任を受けた市町村）が民間賃貸住宅を借り上げて提供した場合に、災害救助法の適用となり国庫負担が行われることが明記された。また発災以降に被災者名義で契約したものであっても、その契約時以降、県等名義の契約に置き換えた場合も、同様の措置がとられることとされた。

輪島市のり災証明書発行窓口の様子。税務課が担当することとなった（能登半島地震、2007年３月30日）

地区にはその一割近い六六〇〇人、二六〇〇世帯の家族が暮らしていた（219ページ写真）。閖上地区は市街地から孤立した形で海岸部に存在し、赤貝漁を中心とした漁業が有名であるが昭和三〇年代後半には漁業もかなり衰退した。〃閖上漁港と朝市〃で有名なこの地区ではあるが、震災当時も赤貝漁で生計を立てている人は少数で、仙台市のベッドタウンとなりつつある地区であった。しかしながら、漁業を中心に栄えてきた歴史と、陸の孤島のように他の市街地と隔絶された条件によるものなのか、閖上には独特の雰囲気があり、そこで暮らす人々は非常に濃密な地域コミュニティを築いてきた。代々閖上生まれの閖上育ち、子どもたちは幼稚園から、閖上小学校、閖上中学校とずっと同じ学校に通い、ヒアリング調査の中で「留守をする時だって誰も鍵をかけない」という話しを何度も耳にした。この閖上地区で八〇〇人近くの人が津波により亡くなり、閖上の町は跡形もなくその姿を消した。仙台駅からわずか一〇キロメートルの場所に位置し、しかし独特の雰囲気を持つ閖上地区。このような地域で生まれ育ち、生活をしてきた人たちの生活再建プロセスはどのようなものなのか、次に紹介したい。

借上げ仮設住宅で暮らす／暮らした家族の生活再建過程

ケース1　K・Mさん[*13]

四〇代女性、夫、子ども二人、夫の母の五人世帯。犠牲者なし。
自宅は二〇〇坪の土地に立つ一戸建て持家、津波で流出。

震災当日は家族バラバラに、一晩過ごし、翌日兄が迎えに来てくれ、家族五人が兄の家で二週間お世話になったので、避難所生活はしなかったのですね。避難所にいれば食べ物だったりとか

---

*13　K・Mさんは両親で五代目となる生粋の閖上人、夫は神奈川出身で結婚後に閖上に住むようになる。家の目の前が貞山堀運河で、閖上地区で津波による死者が最も多く発生した地域に自宅があった。地震発生当時、閖上地区にいたのは二人の子どもだけで、妻と夫の母は仙台市内で、夫は盛岡市内で地震に遭遇した。

借上げ仮設住宅として使用された民間賃貸住宅。仙台市にある住宅に、名取市民が入居している

というのはありましたけれども、われわれはこっちに来たので、一般の人たちと同じだったから、食べ物も並んで買うし、ガソリンも何とか入れる。自分たちでやっていたという状態だったのですね。

兄のところにずっといるわけにもいかないし、学校の方向性もまだ分からなかったので、今度は１Ｋのアパートを借りて、そこに五人で住みましたね。そのアパートは母の姉の持ち物で、そこに五人でどのくらいいたのだろうか。一カ月ぐらいいたかな。布団は使っていたやつを貸していただいてという状態で使わせてもらっていました。お皿とかはばらばらですけれども、あるものをばらばらながら使ってやっていました。

うちは昔からのうちだったので、閖上のうちは二〇〇坪ぐらい土地があったのですね。１Ｋのアパートでは手狭な部分と、それで一つになれるのかなというところとありました。仮設とかの話もあるにはあったのでしょうけれども、なかなかそこまでは、そっちの方向は考えていなかったのです。おかげさまでうちは家族も無事でしたし、仕事もなくすこともありませんでしたし、住むためにはというところもありましたけれども、仮設が悪いということではないのですけれども、自立して、自分たちの住むスペースをなるべく早く作りたいという気持ちがありました。「とにかく自分たちでやっていこう。やっていかなければ」という感じだったのかな。それぞれがそういう思いはあったと思いますね。とにかく進まなくてはいけないというかね。「とにかく家族が団結して進んでいくしかないので」と思っていました。

そうこうしているうちに学校の方向性ができてきたので、「おうちを名取の方にちょっと借りようか」と言ったときには名取市の中には物件がなかったのです。ちょうど娘が5年生だったので、転校ということは考えていなかったのですね。幼稚園のときからずっと過ごしていた子たちとともに、震災のときに過ごしたお友達と卒業式を迎えさせたいと思ったので、あまり遠くは駄

震災前の閖上地区（〝閖上の記憶〟に展示されている）

目だということで、不動産屋さんでいろいろ探して、3DKのアパートを見つけて、そこで新たな生活を始めたのです。一軒屋に住んでいましたから、そういう意味では確かに1Kから引っ越したときは「ああ、良かった」と。

アパートを借りたときに五月からの家賃が県から出してもらえる*14というふうになりましたよね。なかなかそれが支払われなかったので、一二月までずっと自分たちで自腹でやっていました。手続きから、何から全部自分たちでやっていました。そういうのも出る頭もなかったですから、あてにはしていなかったですけれども、自分たちでなるべく安いところを探して決めたのですね。自分たちで払っていかなければいけないので、その分のことを考えて、安いアパートを探して3DKに入ったのです。そこで生活していくときに「家賃を出してもらえますよ。ただ、五月からですよ」ということでした。私たちは四月の時点でもう入っていたので、その分は出ないのです。仕方ないけど、五月から出してくれるだけでもありがたいというのがあったのです。でも、なかなかずっと支払われなく、一二月ですかね、ようやくまとめて入ってきたのです。

娘が書いた作文に、人も町も全部流れてきたというようなことが書いてあって、そのときに「ああ、この子たちは全部見たのだ」と初めて知りました。娘は全部見たので、家族の中でも思いがそれぞれ違うのですよね。私と母は何気なく「閖上が再建したら戻ってもいいな」とちょっと思っていたのですが、娘に「ママとおばあちゃんは見ていないから言えるんだよね」と言われたときに、家族の中でも思いが違うと。私たちはおかげさまで家族は全員無事でしたけれども、それぞれに思いは違うし、亡くなったご家族がいる方たちとも違うだろうし、みんな違うのだろうなと思います。ただ、そこで進むか、立ち止まってしまっているかということがちょっと違ってくるのだろうなというのはあります。

その時にはおうちを新しく求めようとか、そういう意識はなかったのですよね。その間やはり

---

*14　注12で述べたように災害救助法が適用されることとなり、宮城県が家賃負担をすることとなった。実際には五月以降ではなく、震災後に住宅を借りた当初からの家賃が県から支払われている。

震災から3日目の閖上1丁の様子。すでに主な道路上の建物や車両は撤去されており車の通行は可能となっていた（2011年3月14日）

手狭になった感覚というのもあったので、うちは不動産屋さんには声かけしていたのですね。「どちらかにいい物件があったらまた話を下さいね」というところではお願いはしていたのです。でも、条件的に新築とかを考えると、まず大工さんもいないということで、すぐ入れるというのはこの辺の名取界隈には全然ないという認識ではあったのです。「名取はもういいわ」というような感じだったのです。閖上の方もまだまだどのようになるかも分からないし、どんどん年も取ってきてしまうし、うちの母は運転はしないので、歩いて全部行動できるようなところでないと難しいということで、3DKのアパートに移ったときに自分でお買い物にも行けるし、病院にも行けるという状態だったので、この辺でということで探し始めて、たまたまそのときに不動産屋さんが「ここが出るよ」ということだったのです。大事に使われていたし、住んでいない期間も長かったので、きれいだったのですよね。地震でぴっぴっと壁とかはなったところはちょっと修正とかはしましたが、それでもきれいだったのです。駅も近いし。自分たちの落ち着ける場所ということで、思い切ってご縁だと思って決めました。

前向きに私たちみたいに自立して、何とか自分たちでやっていこうと思う人たちに関しての支援というのはないです。自分たちでできるからいいだろうという考えかどうか分かりません。そこまで頼ってというのもありますが、やはり不公平さはあるかなというのがあります。仮設に入っていても、おうちを構えていなくても、やはりたくさんお金がある方もいるし。

多分損得ではないですよね。損得で動かなくて、自分たちで何とかしなければいけないというか、自分たちでしようと。長く避難所とかにいた人たちは不自由だと考える人もいるだろうし、「プライバシーもなくて嫌だ」と言う人もいるだろうし、誰かがいてくれることで安心するところもあります。あとはやってもらうことが当たり前という感じになってきてしまいますよね。それを私たちは最初から味わわなかったのです。最初の段階で、そういう生活が嫌だとか、そう

多くの人たちの避難場所となった閖上中学校。時計は地震発生時刻で止まったまま

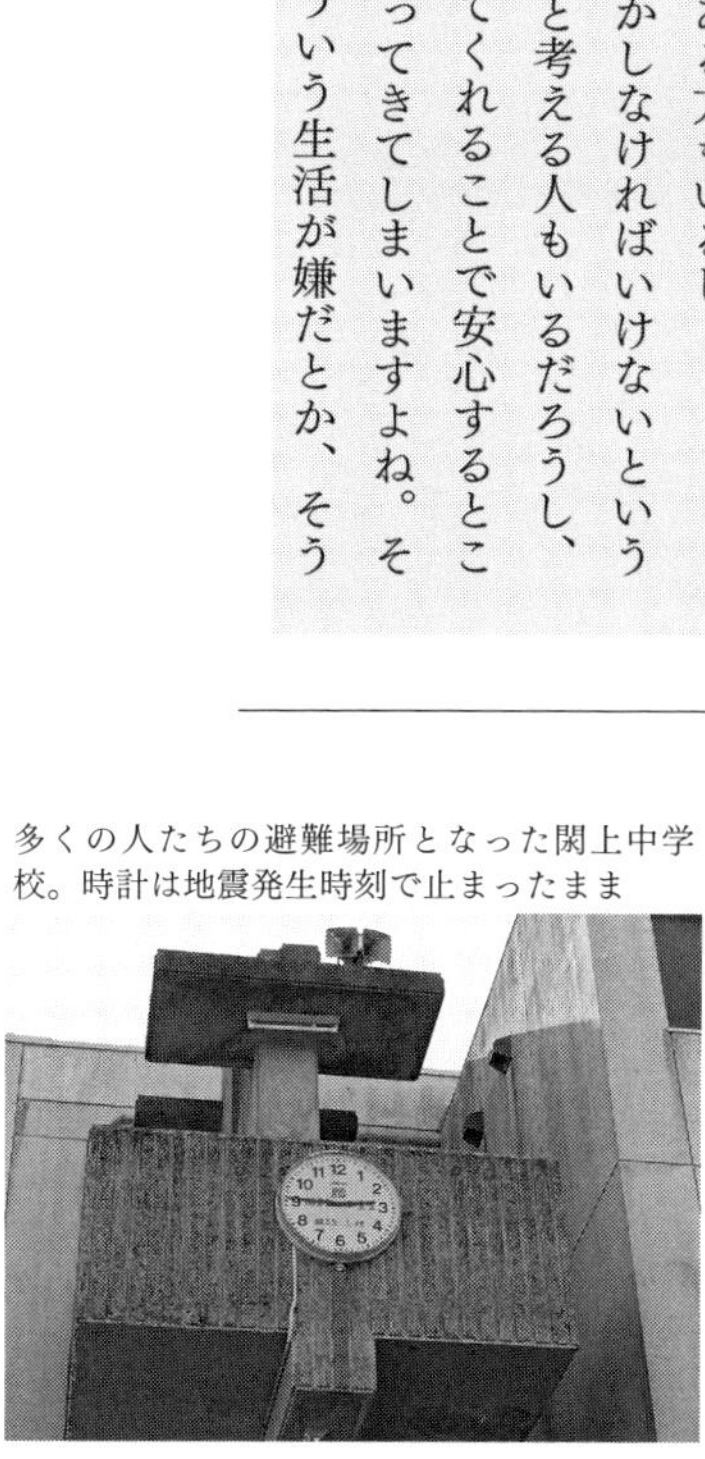

いう問題ではなくて、自分たちでやろう、やっていかなければと思った人たちがそういうふうにしているのではないのかなという気がするのです。損得とか、こうなったらこうなのではないかとかということを考える余裕はまずないのです。

ケース2　K・Hさん*15

四〇代男性、妻、子ども四人、夫の母の七人世帯。自宅は津波で流出。震災当時自宅で学習塾を営んでいた。

震災当日は、夫と母と子ども一人は中学校、三人の子どもは小学校、妻は公民館*16でそれぞれ一夜を過ごした。翌日親戚が車で迎えに来てくれて、館腰小学校へ移動し家族と再会し、その後母親だけ姉夫婦の自宅に避難しました。

ここの避難所には五月二七日か二八日ぐらいまで、八〇日ぐらいいたのです。館腰小学校の避難所というのは、すごく統制が取れていまして、班編成されていたのです。最初に通路を通れるようにちゃんと道を作って、一二班まであって、区画ができていたのです。一つの班は二〇人ぐらい、三～四家族でちゃんと班長がいて、班長会議というのをステージの上で毎日やっていたのです。五月の頭ぐらいに「欲しい人に間仕切りをあげるから」というのがあったのです。ですが、誰もしなかったのです。「欲しい人」と言われても、誰も使っていなかったです。この統制が取れたのは、Kさんというある NPO法人の理事長をやっている方が、自治会というのかな、いろいろアドバイスしてくれたのです。

実際に起きたことは大変なのです。家がなくなり、命を奪った現象なのですが、これを自分の中でも断ち切りたいのです。「震災があったの。そんなの」と言うぐらいにならないと、これに

震災から３日目には、住民らによる炊き出しが始まった避難所（名取市第一中学校、2011年３月14日）

*15　K・Hさんの母親は閖上三代目、父親は東京出身。自分も閖上で生まれ育ったので、津波が来る前の閖上は大好きだ。でも、こういうことが起きる場所だったという事が分かった今では、閖上にこだわりはない。ふるさととして閖上という場があればよいが、今のとこ住むという事はもう考えられない。

*16　閖上公民館。震災当時、閖上中学校の卒業式後の謝恩会が開かれており、大勢の中学生やその保護者が公民館にいた。津波により公民館の一階は大きな被害を受けたが、二階に逃げ延びた市民はそこで一晩を過ごした。

ずっと私のこれからの人生が引きずられていくというのが何か嫌なのです。本当は大変なことが起きているのですが、「そんなの関係ないよ」ぐらいにならないとすごくこう……。見たくないというのではないのです。そうしないと、私自身が進めないような気がして、すごく引きずられているのです。「あの日から変わってしまったよ」と言うのも嫌です。というのを最近考えるようになりましたね。

大体の方は、避難所を出た後は仮設住宅に移動することになるのです。私も仮設住宅に入る予定で鍵までもらっていたのです。今住んでいるこの家は高校の同級生の持ち物なのですが、避難所にいるときに連絡が来まして、「一年ぐらいなら使っていいよ」と言われたのです。でも「一年では」と思ったので仮設住宅に行くしかないな、と諦めたのです。民間の賃貸物件でも、借上げ仮設住宅として補助金が出るとなったのです。だから、二年でもいいと言ってくれたのですね。それがなかったら多分私は仮設住宅の方に行っていたと思います。

私は避難所にいるときから、本当に日常を取り戻したいというのですか。震災前は自分で働いて生活して、それで家族で暮らしていくのが当然だったわけなのですけれども、避難所にいると全部物資とかが来るじゃないですか。本当に嫌だなというのがあったのです。

ありがたいというのもあったのですが、これがずっと続くのかと思うと、自分は自立して生きたいのに、逆にそれと違う方向に世の中が私を扱い続けるのは嫌だなと思ったのです。仮設住宅に行けばまたそういう環境に近いじゃないですか。実はそれが嫌だったのです。だから、正直なところ、なるだけアパートに行きたかったというのはあります。アパートは名取で探しましたが、運よく友人の家が借りられることになりました。子どもたちは、学校の転校とかは嫌だったのです。子どもたちの環境を変えるのだけはしたくなかったですね。仙台の高校だと、避難所からというのは余計にね。通っている子もいたのですが、見ていて、かわいそうだなと思って。

津波による浸水を免れたため多くの被災者が避難してきた県立名取北高校。避難所運営は高校教員が中心となっていた（2011年３月14日）

ケース3　W・Mさん[*17]

四〇代女性、夫、子ども三人の五人世帯。自宅は鉄骨造二階建て、一階は店舗として貸していた。津波で全壊するが、二階部分は残った。ローンの残あり。地震保険未加入。

震災当日は家族五人、閖上小学校で一晩を過ごしました。翌日夕方、避難所に移動してくださいと迎えに来た消防車に乗せられ高舘小学校に避難しました。その後小学校の授業が再開されることになり、バスに乗り館腰小学校に移動しました。場所取りとかで、結構もめたりとかもあったのですが、その場所でもやはりこれから生活をしていくので、いろいろな係みたいなのを決めました。残ったものでもったいないからおじや風にしてみたりとかとやったのですが、こんなの食えないという人もいるし、やはり文句を言う人は文句を言うのだなと思って。

他の人はちゃんと食べられていない人とかもいるのにと思いました。余計に避難所にいる人たちはこうやって支援してもらって、いろいろなところのラーメン屋とか、うどん屋さんとか来てくれて、みんなに支援してもらって食べさせていただいているのに。他の人たちは並んでも買えないとか、いろいろ聞いていたので。

自宅は二階部分で生活していける状態でしたが、下の部分で三人亡くなっていたこともあり、ローンもまだ残っていたのですが、いろいろと考えて壊してもらいました。壊してまたその先を考える方がいいのではないかという結論に達しました。

うちのお兄ちゃんはちょうど高校を受験していて、何とか受かったよとなったので、学校もそろそろ始まると。学校が始まったら、自転車を借りていったとしても、ここから通うのも大変。自衛隊のバスを出してくれていたのですが、それも時間では行けないから、帰りが帰ってこられないとなって、ではやはりいつまでもここにはいられないとなって、私たちはもう自力で家を探して、取りあえず生活を始めなければ仕方ないという決断に達しました。

---

*17　W・Mさんは仙台市出身、夫は閖上生まれの閖上育ち。震災当日は長男の中学校の卒業式の日で、謝恩会の行われていた公民館で地震に遭う。夫も卒業式のため仕事を休んでいたおかげで、地震発生後まもなく、閖上にある自宅で家族全員が互いを確認し合うことができた。

閖上地区で唯一小高い場所である日和山から見た閖上のまち。まちの全てが津波により失われてしまった（2011年４月10日）

どこか空いていれば、直接話を聞きにいって、運が良ければ貸してもらえるのではないかと思っていて。行動ですよね。それこそ待っていたらどこもないと思って、行動しましたね。そんな頃、たまたまここを通ったときに、ここのカーテンが閉まっていなかったのです。縁側に荷物を置いてあったのですが、もしかして人が入っていないかもしれないと思って。町内会長さんに事情を説明したら、大家さんも不動産も知っているから、では話をしてみるからと言ってくれて。もし貸してくれるなら、うちは一番目で貸してもらえるようにしてもらいました。大家さんがすぐ貸していいですよとなったのですが、そのときは敷金・礼金も全部自分たちで用意しました。*18 その時点でようやく仮設住宅の入居者説明会というのが始まったのです。その説明会も一応は聞いたのですが、部屋数も本当に少ないし、うちら五人でも三部屋しか与えられないみたいな感じだったので、それではちょっと生活できないと思ったので、やはりここの家を借りて、二人で働いて何とかすれば、自力で何とかなるだろうみたいな感じでした。取りあえず前に進まなければ、いつまでもお世話になっていても仕方ないからという感じで、うちはもう避難所を出たのです。ここに引っ越してきたのは四月六日です。

当たり前の暮らしを継続する

ここで紹介した三つの家族はいずれも、幸いにして同居していた家族の中で震災による犠牲者は発生していないが、持ち家であった自宅は津波により流出または全壊被害を受けている。しかしながら「復興の普通のルート」である避難所生活を経験していない、あるいは仮設住宅への入居は考えもせず自分で仮の住まいさがしに奔走している。また震災直後から救援物資に頼らず自腹で買い物をし、長時間並んでガソリンを確保し自力で移動するなど、一切公助をあ

*18 二〇一一年四月三〇日に厚生労働省から出された通知により、震災直後に自分の名義で民間賃貸住宅を借りていた場合には、その時に支払った敷金、礼金、仲介手数料なども遡って災害救助法の適用とし、国庫負担が行われることになった。

1階天井近くまで津波浸水被害を受けるが、建物は残った住宅。その後解体・撤去され、現在は復興に向けた土地のかさ上げ工事が始まっている（名取市閖上地区、2011年4月2日）

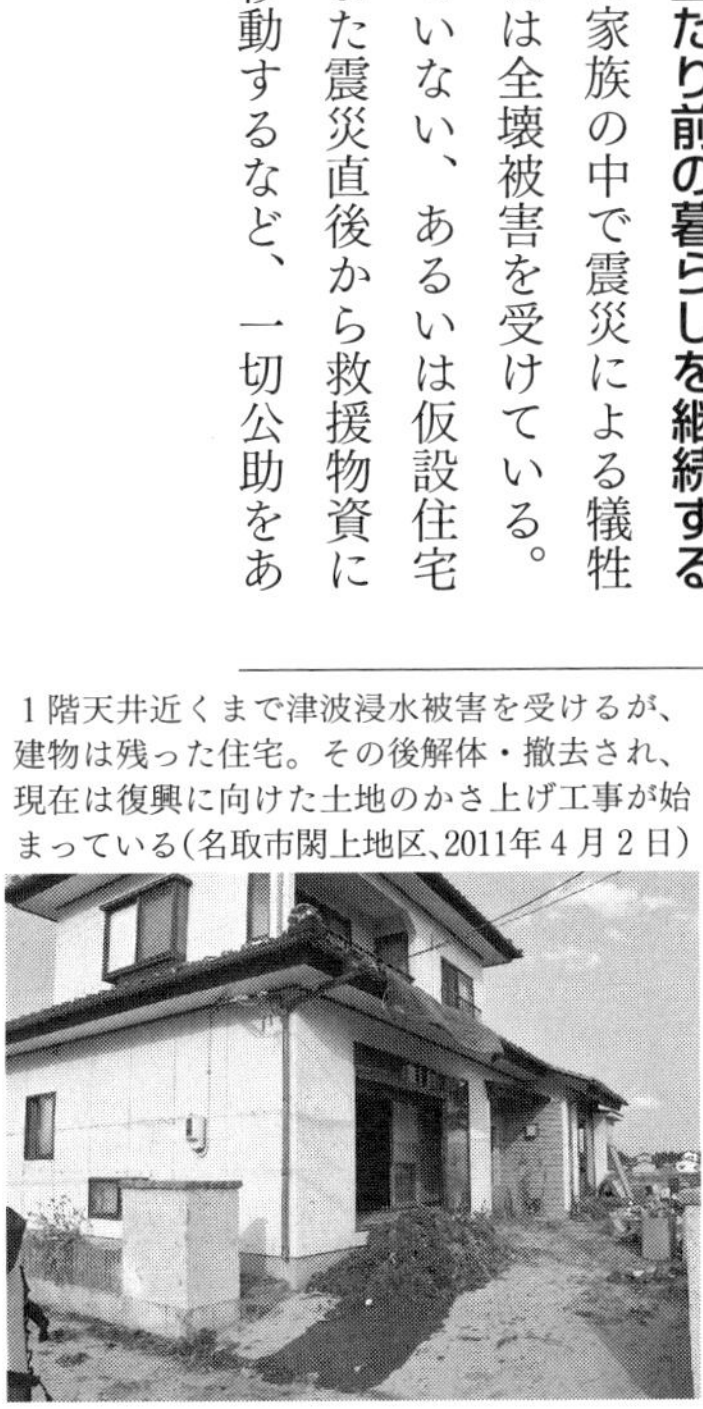

てにしないで震災後の生活を送ってきたことが分かる。またインタビュー調査では、あえて質問項目を持たず、自由に語っていただく方法を取ったが、自分たちの生活再建あるいは住宅再建に対する公助への不満が語られたことは一度もなかった。復興の遅れが指摘される中で、震災から二年以内に住宅再建を成し遂げた方も多く、生活再建のスピードが速いことが借上げ仮設住宅居住者の特徴と言える。震災によりそれまで培ってきた自分たちの生活が押し曲げられることを嫌い、当たり前の生活を継続することに最大限の力を傾注してきたように思えた。

公的な支援策である避難所、物資配給、仮設住宅はいずれも無償で提供される。無論、災害により物心ともに大きな被害を受けた方たちに対して、これらの仕組みが不要であると主張している訳ではない。しかし今回出逢った借上げ仮設住宅居住者の中には、あえて無償で提供されるものを拒み、自力で何とかしなければならない、すなわち災害などが起こる前には当たり前だった生活を必死で続けようとしてきた方が少なからず存在している。さらにインタビューの中で、行政の手厚い支援がかえって被災地の復興を遅らせているのでは、という以下の発言もあった。

「行政の支援の遅れが被災地の復興の遅れだというのは、違うのではないかと私は思うのね。本来であれば、文句を言わずに行政にすっかりお任せすれば一番早いです。遅らせているのは被災者なのか、周りに取り巻くいろいろなのがあって、それがせっかく解決しそうな問題をまた蒸し起こすようなことをやって、混乱を起こして遅くしているような気がする。私たちも、いろいろなＮＰＯとか何かでも入ってきたりする。でも、よくよく見ると後ろに必ず何かがいる。特に利害関係が必ず付いてくる。そういう人たちが入ってくるようになって、それで、あれがこうだ

名取市で最大の避難所となった総合文化センター。世帯ごとにダンボールなどで区切られ、避難生活が長引くにつれ救援物資などで配給された物があふれ出す（2011年４月10日）

と言われて教えられると、「そうだ、そうだ」という人たちが出てきてしまうしね。今までの人生は終わりなのだよと覚悟して、今までの生活はリセットして次だよとしないと、事は早く進まないからね。」（五〇代男性、自宅は津波で流出）

行政の支援ありきが前提で語られてきた被災者の生活再建支援のための様々な公的施策や様々な善意の支援活動が、実は生活再建の足を引っ張っている側面があることを語る被災者も存在する。

5　主体性を持った生活再建と公助のかたち

これまで述べてきたように、阪神・淡路大震災という出来事は、日本の防災対策全体を大きく見直す画期であり、ハードな施設整備を基調とする都市復興から、それまで蔑ろにされてきた人を中心に据えた〝暮らしの再建〟という言葉も生まれた。以降、被災者の暮らしの再建を加速させるために、公的な支援の枠は徐々に拡大されてきたが、災害が発生するたびに、さらなる充実を求める声は上がり続けている。しかし公的支援の拡充が、本当に暮らしの再建を促す切り札となるのか？　国が設けた被災者支援のあり方を検討する会議においても、被災者の自立を逆に妨げてしまわないためには、何を、どこまで、公助で担うことが最適なのか、その議論が二〇年近くにわたり続けられてきた。その最中に東日本大震災が発生し、筆者らは偶然、公助を全くあてにせず、個人あるいはその家族が生活再建の主体として復興に取り組む多くの

孤立しがちな借上げ仮設住宅居住者のために定期的に開かれる交流会。市からの委託を受け、様々なボランティア団体が運営している（名取市内、2012年７月24日）

被災者の存在を知ることとなった。

本章第4節で紹介した借上げ仮設住宅居住世帯の生活再建プロセスから見えてきたことは、「早く日常を取り戻したい、自分で働き、物を買い、自立して生きていきたい」という言葉に表れているように、助けられる被災者の立場からいち早く抜け出し、ごく当たり前の生活を送る普通の市民に戻ることを、復興の大きな目標にしていたという事である。その点では、被害のない場所に立地し、被災者ではない人たちが暮らす地域の中で、普通の暮らしができる借上げ仮設住宅は、被災者の立場から抜け出すことを可能にしてくれた。プレハブ仮設住宅では実現困難な「自立した普通の生活」を送る場として、借上げ仮設住宅は重要な役割を果たしていたことが分かる。自らの意志で住む場所を選択するという行為には被災者の主体性が求められる。それは、その後の暮らしの再建に向けた自助努力の第一歩として、住宅再建のスピードを加速することにつながる。

行きすぎた公助

これまで、借上げ仮設住宅制度が被災者の生活再建を加速させる面について述べてきたが、同時に行きすぎた公助と思われるケース、逆にさらに公助を充実させるべきケースが生じていることも調査を通して見えてきた。まず行きすぎた公助として、東日本大震災で「みなし仮設」と言われる借上げ仮設住宅がある。みなし仮設住宅とは、震災直後に民間の賃貸住宅を自力で借りて居住していた世帯にも、災害救助法が適用されたケースで、家賃などの国庫負担が行われた。パンドラの箱を開けてしまったと表現する政府関係者もいるように、仮設住宅に入居する意思を最初から持たず、自分で家賃を払い仮の住まいを確保していた人たちも公助の対

平らな土地が少なく仮設住宅建設用地の確保が難しかったため、わが国で初めて3階建ての仮設住宅が建てられた宮城県女川町（2014年3月）

象となった。約二万六〇〇〇戸の借上げ仮設住宅を供与した宮城県では、そのうちの約一万戸が該当しており、その数は決して少なくないことが分かる。次に災害が起こった時には、東日本大震災のやり方を踏襲せざるを得ないであろうが、本来公助をあてにしていない人たちが、公助の対象となってしまったともいえる。

つぎに、借家層に対する行き過ぎた公助をあげる。震災時に住んでいた家が持ち家であっても借家であっても、仮設住宅入居や被災者生活再建支援金の支給要件に差はない。このため、震災が起こるまでは賃貸住宅に住んでいた世帯も、震災後の仮設住宅居住期間は家賃が無料となる。仮設住宅の供与期間は原則2年間とされているが、東日本大震災では被災地の津波防潮堤建設や土地の嵩上げなどを待って住宅再建がなされるため、仮設住宅に居住できる期間が原則五年に延長されている。借上げ仮設住宅を選択した被災者の中にはオートロック付きマンションに住んでいる人もおり、持ち家層で住宅を失った被災者と比べ、借家層に対する支援の行きすぎを訴える声は大きい。災害により受けた損失に見合った公助であるべきだろう。

足りない公助

自立した再建の重要性を主張してきたが、一方、さらに公助を充実させるべきと考えられるケースも生じている。その一つが、社会的に弱い立場の人たちが不良住宅に追いやられてしまっているケースである。前項で述べたように借上げ仮設住宅として使われている住宅の中には、オートロック付きマンションのような高級物件もあるが、日当たりや水はけが悪く壁にカビの生えているような住宅や、応急危険度判定*19で危険と判定された住宅のような物件もあり、同じ借上げ仮設住宅に大きな住宅格差が生じている。東日本大震災では、住宅を求める被災者

完成間近の女川町の災害公営住宅。被災地の中では非常に早い時期に、被災者にとって終の住処となるかもしれない住宅を提供した(2014年3月)

*19　地震による建物を調査し、その後の余震などによって建物が倒壊するなどの危険性の有無を判定する制度。事前にトレーニングを受けた行政職員や建築士などがボランティアで調査を行い、その結果は危険（赤）、要注意（黄）、調査済（緑）の三種類の色紙で表示される。

の数が膨大であったために、それまで借り手のなかったような住宅に入居せざるを得ない被災者も少なくなかった。高齢者のみの世帯、母子家庭、生活保護受給者、心身に障害のある方たちなど、平常時から住宅を借りることが困難な住宅確保要配慮者が、条件の悪い借上げ仮設住宅に居住しているケースが少なくない。東日本大震災発生直後から、賃貸住宅の不動産情報を求める大勢の被災者が物件を求めて走り回った。親戚や知人のつてを頼り、知り合いの不動産屋さんから少しでも条件の良い部屋を紹介してもらったり、別居している子どもたちがインターネットを駆使して空室を探してくれたり、また自分で何軒もの不動産屋さんを訪ね歩いて条件に合う物件を見つける努力を重ねていた。そのような中で住宅確保のための競争力に乏しい被災者が取り残されてしまったのである。子どもや親戚と疎遠であったり、仕事をしていないために職場の同僚や友人知人を持たない人たちなど、人的ネットワークを介した情報源を持たない情報弱者のために、最低限の居住環境が担保できる住宅の紹介や斡旋を、行政や不動産関連団体が責任を持って行うなど、新たな公的支援の仕組みが必要となろう。

あるべき公助のかたち

阪神・淡路大震災以降、筆者らは被災者の生活再建過程を記録する研究に取り組んできた。その中で筆者自身も、また多くの防災研究者や国で被災者支援策に関わる行政マンも、被災者の自立した生活再建を促すことと、公的な支援のあり方の双方のバランスをどこに置くべきなのか、その議論を繰り返してきた。

東日本大震災の少なからぬ数の被災者が発した「支援の手が厚くなればなるほど、被災者の立場から抜け出しにくくなる」、「行政の手厚い支援がかえって被災地の復興を遅らせている」

借上げ仮設住宅での生活の後、震災からわずか10ヶ月後に、仙台市内で住宅を購入した。住宅再建が終わると“被災者とは呼ばれない”日常が戻る（2012年12月）

という言葉どおり、被災者の自立を妨げる、行き過ぎた公助の一面を有していることは間違いない。一方、本来であればあまねく平等に提供されるはずの仮設住宅として、普段なら借り手のつかないような不良物件に住まざるを得ない被災者が発生している。

現在用意されている公的な支援策は、り災証明書に記載されている居住していた住宅の被害程度のみに左右される仕組みとなっており（図6-3）、本章第3節で述べた被災者生活再建支援制度も、所得制限や年齢制限の枠が二〇〇七年に撤廃された経緯がある。多くの人が感じている生活再建に関わる問題の所在は、被害を受けた住宅の所有形態、所得、年齢など、暮らしの再建に影響を与える要因を考慮することなく、被災者に対し一律に同様の支援策を提供しているところにあるのではないだろうか。

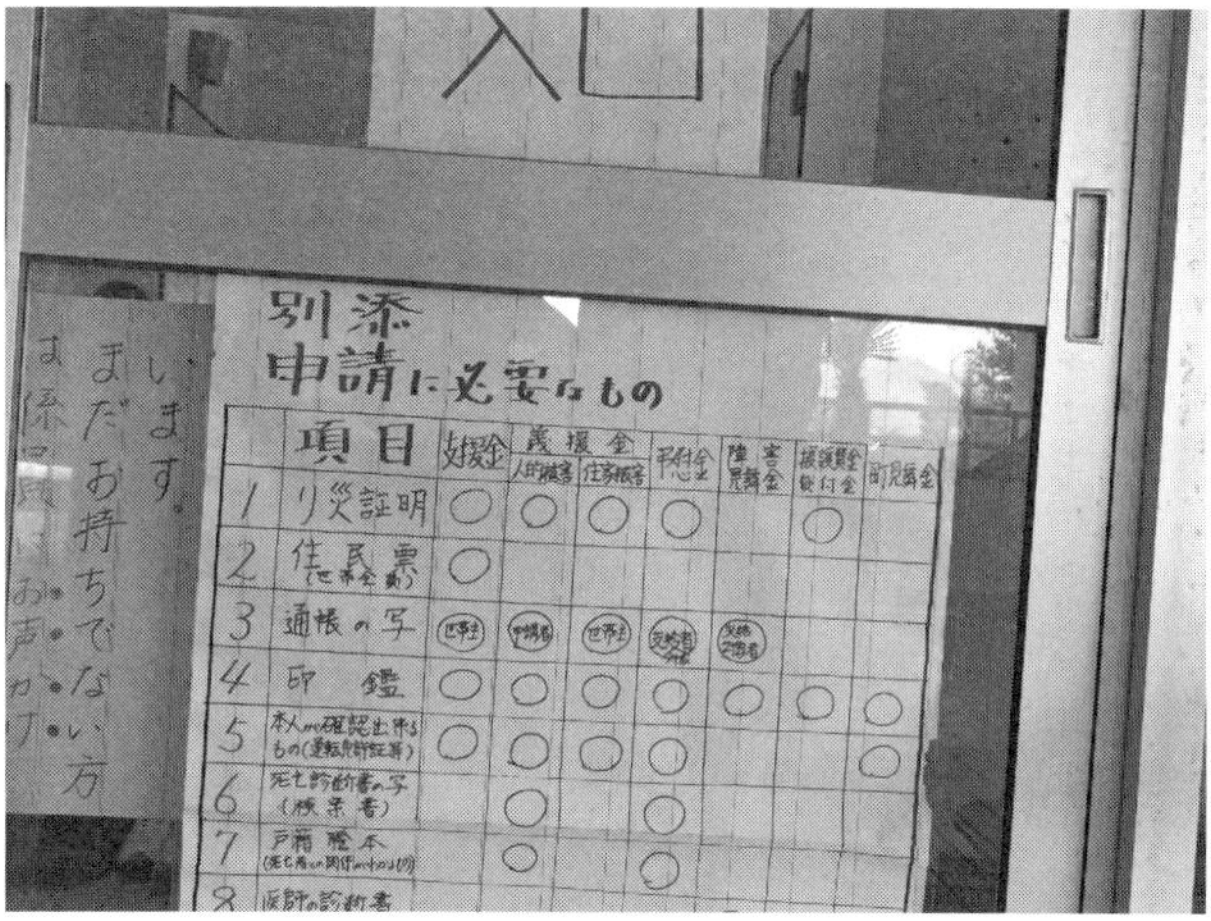

図6－3　様々な支援策にり災証明書が必要となる（2011年6月2日、女川第二小学校に設置された女川町仮庁舎内）

公的な施策は常に公平・平等であることが求められる。また、より手厚い公的支援を実現することは、政治的、あるいはマスメディア的に受けの良い政策であろう。そのために、公的な支援で担保すべき被災者の線引きがなくなり、支援内容のレベルも底上げが繰り返されてきた。しかし被災者

2013年12月、現地復興した閖上港の朝市がグランドオープンした。しかし閖上地区の復興計画像はまだ不透明な部分もあり、再建の方針が立てられない住民も多い

の生活再建能力に差があることは厳然たる事実であり、災害により喪失した住宅などの財産も、持ち家／借家で被災者の痛みが異なる。年齢、資金力、住宅の所有形態などの条件により支援策を不平等にすることこそが、目指すべき公的支援の平等性を実現させ、被災者の自立と主体性を喪失させない支援につながる。

参考文献

上田耕蔵・石川靖二・安川忠通 1996「震災後関連死亡とその対策」『日本醫事新報』No. 3776, pp.40–44.
災害救助実務研究会編 2011『災害救助の運用と実務　平成二三年版』第一法規。
土木学会関西支部 1998『大震災に学ぶ ―― 阪神・淡路大震災調査研究委員会報告書』第Ⅱ巻、土木学会関西支部。
内閣府 2007『被災者生活再建支援制度に関する検討会中間報告』内閣府。
内閣府 2014『被災者に対する国の支援の在り方に関する検討会　中間取りまとめ』内閣府。
中川秀空 2011「被災者生活支援に関する制度の現状と課題 ―― 東日本大震災における対応と課題」『調査と情報』（国立国会図書館）第712号。
林勲男 2011「災害のフィールドワーク」『フィールドワーカーズ・ハンドブック』世界思想社、pp. 244–262.
林春男・重川希志依 1997「災害エスノグラフィーから災害エスノロジーへ」『地域安全学会論文報告集』No7, pp. 376–379.
林春男・重川希志依・田中聡 2009『防災の決め手「災害エスノグラフィー」 ―― 阪神・淡路大震災秘められた証言』ＮＨＫ出版。
兵庫県震災対策国際総合検証会議 2000『阪神・淡路大震災検証提言総括報告書』兵庫県。
米野史健 2012「既存の民間賃貸住宅を活用する借り上げ仮設住宅」『住宅』（日本住宅協会）3月号、pp.91–96.

新潟県中越地震から10年目を迎え、小千谷の将来を支える子どもたちが参加して、これからの魅力ある小千谷の姿を考えるワークショップが開かれた（2013年８月）

第7章

トルコ・コジャエリ地震の経験の継承

私の声が聞こえる人はいるか？

1999
×
トルコ

木村 周平

2008年にトルコ北西部のコジャエリ県で行われた、1999年の地震の記念式典より。市民団体「マハレ防災ボランティア」のメンバーがたいまつを掲げ、「私の声が聞こえる人はいるか」と市民に呼びかけながら行進した。

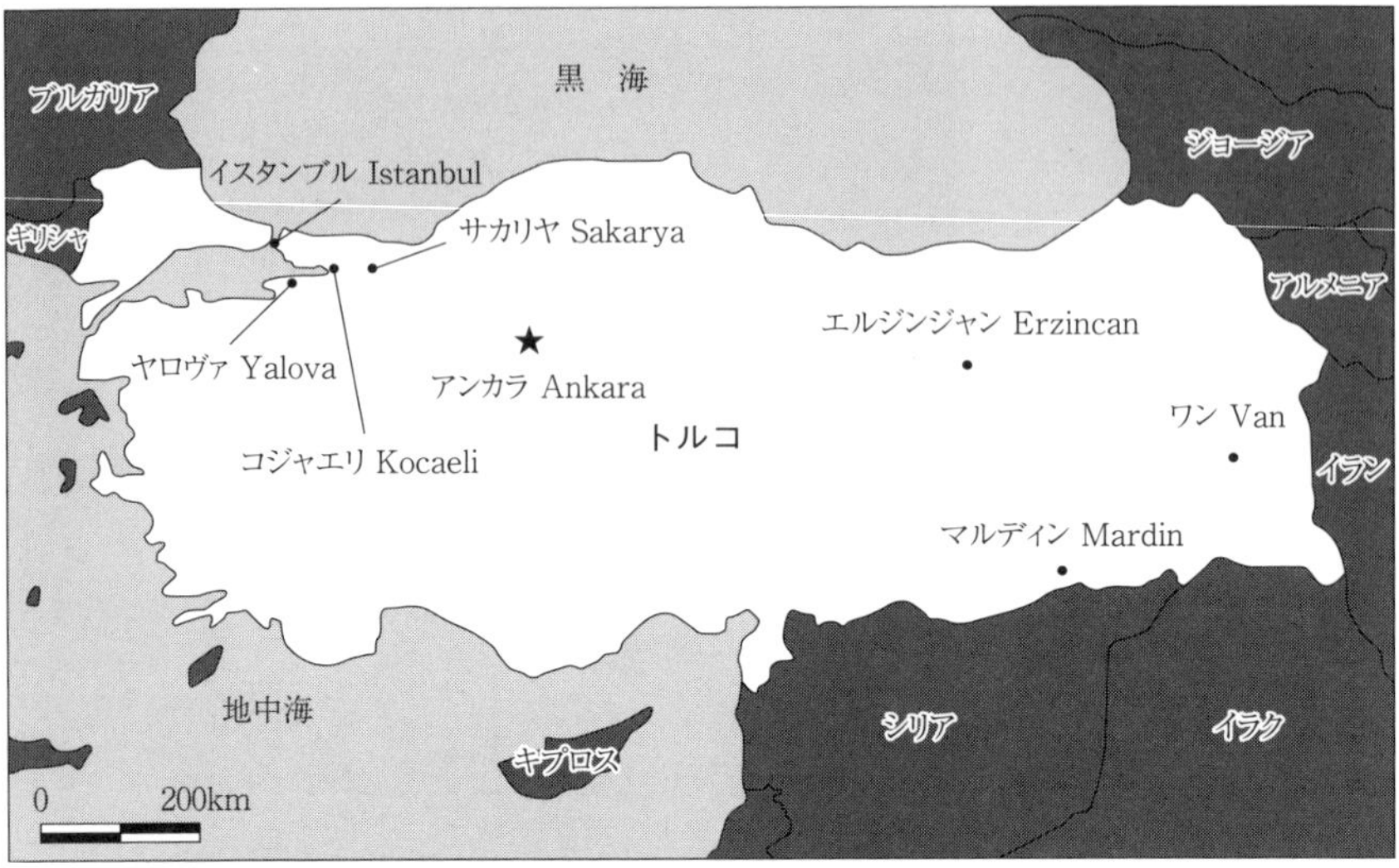

黒　海
ブルガリア
ジョージア
イスタンブル Istanbul
ギリシャ
サカリヤ Sakarya
アルメニア
エルジンジャン Erzincan
ヤロヴァ Yalova
アンカラ Ankara
ワン Van
トルコ
コジャエリ Kocaeli
イラン
マルディン Mardin
地中海
シリア
イラク
キプロス
0
200km

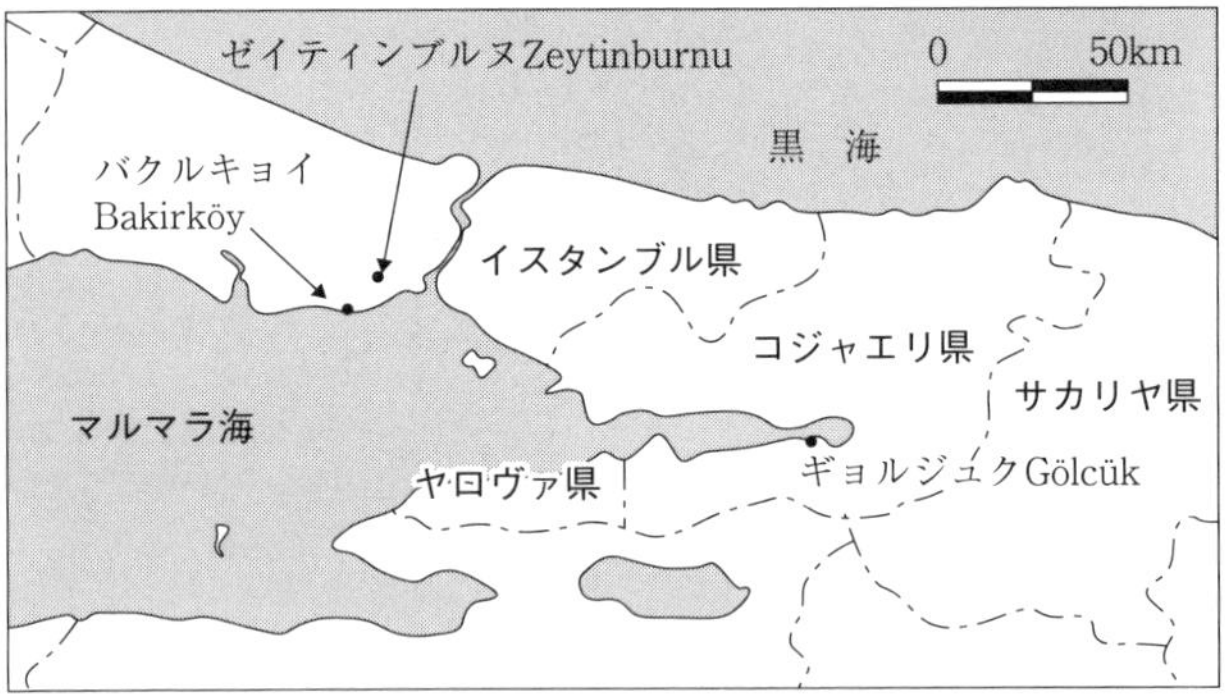

ゼイティンブルヌZeytinburnu
0
50km
黒　海
バクルキョイ
Bakirköy
イスタンブル県
コジャエリ県
サカリヤ県
マルマラ海
ヤロヴァ県
ギョルジュクGölcük

1　二〇一四年一〇月二三日

二〇一四年一〇月二三日、日本での大きな話題は「中越地震から一〇年」であった。当日には記念式典が行われただけでなく、その前後にもいくつものシンポジウムや学会が被災地であった新潟県長岡市や小千谷市などで行われた。この災害は、中山間地域の被災と復興という新たな課題を提起したが、インフラの再整備に加えて、外部からの長期的な復興支援活動が行われたり、「復興支援員」[*1]などの新たな制度も導入されたりするという革新もあった。そして一〇年たった現時点では、阪神・淡路大震災（一九九五年）などと比較した時、復興がうまくいった事例と評されており、上記のシンポジウムなどでもおおむねそのように総括されていたといえる。

さてその同日、筆者がインターネットでSNSサイトのフェイスブックをチェックすると、そこには国内からの中越地震に関する投稿と並行して、筆者の調査地であるトルコから、別の話題についての多くの投稿があがっていた。そのうちのひとりは、黒地に白抜き文字を大書したものを掲示した――「ワン地震を忘れるな」。そう、トルコでは一〇月二三日は別の痛ましい出来事と結び付いていたのだ。二〇一一年のこの日に東部のワン（Van）県で起きた地震は、ここ一〇年でもっとも多い約六〇〇人という死者を出していた。[*2]

では、トルコの人々は「一〇月二三日」をどう語ったのだろうか？　あくまで筆者が目にすることのできた投稿に限って言えば、彼のように「忘れるな」と訴えるものが中心で、具体的

＊1　復興支援員制度は、中越地震で被災した地域におけるコミュニティ機能の維持・再生や地域復興を目的として、公益財団法人新潟県中越大震災復興基金が支出するかたちで、地震後四年目に開始した。この地震の被災地域では一定の成果を上げている。

＊2　このワン地震については、一一月九日に起きた余震によって現地で支援活動をしていた日本人が亡くなったことが、国内メディアでも大きく取り上げられた。

「（私たちは）忘れない」と書かれた、1999年の地震の記念碑。中心的な被災地のひとつであるギョルジュク市の海岸にある

な事柄について書くものはほとんどなかった。しかし、こうした事態は筆者には予想済みのものだった。というのも、本章で主に扱う一九九九年のコジャエリ（Kocaeli）地震[＊3]についてもやはり、地震が起きた八月一七日には毎年、メディアや式典などではただひたすら「忘れない」「忘れるな」が繰り返されていたからだ。

この「忘れるな」はおそらく、「トルコ人は忘れっぽい」という、彼ら自身がよく口にする自己認識とセットになっている。しかし、あたかも強迫観念のように「忘れるな」を唱え、その中身がいかなるものかよりも「忘れない」という行為に集中することは、かえってその中身についての検討や反省を失わせ、むしろ記憶や経験の内容の浸食につながっていってしまう危険性をはらんでいるのではないだろうか？

この同時進行する二つの異なる「一〇月二三日」が浮かび上がらせるのは、災害経験の記憶、あるいは継承の問題である。この二つだけ見れば、制度を通じて災害対応の経験を着実に継承する日本と、警句を連呼しながら何とかつないでいこうとするトルコ、と対照的に捉えられるかもしれない。しかし事態はそう単純ではない。そのことは、東日本大震災の被災地からは早くから「忘れないで」という声が発され、「記憶の風化」が懸念されていることからも明らかであろう［cf. 木村 2014］。

これが本章の出発点である。災害の経験はいかに継承されていくのか、被災地は今後どのような道筋をたどっていくのか？こうした現在進行形の問題を念頭に置きながら、本章では発生から一五年が経過したコジャエリ地震をめぐって何が起きてきたのかを見ていきたい。我々はトルコ社会の試行錯誤から何を学べるだろうか。

＊3　コジャエリ地震は日付を取って「八月一七日（の地震）」とも呼ばれるし、震源地がマルマラ地域コジャエリ県ギョルジュク市であるため、マルマラ地震、ギョルジュク地震などとも呼ばれる。

「私たちは８月17日の地震を忘れていない！」と大書された横断幕。2008年、地震の記念式典会場にて

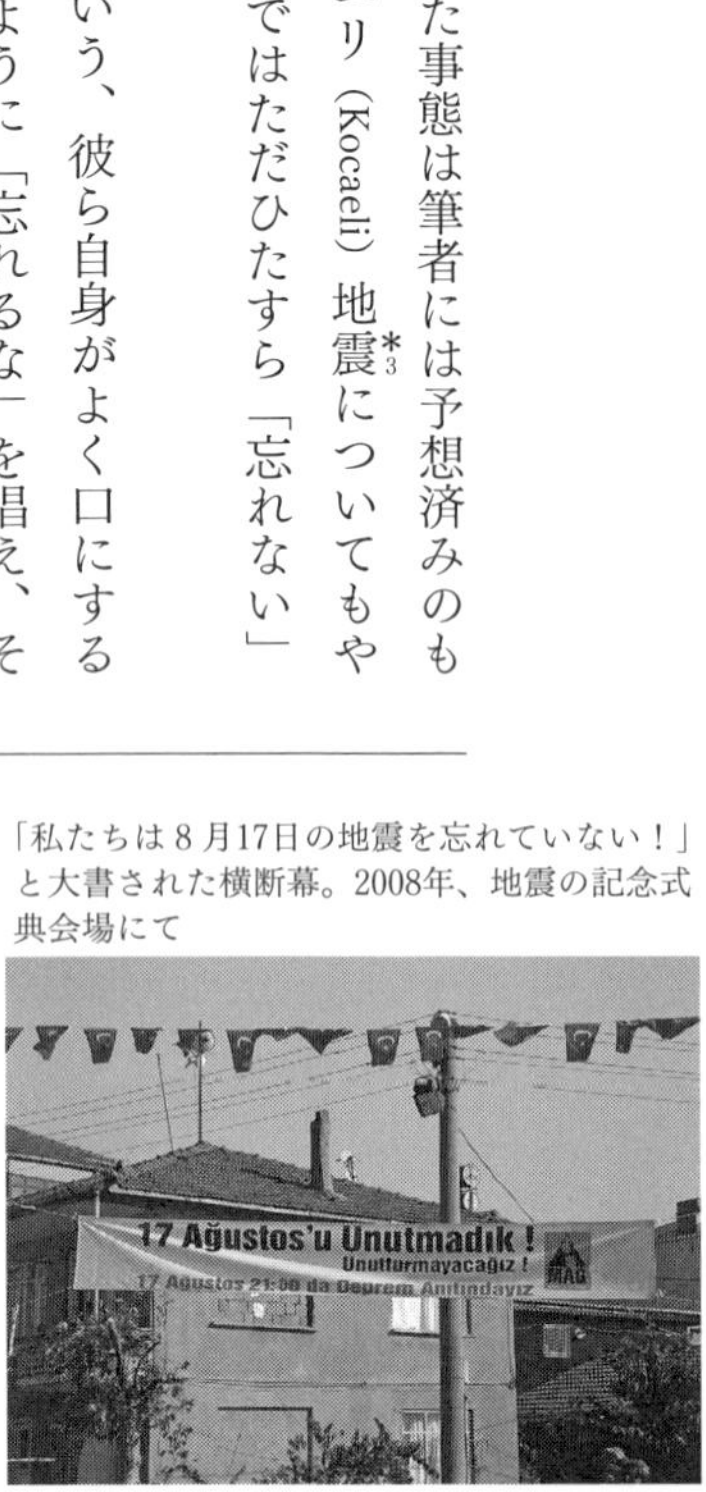

2 「復興」と記憶

コジャエリ地震とその後

まず、地震後の状況を概観しよう。[*4] 一九九九年八月一七日午前三時二分、トルコ共和国北西部、コジャエリ県ギョルジュク（Gölcük）市に程近い海中でマグニチュード七・四の揺れが発生した。この地域はトルコの経済や産業の中心で、人口も集中していたため、被害は甚大になった。とりわけ築一〇年程度の鉄筋コンクリート造中高層アパートが数多く、耐震性の不十分さのために倒壊し、コジャエリ県、サカリヤ（Sakarya）県、ヤロヴァ（Yalova）県、イスタンブル（İstanbul）県を中心に約一万七千人という死者を出し、トルコ経済にも大きな打撃を与えた。[*5]

この地震の直後、これほどまでの被害を想定していなかったトルコ政府は、連立政権内の調整にも手間取り、対応が後手に回った。幹線道路が渋滞し、被災した人々に対する救助・救護活動や支援物資の輸送などが進まず、被災地では「国は何をしている！」という怒号がとび、政府の対応に対する不信感があらわにされた。

この対応の遅れを埋め合わせるように、軍や外国からの援助隊たちと同時に、市民団体が現地に押し寄せた。発災直後の救助や支援活動における市民社会組織の活躍は内容においても存在感においても目覚ましいものがあった。阪神・淡路大震災が起きた一九九五年が日本で「ボランティア元年」と呼ばれたように、トルコでもこの震災は「市民社会」（*sivil toplum*）の隆盛

*4　本節は拙稿［木村 2012］をもとに加筆修正したものである。

*5　コジャエリ地震はトルコ共和国史上二番目の大被害となった［KYM 2000］。コジャエリ県の死者九四七七人をはじめ、合せて八つの県で死者が発生し、約七万棟が倒壊ないし大規模損壊の被害を受けた。また、地震の発生したマルマラ地域は工業地帯でもあり、GDPの損失は約五四六兆リラ（一億三千万ドル）に及んだ。また、被害に関して、重度被害は一九八〇年代半ば以降に建設された（つまり築一〇年～一五年ほどの）鉄筋コンクリート造の集合

ギョルジュク市の海岸（2010年夏）。震災までは海沿いに観光客用の店が並んでいたが、震災で地盤が沈下し、海に沈んだ。街灯を含め、撤去されないままになっている

と関係づけて語られる。

しかし、その後のプロセスは、良くも悪くも国家主導で行われた。

日本における被災者の生活再建は、住家を基準にプログラムされ、避難所（体育館や公民館などが多い）から仮設住宅へ、そこから恒久住宅へという流れを取ることが一般的であるとされる（実際には親戚や友人の家、あるいは民間賃貸を経るなどして、直線的ではない流れで進むことが多い）。人々がこのコースを進むよう、行政は仮設住宅を提供し、またその後の住家再建のために制度的な資金補助や公営住宅の建設を行う。これに対してトルコでは、避難所として体育館などの施設が使われることはほぼゼロである。その代わりにテント村（トルコ語を直訳すれば「テント町」）が形成され、仮設住宅（あるいは家賃補助や信用補助）を経て、政府が建設する安価な――当時は高いインフレ率のため、ローン払いであれば結果的に無償に近くなった――恒久住宅の提供を受ける。こうした施策は日本の災害対策基本法とほぼ同時期の一九五九年に制定された法律七二六九号（通称「災害法」）に定められたものである。[*6]

政府の報告によれば、この八月の地震と、それに続いて起きた一一月の地震[*7]で、合わせて一六万を超すテントが配布され、一六〇ほどのテント村ができ[*8]、仮設住宅と恒久住宅はそれぞれ四万戸ほど建設された。またちなみに、コジャエリ地震後の仮設住宅には、日本の阪神・淡路大震災の際に使われたものの一部が運ばれ、再利用もされた。

一見すると、恒久住宅の提供がある分、トルコの方が日本より支援が行き届いているように見える。しかしそこには多くの問題点もある。一つめは、住宅の提供などを受けられるのは持ち家世帯に限られ、借家世帯はこの一連のプロセスから取り残されてしまうということである。このため、借家世帯は苦しい生活を強いられる。村上薫［2009］が明らかにしているよう

1999年の地震後につくられた復興恒久住宅。市街地から遠い丘の上につくられたが、今ではバス路線も伸び、商店もでき、すっかり町の一部になった

住宅に集中した［日本建築学会・土木学会・地盤工学会 2001］。

*6　また、近親者を失った者や負傷者に対しては一九九五年成立の第四一二三号「自然災害によって死亡した、ないし障がいを負ったり、実際に居住していた住居や使っていた職場に被害を受けた人々に行われる援助に関する法」および第一九三号「所得税法」に基づき金銭的支援が行われた。

*7　一一月一二日午後六時五七分に発生したデュズジェ地震では死者が七六三人、負傷者が約五千人であった。この地震と

に、家を失った人々が、持ち家世帯が恒久住宅に移ったのちに空いた仮設住宅に入り、住環境の悪いなか何年もそこに住み続ける、といった事態もみられた。二つめは、地震で壊れてしまったら国から住宅を提供してもらえるために、市民が住居の耐震性を高める努力をしなくなる可能性があるということである。[*9] そして三つめとして、恒久住宅は団地の形で郊外の地盤のよい地域に造成されることが多く、それまでの地域的な人の結びつきを失わせる、ということである。

災害とそこからの復興は、いかなる規模にせよ、社会や地域を変化させるが、変化のさせ方は多様である。本書第2章で大矢根が言うように、日本での復興は現地での復旧、原形復旧が基本線であり、それを前提とした支援がなされる。これは制度上、復興が自治体を単位とし、そのレベルで住民の〝面倒を見る〟ことに裏打ちされている。そのため住まいの移動も、基本的には同一自治体内で行われ、そこから外れてしまうと支援の手は急に届きにくくなる。そうしたところから見るとトルコの状況は、人々の移動の範囲やあり方は日本よりもかなり広く、本書第3章の山本の言葉を借りれば、「流動性が高い」。筆者が二〇〇七年にコジャエリ県ギョルジュク市で行った聞き取りにおいても、震災後は自分の故郷（*memleket*）にいったん戻っていた、と答えた人は少なくなかった。そもそも工業の拠点であったこの地域において、何世代も前から住んでいたという人の割合は多くないのである。

災害が起きると住まいは元の場所から移動し、当然ながらそれに伴って人も移動する。[*10] ギョルジュクでも、数年のうちに、今まで何もない丘だったところにアパート群ができていき、はじめは不便だが、しだいに乗り合いバス（*dolumuş*）の路線も伸びて充実し、小商店もできていった。人口が増えると行政区分である街区（マハレ、*mahalle*）の名が与えられ、名実ともに新

八月一七日の被災地はほぼ隣接している。

＊8　テント村には子供の遊び場や美容室、喫茶室などもあり、日本でイメージするそれとは大きく異なる［KYM 2000］。

＊9　これに関して、その後の制度改革で地震保険への加入が住宅提供の条件とされたが、現実的にはこの縛りは機能していないようである。

＊10　この顕著な例がトルコ共和国史上最も大きな被害（死者は三万人に上るとされる）を出したエルジンジャン(Erzincan)地震（一九三九年）である。こ

エルジンジャン駅。1939年の地震でこの町が壊滅的な被害を受けたとき、唯一残った建物と語られる

しいまちになった。他方、もとの町だったところも、いくつかの建物は補強したり建て直したりし、そうならないところは雑草の生えた空き地となり、近隣の人に駐車場代わりに利用されたりするようになっていく。もと居た人々が別のすまいへと移っていくと、建設などの仕事を見込んで新たに人々が流入する。

そうして、町は変わっていく。この町に住むある被災者（震災で片足を失った）は、震災後数年ドイツで過ごし、戻ってきたら、住んでいた町が全然知らない町のように見えた、と語った。通りを歩いていても、昔そこに何があったか思い出せない、と。[*11]

これはある面から（多少皮肉を込めて）見れば、スムーズな都市の更新であり、それを可能にしている背景にはトルコの人口増や経済成長、そして人々の「地域」へのこだわりの弱さ（ないし、どこに行ってもそれなりに関係性を形成してやっていけるという強さ）があると言えるだろう。しかしまずここで確認しておきたいのは、トルコにおける災害後のプロセスを、日本における「復興」のイメージを当てはめて考えることには留保が必要である、ということである。

トルコの「新しい人間」？

こうした状況において、震災の経験はどのように継承されているのだろうか。その継承のあり方は、本書の「はじめに」で述べられる「新しい人間」の誕生に、どのように関わっているのだろうか。

この問いに対して、トルコの友人たちはおそらく、先に述べたように「トルコ人は忘れっぽい」と、半ば自虐的に、否定的に答えるであろう。つまり、継承されていない、と。しかし本章ではそれで終わりにせず、もう少し考えてみたい——そもそも、忘れっぽいというのは何

1999年の地震の被災者の一人。「震災後に戻ってきたら、住んでいた町が全然知らない町のように見えた」と語った。メディアの取材には批判的だった

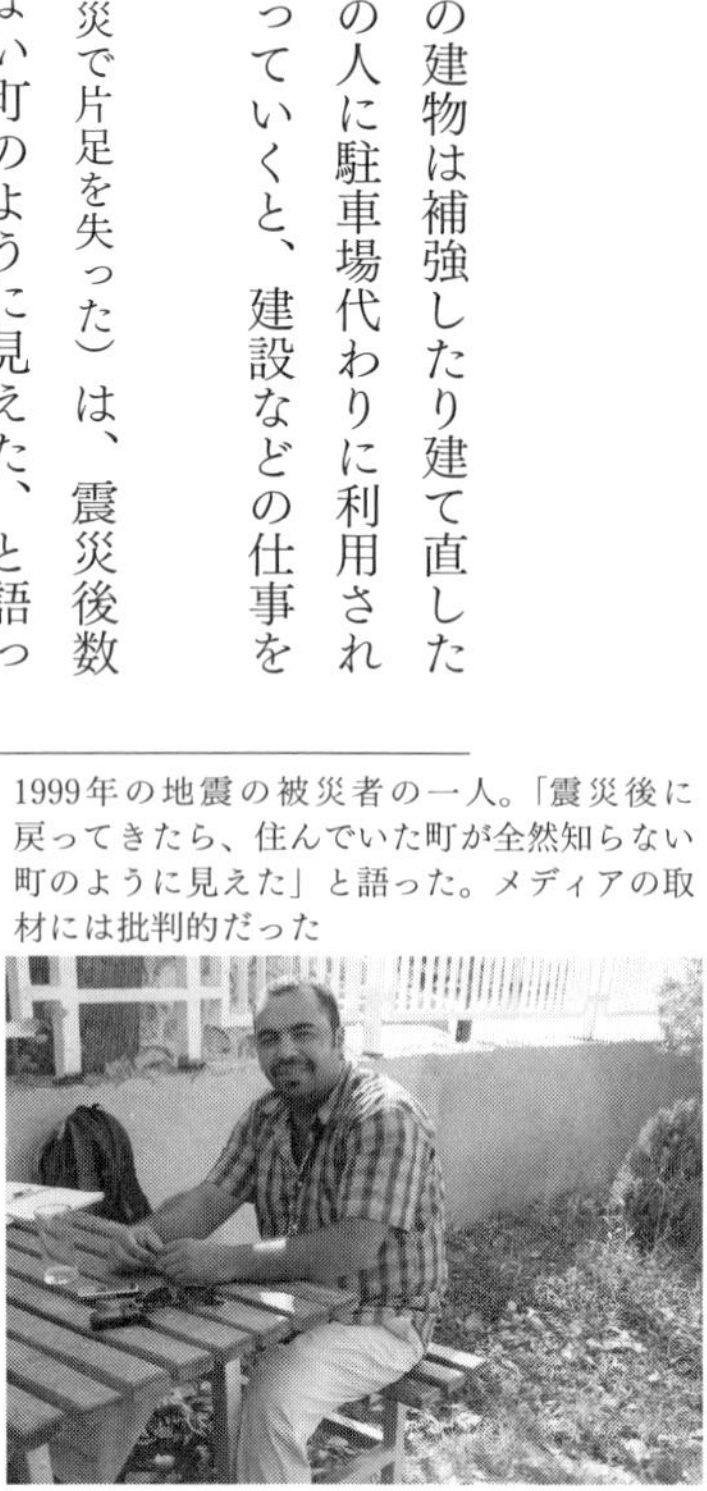

の震災で壊滅的な被害を受けたエルジンジャン市は唯一残った駅を中心にまったく反対側の場所に再建されたのである。かつて町だったところには放棄された家の残骸が残っていたというが、七〇年後に筆者がこの町を訪れたときには、その残骸も林のなかに姿を消していた。そのそばにひっそりと集合墓地が建っているが、ほとんど来訪者はなかった。

*11　加えて彼は、地震前、町の人はお互い良く知っていて、歩いて五分で行ける所に二五分かかったが（次々知り合いに会い、挨拶しないといけないので）、震災後の恒久住宅では、

なのか（大事故から一年強で原発を再稼働させてしまう日本は忘れっぽくないのだろうか）。あるいは、忘れっぽいという自己認識をもたらしているのは何なのだろうか。確かに、震災について専門家ではない人々が口にする場面は、筆者の見る限り、もはやほとんど、家族や友人などのあいだの親密な領域のなかに限られている。*12 さらに、そうした場においても、地震の揺れやその後の数日間の混乱状況がどうだったかが語りの中心であり、長期的なプロセスとしての復興について語られることはまれである。このことは、震災五年目にオープンした「地震文化博物館」(Deprem ve Kültür Muzesi) も傍証となりうる。そこでは、地震自体や死者について、あるいは直後の救助活動についての展示はあるが、復興プロセスを示すようなものは何もないのである［木村 2013: 第一章］。これは本書で寺田が詳細に論じる、復興について多くのスペースを割く「人と防災未来センター」とは好対照である。震災から一〇年目に、筆者がギョルジュク市に災害後につくられた恒久住宅団地で行った聞き取りでも、復興（という日本語でイメージするもの）について語ってもらうことはきわめて困難であった。筆者が促してようやく、「はじめの頃は建て付けが悪く雨漏りして大変だった」とか「買い物に行くのが大変だった」という言葉が聞けた。しかしそうしたわずかな語りのあとに続くのは、現在はそこでの生活に満足している、という言葉であった。

こうした事態から、トルコの人々は復興について語るべき言葉を十分に持っていないと見なすこと、あるいはさらに踏み込んで、復興を語れるためには、それなりの語彙や概念があることが条件なのであり、トルコにおいてはそれが準備されていないのではないかと論を進めるのは勇み足だろうか。

日本において時にシンボリックな意味で使われる復興という言葉にトルコ語をあてるとすれ

くじ引きで住宅を分配したので、お互い知らない人が隣同士や同じ建物に住むことになってしまい、昔のようなご近所づきあい（*komşuluk*）が失われた、とも語った。

*12 その意味で「語り部」はやはり特筆すべき制度である。トルコでも日本の影響で語り部にかかわる動きがあるが、十分に活性化しているとは言えない。

「地震文化博物館」の外装。地震で壊れた建物を模したという、半地下の施設である

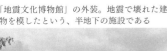

ば、英語のrecoveryに近い*iyileşme*ないし*iyileştirme*という言葉、あるいはreconstructionに近い*yeniden yapılandırma*などが考えうる。前者は*iyi*（良い）という言葉を動詞化したもので、文字通りには「よくなる」「よくさせる」というような、きわめて一般的な言葉であり、逆に言えば具体的な内容はあまりない。後者は「再度」＋「建設する」という意味である。そこには、ほとんど災害でしか使われない日本語の復興という語のように、社会や文化に関する含意が十分に込められているわけではない。[*13]「がんばろうＫＯＢＥ」や「帰ろう山古志へ」のような、住民を含む地域を挙げての復興ということは、それに向けた努力はないわけではないが［木村 2013: 第一章］、現在のところ、語彙においても、あるいは上で見た制度枠組みにおいても、トルコでは十分に達成されているとは言えない。だから、被災者個々人の生活の立て直しや精神的な恢復と、「イスタンブル」とか「ギョルジュク」という町全体の再建（再度本書での山本の言葉を借りれば、「小文字の復興」と「大文字の復興」）とは、人々の意識のうえで結びついていない。前者を積み上げていくことが必ずしも後者につながるとは考えられていないのだ。

こうした状況を踏まえれば、我々が通常「復興」と呼ぶ災害後の道のりは、普遍的というよりはある文脈に固有のものであり、トルコの事例を考えるには、いったん日本の枠組みから離れて眺める必要があると言える。トルコにおいて災害の経験はどのように継承されているのか、「新しい人間」はどのように生まれつつあるのかという問いは、「地域」が必ずしも前景化せず、「地域」を防災や復興の主体として語る政策や言説が一般的ではないということをコンテクストとして捉え直されるべきだろう。

以下本章では、これらの問いに対し、筆者が現地で出会った人々のうちから二人にスポットライトを当て、彼らの遍歴、地域や組織との関わりを辿ることから取り組んでいきたい。

*13　しかし、英語でも「復興」はrecovery、rehabilitation、reconstruction、revitalizationとさまざまな訳がありうるように、じつは日本の文脈が特別なのかもしれない。

「地震文化博物館」の展示のひとつで、震災が発生した当時の新聞記事や写真等の切り抜きが飾ってある。この博物館の手作り感をにおわせる

3　制度化と忘却のダイナミズムとともに生きる

ある行政担当者との出会い

二〇〇四年九月末、イスタンブル県、バクルキョイ（Bakırköy）区。[*14] 高層団地群が途切れたところの空き地にある、ＡＫＭ（Afet Koordinasyon Merkezi：災害調整センター）と書かれた一階建ての建物の扉を開けると、小柄な中年の女性が大げさな身振りで筆者を出迎えてくれた。当時、イスタンブルでの地震への社会的な対応についての調査を始めたばかりの筆者がおずおずと自己紹介すると、彼女はきびきびした早口で、自分がこの場所の責任者であること、そしてこの場所が組織としてどのように機能しているかについて語りだした。この訪問が事前のアポイントメントなしのものであったにも関わらず、彼女の話はそれから一時間以上、ほとんど休みなく続いた。まだ使い始めたばかりの外国語での聞き取りで集中力が失われていきそうになるのを感じながら、筆者は彼女がどれほど自分の仕事に心血を注いでいるかということに心を打たれた。

彼女の名を仮にオズレムとしよう。彼女は一九六〇年代にトルコの首都アンカラで生まれ、育ったが、彼女自身のルーツは東南部のマルディン（Mardin）という「古く、美しい」町にあると語る。[*15] オズレムは子供時代、公務員だった父親について国内各地を転々とした後、アンカラに戻って大学教育を受けた。

卒業後、結婚した彼女は夫とイスタンブルに引っ越した。はじめ役所勤めをしていたが、子

＊14　ここで「区」と訳した*ilçe*を、本章では「市」とも訳している。この訳しわけはトルコの文脈に即したものと言うよりは、その方が読者にニュアンスをつかんでもらいやすいと考えたためである。ここで区という言葉を使うとき、東京都の二三区（「品川区」「世田谷区」）のようなものを、市という言葉で「小平市」「町田市」のようなものをイメージしていただければと思う。

＊15　マルディン出身であると名乗ることは、トルコで暮らす人には彼女がクルド人であることを示唆する。トルコ政府とクルド独立勢力が戦闘を繰り返し

バクルキョイ災害調整センター（2004年当時）。1999年の地震後、イスタンブル県内の各区のなかで最も早く整備された

供ができたので自分で育てたいと仕事を辞めた。しかし、夫が次第に家に寄りつかなくなったため、仕方なく中学や高校で英語教師をしたりしながら、三人の子供を育てた。震災の直前には、イスタンブルのバクルキョイ区の職員となり、広報の仕事に就いた。仕事の少ない、どちらかといえば暇な職場だったが、自ら仕事を見つけて働いていると、区長の目に留まり、区の会議場の責任者に抜擢されたという。

イスタンブルでも最も経済的に豊かな区のひとつであるバクルキョイの当時の区長は障がい者支援などの福祉政策に力を入れている人であった。そうしたこともあり、コジャエリ地震発生後、区内の被害が少ないことが分かるとすぐ、被害の大きかった他の地域の被災者支援の活動が始まった。区長の指示で区内にはテント村が作られ、被災者の受け入れや、救援物資を集めるキャンペーンや配送などの積極的な支援活動が開始された。

災害調整センター

こうした活動をコーディネートするため、区長は災害調整本部（Afet Kordinasyon Merkezi）を設置した。そこで区長は関係者とともに毎日のように会議を開いたが、市民に対応する立場にあったオズレムもこの動きに加わっていた。

この本部は一九九九年末に、区役所内で恒久的なものに組織化される。そしてバクルキョイ区のほぼ中央に広がる高層団地のそばに広がる緑地のなかに木造一階建ての建物が造られ（筆者が訪ねた場所）、そこが災害調整センターとなると、オズレムは住民対応の責任者に任命された。

このセンターが建てられたことは、区財政の豊かさと区長の強い思い入れを反映している。当初のスタッフは一二人であり、センター内には会議室として使える部屋が三つ、通常の電話

1999年の震災以降、立場を変えつつ行政のなかで防災という任務にあたるオズレム。筆者も付き合いは10年になった

（最近は「イスラム国」も関わり事態はさらに複雑になっている）、時に徴兵された若者の戦死がメディアを賑わす現在のトルコにおいては、この名乗りは彼女にネガティブな印象を与えかねない。しかし少し彼女と話せば、彼女が積極的にクルド人だと自らを提示しようとしているのではないことが分かってくる。共和国の高級官僚であり、過去の首相たちと知己であった父のことを誇らしく語る彼女は、今ではやや時代がかりつつある語り口——トルコ共和国民はみな「アタトゥルクの子供」（Atatürk çocuğu）であり、民族的な差異のない「トルコ人」として、国父ムスタ

線の他に二台の無線があり、一台はバクルキョイ区役所との通信、もう一台は県庁や他区のカイマカムルック（*kaymakamlık*）[*16]との通信に使われていた。周囲には、非常時にはヘリポートとしても使える広さのある駐車場があり、県や別の団体からもらった救助用道具のコンテナ（発電機、チェーンソー、シャベル、ロープ、毛布、テント、寝袋などが収められている）がその脇に据えられた。[*17]

こうしたセンターは当時トルコのほかの自治体には存在しなかったため、提携先の見つけにくかった欧米や日本などのNGOもここを訪れ、一緒にワークショップを行ったりしたという。当時は毎日のように区長をはじめさまざまな人々が出入りし、とても活気があったと、彼女は語る。

年が明けると、県庁を筆頭に、イスタンブル県内の全ての区に災害管理センター（AYM：Afet Yönetim Merkezi、最初に作られたバクルキョイのものと微妙に名称が異なるが、同様のものとして扱われている。以下はAYMでどちらも指す）が設置されることになった。彼女によれば、これはバクルキョイでの仕組みと活動が県にも評価されたからだと言う。このAYMは、災害発生時の区内の対応の調整と事前防災を行う部署として、カイマカムルック内の市民防衛課（*sivil savunma müdürlüğü*）の下に設置された。これは県庁のAYMとの連携機関という位置づけのためである。しかし、冷戦期にアメリカの影響で設置された市民防衛課は通常は具体的な仕事がなく、どの自治体でもわずかな職員しかいない部局になっていたため、そのままではAYMの運営が困難になる。そのため、AYMを機能させるためには区役所側がスタッフやリソースを用意することが必要であった。オズレムは初めて会った時、三角形を描き、それぞれの頂点にカイマカムルック、区役所、市民団体と書き、これらのバランスがとても大切だと言った。つまりA

ファ・ケマル・アタトゥルクの目指した、世俗的で民主的な国家の建設を引き継ぐ者なのだという言説 ― に、自らを位置づけているのである。彼女は自らアタトゥルク主義者（*Atatürkçü*）だと言ってはばからないが、その表明は宗教的なスタンスというよりは（彼女は断食月には断食もする）、彼女が親から受け継いだ、生き方についてのモラルを示している。

*16　トルコの地方行政（市や区のレベル）には、分かりにくいことに、権限や予算なども全く別の二つの系列の役所が並列している。あえて言えば、一つ

コンテナに収められた救助用道具の点検をするオズレムたち

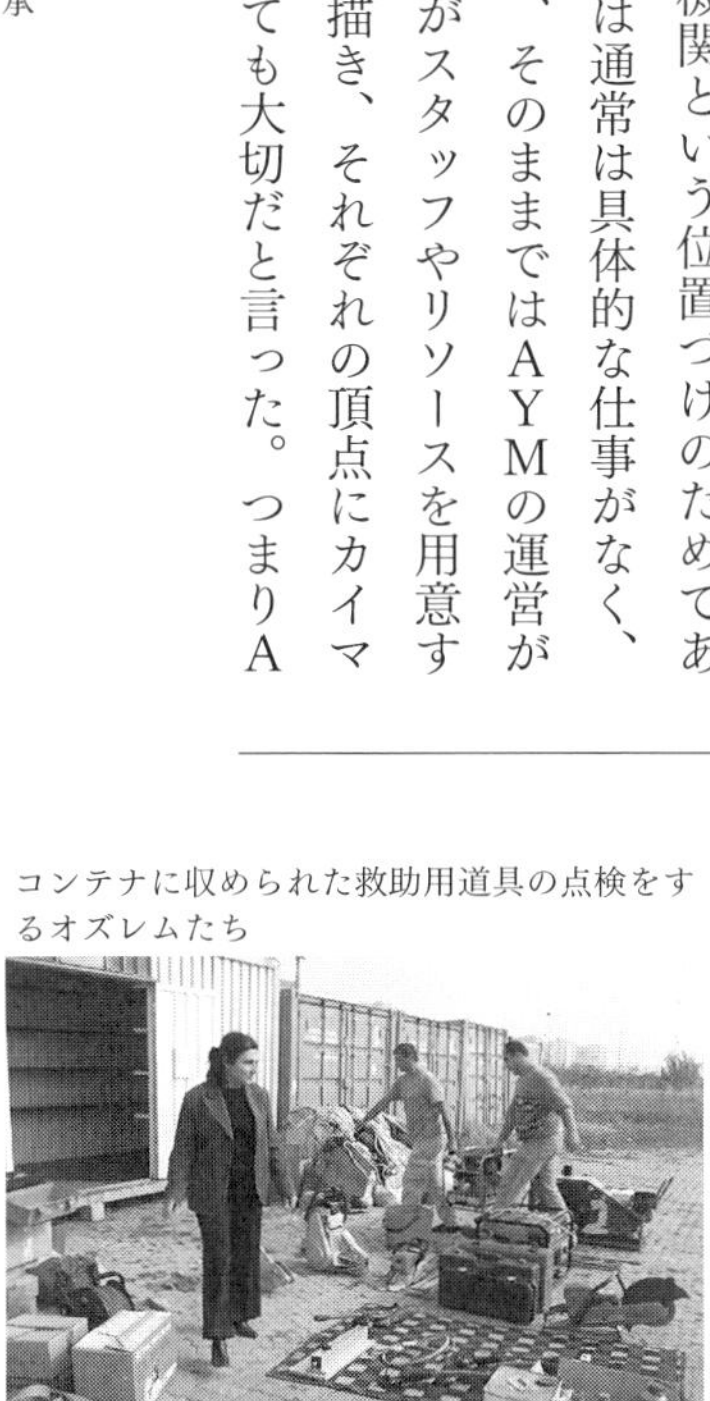

YMは、カイマカムルックと区役所という二つの別系列（注16参照）の組織の間での制度上の不安定さをつねに抱えていたのである。だからAYMが各区に導入されても、区ごとのカイマカムルックと区役所のバランスによって、AYMの活動や施設は、かなりばらつきが生じた。二〇〇四年の時点では、イスタンブルの中心部においても、ベイオウル（Beyoğlu）、ゼイティンブルヌ（Zeytinburnu）などの区ではプレハブの建物に二、三人の職員が配置されているだけだったし、ファーティヒ（Fatih）区においては独自の部屋すらなかった。それに対し、オズレムの勤めるバクルキョイ区やカドゥキョイ（Kadıköy）区においては、区役所の積極的な関与と職員の努力で、防災教育など独自のプロジェクトが多数実施されていた［木村 2013: 第五章］。

　なかでも先駆的であったバクルキョイでは、合衆国の連邦危機管理庁（FEMA）などの取り組みをインターネットで調べながら、手探りで活動をはじめた。初期の活動は今後の災害時のための緊急計画図の作成（テント村にする区域、公園、学校、病院、などが示されている）と、要援護者の区民台帳づくり、そして住民のための応急処置や救急救助などについての講習会であった。台帳づくりは手作業で、区内を歩き回って、障がい者や歩行できない老人などについての情報を集めたという。講習会では、イスタンブル大学医学部の医師や区内の医師、救助専門のNGOのメンバーなどが講師となり、一般向けだけでなく、いくつかの災害時に役立ちそうな組織（タクシー運転手の組合[*18]やスポーツクラブなど）に対しても行った。最初の一年間では、約一六〇〇人に応急処置と簡単な救助活動についての講習と、四〇人の区職員に対する応急処置の講習が行われた。また、オズレムの発案で実施され、脚光を浴びたプロジェクトに「血液バンク」というものがある。これは先に見た台帳と同じようなシステムで、住民に登録用紙に記入してもらい、血液が必要になったときにそのリストから型の適合する人を探し、無料で必要と

は政府の出先機関系、もう一つは自治体系である。前者は県のレベルの中央政府の出先機関である県庁（*valilik*）の、さらに区／市（*ilçe*）のレベルでの出先機関であるカイマカムルック（カイマカム・オフィス）である。後者は、公選によって選出される区／市長（*ilçe belediye başkanı*）と区／市議会を持つ自治体（*ilçe belediyesi*、本章では区／市役所と呼んでいる）であり、公園や道路などインフラの整備、公共交通機関の運営、ゴミ収集や清掃、都市計画とその実施などを行っている。

*17　バクルキョイ区では、区

防災に熱心な区長が建てさせた、カドゥキョイ区のAYM（2004年当時）

している側と提供側の間をコーディネートし、血液を提供してもらう、というものである。オズレムによれば、これには一万前後の登録者があり、二〇〇三年にイスタンブルのシナゴーグで爆弾テロが発生した際にも[*19]、四〇人ほどに血液が提供されたという。

ＡＹＭの活動の転換

しかし時間が経つにつれ、講習会の数が次第に減ってくると、バクルキョイにおいてもＡＹＭの仕事は少なくなっていった。スタッフの数も次第に減らされていき、当初のコンピュータや無線の専門職がいなくなった。オズレムは何か新しい活動を行おうとしたが、なかなか実施できないままであった。

こうした活動の減少の理由としてオズレム自身は、二〇〇四年三月の地方選挙でバクルキョイ区長が別の政党に変わり、区議会与党も変わったことを挙げる。それまでの区長のお気に入りだったＡＹＭは、急に後ろ盾を失った。さらに概して新しい区長は前の区長との方向性の違いをアピールしようとするものであり、その意味でもＡＹＭの立場は怪しくなった。加えて災害対応はこの、震災から五年後の選挙では争点にならなかったため、新しい区政でこのセンターに力を入れる理由もなかった。

二〇〇四年秋に彼女が私を歓待し、このセンターの仕組みや役割について長々と語ってくれたことは、このようにＡＹＭがちょうど、あるべき姿と現実の間のギャップが広がりつつある状況だったことを背景に置いてみるとよく分かる。

筆者はオズレムとの出会いから約一年の間、週に一度ほど、このセンターに通ったが、彼女がインタビューで語ってくれた活動を直接目にすることは、ほとんどできなかった。スタッフ

職員からなる救助チームも組織された。

＊18　これは、タクシーにはすべて無線がついている、というのが理由である。

＊19　メディアによって厳密な人数は異なるが、二〇人以上が死亡し、三〇〇人ほどが負傷した。

バクルキョイに立ち並ぶ、シテと呼ばれる団地。比較的富裕な人々が住まう

はもはや、当初の半分以下の五名ほどになっていた。けだるい感じの午後、彼女が淹れてくれたトルココーヒーを飲みながら、あるいは屋外の檻で飼われている、実際に出動したことのないままの救助犬に餌をやりながら、何もすることがない時間を過ごした。最初の訪問で圧倒された筆者も、次第にフィールドノートに書くことが無くなっていった。この場所は、立場的にはイスタンブルの防災について調査するために重要な場所であるはずであった。しかし筆者は、ここではないどこかに、調査するのにはもっとふさわしい「場所」があるのではないか、という思いに付きまとわれた。

そんな筆者を、彼女は親切にも、災害に関わるシンポジウムやカンファレンスなどに連れて行ってくれた。そこで彼女は生き生きと、旧知の仲である地震学の教授たちや政府の災害担当の職員などに筆者を紹介し、楽しそうに議論していたが、他方いくつかの団体や研究所のスタッフからは距離を置くようにもしていた。そうして、災害に関わる組織を越えた彼女なりの人間関係のあり方を形成していたのである。そこで出会う人々は彼女同様、防災に熱心であったし、さまざまな取組みを各地で行っていた。そのために筆者は一層、調査すべき別の「場所」があるという焦りを強めることになったのだが、しかし今振り返ってみれば、こうした経験からはもっと別のことを読み取ることができる。つまり、シンポジウムのような特別・一時的な場でしか防災にかかわる人々に会えなかったのは、震災後に形成された、防災に関わる人々の密なネットワークが次第に緩み、日常的な意見交換や活動のための機会が減り、それぞれの活動が孤立しつつあったからではないか、ということである。

センターで彼女はいつも熱心に、私や彼女の同僚に、その時々の関心事についてしゃべり続けた。今後行いたいと思っているプロジェクトや、区に対する愚痴（本来このセンターに帰属すべ

2007年に首都アンカラで行われた地震シンポジウムを告知するポスター

き建物に、別の用途での使用許可が出されてしまった、など）、さらには子供の進学や親の体調、近所づきあいのなかでの懸念などが、主な内容だった。障がい者台帳の更新も何度か言及されたが、再び情報を集める労力もない、と実行には移されなかった。収集されたさまざまな報告書や災害の情報も、バインダーに納められたまま、開かれることもなく、ロッカーのなかに積み重ねられていった。出入りしていた市民団体のメンバーたちも、次第に人が入れ替わったりしながら、顔を見せる回数が減っていった。

オズレムは熱意と、筆者からみれば責任感や義務感と呼べるようなものをもって状況の改善を目指し、さまざまな災害関連のシンポジウムや催しに出かけ、他の組織の防災実務者や研究者たちと積極的に人間関係を築き、また新しい区長の周辺の人々とも親しい関係を形成しようとしたが、状況を好転させるには至らなかった。二〇〇九年の夏の訪問時、オズレムは筆者に次にように振り返った。

> はじめの三年間は、まるで三〇年分働いた。時間と競争するかのように。今はスピードがゆっくりになっている。市民の関心、そして担当者の関心、イニシアティブが低下している。ワークショップ等でいいアイデアやプロジェクトが出ても、行政が実行しない。市民の関心を高めるようなアクションが必要だと思う。……
> もっと先まで進んでいる必要があるけれど、まだそこまで行けていない。まだ途中。やらなきゃいけないことはたくさんある。

その翌年、彼女はバクルキョイ区の職を辞し、イスタンブル県庁に移ることとなった。国では数年前から緊急事態対応の仕組みの抜本的な改革を進めており、それまで複数の組織に分か

オズレムと仲間たち。組織による持続的な活動が困難ななか、活動のノウハウは彼らのネットワークとともにある

れていた緊急対応と住宅建設などの長期的な支援の仕組みを一元化するために、内閣府に災害・緊急事態管理庁（AFAD：Afet ve Acil Durum Yönetimi Başkanlığı）を設置することになった。[*20] また、AFADの設立に伴い、イスタンブル県では市民防衛課と、コジャエリ地震後に設置されたAYMが災害・危機管理課として統合された。この課では地域のリスクを明らかにし、対応計画を立てること、災害時には市民団体と連携しながら現場対応を行うこと、防災教育等の実施、さらに市民防衛計画の策定などを任務としている。彼女はそれまでに築いていた人間関係を通じて、そこで職を得たのである。

AFADは実際の活動として、上記のワン地震等、国内の災害での対応を行っているほか、シリア難民やパレスチナ難民の支援も行っている。[*21] また東日本大震災をはじめ、外国での災害に対しても、救助隊の派遣や支援物資・義捐金の送付を行っている。オズレムはここで、日常的な市民の防災教育や専門家を招いてのシンポジウムなどを開催している。

制度における経験の継承の困難さ

以上、オズレムという女性に仮託して、コジャエリ地震後の行政的な災害対応の制度化のダイナミズムを見てきた。彼女はもともと望んで災害に関する業務についたわけではない。しかし彼女は、筆者には責任感や義務感のようにみえる熱心さをもって、一五年にわたり、行政機関に身をおいて防災に携わってきた。その一五年から見えるのは、彼女や、彼女と同じように災害に関わってきた人々の経験が蓄積していく〈場〉［cf. ノラ 2002］の問題である（本書第4章も参照）。既に述べたように、トルコにおいては「地域」が災害に関わる経験が蓄積・共有される場として必ずしも機能するわけではない。それに代わる〈場〉としては、彼女自身が行政担

現在オズレムが勤務する、イスタンブル県庁内のAFADの建物

*20 トルコの公的な災害対応体制は、コジャエリ地震以降、合衆国危機管理庁（FEMA）式の、緊急事態への備えと対応を一元的に統括する組織の設置に向けて準備が進められてきた。まず一時的に緊急事態管理総局（TAY）が設置され、その後二〇〇九年に法律五九〇二号に基づいて内閣府災害・緊急事態管理庁（AFAD）が設立された。これに伴い、従来災害への対応を行ってきた公共事業省の災害総局、市民防衛局、およびTAYが廃止された。アンカラに本部のあるAFADは意思決定機関である三つの委員会と実際の業務を行う八つの総局からなる。委員会は、首相を長

当者であることを考えれば、行政的な組織や制度を想定しうる。しかし実際は、本節で見てきたように、その制度は必ずしも安定的なものではなかった。制度は、それ自体を構成するさまざまな外力や、仕事のリズムのもとで流動的なものにならざるを得ず、それに伴って、記憶の継承も不安定にならざるをえなかったのである。

一九九九年の地震は、被災者の保護や物資の支援、外国から来る支援者の仲介など、事前にある仕組みや制度では十分に対応できない、緊急にやるべきタスクを無数に生み出した。そのため、おそらく一時的なものとして、災害調整本部での活動が始まり、トップである区長も参加して毎日のように会議をして意思決定し、それらを進めていくことになった。その意味で、彼女が身をおいたＡＹＭは、日常的なタスクをこなすというよりも、震災直後の非日常な状況をもとにして制度化された組織であった。

そうした組織の持続的な活動が困難をはらんでいることは、容易に予測できる。だから彼女がなしえたことは、時期によって大きく異なる。初期には、「はじめの三年間は、まるで三〇年分働いた」というオズレムの言葉に示されるような、地震直後の急激な活動の盛り上がりがあった。しかしその後は、活動は緩やかに衰退していく。あたかも大きく振れた振り子が、時間が経つにつれ振れ幅が小さくなっていくように、彼女とＡＹＭの活動は、血液バンクなどによる数度の再活性化を経つつも、時間の経過や地方選挙による区政の方向転換などを背景に、次第に何もすることがない時間が増えていき、同時にスタッフ数の減少なども起きていた。

そうした組織の不安定さは、経験が個人を越えて組織内で共有されることにプラスに働かず、個々人の経験やノウハウが、その人のなかに蓄積されるに止まるだろうことは想像に難くない。「トルコ社会は忘れやすい」と言われることは、おそらくこうした制度的な不安定さと

とし、災害及び緊急事態のための計画や報告書などを承認する「災害・緊急事態高等委員会」、災害発生時に現地で指揮を執る「災害・緊急事態調整委員会」、地震の専門家からなる「地震諮問委員会」である。

*21　国連難民高等弁務官事務所（ＵＮＨＣＲ）によれば、シリア難民は二〇一五年七月で四〇〇万人を超え、そのうちトルコで避難生活を送る人は一八〇万人以上に上る（http://www.unhcr.or.jp/html/2015/07/pr150709.html）。ＡＦＡＤ公式ウェブサイト（https://www.afad.gov.tr/tr/IcerikListele1.aspx?ID=16）によれば、ＡＦＡＤはこれに対し、一〇の県で二五

コジャエリ地震記念式典に伴うパネルディスカッションの様子（2008年）

相関関係がある。ただし逆説的ながら、そうした状況は、オズレムのような意欲やノウハウをもった特異な個人と、彼らの人的ネットワークを生み出すことができることを、彼女の事例は示している。それが目に見えるのが、彼女が連れて行ってくれたカンファレンスであり、またそのネットワークによって彼女は次の組織に移ることができたのである。新しく立ち上げられたＡＦＡＤがどれほど、個々人の経験やノウハウなどを集約していく組織になりうるかについてはまだ明確なことは言えない。あくまで現状においては、災害の記憶や経験は、「組織」や「地域」という見えやすい母体やその成員にではなく、意欲ある人々のネットワークのもとにあると言えよう。こうした、「地域」や制度の曖昧さから逆説的に生み出されてくる個々人を、トルコ版の「新しい人間」だと言ってよいのではないだろうか。

次にもう一つ事例を見よう。

4　防災住民組織から緊急時のセミプロへ

市民団体の興隆と衰退

またフェイスブックの話で恐縮だが、二〇一四年二月、筆者が二〇〇九年頃トルコで撮影したある防災市民団体の写真を掲載したところ、ある友人（以下、彼をセルカンと呼ぼう）から次のようなコメントが付いた。

よい写真だ。でも君はこの団体に熱心に関わっていたが、見ていたのはこの団体のほんの初め

の避難センターを設置して受け入れを行おうとしているが、合計人数は三〇万人程度に過ぎない。そのため、大多数の難民はそれ以外の場所で、場合によっては劣悪な生活環境の中にあると考えられる。

コジャエリ地震を記念したモニュメントのある公園（コジャエリ県キョルフェズ市）

の頃だけだ。いまはもっともっと発展している。もし次に来ることがあれば連絡してほしい、現在の様子を案内してあげるから。

このマハレ防災ボランティア（MAG：Mahalle Afet Gönüllüleri）という団体は、コジャエリ地震から二年後の二〇〇一年に被災地で活動を開始し、その三年後にイスタンブルまで活動範囲を拡大し、二〇一五年現在に至るまで活動を持続している。彼の「初期の頃しか知らない」という、現在をそれ以前から切り離そうとする発言の意図はあとでまた説明する。しかしその意図が分かりつつも、それ以上に、震災から一〇年目の写真を「初期」と呼べてしまうほどにMAGが継続して活動を続けてこられたことに改めて感慨をもった。

トルコにおける市民団体の多く[*22]も、前節で見たような一時的な盛り上がりと衰退というプロセスを辿ってきた。コジャエリ地震においては、緊急期の被災者支援活動に関して中心となったのはトルコ赤新月社であるが[*23]、むしろ目立ったのは瓦礫の中から被災者を救助する活動を行った市民団体であった。その中で最も有名なのが探索救助協会（AKUT：Arama Kurtarma Derneği）である。AKUTは一九九五年にイスタンブルを拠点に結成された災害や山岳事故での救助活動を目的とした団体であり、一九九七年以降、都市の災害における救命救助にも参加している。一九九九年の地震では発災一時間半後には活動を開始し、約二〇〇人の生存者を救出し「市民社会」のシンボルとしてメディアで取り上げられた。このAKUTに倣って雨後の筍のように救助の市民社会組織が結成された。しかし、そのほとんどは数年で活動を停止してしまったのである。トルコでの市民団体は一般に、結成するのは簡単だが、財政的な基盤が弱く（政府からの支援はなく、企業などからの寄付も乏しい）持続的な活動が困難である。そんななか

*22　トルコでは市民社会組織（STK:*Sivil Toplum Kuruluşları*）と呼ばれる。財団（*vakıf*）や協会（*dernek*）など複数のステータスの総称である。ごく大まかに言って、財団は特定の財産を組織の基礎とし、運営に対する行政のチェックの目が厳しいのに対し、協会は結成は比較的容易だが活動内容を変えにくい。

*23　赤新月社はヨーロッパの赤十字に対抗して、オスマン帝国時代の一八六八年、露土戦争時に負傷兵を救護するために組織され、一九三五年から赤新月を名乗っている。国レベルでは国際赤十字・赤新月社連盟のメ

ギョルジュック市の職人たちが結成した、ローカルな災害救助の市民団体の車

で、より目につきにくい防災に関わり、さらに上記のようなコメントを発することができたMAGはどのようなものなのだろうか。*24

マハレ防災ボランティア

MAGは、住民のなかで防災組織をつくるというプロジェクトであり、スイス開発協力事業団（SDC：Swiss Agency for Development and Cooperation）という、スイスの外務省の下にある国際的な開発援助機関によって進められたものである。

MAGはマハレ単位で災害直後の七二時間、つまり市民防衛隊*25や軍、あるいはNGOなどの専門の救助チームの活動が始まる前に、自前で救急救助活動を行うためのローカルなチームを作ることを目的としている。そこでは活動の対象となるマハレにおいて、活動に参加するボランティアを集め、五〇人以上が集まった時点で講習を開始する。講習は応急処置や消火器の使い方など、救急救助に必要となるものを中心に、数週間かけて計三六時間にわたって行われ、知識や技術の習得と同時に、ボランティア同士がグループ意識を醸成することが目指される。講習を修了した個人には県市民防衛課（当時）から「市民防衛ボランティア」としてのIDカードが、SDCからはヘルメットやユニホーム、懐中電灯などが一セットずつ、マハレには発電機やチェーンソーなどの大型機械やそれらを収納するコンテナが贈与される（コンテナはマハレ内の小学校の校庭などに設置される）。

講習が終わると、災害が起きるまでマハレで活動を持続することがもっとも重要な目的になる。人々はSDC側の指示で講習終了の翌週に再度集まり、そのマハレのMAGチームを運営していくコーディネーターや道具の責任者などをメンバーから選出し、その後は彼らを中心に

記念式典で集まり、揃いのユニホームを身にまとって記念撮影するMAGのメンバー

ンバーであると同時に、全国に支部を持ち、ボランティアが働いている。赤新月社は「災害法」にも記載され、災害時等の物資の確保（外国からの支援物資の窓口ともなる）と配給などを中心に多様な活動を行っている。一般に公的な組織として認識されがちだが、活動に対する政府からの財政支出はなく、自治体をはじめとした各種団体からの義捐金が政府からファンドとして提供され、それを利用しながら活動をしている。

*24　MAGについても筆者はすでに何度か論じている［木村2013：第六章など］。MAGの活動のより詳しい内容に興味の

毎月一回ずつ集まって活動方針や内容を決め、実行していくことになる。

このプロジェクトは二〇〇〇年にコジャエリ地震の被災地で開始されたが、当初は十分な参加者を集めることができなかったり、集まったと思えば職が見つかると勘違いした失業者たちだったり、あるいは講習を無事に修了してもその後に活動が持続しなかったりと、決してうまくいっていたわけではなかった。しかしそうした経験をもとに、スタッフと講習を受講した熱心なボランティアたちが相互に意見交換をしながら、講習の内容やプロジェクトの形式自体にも少しずつ修正や変更を加え、結果として、講習への参加から、自発的な活動へと、参加者が主体性を発揮しながら活動を展開していけるようなものとしたことで、活動は軌道に乗った。MAGプロジェクトは着実に実施マハレを増やし、二〇〇六年までの七年間で被災地やイスタンブルを含む計四県六三のマハレでチームを設置した。もちろん途中で受講を止めてしまう人や、講習後まったく姿を見せなくなる人もいないわけではない。しかしその一方で、二〇〇六年末に実施主体のSDCがトルコから事業撤退することになっても、[*26] SDCのトルコ人スタッフと各マハレのチームは活動を組織化し、NGOのステータスを得ることで活動を継続する、というような展開も遂げている。こうして彼らは、現在に至るまで、いまだ大規模な災害への出動の機会はないものの、防災訓練や市民への防災の意識喚起などの多様な活動を、まさに主体的に行っているのである。

傍観者からボランティアへ

セルカン（仮名）はイスタンブルのゼイティンブルヌ区で看板屋を営む男性で、二〇〇四年に出会った時には四〇代であった。彼はトルコ北部の黒海地方出身で、ずんぐりとした体つ

ある方は、そちらも参照していただきたい。

*25 一九九三年以来、市民防衛組織のなかに災害救助を専門とするチームが設置されていた。

*26 この撤退は、経済発展の状況からの判断にもとづいてトルコが支援対象国から外れたということが原因であった。

MAGの講習を受ける住民たち。この時の講義は消防士によるもので、マハレ内の小学校の講堂で行われた

き、赤ら顔で、普段はおとなしいが、話し出すと熱を込めてしゃべる。若い頃は政治活動家でもあったようだが、多くは語らない。

二〇〇四年末、彼は防災講習に出てみないかと誘われた。その講習はマハレで五〇人の参加者が集まると開かれるものだという。彼は詳しく内容を聞かないまま、友人たちと一緒に参加者を募り、さらに大学生の娘を伴って参加した。講習に参加した全員を知っている、というわけではなかったが、昔からの知り合いも少なくなかった。

講習は週二日、夜七時半から、彼が住むマハレ内の小学校で行われた。講習には夫婦や家族連れで参加する人も少なくなく、教室には毎回小さい子どもたちが数人連れてこられ、教室の外で走り回っていて、和やかな雰囲気だった。

講習はSDCと契約した現役の医師や消防士などが講師となる。好奇心のつよいセルカンは、ノートこそほとんど取らなかったが、講師の話に熱心に耳を傾けた。また講義の合間の休憩時間に講師も含めてみんなでチャイを飲み、お菓子をつまみ、玄関先で煙草を吸うのも楽しみだった。それは友人とおしゃべりをする機会でもあるし、今まで話をしたことのなかった受講者同士が知り合う機会でもあった。

講習が行われたのは冬の寒い時期であったが、消火器の使い方や包帯の巻き方などの演習で体を動かしたり、地震の仕組みやトラウマ・ケアなど知らない知識を学んだりするのも面白く、結局セルカンはサッカーのトルコ代表の試合のテレビ放送があった日に早退したのを除いて、全部に参加した。

彼は自営業で時間が取れるため、講習が終了した後の月例集会にも毎回参加し、最初に選ばれたコーディネーターが仕事の都合で参加できなくなると、自ら立候補してこのマハレのコー

セルカン（右から２番目）。震災後、防災ボランティアの中心人物となり、現在も活発に活動している

ディネーターになった。その後、月例集会で救助用具の入ったコンテナが泥棒に開けられそうになったということが話題になると、セルカンは看板屋という職業を生かしてコンテナを守るための照明や扉のふたを取り付けた。

こうして当初はただ巻き込まれていただけだったセルカンは自らさまざまな活動に取り組んでいく。区役所が主催したシンポジウムでは区内の市民団体の代表の一人として、ちょうどそのころ人々の話題になっていた耐震都市計画のパイロット・プロジェクト［木村 2013: 第四章］について堂々と問題点を指摘したし、SDCがトルコから撤退する際には、今後自律的に活動していくためにMAGを「市民社会組織」（注22参照）にするための動きにも積極的に関わった。[*27]

そして二〇〇七年に入り、セルカンの住むマハレで五階建のアパートが深夜、突如倒壊するという出来事が起きると、彼を含めこのマハレのMAGチームはいちはやく反応した。彼らはすぐにコンテナに赴いて救助道具を手にすると、市民防衛の公的な救助チームや警察が来る前に現場で活動を行った。この出来事は、ゼイティンブルヌ区の建物の違法性や劣悪さを実証するものとして受け取られえたが、しかしメンバーは建物の倒壊ではなく、その後の作業に迅速に当たれたことに対してMAGのメンバーであることに誇りを感じた。結局、アパートの倒壊に巻き込まれた二人の人は助からなかったが、MAGの活躍はテレビのニュースでも流れた。彼らは地震から八年後に、対応の「模範演技」をやってのけたのである。

分裂と多様化

その後、セルカンはある行動に出る。二〇一〇年に、MAG-AME（Acil Mudahale Ekibi、緊

＊27 各マハレのレベルで、あるいは区内のマハレのMAGチームが集まるなどして、複数の「協会」が結成され、同時に、SDCの教育活動を引き継ぐためにトルコオフィスのスタッフを中心に「財団」を結成し、最終的には財団と協会とが組み合わさる形になった。

アパートの倒壊現場。半年が経ち、生々しい跡が残りながらも、次の建物の建設に向けた準備が始まっている

急介入チーム）を結成したのである。これは、ＭＡＧが基本的には自らのマハレでの活動を念頭に置いていたのに対し、他の地域で発生した災害に対しても緊急援助に向かうような、より少人数の、専門的なチームである。このチームを結成しようという動きが出た時、財団スタッフはどちらかと言えば批判的で、「これはＭＡＧの目的に反するので、ＭＡＧとは独立のものだと考えている」と語っていた。またゼイティンブルヌのＭＡＧからも何人かがこちらのチームに参加しようとし、それが協会に属するメンバーにとっては、これまでの協会を分裂させるものとして、対話も困難なほどの緊張関係を生んでいた。

こうした微妙な関係は一年ほども続き、その間協会とＭＡＧ-ＡＭＥメンバーは別々に行動していたが、しかし二〇一一年一〇月二三日に起きた上述のワン地震に対する救助・支援活動で連携することで解消に向かう。ＭＡＧ-ＡＭＥからは二〇人がイスタンブル県の救助隊とともに当日のうちにワンに飛び、最も被害の大きかったエルジシュ（Erciş）で活動した。被災地には外国からの支援もあったが、そのなかにはスイス事業団からのチームも来ており、結果として両者はそこで接することになったのである。結局、事態が落ち着いてから話し合いを行い、ＭＡＧ-ＡＭＥの活動よりもＭＡＧそのものの活動が上位にくることを両者が確認し、分裂は避けられたのである。

この緊迫した事態は、しかし見方を変えれば、ＭＡＧ内部に既存の組織構造を超えて新しい動きを生み出そうとするポテンシャルがあることの証左だとも言えるのではないか。先に示したような「忘れっぽさ」やトルコの市民社会組織をめぐる状況を思い出すとき、活動開始から一〇年以上を経てもこのようなダイナミックな展開があることは特筆すべきことに思える。加えて、この時期には、話し合いを経て、区レベルを中心に一〇近くあったＭＡＧ協会が県ごと

訓練を実施するMAGのメンバー。取り壊し予定の建物を使って救助訓練を行っている

に再編され、MAG全体はイスタンブル・コジャエリ・ヤロヴァの各県の協会と財団からなるプラットフォームによって運営されることともなった。ただしそこでも、各県の協会やマハレのMAGは独自の活動を行う自主性を持ち、新たなマハレでの教育活動を行う場合は財団と当該県の協会との間で協定を結んだうえで行う、ということも決められたのである。

本節冒頭のセルカンのコメントは、こうした事態を指してのことだった。つまり、筆者が見てきたのは、マハレのなかでの問題に対処するグループとしてのMAGであり、それは、彼が創始した救助活動のセミプロとしてどこへでも飛んでいくグループを含むものとしてのMAGとは質的に違うのだ、と彼は言いたかったのである。

もちろんここには彼の思いが強く表れており、彼の言う「違い」を受け入れない人々もいる。とはいえここで確認したいのは「違い」が事実かどうかではなく、次の二点である。まず、MAGが、多くの人を巻き込み、それによって内的に多様な関心をもち、それらに即して新たな組織を生み出したり、組織構造をより複雑なものに変化させたりしながら、多様な活動を生み出し続けているのだということ。次に、そこにおいては、日本で言う「復興」と「防災」、「被災地」とその外部（潜在的には将来の被災地とも言えよう）とが入り混じりながら、活動が進んでいること、この二つである。

筆者は別稿で、特にこの一点目を可能にしている要因として、「どっちつかず」であろうとする不断の実践をあげた［木村 2013: 第六章］*28。実はこれは二つめの点とも結びついている。MAGの活動は結果として、自分が暮らす町（マハレ）とそれ以外の地域をつなぐようなネットワークを形成し、そうすることで「被災地」とそれ以外の区別をしないままに、相互的な情報のやりとりや連携を可能にしているのである。さらに言えば、この「どっちつかず」は、第2

＊28 市民を継続的に活動に参加させるためにはある程度の制度化が必要でも、その度合いを強めればかえって市民は離れてしまう。また、行政に近づいて資金やその他の支援を得ることは不可欠でも、近づきすぎれば、政党活動のなかに取り込まれてしまうし、第三節のAYMのように、与党が変わればすべてを失いかねない。こうしたなかでMAGは、市民に対しては「ボランティア（トルコ語で*gönüllü*）」という多様な解釈が可能な言葉やローカルな社会関係、行政に対しては活動への参加やデモなど、雑多な複数の手段を用いながら、適切なバランスを保っている。筆者はこれ

イスタンブルの繁華街を行き交う人々。トルコは「文明の交差点」といわれるだけあり、多様な出自の人々が集まっている

節で見たトルコの状況、つまり「地域」が必ずしも前景化せず、「地域」を防災や復興の主体として語る政策や言説が一般的ではないということとも結びついているのではないだろうか。

5 「私の声」から「あなたに」へ

以上、本章ではトルコで発生したコジャエリ地震後の一五年について、オズレムとセルカンという二人に注目しながら論じてきた。

第4節で扱ったMAGは、災害発生直後に救助活動を行うこと以外にも、さまざまな日常的な活動に関わっている。そのひとつに、毎年めぐってくる八月一七日に震災の記念式典を行う（あるいは参加する）ということがある。東日本大震災同様、コジャエリ地震も被災地が広範囲にわたっていたため、記念式典はコジャエリ県内やサカリヤ県、ヤロヴァ県なども含め、複数のまちで行われている。しかしそれだけでなく、興味深いことに、イスタンブルの、ふつう被災地だとは見なされない区でも、記念式典が行われており、二〇一五年現在に至っても、新たな会場での式典が生まれてもいる。

こうした記念式典について、MAGは拠点としているマハレの場所と式典会場の距離にかかわらず、主催者や現地のチームと人間関係があり、またチーム内でコンセンサスが取れれば、積極的に参加している。本章で扱ったゼイティンブルヌからは、毎年のようにコジャエリ県内の式典に手伝いに行っており、夜からの式典に先立つ夕刻に、たいまつをもって町の目抜き通りを行進する、ということもあったし、その前後に、ゼイティンブルヌ区内においてイベント

8月17日の地震の記念式典での行進。通りを歩きながら、「私の声が聞こえる人はいるか？」と人々に呼びかける

を「どっちつかず」と呼んだ。

を開催することもある。

例えば二〇一〇年にゼイティンブルヌにおいて行われた行進では、MAGのメンバーを中心とする人々は、町の中心を一時間ほどにわたって練り歩いた。そこで繰り返されたのは、本章冒頭に触れた「忘れるな」に加えて、「私の声が聞こえる人はいるか」という言葉であった。

リーダー：私の声が聞こえる人はいるか？
全　員：MAGがここにいるぞ！　地震を忘れるな、忘れさせるな！
リーダー：一九九九年八月一七日に何があったか覚えていますか？
全　員：地震！
リーダー：そうです、一九九九年八月一七日に何万もの人が命を失った地震が起きました、思い出しましたか？　私たちはMAGとして、八月一七日（この地震のこと）をいつも忘れていない、忘れさせない！

この「私の声が聞こえる人はいるか？」という言葉は、もともと地震発生直後の救助活動において発される、瓦礫の下の生存者を探すための呼びかけであった。しかしその後のMAGなどの活動のなかで、これは市民向けのメッセージに転化する。つまりこれは、防災という問題に取り組んでいる私（たち）の声に応答せよ、私たちと一緒に防災を自らの問題として捉え、防災活動に参加しよう、という呼びかけなのである。「私」が呼びかける「あなた」はこうして、要救助者から一般市民へと広がっていき、呼びかけられた「あなた」は、呼びかけに応えることで、「私」になっていく［木村 2013］。

被災地の内外で発される「忘れるな」と「私の声が聞こえる人はいるか」が、単に「忘れっ

「私の声が聞こえる人がいるか」をモチーフにした、記念式典のポスター

ぽさ」の裏返しだけのものではないことはもはや明らかだろう。そこには、それを口にする「新しい人間」たちの、時間や場所をまたいで、多様な人々や活動をつないでいこうとする営みを見いだすことができる。この「忘れるな」は具体的な経験、ノウハウを念頭に置いたものではなく、第2章で大矢根が言及する、被災地どうしをつないで受け渡されるプラクティカルな対応策のようには、役立たない。そこで継承されていこうとしているのは具体的には言語化されない「思い」としか言いようのないものなのだ。それはしかし、人々を喚起し、(第3節の事例のように)組織や、(第4節の事例のように)空間を越えて、災害に立ち向かう人々が形成するネットワークの通奏低音としての役割を果たす。

こうしたネットワークの拡大という点からみれば、風化や忘却は、その逆、つまりネットワークの切断という事態として捉えることができるかもしれない。それは、第3節の事例にもとづけば、リズムの異なる複数アクターの連携が緩み、バラバラになることである。災害直後には多くの個人や組織などが一緒になって被災地支援活動を行ったり、将来の防災活動に取り組んだりする。しかし時間が経つごとに、そうした非日常的なペースから、「日常」に戻るものが現れる。それによって、アクター間の連携が失われたり、活動が個別化したりしていく。言ってみれば、ここでの忘却というのは、本当の意味で忘れてしまったことではなく、「思い出す」(remember)に対し、「分断される」(dis-member)ことなのである。その意味での風化や忘却に抗するために、トルコの人々は、年一回の記念日やそれ以外の機会に、「忘れるな」と言う。自分が被災者であろうと、そうでなかろうと。自分が被災地にいようと、そうでなかろうと。そうすることで、個々の人がまた、来るべき災害に向けて、相互に結びつくことが可能になるかのように。

コジャエリ地震の被災者。中央の女性は地震で家族と片腕を失ったが、友人たちの支えで、力強く生きている

本章で見てきたトルコの事例は、日本との類似性と差異の両方を示している。地域社会や組織における経験の継承という日本を基準にした観点からは、トルコの営みはとても頼りないもののように見える。もちろん筆者も、トルコのすべてを見習え、と言うつもりは全くない。しかし、筆者はあえて、トルコでは、制度・組織や地域が曖昧で流動的だからこそ、その枠組みに縛られずに、災害に立ち向かう個人と、彼らをつなぐネットワークというものが見えやすい形で現われている、と主張したい。

そしてこのことは、東日本大震災の被災地に対しても示唆的である。本章のはじめの方でも触れたように、被災地では、風化や忘却を懸念しながら、長い「復興」の道のりを歩んでいる。本書で繰り返し述べられているように、日本の文脈では地域的な枠組みを単位とする「既定の復興」が制度化されてきた。しかし、被災地をめぐる実態はといえば、被災地を支える（はずの）公共的な制度の綻びと、高齢化などによる記憶の〈場〉となる地域社会の衰退によって、いまや本章で述べてきたトルコの状況と近付きつつあるのだ。そんな中で、本章で見たようなネットワークをいかに形成し、維持していくことができるだろうか。

東北地方沿岸部については、伝統的に、地域共同体の強さと、人の流動性の高さの双方が指摘されてきた。風化や忘却という分断を乗り越えていくには、この双方の特徴をうまく組み合わせた（「どっちつかず」の）つながりを構築していくことが必要になるだろう。それを支えるのが、トルコの例においては「新しい人間」たちの思いをつなぐ、「忘れるな」や「私の声が聞こえる人はいるか」などの言葉であった。

津波被災地でも、これに比肩できる言葉は生まれつつある。筆者が出会ったのは、「あなたに助かってほしいから」という言葉であった。これは大船渡津波伝承館のメッセージだが、大

大船渡市の電信柱に残された、明治29年（1896）の津波遡上高

船渡が「津波てんでんこ」*29という災害文化を代表する言葉の発信地でもあったことから考えると、きわめて象徴的である。というのも、「てんでんこ」がまずは自分の命、と訴えるのに対し、この呼びかけには、被災の経験を、それをもたない人々につないでいこうとする思いが明確に表れているからである。そしてさらに言えば、「助かってほしい」ために何をするかの答えは、誰に対しても開かれているのだ。

あなたは、そして私は、この呼びかけにどう応えていくのだろう。

参考文献

木村周平 2012「トルコにおける地震災害」宇佐美耕一ら編『世界の社会福祉年鑑2012』旬報社、pp. 87–105.
――― 2013『震災の公共人類学――揺れとともに生きるトルコの人びと』世界思想社。
――― 2014「人類学は震災とどう関わり、何を記していくべきか」『季刊民族学』148：68–72.
――― 2015「異なる世界（観）、呼びかけと公共性に関する試論」『歴史人類』43：48–66.
日本建築学会・土木学会・地盤工学会 2001『一九九九年トルココジャエリ地震災害調査報告』。
ノラ、ピエール（長井伸仁訳）2002（原著1984）「序論　記憶と歴史のはざまに」P・ノラ編『記憶の場1』岩波書店、pp. 29–56.
村上薫 2009「トルコ・マルマラ地震（一九九九年）――新しい住民運動の誕生」『アジ研ワールドトレンド』165：35–38。
山下文男 2008『津波てんでんこ――近代日本の津波史』新日本出版社。
KYM (T. C. Başbakanlık Kriz Yönetim Merkezi). 2000. *Depremler 1999: 17 Ağustos Ve 12 Kasım Depremlerinden Sonra Bakanlıklar Ve Kamu Kuruluşlarınca Yapılan Çalışmalar.* Ankara: T.C. Başbakanlık.（一九九九年の二つの地震――八月一七日と一一月一二日の地震の後の省庁と公的機関による活動）

2013年３月11日にオープンした大船渡津波伝承館の入り口

*29　津波が起きたらてんでんばらばらに逃げなさい、家族であれ他人を助けようとすると逃げ遅れるから、まずは自分の命を守りなさい、という標語。「てんでんこ」というのはこの地域で日常的に用いられる表現だが、「津波てんでんこ」という形で定式化して広めたのは、大船渡市（旧三陸町）出身の郷土史家・山下文男氏であるとされる［山下 2008］。

第三部

作り出す、立ち上がる

人生はとても困難だ、でも人生は続く。生きないといけない。
（トルコ・コジャエリ地震（1999年）で被災し、夫と子どもを失った
ある女性の言葉。2008年8月）

第8章

小さな浜のレジリエンス

東日本大震災・牡鹿半島小渕浜の経験から

2011 × 東日本

大矢根 淳

2011年９月、震災後半年を経てやっと再開なった小渕浜のはむ（穴子）漁の、エサ詰め作業。エサの冷凍イカの裁断機が流失してしまったので、瓦礫の梁をまな板がわりに。とても鮮度のいい冷凍イカなので、エサ詰めが終わって出港後、イカの破片は残らず拾って甘辛に煮付けて、晩のおかずに

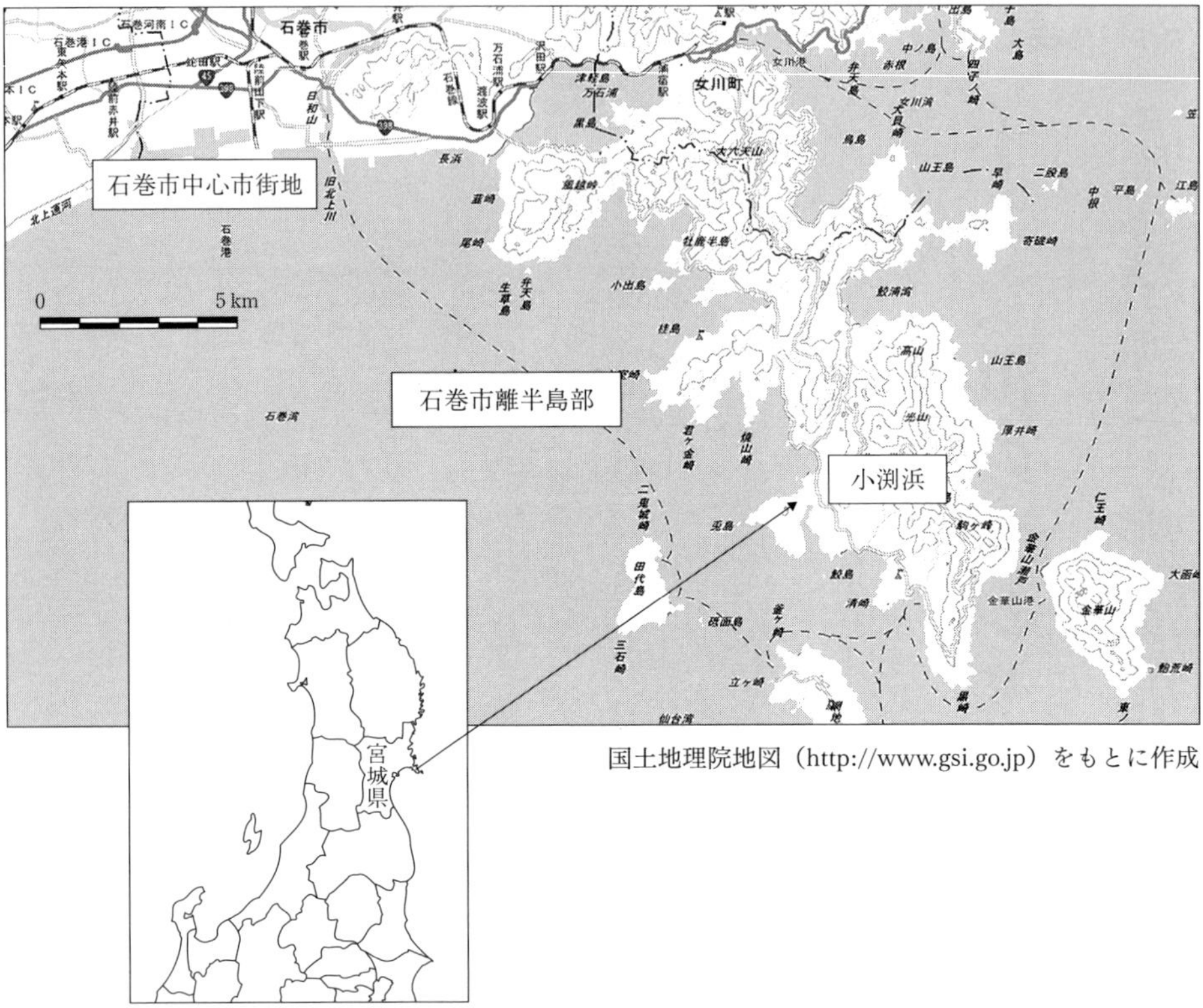

国土地理院地図（http://www.gsi.go.jp）をもとに作成

東日本大震災で壊滅的な津波被害を被ったリアス式海岸の数多くの浜や浦の中から、本章では宮城県石巻市郊外の離半島部・牡鹿半島に位置する小渕浜《こぶちはま》における被災対応・復興への取り組みに着目してみる。石巻市の市街地復興が「世界の復興モデル都市」として華々しくプランニングされて脚光を浴びる[*1]その一方で、現実的に郊外・半島部へのまなざし・支援は乏しく、しかしながらそれでも、被災小漁村・集落ではあらゆる関係性を動員して被災生活を乗り切り、生業・生活の再建を模索し続けている。かくも過酷な被災状況においてなぜこれが可能になってきているのだろうか。災害社会学領域で昨今、拡がりつつあるレジリエンス（resilience）概念を糸口に考えていきたい。

1　レジリエンス概念をめぐって

同じような自然の猛威にさらされて、そこからの回復がほどなく進むところと、なかなかうまく立ちゆかないところが同時に見受けられることがある。この差を理解する際の一つの鍵として注目されてきたのがレジリエンス（resilience）概念だ。二〇〇五年夏、アメリカでハリケーン・カトリーナ[*2]による大災害が発生したころ、防災社会工学で盛んに使われたこの概念［ワィズナー 2010（原著2004）］は、日本にもほぼ同年に取り入れられて「復元＝回復力」と訳された［浦野 2007］。そこでは、大災害の衝撃のもと、人的・物的な被害のインパクトに目を奪われることによって見逃されがちな、（被害に打ちのめされた地域の脆弱さという側面だけではなく）その被害を何とか乗り切ろうというコミュニティの力、すなわち、「地域や集団の内部に蓄積された

*1　石巻市は被災約半年後の一〇月、新エネルギーを利用した循環型社会・エコタウンの実現で復興を目指す産学官の協働組織「石巻復興協働プロジェクト協議会」を設立し、これの中核であるIBMが、自社が世界一〇〇都市に展開する都市スマート化支援事業の一都市としてこの度、石巻を対象とすると提案して注目を浴びている。

*2　二〇〇五年八月末、アメリカ南部に上陸した大型台風で、最大風速約七八メートルを記録し、約一八〇〇人が死亡、約一二〇万人が避難した。ニューオーリンズの市街地八割が冠水した。ブッシュ大統領は

東日本大震災の津波で全てが流されてしまった石巻市の門脇町・南浜町を付近の高台・日和山よりのぞむ（2011年4月）

結束力やコミュニケート能力、問題解決能力」などに目が向けられ、〝地域を復元＝回復させていくその原動力を、その地域に埋め込まれ育まれて来た文化のなかに見出そう〟とされた。

結果防災

しかしながら災害多発国・日本の内情を省察してみると、こうした舶来の概念に先立つ具体的な実例が実は幾重にも豊富に存在していることに気づかされる。ここでは、結果防災（あるいは生活防災とも呼称）という概念およびそれによって把握されてきた事例を検討してみよう。

阪神・淡路大震災の被災地の一角に位置する、神戸市長田区真野地区の長年の取り組み［今野 2001］がその一つに該当する。この地区では戦後・高度経済成長期に、地元工場による公害（苅藻《かるも》喘息）を契機に住民がその工場に移転を迫り、その跡地を市に買い上げさせて公園化・緑化推進運動を展開し（一九六〇年代）、オイルショック後の産業構造転換で地場産業が衰退しインナーシティ問題・高齢化問題が俎上にのぼると、今度はボランティアグループを組織して福祉サービス（寝たきり老人入浴サービス・ひとり暮らし老人給食サービス等々）に取り組んだ（一九七〇年代）。さらに学区規模で「まちづくり推進会」を結成して、市と「まちづくり協定」を結んで内発的なまちづくりに取り組みはじめ、*3 地区計画として木造老朽家屋の建て替えや人口呼び戻しのための市営住宅の建設など、修復型のまちづくり（都市再開発事業等）を進めてきた（一九八〇年代）。

そして、阪神・淡路大震災に直面することとなる。こうした地道なまちづくり活動の蓄積が、結果的に震災時には被害を軽減することにつながった。大きな揺れに対して、木造老朽家屋（長屋）が共同化住宅等（マンションタイプ）に更新されていた街区では、倒壊による圧死者は

ルイジアナ州に非常事態宣言を出した。

*3 こうした真野の取り組みは「先進モデル」として、同種の課題を抱えるその他の既成市街地へ応用していこうと神戸市の都市計画局・住宅局で採用されることとなり、市による地区へのコンサルタント派遣などとして制度化され、全国に知られ学ばれることとなった［広原 1996：108］。

神戸市長田区真野の真野まちづくり会館（真野地区まちづくり推進会の活動拠点で2011年3月に建て替えられた）

出なかった。火災に対しては地区内で長年築きあげてきた関係性が奏功して、地元企業の協力を取り付けて初期消火に成功した。避難所での物資配給では弱肉強食の修羅場は決して現れることはなく、高齢者対応の経験から配給がスムーズに行われた。さらに復旧から復興まちづくりの段に及んでは、それまで数十年にわたってまちづくり活動を支援してきた各種専門家が集結して、「被災者は被災地で生活再建を」との基本方針のもとに事業を進めたので、他地区で見られるような「寝耳に水、被災者不在の復興都市計画事業[*4]」との弾劾運動は起こりようがなかった。

震災前、三〇年余にわたり地元に関わり続けていたまちづくりプランナー・宮西悠司は、しかしながらこうしたこれまでの活動は決して防災対策と銘打って実施してきたものではなく、結果的に防災的機能が発揮されただけであると強調する。ここから「結果防災」ということばが生み出されることとなった。真野ではそれまで三〇年余、その時期毎、自らの地区における最も脆弱な部分を自覚的に把握し手を打ってきた。その過程で地域内外の様々な社会関係が醸成・蓄積され、それが例えば災害対応や防災を考える際のかけがえのない基盤・資源となっていた。そして震災に遭遇しても、今この瞬間、最も脆弱な部分はどこか、真野では内外の関係者がその専門的・経験的視点でつぶさに点検して、次々とそれらを発見し手を打つことができたのである。このような、結果的な地域の防災力醸成のプロセスこそが、レジリエンスの内実なのだろう。二一世紀の横文字の流行以前から、日本にはその実相の蓄積は厚い[*5]。

国土強靭化

東日本大震災を経て政府は、国土強靭化基本法[*6]を打ち出した。これは東日本大震災の経験を

*4　本書第2章第1節の「既定復興～復興災害」を参照のこと。

*5　だからこそ、全国あまねくこのような事例を渉猟したNHK総合テレビの情報バラエティ番組「難問解決！　ご近所の底力」は高視聴率を稼ぎ人気番組となっていたのではないだろうか。

*6　正式名称は、「強くしなやかな国民生活の実現を図るための防災・減災等に資する国土強靭化基本法」（二〇一三年一二月一一日法律第九五号）。その前文では、「我が国においては、二十一世紀前半に南海トラ

大阪府堺市・湊西（みなとにし）自治会で、各家の前にプランターを置く「ちょこっとガーデン」プロジェクト。この皆の気遣い（まなざし）が、防犯に威力を発揮している

経て、今後予測される大規模災害を見据えたものであるが、他方でデフレ脱却のための内需拡大・インフラ更新の公共事業推進のスローガンである側面も否めない。そこでは、これから一〇年間で総額二〇〇兆円規模のインフラ投資が必要だとして、内閣官房に「ナショナル・レジリエンス（防災・減災）懇談会」が設置され、レジリエンスが強靭性（「強くてしなやか」）と訳され、「強靭な国土、経済社会システム」、すなわち、「私たちの国土や経済、暮らしが、災害や事故などにより致命的な被害を負わない強さと、速やかに回復するしなやかさをもつこと」の重要性が掲げられた［大矢根 2013b］。

　おりしも人口減少社会における財源縮小によるインフラ・メンテナンスの難しさが言われていたところで、笹子トンネル事故[*7]が発生し、これを契機に、国はこの翌年を「社会資本メンテナンス元年」と位置付け、社会資本の維持管理・更新への取組を積極的に進めていく姿勢を打ち出した。高度経済成長期に敷設された都市インフラが四〜五〇年を経て老朽化しつつあるとするインフラ・クライシス論である。これが上記の国土強靭化と連動した。その結果、本来、東日本大震災復興の現場で使われることとなっていた復興予算が全国各地で無尽蔵に非復興事業に流用されることとなった[*8]。「ガンバレ東北！」のハズが気がついてみると見事に「ガンバレ日本！」にすげ替えられている。全国各地の工事現場で爆走する無数のダンプカーに貼られた「ガンバレ日本！」のステッカーが、それを如実に物語る。首都圏の道路・トンネル工事は着々と進むが、東北の津波被災地・その小漁港では、五年度目を迎えた今でも、砕け散った防潮堤の残骸がそのままというところが、まだまだ多々残存する。

　しかしながら……。そうした小漁港でも、個々の被災者は助け合いつつあくまで自力で、生活再建・コミュニティ再興に向けて取り組みを重ねている。そうした小漁港のレジリエンスの

もちろん福島の帰還困難区域内は、まだ、地震による倒壊家屋の処理も始まっていない（2015年8月）

フ沿いで大規模な地震が発生することが懸念されており、加えて、首都直下地震、火山の噴火等による大規模自然災害等が発生するおそれも指摘されている。……まさに国難ともいえる状況となるおそれがある。我々は、このような自然の猛威から目をそらしてはならず、その猛威に正面から向き合わなければならない」と謳われる。

*7　正式名称は「中央自動車道笹子トンネルの天井板落下事故」（二〇一二年一二月二日）。トンネル天井が一〇〇メートル以上にわたり落下して、死者九名を出した。

実像を検討しておこう。そしてそこからは、極々ローカルな取り組みから演繹される新たな社会構築のあり方に関する道筋が、僅かながらも透けて見えてくるだろう。

2　牡鹿半島小渕浜「第11班」の底力

自宅小規模避難所「第11／20班」の在宅被災者対応

三陸の離半島部、宮城県石巻市・牡鹿半島に点在する三〇余りの小さな浜の一つ小渕浜（本章扉裏の地図参照）は、震災前は一五九戸・五七六名が暮らす漁師町で、養殖（カキ、ワカメ）、漁（アナゴ、ナマコ）、定置網（鰯など）が盛んだった。津波で約八割が被災し、残存住戸は二九戸、死者・行方不明者は一六名。

……海辺の公民館は真っ先に流された。避難所に使えそうな場所はほかにない。住民たちが集まったのが高台の個人宅だった。Ｉさんの提案で、被災者を受け入れた住宅がそれぞれ「班」になった。当初は20班。海を仕事場にしてきた住民が大半で、大きな被害に比べて集落を離れる人は少ない。今も18班態勢で共同生活を送る（『朝日新聞』二〇一一年四月一八日）。

筆者が訪ねる小渕浜・Ａ氏宅は、高台にあって津波被害をまぬがれ、11班と呼ばれて八月のお盆の頃まで半年近く、ご近所の被災者を受け入れていた。11班を解散してお盆明けに漁を再開したＡ氏宅でのお話し＊9……（下の写真）。

＊8　会計検査院の調査・指摘によると、二〇一一～二〇一二年度に実施された一四〇一事業を調べたところ、その二三％にあたる三二六事業について被災地と直接関連がないことが判明していて、これは復興予算の一一％、一兆三〇〇〇億円にあたる（『朝日新聞』二〇一三年一一月一日）。

＊9　二〇一一年九月九日の午後三時半頃、Ａ氏宅リビングでお話しをうかがった。話に登場するのは、**筆者**と同年代のこのお宅の若奥さん＝**幸子**《こうこ》さん、そのご主人の**正美**さん、後から入室してきた幸子さんのお父さんで浜の長老の**市太郎**さん。それ

小渕浜の高台にあるＡ氏宅（写真右上）。震災当夜は裏山に駆け上って避難した。津波で家屋を流されたご近所さんが避難生活を送った11班

地震〜沖出し、生還

尋常でない大きな揺れを感じて、浜の漁師たちは、これまでの経験や言い伝えを思い起こし、すぐに船を沖に出すこととしてこれを迅速・冷静に実行に移した。残された家族は即、高台に避難して海面の激変を眺め、それから数日、海に出て帰らぬ家族の安否を気遣い続けた。

幸子　地震あったからね、津波危ないって、いろんなもの軽トラに積んでいたんですよね。あの頃はね、みんなワカメやってた時期だから、その青い四角いタンクがね、スーっと上がってきてね、堤防のところからねポコン、ガタンって落ちてくるのね。その音でね、見たらね、大っきい黒い波がね、一気に来ましたね。そこの海の底が見えてたね。それから私たち、二回まで大っきな波、見てたね、それで暗くなって。裏の杉の山に登って見てたの。雪降っててね。

お父さん、早くに船出し[*10]に行ってね。それから携帯も通じないし、こっちグチャグチャだから船も帰って来ることもできないしね、三日目の夜にね、従兄弟が船外機[*11]で回ってきて、「みんな大丈夫だぞう！」って言いに来てくれて、それでお互い無事だって分かったんですよね。それでこっちで作れるだけ作ったおにぎりと飲み物を持たせて、お父さんたちに持っていってもらったの。炊き出しね、やってたのよね、でも、こっちは食べないでもいいから、お父さんたちに持っていってもらおうって。

筆者　あの波の中、船はよく無事でしたね。

幸子　昔の船は頑丈に造ってあるから。今のはプラスチックでしょう、だから津波みたいな大きな波から落ちるとすぐ割れてバラバラになっちゃうの。うちのはもう四〇年も前の頑丈な造りの船だから。第五幸漁《こうりょう》丸（下の写真）。「幸」は私の名前の幸子《こうこ》の幸だけど、私の名前からとったんじゃなくて、第一から第三の幸漁丸って代々あるから、四は縁起悪いからつけないの

第五幸漁丸のはむ（穴子）漁、出港直前

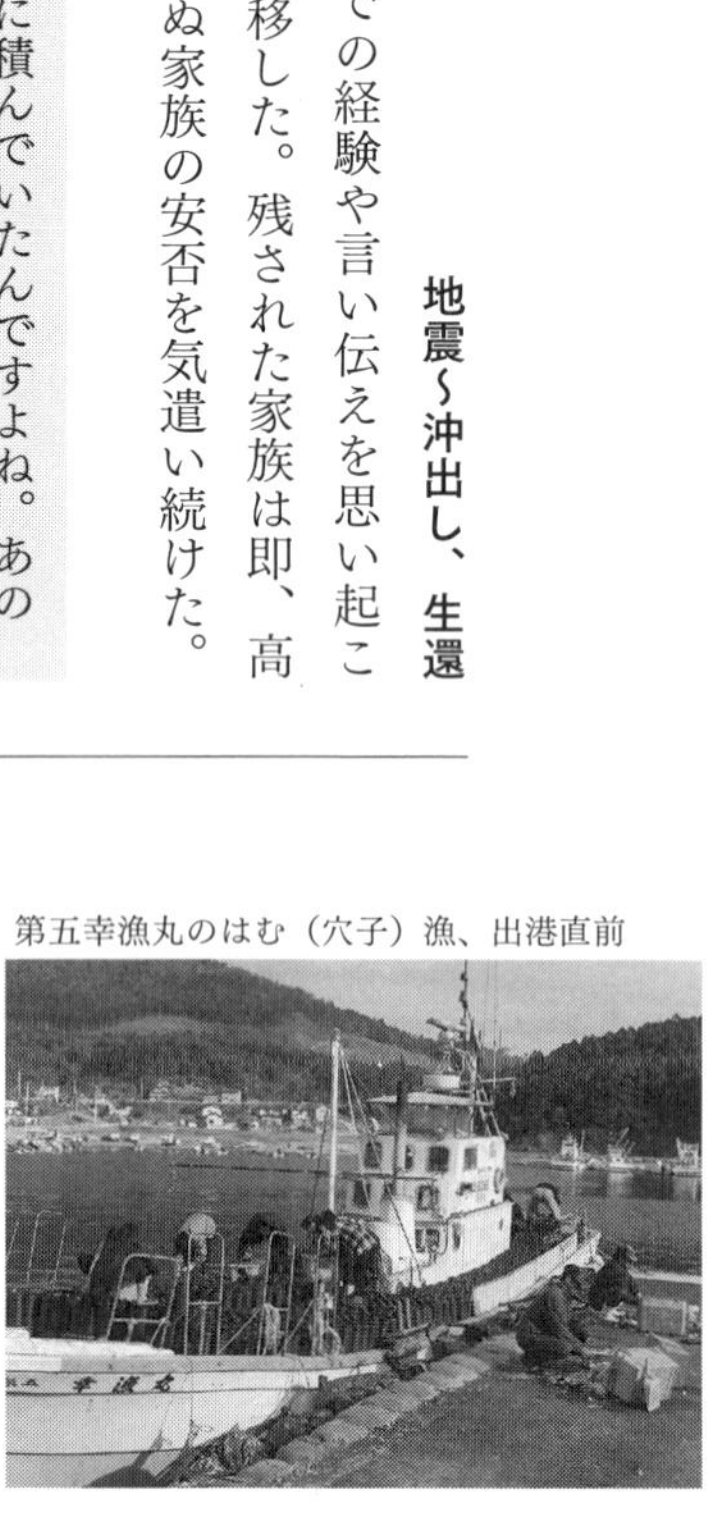

に筆者をこの浜に導いてくれた石巻専修大学経営学部の李東勲准教授。お話しはICレコーダで録音し、後日、活字化した。

＊10　地震の大きな揺れを感じたら津波襲来に備えて、漁師はいち早く船を沖に出す（沖出し・船出しと呼称）ことと、浜では古くから言い習わされてきた。しかしながら、これは大変危険な行為だとして、水産庁や海上保安庁からは厳に慎むべきだとして原則禁止されている。小渕浜では、浜の長老の一声に呼応して、皆で船の沖出しに走った。

＊11　小さな船の後部に舵とス

よ、私の名前の方が船からとったんですって。

穴子漁（はむ漁）と年間の漁種

第五幸漁丸の「はむ漁」とは、どのような漁なのだろう。築地市場では「表浜《おもてはま》産」と呼ばれて高値で取り引きされる石巻の穴子。穴子漁についてうかがった。

筆者　二〇一一年のこの秋、今ここの「はむ漁」について教えてください。

正美　ここでは昔から穴子のことをはむ（「はも」）って言ってるんだよね。京都のは「真はも」だよね。昔は竹で編んだ「どう」、今はプラスティック。ここにベロがついていて、中に入るともう外には出て行かれないようになってて（次ページ写真）、エサを、うちでは真イカを輪切りにして、どうの中に入れておくんだね。エサのイカは、冷凍したのを、ナタで輪切りにする。震災前は凍ったエサを切断する機械があったんだけど、流されちゃったから、今は昔みたいにナタで切ってるんだね（下の写真）。まな板も今度、瓦礫の木材を切って作ったんだよ。エサは穴子の仲買人が用意してきてくれる。うちに来る途中にあったでしょ、冷凍庫。あれ、（震災後に：筆者注）ボランティアの人たちが建ててくれたんだけどね、穴子組合で、三相二〇〇Ｖを引いてきて、その冷凍庫、そこにエサが届けられて来て入っているんだね。イカは丸のまま、こうビシっと並べて冷凍してあって一枚一五キロくらいあるかな、野球の一塁ベースみたいなの、うちでは漁の度に七枚くらい使う。一つのどうに輪切りのイカを二切れくらい入れる。それで、どうを縄《な》に結わえて、縄っていうのは延縄《はえなわ》のこと、うちでは一三〇〇のどうを結わえてる。八〇〇メートルの縄に五〇ずつどうをつけて、それが二六セットで、五〇×二六＝一三〇〇。

幸子　昼一時半くらいからエサ詰めを始めるんです。八月頃だと、エサつめるのは午後三時頃、

クリューを兼ねたエンジンが据え付けられているもので、このエンジンあるいはエンジンのついた小型船のことを船外機と呼ぶ。

はむ漁の餌、冷凍イカは、裁断機が津波で流されてしまったので、瓦礫からしつらえた俎（まないた）にナタをふるう

九月頃だと二時半頃。で、一〇月になると一時半頃だね。一三〇〇本全部詰めるのに、お手伝いの人も来てくれるから、三〇分くらいかね、エサ詰める時間は。どうをこうやって立てて並べてあるから、その上を歩きながら詰めていくんです（274ページの写真）。船に乗っている漁師五人とその家族、それから親戚なんかで一〇人くらいかな。船のどうの上を歩きながら突っついて入れていくから、そこを歩けないとダメだね。夏休みになると子どもも「突っつく」って、手伝いに来るんですよ。

正美　二時半からエサ詰めは三〇分くらいだから、今時分だと三時頃出るかな。ここから三～四〇分くらい出た網地島《あじしま》沖。八〇〇メートルの二六セットを他の船のアンカーを見ながら折り返しながら入れていって、「縄《な》、入《い》れる」って言うんだけど、だいたい一時間くらいやるから、四時過ぎくらいまでね。全部入れたらアンカーやって休憩。弁当食べたりお茶飲んで、これが夕食になるね。五時半くらいからあげるね、ラインホーラー（延縄巻き上げ用の省労機器：筆者注）で巻き上げる。延縄を巻き上げながら錘の石とどうをよりわけながら。三時間半から四時間くらいかかるね。あげるのが終わるのは、だいたい夜の一〇時前くらいかな。一一時くらいに筏に戻ってきて、タモですくって活カゴ、「ボケ」って言うんだけど、そこに入れて。去年辺りまでは一晩三五〇キロくらいだったけれど、今年は七〇〇キロもとれるからね。ほとんど全部のどうに入っているね。二～三年前に一度、八五〇キロ捕ったことあったけど、その時は一〇〇キロ以上は死んでたね。今年はこの間、八〇二キロ捕ったよ。なんでこんなに捕れるかねぇ。

李　万石浦の牡蠣業者に聞いたら、地震・津波で海底のヘドロが流れて、綺麗な土と水が流れ込んで栄養が豊富になったんだって言ってましたよ。

正美　夜、活けておくでしょ、それを朝の五時頃、死んだの除けて、エサ取り除いて、「だいたい何キロです」って漁協に申告しておくと、仲買人が九時頃来て入札する。もう、品質はわかっ

はむ漁の「どう」。これに裁断した冷凍イカなどのエサを入れる。一本一本に「コブチ幸漁丸」と彫り込まれている

ているからボケの中は見ないで、申告したキログラムでやってくれる。入札している間に我々漁師仲間で生産調整だとか何だとか、色々漁のことを相談してる。これが九時から三〇分くらいだね。入札のすんだ穴子をトラックに積み込むのを手伝うね、一〇時過ぎから一一時過ぎまで。そのままトラックは築地に向かう。夜までには築地に着いて、翌朝の競りにかかるんだよね。

その日、漁に出るか出ないか、気象によるんだけれどね、だいたいうちみたいにどうが一〇〇〇とか一三〇〇とかある大型船、うちのは一一トンだけどね、それで相談して決めるんだよね、昼の一二時半くらいまでには。だから、一二時半くらいまで、出漁が決まるまでは冷凍庫からエサを出してくれるなよ、って言ってある。船外機っていう、小さい船は穴子を捕ってきても荷が、うちたちみたいな大型船が出てとってこなきゃ、荷がまとまらないでしょ、そうすると出荷できないから、二日も三日も穴子を持っていなくちゃいけなくなるとね、穴子がスレちゃって、傷がつくんだよね、死んじゃうしね、値が下がるわけよ。だから、漁に出るか出ないかはちゃんと決めなくちゃいけない。三重丸さんとうち・幸漁丸で決めるんだよね。気象が悪いって、日本海の低気圧っていうと、こっちにすぐ影響するからね。ラジオで天気聞いてたら、すぐわかるね。

はむ漁は初夏から晩秋までが漁期。春にはイカナゴ、コウナゴ、そして穴子を経て冬に入るとナマコからアワビへ。一年中、休まず働き多様な漁に就く。ここに戻ってこられた市太郎さんに、年間の漁についてうかがう。

筆者　震災後、今、何艘くらい漁に出てるんですか。

市太郎　大きいのは八〜一〇トン程度で六艘、船外機の小さいの、二〜三トン＝三二尺〜三八

エサ詰めが終わったところで、エサの新鮮な冷凍イカの破片は、大切に持ち帰って甘辛く煮て一品のおかずに

尺っていうサイズだね、これが五艘。いつもの年だと六月末から始まって半年弱、一一月末くらいまで、六十何回かな、出るのは。生産調整もかかるからそんなに回数出られないね。平均すると三日に一回だけど、毎日出ることもあって、今年は八日出続けたこともあるよ。相場もいいからね、表浜産っていうと。前は松島穴子なんて言ったこともあった。

筆者　それじゃ、はむ漁が終わって冬から初夏までは？

正美　二月からはイカナゴ。イカナゴは明け方四時頃出て午後三時までには帰ってくる。処理して仲買に持って行ってもらうのが夕方五時までに終わらないと、残業代とか何とか、ペナルティって取られちゃう。あっちはサラリーマンだからね。だから、朝早く出るんだよね。五月頃のコウナゴ（イカナゴの稚魚：筆者注）は、前の日の夕方四、五時頃出て、朝六時くらいから市場の競りが始まるから、それに間に合うように帰ってくる。漁の種類で季節毎、生活のリズムはがらっと変わるね。一一月からはウェット着て潜《くぐ》って、一〇メートルくらい潜ってナマコをとる、二月くらいまでね。鮑もとるよ。鮑はね、タバコの箱の大きさって言ってね、九センチ以上じゃないととっちゃいけないんですよ。ん〜、だから年に五種類くらいの漁をするね。

11班解消〜漁の再開

震災の頃（三月）は、イカナゴ（二〜五月）が最盛で、次第にコウナゴ、ウニ（五〜六月）から穴子（六〜一一月）に移る時期だが、家屋を流消失したご近所さんに11班として自宅・離れを開放していたA氏宅では、お盆明け八月中旬まではこの共同避難生活が続いた。班の解消から漁の再開についてうかがう。

筆者　震災後、今年はいつから漁に出たんですか？

お母さんのお手製ヒジキができるまで。岩場から摘んできた一袋20kg ものヒジキをまずは選別して程良い長さに切り揃える

幸子　今年は八月お盆明けの二〇日からですね、うちは。いつもは六月くらいからウニを採り始めるんだけど、それで採れ具合みながら穴子に移っていくんですよね。うちは今年は八月一〇日まで、ご近所さん、みんなうちに避難して生活してたから、みなさんここから出られてから準備を始めて、二〇日が最初でしたね。二艘となりの船は七月末から出てましたね。さっき、エサつめるの手伝ってくれてたあのお母さんいたでしょ、ピンクのエプロンしてた、あの人、うちのそのすぐ下に家あったんだけど流されちゃって、うちに避難してたんです。今は鮎川の娘さんのところに行ってるんだけど、こうして毎日やって来てエサつめを手伝ってくれるんです。津波の前にね、コウナゴの時に、船が座礁しちゃってダメになっちゃったんで、それからうちで手伝ってくれてたんですよ。

筆者　ご近所さんはこちらに何世帯くらい避難されていたんですか？

幸子　そうねぇ。うちにはね、うちの家族の他には三世帯で一三人かな。家が流されなかったところが避難所みたいになって、そういうお宅二〇軒くらいが、流されちゃったご近所さんを受け入れてたのね。そういうお宅が1班、2班って呼ばれて全部で20班あって、うちは11班だったね。

それとボランティアさんたちもたくさん来てもらってたから、朝昼晩って作ってね。二食でいいですって言われてたけど、うちの家族、子どもたちもいるでしょ、だから三食作ってましたね。

うちには三家族一三人いらして。向こうのね離れの二階にはね、若い人たち、親子四人に入ってもらって、こっちに残りのみなさん。私たちはそこの一二畳の部屋にいて、その他に手前の六畳ともう一つの六畳、そこの仏間の八畳とその隣の六畳があるから、そこに入ってもらったんです。でもね、ストーブもって来てくれる人もいるしね、震災でいただいた物資がもう一杯で、一

切り揃えられたヒジキは、この自家製の釜で、真っ黒になるまで煮詰められる

部屋、二部屋一杯になってるから、みんな向こうの部屋に入れてあるの……。三家族の方にね、入ってもらおうと思って一回、そういう道具をみんな出したの。そしたらもう、片づかないのよね。（以下略）

A氏宅は、昭和三陸地震津波（一九三三年）で高所移転した集落内三軒（K氏、M氏、A氏宅）のうちの一軒で、昭和戦前・戦中に山口弥一郎（当時は磐城高等女学校教諭）が巡検して著した『津浪と村』の冒頭に登場する一軒である。[*12] 市太郎さんは、戦中に大学の先生らしき人が一人、訪ねてきたことをおぼろげながら覚えていた。災害社会学を専らにする筆者は、この四半世紀、同書を常に傍らに置いて読み返し、東日本大震災前にもその巡検の旅にならって何度か三陸リアス式海岸の村々を北から南へ、南から北へと踏査して、津波防災の教え＝低地居住の戒めを刻んだ石碑の調査を重ねていた［大矢根 1994］。この度、A氏宅を訪ねたおり、あの古典に出てくるお宅のご本人とのこの偶然の出会いに驚きと感動のあまり言葉を失い、お邪魔した高台のA氏宅リビングから、この度の津波で全てが洗われてしまった浜に見入って、あの古典の一文一文を想い起こしていた。

「はむ漁」休漁の視角

小渕浜のA氏宅では、震災初年度は3・11の発災から約半年後のお盆明けにやっと11班を解消して、待ちに待った漁を再開した。この年は例を見ない豊漁に、疲れを忘れて出漁を続けたという。築地の仲買も、小渕の穴子を待ちに待っていたから、これを高値で買い支える。しかしながら二年目、正美さんは休漁を決めた。休養とも資源保護とも言いつつも、実は今一つ別

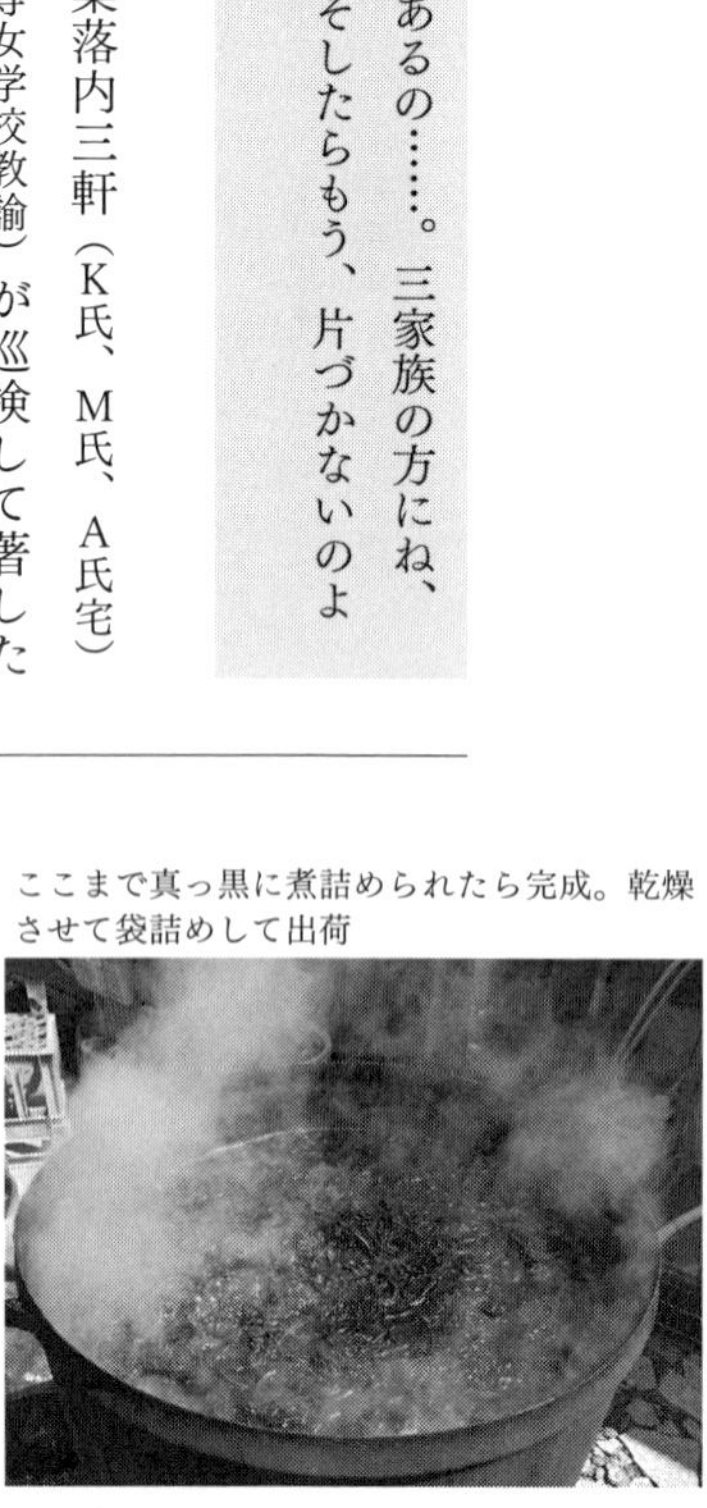
ここまで真っ黒に煮詰められたら完成。乾燥させて袋詰めして出荷

*12 「……三陸中部の津浪による村の荒廃、移動調査の旅を、翌十一年夏には牡鹿半島の南端より起こした。……まず立ち寄った大原村小淵から話をすすめてみる。……災害直後は十五戸分の移動敷地を決定したが、二、三年を経ても移っていない。ただ、K、M、A（原文はアルファベットではなく実名表記：筆者注）の三氏のみは、直ちにそれぞれ背後の山麓高地に引き移った」［山口 2011＝復刻：17-19］。

の意味があった。第五幸漁丸は、大地震に際して、浜の長老である船長・市太郎さんの機転・発声で船の沖出しに成功して、これに続いた仲間数隻ともども無事だった。しかし、浜には船を失った仲間もいる。正美さんはこうした仲間を自分の船に乗せて、港付近の瓦礫さらいに網を打った。大きなコンクリ片や車、住戸の残骸が網にかかる。同船する者には瓦礫撤去作業の労務費が支給され、船を失った面々には、これがかけがえのない現金収入になる。正美さんは我が家の豊漁よりも、浜の仲間の固定収入を選択した。

その一方、この時期、八〇歳をこえる幸子さんのお母さんは、しかしながら元気に手摘みのヒジキの加工に精を出す。漁船に同乗して岩場で下り、そこで海藻を摘んで麻袋に詰めて帰宅。一袋二〇キログラムものヒジキを数袋、丁寧に選別したら（278ページ写真）、ドラム缶を改造して造った釜で真っ黒になるまで煮詰めて製品化する（279・280ページ写真）。謙遜して「お母さんの小遣い稼ぎっ」とは言うものの、引っ張りだこのヒジキで、何とも桁違いにスケールの大きい浜のお母さんの副業である。また、ワカメ干しの自家製道具も拝見した。「ほら、これ。鉄の棒で枠つくってもらって、そこに、魚とる網をこうやって貼ったら、これでワカメ干すんだっ」（下の写真）、と言われてリビングの窓の下を見ると、こうした道具が一面に敷き詰められるようにスペースが施されている。これまで何度もお邪魔していながら、お宅の敷地全体がそのように縦横に重層的に施工されているとは気付かなかった。離れの納屋には、無数の漁具が収められているが、それらが季節毎に引っぱり出されて利用されていく。

季節毎、家族・地域、皆で融通しあって働き続ける。もちろん、厳しい競争の上でのことだが、だからこそ、様々な工夫が張り巡らされていて、こういう時こそあらゆる助け合いを惜しまない。休漁を選択したところで、それでも何とかやっていける算段と機知に富む浜の総力・

こちらは、お母さんの副業、ワカメ干しのお手製の網。小渕浜の漁港を見下ろす高台のＡ氏宅リビングにて

底力。こうした素地のあるところ、レジリエンスの担保されているところだからこそ、この度は外部支援を巧みに取り入れ組み合わせて[*13]上記の班体制を発動させることができた。支援はこれを受け取る側の体制＝「受援力」の充実が前提となる。

それでは次に、支援サイドに目を向けてみよう。

小規模ボランティアの視角と活動 ―― 自宅小規模避難所の発見

災害前より石巻市に拠点を置き、ニートや引きこもり、精神障害者などの支援（社会的排除の解決をミッションとしたソーシャルファーム運営）を行っていたＮＰＯ・フェアトレード東北の幹部連は、発災とともに、浸水した街を抜き手で泳いで、活動対象者の安否確認に声を枯らした。数日間、泳ぎ叫び疲れて、皆の安否をやっと確認し終えて、そこで図らずも目にしてしまった事柄は、公的援助や大規模な組織的ボランティアの活動方針・網の目からこぼれ落ちている人たち、すなわち、避難所暮らしに溶け込めず孤立している高齢者・障害者等であった。五月には

> 被害の大きかった市内三地区の一二〇〇世帯を訪問し、このうち五一歳以上の六〇〇人に聞き取り調査を実施して、その結果、八割の人が自宅が全半壊したにもかかわらず、避難所を出て自宅などに戻っていること、その半数近くが一人暮らしや夫婦二人の世帯で〝支援物資の配給終了〟に不安を感じている（『産経新聞』二〇一一年六月一一日）

ことを把握した。フェアトレード東北の代表・布施龍一は以下のように訴えた。

フェアトレード東北は、炊き出し支援要請に応えて仮設住宅団地を巡回。浜から離れた独居老人たちは作りたての暖かい食事を喜ぶ
©MENS VIRGINIE MARIE LEA

*13　被災地に支援はとても大切であるが、実はそれを受け入れる側の体制がなければ、それは宝の持ち腐れ、外部支援の身勝手な介入となってしまう。そこで支援に対峙する受援の力が注目を浴びることとなる。

……支援物資がたくさん来ている大きな避難所の片隅でうずくまって、声もあげられないおばあさんがいました。足が痛くて、炊き出しの列にも並べない方も多くいらっしゃいました。そういういわば取り残された人に思いを馳せること。それが今、必要とされていると思います。……社会はどうしても大きい避難所や派手なイベントに目がいきます。しかし、知ってほしいのです。……例えば、在宅被災者の生活の過酷さを……。避難所でぜん息の咳が止まらず、周りに気兼ねをして、ヘドロだらけの家に帰らねばならない方の思い。……在宅被災者は〝行政の目〟では自立していると見られます。自立していて恵まれているのではなく、特別な理由があって、家から離れられないというたくさんの人々――石巻で九月末の時点で在宅被災者は七〇〇〇人です――の存在を忘れて欲しくないと思います（『聖教新聞』二〇一一年一〇月二七日）。

「在宅被災者」については、国の中央防災会議でも一〇年以上前から認知されていた。すなわち文字通り「家（宅）に在《あ》って被災する者」で、大地震時の屋内収用物転倒被害の対象、あるいは寝たきりの高齢者・障害者等、安否確認・救出救助の対象である。しかしながらこの度、布施らによって発見された人々は、被災して避難所等に赴くも、そこに居られずに再び全半壊した自宅に戻らざるを得ない人々、すなわち、「被災して家（宅）に在る人（＝在宅被災者）」であった。今回、石巻市における在宅被災者の発生とその把握の経緯はおおかた以下のとおりである。

……石巻市が在宅被災者の存在を意識したのは三月末だった。「防災計画でも、避難所の外に多数の被災者が発生する事態は想定していませんでした」（石巻市健康推進課）。／震災から一ヶ

炊き出し支援は、地元のイベントに帯同して。石巻市渡波地区で最初に修復された神社での獅子舞に、付近の人が集う ©MENS VIRGINIE MARIE LEA

月以上がたった四月一五日から一七日にかけて、市は在宅被災者のいる一四〇九世帯に聞き取り調査を行ったという。しかし、災害救助法の特別基準に基づく在宅被災者向けの弁当や生活用品の配給の開始は一ヶ月以上遅れた。／現在は、在宅被災者が近所で二〇人以上のグループをつくると、グループ長のところに毎日二回、おにぎりやパン、弁当が届く。在宅被災者は配給カードを提示して、それを受け取る。／しかし、市街[*14]に避難する人や仮設住宅に移る人が増えるとともに、地区の自治会・町内会は崩壊した。そんな中で二〇人のグループをつくるのは容易ではない。グループをつくれない在宅被災者は、避難所などの拠点に自分で出向くしかない。／……「朝晩二回の配給物資の受け取りや配布、翌日分の発注などへの対応で、一日四回は拘束される。一人で長期間、リーダーを続けるのは無理です」。当初は交代で務めていたが、引き継ぐ人がいなくなり、グループ内で相談の上、七月一五日に解散した。とはいえ、なかには自立できない一人暮らしの高齢者もいた。支援が必要な状況は今も変わっていない……（／による改行の詰めは引用者。『週刊朝日』二〇一一年九月二三日）。

石巻市では一〇月一一日、避難所を閉鎖したから、その後の公的支援は仮設住宅に重点が移動した。布施は、「支援は場所にではなく人に行うもの。大量の物資よりも必要な人に必要な物資を届けていきます」（『杜の伝言板ゆるる』Vol. 174、二〇一一年一一月号）と訴える。

石巻市においては、最大のボランティア組織・石巻災害復興支援協議会[*15]で、一一月二四日、在宅被災者支援連絡会が立ち上がった。また、一一月二一日には、浜支援分科会が創設され、翌日の第二回会議以降はこれが牡鹿連絡会議と改称されて、牡鹿半島で支援活動中の二一団体の代表が参加することとなった（石巻災害復興支援協議会HPより）。

しかしながら、オーソライズされた大規模組織のロジック・戦略からは、こぼれ落ちてしま

在宅被災者。目を凝らすと生活の気配が。天気が良ければ洗濯物が干されているので分かるが……

*14　市街＝市街地（筆者注）。牡鹿半島の漁村集落で被災して、比較的被害が少なく居住スペースが用意されている市街地に、一時、住居を求めて移動する人・世帯が多かった。

*15　東日本大震災に際して、石巻専修大学を拠点に災害復興支援に関わるNGO、NPOおよび特別なスキルを持つ個人・組織が集い、「NGO、NPO支援連絡会」が開催され、これが五月に「一般社団法人石巻災害復興支援協議会」となった。市災害対策本部や自衛隊と三者会議に出席し、石巻市災害ボランティアセンターとも協働して災害支援活動を続け、登録団体

う地区・被災者も多かった。これらに寄り添い続けてきた布施らは、豊富な資金をバックに、華々しく芸能人・メディアを呼び寄せつつ各種イベントを開催する大規模ボランティア組織を横目で眺めつつ、悔しさや歯痒さを感じながらも、目の前の人・課題と格闘し続けた。そしてやっと、石巻でも（とは言っても、市行政の対応としてではなく大規模ボランティア組織の対応としてではあるが）この問題への対応が始まった。布施らによる実情の認知・支援開始からすでに半年が経過していた。

また、フェアトレード東北による、上述のようなもう一つの在宅被災者の発見は、その視角の延長として、合わせて、牡鹿半島の浜の被災現場＝自宅小規模避難所を発見していくこととなる。自宅小規模避難所、これは上述してきたように、小渕浜では班と呼ばれた避難生活単位である。

……公設の避難所が流され、残った民家（個人宅）には数十名ずつ避難している。牡鹿半島全体で仮設住宅は九〇〇名分必要だが、七八棟しか決まっていない。家電に関しては個人宅避難所の収容人数が多いため、また納屋などに避難している方々は持っていないため、多く要望がある。食品関係では、市街地の避難所と違い、煮炊きが出来るため、（※市街地の学校などの公的な避難所では煮炊きは禁止）レトルトではなく、野菜や調味料が求められている（フェアトレード東北ＨＰ：2011.5.29レポート）。

小規模ボランティアの継続的な支援に支えられながら、浜の被災生活は何とかつながっていた。こうした様々な支援を取り込みながら、浜の漁師たちも毎日、瓦礫撤去、漁の再開に奔走した。そして被災から半年、夏休みに入ってお盆前後、やっと漁の再開の目途がたってきた経

数は三〇〇以上、延べ一二万人のボランティアをコーディネートするなど、この活動は「石巻の奇跡」、「奇跡のボランティア」と称されることもあった（が、後に経理の不備が糾弾されるなど、その活動展開は不透明なものとなっている）。

自家用車は流されバスは不通で、そもそも道路はいまだ補修されず。在宅被災者からは自転車を望む声が多く、フェアトレード東北は全国からの厚意を希望者に配達

緯は上述の聞き取りの通りである。この頃まで、市役所の職員が浜に降りて来た姿は一度も目撃されていないという。

3　浜の復興 —— 合併後遺症とArchiAidの試み

さてそれでは、緊急支援に続く浜の復興はどういう枠組み・段取りで進められていくのか。石巻の場合、復興が市の中心市街地付近の都市基盤整備を軸に検討されることとなったため、郊外＝離半島部の小漁村にまでその視角が及びづらくなってしまった。このことを、①市街地の既定復興、②半島部へのボランティア的研究実践の展開、として概観しよう［大矢根 2013a］。

石巻市街地の既定復興*16

石巻市は二〇一一年一一月中旬、復興に向けての現時点の位置確認と今後の流れを示した。そこに記されていることは、石巻市の中心市街地付近の復興を、阪神・淡路大震災と同様、土地区画整理事業をメインとする復興都市計画事業で行うということである。阪神・淡路大震災時には、被災地で区画整理事業を実施するために、まず被災地の乱開発を防ぐために建築基準法八四条に基づき二ヶ月の建築制限をかけ、これを延長することで時間を稼ぎつつ、この間にその当時新たに制定された被災市街地復興特別措置法を適用して、復興都市計画事業を実施するための復興推進地域を指定して、区画整理の対象地、いわゆる「黒地地域」が設定された。この復興スタイルが、今震災に際しても、多くの被災市街地で採用されることとなり、石巻市

*16　「既定復興」については、本書第2章第1節の「既定復興〜復興災害」を参照のこと。

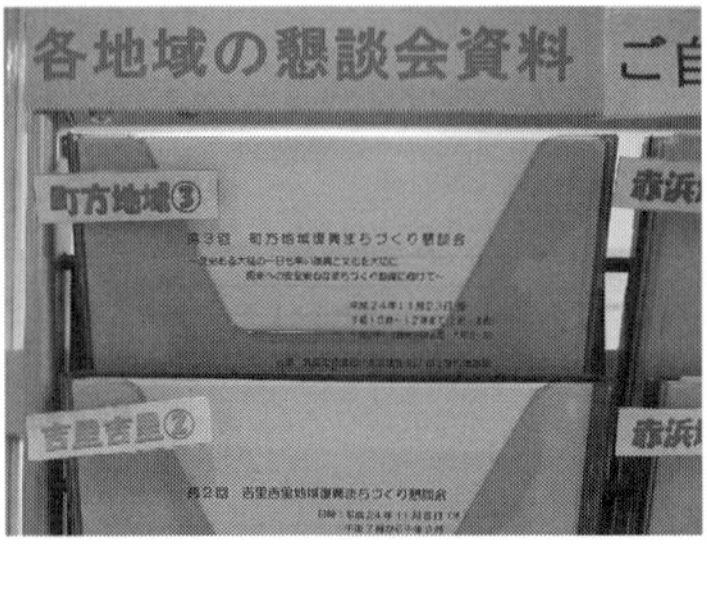

事業計画、施工計画……、各種の復興事業関連資料やまちづくり懇談会資料が、役場や公民館で閲覧に供されている

街地においてもこれが適用された。

石巻市は、このスタイルに沿いつつも建築制限延長期間を短縮してみせて、被災から半年の九月一二日に推進地域を指定したことから、全国紙でも「先行例」として大々的に取り上げられることとなった（他の自治体では二ヶ月＋六ヶ月延長＝被災八ヶ月後の一一月に推進地域指定を行っている）。そこに至る流れに石巻市の復興体制整備を加えて一覧にしたのが表8-1である。これを読み解いていこう。

被災から一ヶ月後に、まず、専任職員八名体制で「復興対策室」を設置して庁内議論を始め（4/11）、そこをベースにすぐに「震災復興推進本部」を立ち上げて（4/15）、復興の基本方針（基本理念と計画期間）を打ち出し（4/27）、復興事業の中核・先駆けとする都市基盤整備の「たたき台」を提示した（4/29）。

一方、そこに市民の意見を取り込むため、被災者・市民の意識をアンケートで探り（5/1）、並行して有識者から意見を聴取しつつ（5/15）、震災復興基本計画策定に向けて提言を募集し（5/16）、建築制限区域にかかっている住民等との意見交換を重ねながら（6/8）、「市民検討委員会（産業部会＋生活部会）」を立ち上げ（6/14）、「都市基盤復興計画（市街地＋集落部）」を作成・公表した（6/24）。そしてこれに対する市民との意見交換会を市内一七会場で開催して（7/14～24）、そこで出された意見を盛り込んで「石巻市都市基盤復興基本計画図（素案）」を作成・公表した（8/22）。他市町村に先行して「被災市街地復興特別措置法による復興推進地域の決定」を行い（9/12）、同素案に関する意見交換会を市内一四会場で行った（11/15～11/27）。以降、復興推進地域について、地権者を対象として地区別に三三会場で事業内容等について説明会を行った（11/24～12/18）。


とある復興事業説明会（岩手県大槌町）。聞き慣れぬ事業用語に耳を傾け、自らの生活再建の道程を想い描きつつ、鋭い質問を投げかける

表8-1　石巻市の（市街地）復興のここまでの流れ

	市の復興体制整備	市民・被災者の民意聴取
2011/04/11	復興対策室設置（専任職員8名体制）	
2011/04/15	震災復興推進本部設置	
2011/04/27	第1回石巻市震災復興推進本部会議 石巻市震災復興基本方針（基本理念1～3、計画期間：復旧（～2013）＋再生（～2017）＋復興（～2021））	
2011/04/29	都市基盤復興のたたき台 （「石巻の都市基盤復興に向けて」）提示	
2011/05/01		まちづくり（都市基盤整備）に関するアンケート　開始
2011/05/10	第2回石巻市震災復興推進本部会議 都市基盤復興に向けて ／復興ビジョン懇談会開催について	
2011/05/15		第1回震災復興ビジョン「有識者懇談会」開催 ＝震災復興基本計画策定のため
2011/05/16		震災復興基本計画策定に関する提言募集開始
2011/05/22		第2回震災復興ビジョン「有識者懇談会」開催
2011/05/23	第3回石巻市震災復興推進本部会議 被災市街地の建築制限の追加指定について	
2011/05/26	第4回石巻市震災復興推進本部会議 被災市街地の建築制限の追加指定について	
2011/06/03		まちづくり（都市基盤整備）に関するアンケート結果公表
2011/06/08		住民（建築制限区域内の町内会代表）との意見交換会
2011/06/09	第5回石巻市震災復興推進本部会議 石巻市震災復興基本計画市民検討委員会の設置について	
2011/06/14		第1回市民検討委員会開催 ＝「震災復興基本計画」策定のため
2011/06/19		第2回市民検討委員会開催：産業部会＋生活部会
2011/06/23	第6回石巻市震災復興推進本部会議 都市基盤復興構想について （←アンケート＋建築制限区域住民代表との意見交換会）	
2011/06/24	災害に強いまちづくり（基本構想）案　公表 石巻市都市基盤復興：復興イメージ	
2011/06/29		第3回市民検討委員会開催
2011/07/02		第4回市民検討委員会（産業部会）開催
2011/07/09		第5回市民検討委員会（生活部会）開催
2011/07/14		都市基盤復興計画に関する住民との意見交換会 開催（市内17会場～7/24）
2011/08/22	「石巻市都市基盤復興基本計画図」公表	
2011/09/12	被災市街地復興特別措置法（第5条）による復興推進地域の決定（雄勝・牡鹿は11/11～）	
2011/10/12	石巻復興協働プロジェクト協議会　発足	
2011/11/07	石巻市震災復興基本計画（素案）	
2011/11/15		「素案」に関する意見交換会（市内14会場：11/15～11/27）
2011/11/24		復興推進地域の事業説明会（市内33会場：11/24～12/18）
2011/12/05	「素案」へのパブリックコメント の結果と、意見・提言に対する市の考え方	
2011/12/22	石巻市震災復興基本計画	
2012/02/01	「震災復興部」新設：4課＝復興政策課＋協働プロジェクト推進課＋土地利用住宅課＋基盤整備課	
2012/02/08		今後の住まい等に関する意向確認調査
2012/02/17	石巻市復興整備協議会、設立 復興推進計画認定：石巻まちなか再生特区／北上食料供給体制強化地区	
2012/03/31	石巻市復興整備計画、作成・公表	
2012/05/03		石巻市震災復興推進会議、委員募集

石巻市役所HP掲載記事（都市基盤復興：災害に強いまちづくり）および復興対策室インタビュー（2011年4月22日）等より筆者作成

地権者を対象とした説明会で意見を募り、それを盛り込み年内に震災復興基本計画をまとめ(12/22)、「震災復興部」のもと実働の四課[*17]を置いて、住まいの再建に向けて意向確認を行いつつ(2/8)、復興体制を確定した。

ここから分かることは、以下の三点である。一点目は、市の多様な被災のうち、まずは市街地復興を都市計画事業で行うことが決まったこと。二点目は、アンケート調査、市民検討委員会、意見交換会、説明会等々、被災者の意見を拾う場を設けていること(しかしながら、それに対する異議ももちろん多い)[*18]。三点目は、しかしながらやはり、多様な被災、特に小漁村にはなかなか目が向けられていないこと。六月下旬に「都市基盤復興計画(市街地+集落部)」が作成・公表されたが、その後は市街地の復興推進地域の指定に向けた動きがメインとなり、牡鹿半島の集落部への視線は薄らぐ。

表8-1は震災一ヶ月後の復興対策室設置から記述が始まっているが、これに一つの補助線・基点を書き加えてみると、石巻の復興スタンス、その舞台裏がよりわかりやすくなる。四月一一日の復興対策室設置の前の行に、宮城県当局の動きとして、以下の三行を加えてみる。

・2011/03/11　建築基準法八四条・建築制限(二ヶ月)
・2011/04/01　宮城県知事、土木部・特命チーム結成
・2011/04/11　特命チーム・各市町ヒアリング開始　→　石巻市に復興対策室設置

ここから見えてくることはすなわち、被災から二~三週以内のうちに、県の土木部がイニシアチブを握って、今震災復興を既定復興(被災市街地の区画整理事業=神戸方式)で進めると決定し、そのために県土木・特命チームを組織して、沿岸の津波被災自治体を指導していく体制を

*17　二〇一二年二月に新設された震災復興部は四課体制(復興政策課、協働プロジェクト推進課、土地利用住宅課、基盤整備課)で、その主な業務は、震災復興の政策立案及び総合調整、産学官の協働プロジェクトの推進、震災復興のための基盤整備、とされた(石巻市HPより)。

*18　例えば市が行ったアンケート(「市民のまちづくり復興への意識調査」:二〇一一年

高台移転事業は、山を切ってあるいは盛土して整地し、宅地造成エリアを定めたところで自宅再建者を待つ

固めたことである。[19] 四月に発足した石巻市の復興対策室も、その実は四月一日の県土木・特命チームの主導する市街地基盤再整備に呼応するため、すなわち、復興推進地域の決定に向けての流れであることがわかる。

「被災地復興＝市街地基盤再整備」のロジックは、この九月の復興推進地域の決定を経て、その直後一〇月の「石巻復興協働プロジェクト協議会」の発足をもって[20]、その全容・方向性が自明となる。被災市街地復興は、ＩＢＭや三井物産が中心となって、先進的なエネルギー管理の仕組みや、再生エネルギーによる地域エネルギー供給システムの構築、さらには情報通信技術（ＩＣＴ）を利用した新産業の実現などに取り組むというもので、こうした新たな街づくり（いわゆるスマートシティ構想）で東日本大震災からの復興を目指すと謳っている。ところが奇妙なことに、その企画書のどこを見ても「被災者の生活再建」については見事に一言も触れられてはいない。「世界の復興モデル都市」をめざして、「国内外からヒト・モノ・カネ・情報が集まり、産業の創造と雇用の創出が図られる魅力的な都市として復興させるため、国等の補助金や民間の活力を活かした事業の立案、その内容の検討等を行うもの」と、その目的が明記されていて、（〝被災地復興の公共事業で「ガンバレ日本産業」〟なのであり、）〝被災者の生活再建「ガンバレ東北」〟となっていない。二一世紀型の既定復興を、石巻は公式に採用することとなった。

合併後遺症と研究集団の実践的介入

石巻復興は、市街地の基盤再整備に傾注されることとなり、同市内にもかかわらず牡鹿半島の旧町村＝浜・浦への対応は十分なものとはならなかった。このことは実は、被災直後の緊急対応期からあきらかになっていたことであるが、さらには合併後遺症として被災前からその可

21世紀型・既定復興の前に、まずはこの膨大な災害廃棄物の処理。石巻市では大手ゼネコン共同企業体で、可燃がれき約170万トンの焼却処理を約３年で終えた

五月一日～一五日実施）は、「罹災証明発行に人々が並ぶ待合室の片隅、各総合支所・避難所・仮設住宅などの人の集まっているところ、さらに大手スーパーの駐車場で行われた」と報告書の「聴取方法」の欄に明記されている。そのサンプル数は、例えば雄勝地区で被災前一六〇〇世帯（母集団Ｎ）あるところで、このアンケートではｎ＝273である。標準化調査の勘所としての母集団・サンプリングのあり方からして疑問を感じざるを得ない。そして、そこでまとめられた数値から、その集落では「六割もの多くが他地域へ移転を希望している」と結論づけられ、集団移転構想が進め

能性は重々認識されていた事柄でもあった。

被災前、二〇〇五年に行われた一市六町の合併によって現在の石巻市は誕生した。しかしながらその合併協議は難航した。協議では法定人口二〇万以上の特例市昇格（都道府県の事務権限の一部委譲、地方交付税の増額）がめざされたが、隣接する女川町（原発の各種補助金で潤っている）、東松島市（航空自衛隊の各種補助金で潤っている）はこの任意合併協議会には参加を拒んだから、結局、一七万弱の人口規模にとどまり特例市構想は実現しなかった。それでも合併により一般職員数は一七〇〇人程度から五〇〇人強が削減されることとなり、そこに今震災が発生した。

合併後、旧町は総合支所として位置づけられており、削減された人員のもと、また、意思決定権、財源は本庁に召し上げられて手元にはなくなっていたから、震災前から、行政サービスの低下、地域格差拡大など、いわゆる合併後遺症が指摘されていて、これを克服すべく公約として掲げて二〇〇九年に現市長が就任していた。その対応道半ばのところでの被災である。

災害現場では地元首長の臨機応変な政治的判断が不可欠であるが、総合支所長にはその権限はなく、したがって判断を仰ぐべく、津波・崖崩れで寸断された牡鹿半島から支所員が旧市内に向かい出すが、実際に本庁にたどりついたのは震災発生五日目であった。この五日間およびそれ以降、半島で孤立する集落では、上記、小規模ボランティアの支援を取り込みつつ、浜独自の被災協働生活が重ねられていた。

そしてこれに続く地域復興については、手の回らない市役所本庁に代わって、ボランティア的に現場に研究実践として参与してきた建築家の半島支援グループ・ArchiAid（アーキエイド）に頼り託されることとなった。二〇一一年七月、夏休み期間を利用して全国から建築を学ぶ学生たちが半島の浜にやってきた。建築家と一五大学で構成される半島支援グループ＝

られていくこととなった。これに疑問を抱いた地元被災者が独自にアンケートを実施（n＝834）してみたところ「五六％がこれからも雄勝に住みたい」（『月刊おがつ』Vol. 1、二〇一一年八月号）との結果が出たが、復興行政に省みられることはなかった。

＊19「土木部復興まちづくりチームは知事の命をうけた「特命チーム」として登場しておりますが、このチームは、まさに今、被災市町が取り組んでいる復興計画の中核となるまちづくり計画策定を支援するため、計画案をつくり、直接被災市町に出向いて丁寧に説明する等、積

ArchiAid の模型展示（発泡スチロールで被災前状況を忠実に再現）

ArchiAidである。彼らは研究室毎、一つの浜を歩き、地形を読み、話を聞いて、その知見を建築工学の専門的技法を駆使して図面・模型に描き出して、浜再興プランとして浜の被災者に投げかけた。全てが流されてしまった浜では「この図面・模型が集会所だ!!」と称賛され、模型を囲んで、自らの生活言語で復興の物語が紡ぎ出されはじめた。

例えばある浜では、隣接する四つの浜の漁師たちとともに模型を囲みながら復興を語りあい、漁港機能を一つに集約して漁と浜の再興をはかるところまで議論が進展した。これは県の構想に乗ったのではなく、自らの仲間や外部からやってきた研究室の面々と導き出した「解」であった。その浜ではホヤの養殖がメインに行われているが、水揚げされたホヤは、そのまますぐにトラックに積まれて、韓国に直送される、そうしたスタイルを震災前に確立していた。したがって、漁業権が確保されて水揚げさえできれば、その漁に就く者はそれ以上を望まなかった。生業の再興を目的に模型の上で復興の物語を紡ぎだしたら、思わぬ所に解が隠れていた。すなわち、どこに家があっても、どこに船着き場があってもいい。水産加工場も不要だった。「住宅」「港」「漁業権」の三点セット、それに水産加工場を加えれば四点セット、さらに防潮堤と道路の都市基盤整備を加えて五点セット……。それらを浜再興の必須のアイテムとする固定観念で復興議論を組み上げようとすると、なかなか解は見つからないし、結果として、隣接する浜どおしで淘汰を導く（〝競争〟・）〝説得〟のコミュニケーションとなっていく。ところがここでは、積極的には基盤再整備を求めない生業再開の解が導き出されてきたから、港再整備のチャンスが隣の浜に譲られることとなった。自らの生業再開プランが、隣接の浜との（〝協力〟・）〝納得〟のコミュニケーションを生み出すことにつながった。

既定復興の枠組みで強力に採決に導く〝民主主義〟もある一方で、このような生業再興のた

極的に行動していただいております」（http://www.pref.miyagi.jp/uploaded/attachment/40667.pdf「宮城県土木部長からのメッセージ」）。

*20　亀山紘石巻市長が各地で行う被災対応のプレゼンの際の資料には、その冒頭に石巻復興協働プロジェクト協議会の意義・体制等が詳述されている。例えば、「City Summit 2012～次世代に繋ぐ未来の都市（まち）づくり～石巻市が挑戦する、復興モデル都市」など（http://creative-city.jp/doc/CitySummit2012_ishimaki.pdf）。

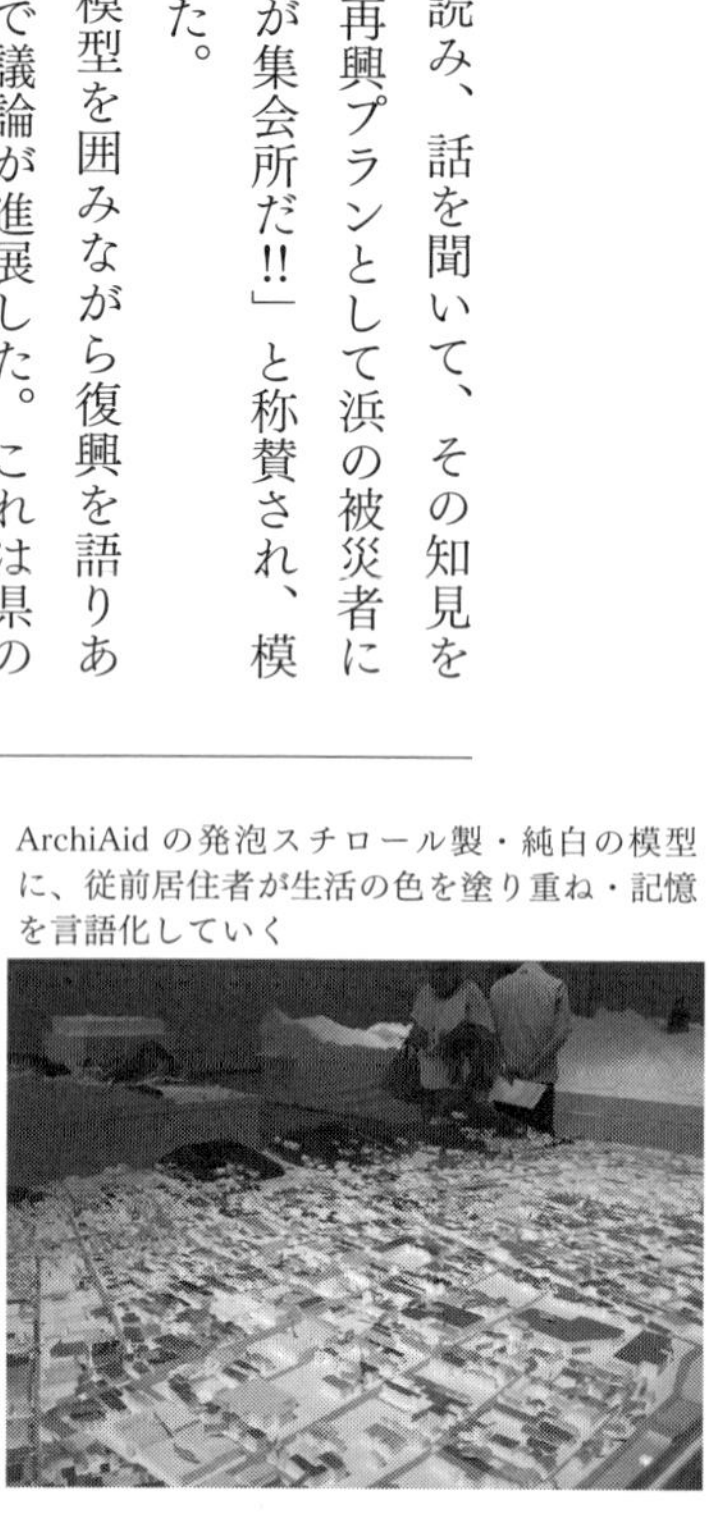
ArchiAidの発泡スチロール製・純白の模型に、従前居住者が生活の色を塗り重ね・記憶を言語化していく

めの対話（多様な主体の参画・マルチステークホルダー参画型の復興議論）も現出している。しかしながら、これは今震災復興の一般解とはまだなっていないし、様々な条件が微妙に作用したところで現出したラッキーな特殊解である。現に、ArchiAidが主導したこの浜の復興案に根本的な疑問を呈する漁師たちもいる。

「ああやって模型つくってみんなで話し合ったってことになってるけど、あそこの高台の土地って、うちの所有なんだよね、うちに一言も相談なくそこを造成して高台移転って言ってるけど、ちょっと頷けないなぁ……」（二〇一二年夏、ある浜での声より）

また、半島の漁港近くの高台には県が借り上げてそこに仮設住宅が建設されているところがあるが、その敷地内に、土地所有者が自由勝手に物置を設置し出している。「ここはそもそもうちの土地だから……」と。[*21] 土地の所有、利用の履歴・慣行、さらにそれを前提・包含する地域権力構造、これら地域の諸関係が十分に把握・検討されたところでこうした復興プランの提案がなされないと、プランは実現に際して様々な壁にぶつかることとなり、その弊害は結局は被災者の生活再建過程に覆い被さってくることとなる。

そもそも建築家（集団であるところのArchiAid）は、施主の意向を十分に聞き取りながら作品としての家を建てることを専らとする。しかしながら通常は、まずそのための基盤である土地が造成され（土木の仕事）、そこで土地利用計画が大臣認可され（都市計画の仕事）、その上に家が建てられる（建築の仕事）。この度はこの前二者を省みる必要はない、真っ白なキャンパスであることとして、そこに建築家が生活再建の希望を汲み取って夢（の構想）を作品として模型化して見せた。したがって上述のような「ここはそもそもうちの土地だから……」という反目が出

*21　県が土地所有者と借り上げ契約を結んだところに建てられた応急仮設住宅の敷地には、もちろん勝手に建物を建てることは許されない。しかしながら現実には、こうした事象も散見される。

小規模な仮設住宅団地（東日本大震災・岩手県大槌町）

てきてしまうこととなる。

石巻市ではしかしながら、この熱意溢れる研究実践を、市の半島部復興の中核に据えることとして、大学グループと市で包括協定を結んだ上でアドバイザーとして位置づけ、その図面・模型を、高台移転計画の材料として採用していった。そもそも高台移転に反対する多数の従前居住者がいること、しかしながらそうした人々の意向は、アンケート調査等によって巧みに操作・誘導されて、浜の大方が高台移転に合意しているとのデータとして提示されるに至ったことは前述（注18）の通りである。

フェアトレード東北もArchiAidも、その熱意ある視角から現場へ参与し、被災地復興の基底を大きく胎動させていることは事実だ。しかしながらこうしたスタイルはまだ、復興をマルチステークホルダー参画型にするための汎用的な手法として市民権を得ているわけではない。この世は未だ既定復興がその主流なのである。

4　改正災害対策基本法第八六条の七（在宅被災者対応）

こうした個々の現場での、ここまで踏み込んだ取り組みは、漸次、認知・制度化されていくものであろう。これまでも日本の災害対策法制度はそのように地平を延伸させてきた。*22 東日本大震災は、規定の枠組みを遥かに超えたところで事象が展開したことから想定外、未曾有などの枕詞とともに語られることが多い。これを受けてその基本法であるところの災害対策基本法も大改正*23された。

評判の悪いベニヤ合板のプレハブ仮設にはせず、木造でロフトもある居住環境の良い仮設住宅（いわき市高久第十仮設住宅団地）

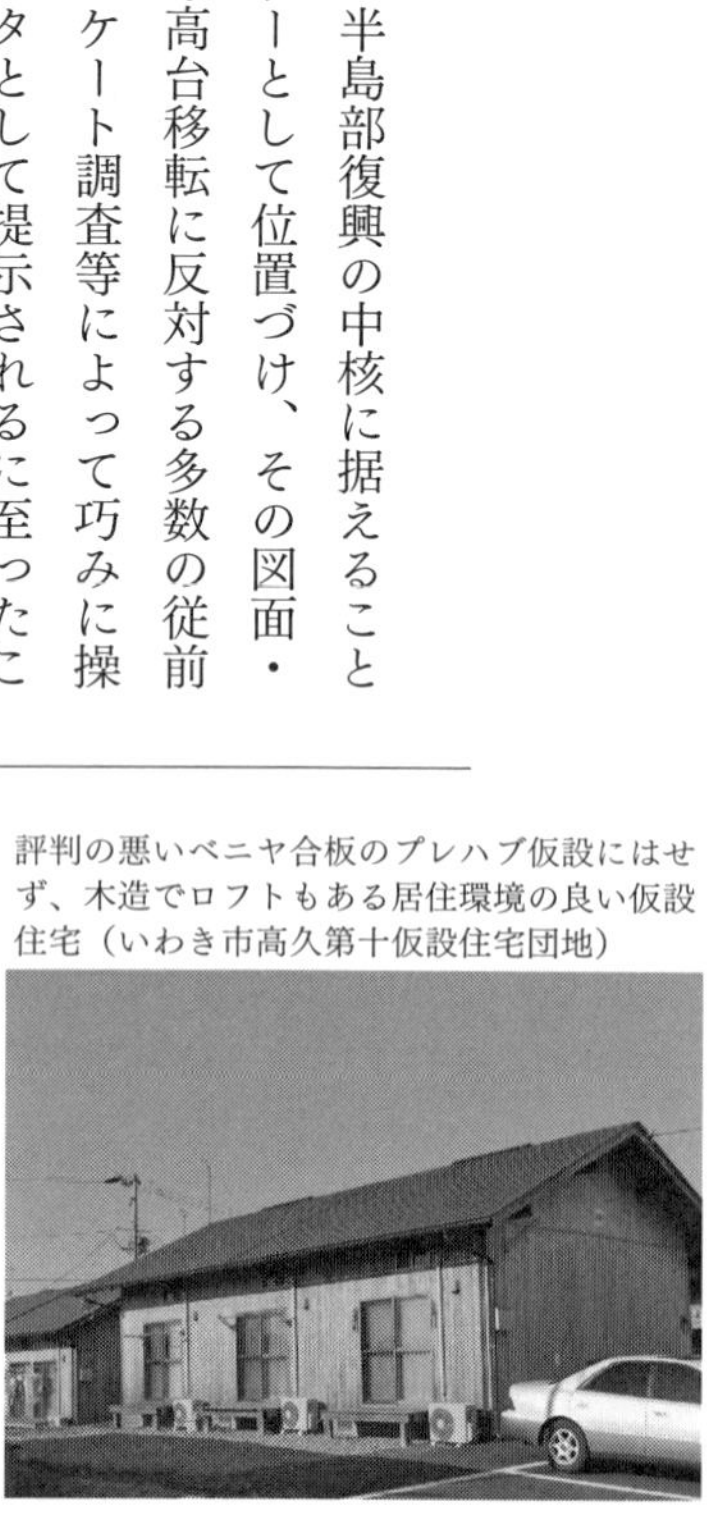

*22　災害対策基本法、被災者生活再建支援法等々、その制定過程、諸背景などをまとめた文献として、［吉井 1996］、［関西学院大学災害復興制度研究所 2014］などがある。本書第6章も参照。

*23　東日本大震災の教訓を踏まえ、災害対策強化を図るため災害対策基本法等の一部を改正する法律（平成二五年法律第五四号）が、平成二五年（二〇一三）六月二一日に公布された。

この改正の目玉の一つに、第八六条の七、「避難所以外の場所に滞在する被災者についての配慮」があげられる。

（避難所以外の場所に滞在する被災者ついて配慮）

第八十六条の七　災害応急対策責任者は、やむを得ない理由により避難所に滞在することができない被災者に対しても、必要な生活関連物資の配布、保健医療サービスの提供、情報の提供その他これらの者の生活環境の整備に必要な措置を講ずるよう努めなくてはならない。

避難所にいなければ、罹災証明書を保持していなければ、これまでは被災者として処遇されず、救援物資を受け取ることはままならなかった。この狭間をフェアトレード東北は奔走した。そしてこれらの活動事例が渉猟・評価されて国会の審議に供され、今回の法改正で在宅被災者対応として位置づけられることとなった。この法改正で今後は、自宅にとどまっていても救援物資を受け取ることができるようになった。

しかしながらそのためには、避難所が開設されたと同時に、そうした人々が地区の家々に残存していることが精確に把握されていなければならない。そのために、避難行動要支援者の名簿作成が市町村に要請*24されることとなった。しかし地域防災活動に取り組む現場では、これが個人情報保護法の趣旨に抵触するのではないかとの危惧が投げかけられていて*25、この的確な把握がなかなか進まないジレンマに陥っている。

小渕浜では、常日頃から隣近所が互いの懐具合まで分かり合っているところで、この度の被災に際しては、外部支援を巧みに導入して共同避難生活を繋ぎ、休漁してまで瓦礫撤去に網を打って浜の仲間の生活再建資金の融通を図り合った。浜には季節毎、家族・地域、皆で融通し

*24　災害対策基本法改正の趣旨として、以下が記されている。「市町村長は、高齢者、障害者等の災害時の避難に特に配慮を要する者について名簿を作成し、本人からの同意を得て消防、民生委員等の関係者にあらかじめ情報提供するものとするほか、名簿の作成に際し必要な個人情報を利用できることとすること」。

*25　この危惧を払拭して適切に被災者支援を講じていくために日弁連では、個人情報保護法・第一六条、第二三条の再読を薦めている。第一六条には、「個人情報取扱事業者は、あらかじめ本人の同意を得ないで、

墨田区では多くの建物が既にマンション化されて耐震化・不燃化されているので、そこから避難することはないとして、地区内残留地区などとされている

あう様々な工夫が張り巡らされていて、こうした過酷な状況下、あらゆる助け合いを惜しまない関係性・底力が担保されている。ここに個人情報保護云々は立ち現れない。

上から法制度を被せても、それは災害対応マニュアルとして絵に描いた餅として目には美しく映るが、災害時には機能しないことはあらかじめ分かり切っていることだろう。そこで地域防災力の醸成を喧伝しても、それは屋上屋を重ねるだけだ。日常の社会関係を充実させていくこと、そこを基盤にするところにおいてのみ地域防災力の醸成は図られる。結果防災・レジリエンス、支援・受援……。小渕浜の事例には、地域防災力醸成の道筋と諸条件を考えて行くに際してのヒントが隠されていると読みとれるだろう。

参考文献

アーキエイド編　2012『浜からはじめる復興計画』彰国社。
浦野正樹　2007「脆弱性概念から復元・回復力概念へ――災害社会学における展開」浦野正樹・大矢根淳・吉川忠寛編『復興コミュニティ論入門』弘文堂、pp. 27–34.
大矢根淳　1994「津波の民俗」宮古市教育委員会編『宮古市史（民俗編・下巻）』宮古市、pp. 861–893.
――　2010「災害・防災研究における社会関係資本（Social Capital）概念」『社会関係資本研究』第1号、pp. 45–74.
――　2012「東日本大震災における集落再興――被災漁村（牡鹿半島・小渕浜）における生業再開への一視角」『都市社会研究』第4号、pp. 98–119.
――　2013a「石巻市 市街・牡鹿――まちの復興と生活再建への災害社会学の視角」浦野正樹ほか著『津波被災地の五〇〇日』早稲田大学ブックレット、pp. 69–92.
――　2013b「復興、防災社会構築におけるレジリエンスの含意」『月刊公明』第90号、pp. 25–30.

墨田区にある両国高校では在校時の被災を想定して、高校生が近隣の児童・高齢者の安否確認・避難誘導を行おうと訓練を重ねている（幼稚園児に寄り添って）

前条の規定により特定された利用目的の達成に必要な範囲を超えて、個人情報を取り扱ってはならない。……3　前二項の規定は、次に掲げる場合については、適用しない。……二　人の生命、身体又は財産の保護のために必要がある場合であって、本人の同意を得ることが困難であるとき。」とあって、災害時にはこうした情報の収集・利用は法文上、きちんと認められているのである。これを読んだことのある人、役場の職員は、まだまだ少ないようで、災害時に支援を要するであろう人々の情報を収集して現場で共有することは「できないものである」と勘違いしている人が多い。

川副早央里・大矢根淳 2013「石巻市における仮設住宅の生活実態踏査」の実施過程について ―― 東日本大震災に際して地元から生まれたコミュニティ形成への動き」『専修社会学』第25号、pp. 37–47.
関西学院大学災害復興制度研究所 2014『検証 被災者生活再建支援法』自然災害被災者支援促進連絡会。
鬼頭秀一 2006「環境倫理における風土性の検討」小林正弥編『「公共性」概念の検討 ―― 環境問題をめぐって』千葉大学大学院社会文化科学研究科、pp. 47–60.
今野裕昭 2001『インナーシティのコミュニティ形成』東信堂。
広原盛明 1996『震災・神戸　都市計画の検証』自治体研究社。
ワイズナー、ベンほか編（岡田憲夫監訳）2010（原著2004）『防災学原論』築地書館。
山口弥一郎 2011（1943刊の復刻）『津浪と村』三弥井書店。
吉井博明 1996『都市防災』講談社現代新書。

墨田区・両国高校で行われいる近隣生活者の避難誘導支援（高齢者の誘導）

第9章

アートによる創造的復興の企て

保険に支えられた移動／再建

2011
×
ニュージーランド

大谷 順子

港湾都市リトルトンのメインストリートで倒壊した建物のあとの更地に建てられたアート。地面には子どもたちがつくった人が手をつなぐモザイクアートがあり、再生の祈りが込められている。椅子なども設置され、仮設だが人々が集まる憩いの場所になることが願われている（クライストチャーチ市、2014年8月）

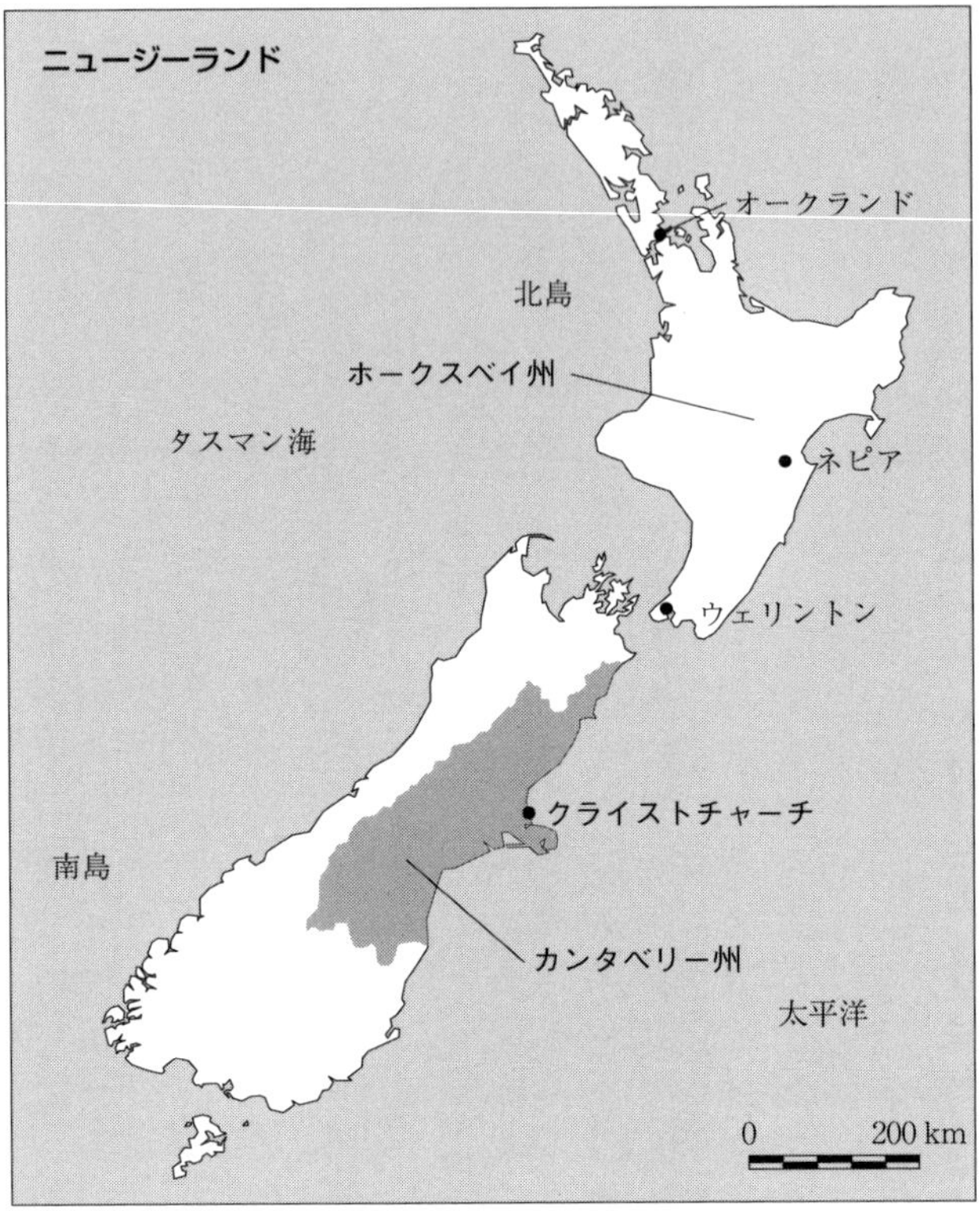
ニュージーランド
オークランド
北島
ホークスベイ州
タスマン海
ネピア
ウェリントン
クライストチャーチ
南島
カンタベリー州
太平洋
0
200 km

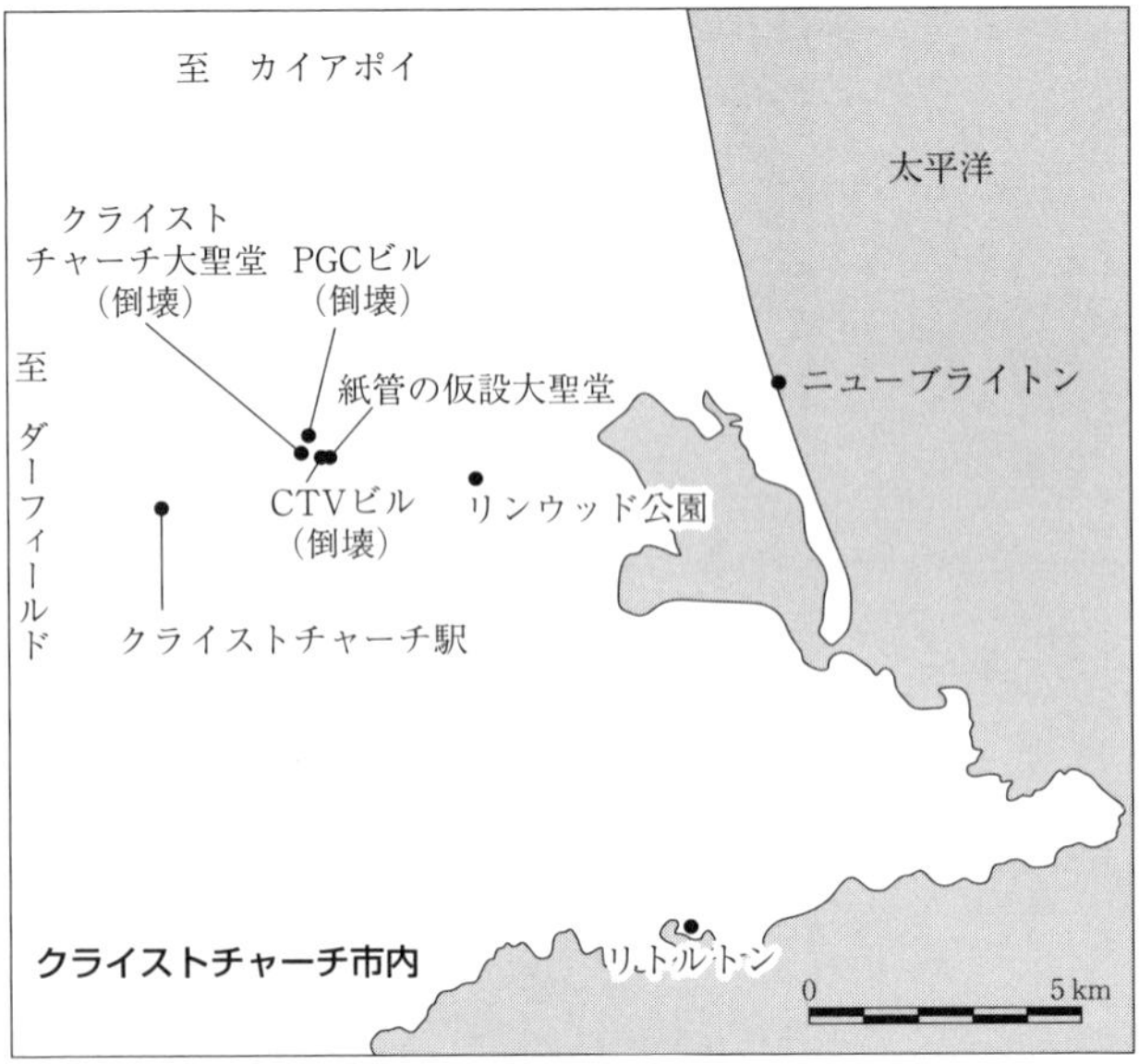
至　カイアポイ
太平洋
クライスト
チャーチ大聖堂
（倒壊）
PGCビル
（倒壊）
至　ダーフィールド
紙管の仮設大聖堂
ニューブライトン
CTVビル
（倒壊）
リンウッド公園
クライストチャーチ駅
クライストチャーチ市内
リトルトン
0
5 km

本章は、ニュージーランドで発生したカンタベリー地震を事例として取り上げて、そこから見える創造的復興について論じる。*1 あらかじめ概観すれば、ニュージーランド社会の地震対応の主な特徴として以下の三点が挙げられる。第一に、保険の充実を背景とした自助中心の対応がなされていること（ただし後述のように、保険の支払いが必ずしも順調でない、という問題などがあり、必ずしも理想的とも言えない）、第二に、それとも関連するが、人口の流動性が高く、災害後に被災地から転出する人が多いこと、第三に、中心的な被災地でアートによる復興が試みられていること、である。被災地にアートが生まれてきたのは、転出する人、家族、会社などが多く、建物の倒壊や転出後に、すぐには再建されない、活用可能な更地や壁などの空きスペースが多く生まれたからである。人の転出や移動の割合の高さの背景には、ニュージーランド社会における保険制度の充実があり、カンタベリー復興庁（Canterbury Earthquake Recovery Authority: CERA）など行政と市民社会の連携がある。

以下本章では、まず、被災の実情と保険の充実による復興について、次に、転出による空きスペースの出現について説明し、最後にそれを活用したアートについて紹介する。アートは経済的な意味で復興に資するものではなく、日本においてそれほど重視されてはいない。しかし本章の事例が示すのは、被災地のテンポラリー・アートには、なかなか再建が進まないように見える街の風景に活力を与え、再び人が集まるところにする力があるということである。

---

*1　本稿は、拙稿［大谷 2014a, 2014b］をもとに加筆修正したものである。また本稿執筆にあたり、平成二五年度日本学術振興会特定国派遣事業によるニュージーランド王立学士院（RSNZ）のフェローシップを受けて、カンタベリー大学の客員研究員として現地調査の機会を受けた。平成二六年度ユニベール財団助成により追跡現地調査を行った。大学関係者、カンタベリー地震復興庁（CERA）、市役所、社会開発省、カンタベリー保健局、新聞記者、博物館、市民など、被災しながら復興のために働いておられる方々、お世話になった多くの方々に感謝します。

CERA カンタベリー地震復興庁

1　カンタベリー地震被災地の概況

繰り返す地震

二〇一一年二月二二日一二時五一分（現地時間：日本との時差は三時間）、ニュージーランドのクライストチャーチ市近郊を震源とする大地震が起きた。この地震による死者は一八六人であったが、一番多くの犠牲を出したのはカンタベリーテレビ（ＣＴＶ）ビルの崩壊によるものであり、そこだけで一一五人が亡くなった。[*2] ＣＴＶビルに英語学校が入っていたことから、二八人の日本人留学生を含む多くのアジア人留学生が巻き込まれ、当時、日本では連日、邦人犠牲者に焦点をあてて報道されていた。しかし、その一七日後に東日本大震災が発生すると、日本でのクライストチャーチの地震に関する報道はほぼ無くなった。

ニュージーランドは日本と同じくプレートの境界に位置し、非常に地震の多い国であり、伝統的な信仰のなかにも地震は取りこまれている（324ページの写真）。実はこの時もこの地域では、上述の二月二二日の一回だけではなく、地震が連続して発生していた。大きなものだけで二〇一〇年九月四日のダーフィールド地震に始まり、この二〇一一年二月が第二回、第三回目が六月一三日にあり、一二月二三日の地震が四回目として数えられている。その時点で、一万二〇〇〇回以上の余震が観測されている。カンタベリー地震という名称は個別の地震を指すこともあるが、この一連の地震の総称としても使われる。その後も、二〇一二年、二〇一三年と余震が続き、[*3] 人々は、「自分はＰＴＳＤかもしれない」と言うようになった。この地震があるのが

*2　死亡者は一八五名であったが一名は後で追加された。このうち、一一五人はカンタベリーテレビ（ＣＴＶ）ビルの倒壊により犠牲となった他、一八名はPyne Gould Corporation（ＰＧＣ）ビルで、他の中心部市街地（Central Business District: CBD）で亡くなった三六名をあわせると、計一六九名が中心部市街地で犠牲となった［The Press 2013：105］。

*3　二〇一三年七月から八月の現地調査中もマグニチュード三から四クラスの余震は続いていた。なお、同年七月二一日にウェリントンで発生したＭ六・五の地震については、New

多くの犠牲者を出したCTVビル倒壊の跡地。「Please respect this site」の標識が見える。市内観光バスもこの前で停まり、災害観光がコースに含まれるようになった

あたりまえになった日常は「ニュー・ノーマル（新たな日常）」と呼ばれ、余震の恐怖とともに生活することが日常化しつつある。

政府は二〇一〇年九月の地震の後、地震対応大臣を新しく任命し、カンタベリー地震復旧・復興法（Canterbury Earthquake Recovery Act 2010）を成立させた。また、政府と民間金融機関からの拠出によりカンタベリー地震復興基金を設立すると発表し、政府は五億ドル*4を拠出した。政府からの被災者への支援として、被災が原因で一時避難する世帯に対する一律手当金一〇〇〇ドルを支給し、休業を余儀なくされた従業員にも規定の休業補償が支給された。

続いて二〇一一年二月の地震が発生した後、政府は三月二九日にクライストチャーチ市の再建のためにCERAを設立した。CERA設立後、同年九月一〇日に「復興戦略」の原案を発表したが、そこには二〇〇四年のスマトラ島沖地震・津波（インド洋津波）の後、被災地の復興におけるキーワードなどによく使われるようになった〝Building Back Better〟も取り入れられている。しかし、CERAと市役所との連携は不十分なようである。クライストチャーチ市が二〇一一年五月一四日から六週間〝Share an Idea〟と題したキャンペーンを展開し、一〇万件以上の市民の意見を収集したにもかかわらず、CERAのクライストチャーチ中央開発課（Christchurch Central Development Unit: CCDU）が二〇一二年一二月に復興計画の青写真を発表した際には、その意見が計画に反映されているのかはっきりせず、また公式な説明もなかったため、市民から不満の声があがった［大谷 2014a］。

CCDUによる復興計画の目的は、壊滅した中心部市街地（CBD）に再び都市機能を取り戻すことであったが、二〇一二年の間に明らかになってきたことは、その計画を通じて以前の姿とは大きく異なった街の姿になるということであった。被害の大きかった市の東部、中心部市

York Times でもトップ記事として扱われたが、日本では選挙報道に消されてしまった。ウェリントンでは同年八月一六日にさらにM六・五の大きな地震が発生するなど、首都でも今後も起きると予想される地震に備える必要性に緊張感が増している。

*4 以下、特に断っていないときはNZドルを示す（一NZドルは二〇一一年当時、約七〇円）。

カンタベリー大学が設置したコンテナのクエイクボックス。個人の地震体験の声を集める（「はきだしてもらう」）プロジェクトである

表9−1　ＣＥＲＡによる被害状況区分

レッドゾーン	最も重大な被害を受けており、土木工事を行っても土地基盤の問題を解決する見込みがなく、居住には相応しくない。このゾーンに指定された区域の持家所有者に対して、防災移転の促進のため被災住宅の購入と移転先地の斡旋等の支援が行われる。
オレンジゾーン	復興に向けた計画のための調査・分析が必要なエリア。
ホワイトゾーン	復興に向けた計画の白地エリア（居住建築物がないエリア等）。
グリーンゾーン	被災程度が低く、新しい建築基準に従った復興を推進するエリア。その度合いによって、TC 1（液状化による土地の損傷は将来的にもほぼない）、TC 2（液状化からの損傷を防ぐために、地盤の補強が必要で、補強後には住宅を建築することは可能）、TC 3（将来的に地震で液状化による重大な地盤損傷が起こりうる）に分けられる。

街地は多くの建物や施設が取り壊されることになったが、それは人々の、特に高齢者の人生の思い出を形成するものが消えてしまうということを意味していた。主に市の東部やその周辺地域をあわせて約一万の住居が、居住には相応しくないレッドゾーン[*5]（表9―1）に指定されたために、政府によって買い取られ、住民は出ていくことになった。

　この地震は、死亡者の数だけを見ると日本や中国の地震とは比較にならないように思われるが、その社会的影響は深刻である。市の中心部市街地のほとんどは、被災によりレッドゾーンと指定され、二〇一一年二月の震災発生から二年ほど立ち入り禁止区となるほどの壊滅となった。液状化による被害、続く余震、地域のアイコン的存在であるクライストチャーチ大聖堂の倒壊を含め市の中心部の破壊による地域経済活動への打撃[*6]など、死亡者数だけでは測れない地域社会へのインパクトがあった。

　筆者はこの被災地での現地調査を地震から二年を経た二〇一三年に行った。一周年には犠牲者を追悼する式典が行われたというニュースがあったものの、現地の被災状況は日本のメディアでは伝えられず、その現状を正確に把握することは困難であった。現地調査では、震災の影響は予想

2011年２月22日の地震発生後、立ち入り禁止になっていた中心部市街地が2013年６月30日に一般に開かれ、見に来た人々（2013年７月１日撮影）

*5　二〇一〇年九月に発生した地震直後から、家屋の危険度判定がクライストチャーチ市により行われ、さらにCERAにより被災地域の被害状況に応じた区分判定がなされた。レッドゾーンに指定され、修理・修繕が困難な住宅と土地は、政府による買い上げ政策が適応され、政府は、土地と家屋を買い上げるという選択肢と、家屋は民間保険と地震委員会（Earthquake Commission: EQC）により修理・修繕あるいは再建し、土地のみを買い上げるという選択肢の二つの選択肢が提示された［武田 2014］。レッドゾーンはどちらを選択しても結局のところ域外に転出するしか

をはるかに超えて大きいことが確認され、人々の失ったものや痛みは深刻で、それはこれから何年にも渡ってまだまだ続くことを確信した。

被災後の人口移動

地震発生後、崩壊したビルの前では緊急援助隊員がメガフォンで、活動の邪魔になるだけなので去るようにと人々に呼びかけていた。震災復興と安全確保のために住民が被災地を離れることを推奨する政策が取られ、被災地住民にはニュージーランド航空の航空券が破格の低料金で提供された結果[*7]、多くの人々が被災地を離れ、国内避難民（internally displaced persons: IDP）[*8]となった。このことは、被災者がそのまま被災地にとどまり、避難所から仮設住宅へ、そして自宅へと生活を再建させることが当然のように見なされる日本から見るときわめて特徴的であり、むしろ自然災害よりも原発事故のような人為災害への対応に近いように見える。

住む家を失った人々の中には、クライストチャーチから永久、あるいは一時的に去ることを決めた人々もいる。液状化し、水もトイレもない生活が続く中、続く余震に耐えられず転居を決めた人々や、被災により職場や職を失い、仕事を見つけることができるオークランドやウェリントンなどの他の市やあるいはオーストラリアなど国外に移った人々も少なくない[*9]。しかしそこには悲しみのニュアンスはない。ニュージーランドは、もともと人口の流動性が高く、国民が地域を超えたネットワークを形成している社会といえるかもしれない。ニュージーランドの国民に、二〇一一年の地震で直接被災した等、影響を受けた家族や近い友人がいるか聞くと、全国人口の九割が「いる」と答えた［Keeling et al. 2014］。見方を変えれば、ニュージーランドはこのような社会の流動性の高さを利用することで、日本のような仮設住宅の建設をするこ

ない。グリーンゾーンのＴＣ3は地盤に問題があり、またＴＣ2は地盤補強が必要であるためにさまざまな交渉が継続して行われており結論はまだでていない［Campbell 2014］。道を一本隔てるだけで、異なるゾーンに分類され住民の運命は分断されている。二〇一二年末にその調査が終了した時点で、六三〇ヘクタールの土地に及ぶ八〇〇〇件を超える住居がレッドゾーン指定となった［The Press 2013：46］。政府は、レッドゾーンに指定された地域の住居も、二〇〇六年に行った土地価格調査の結果に基づいて、震災前の価格で買い取っている。その総額は一〇億Ｎ

2013年８月16日のウェリントン地震発生後、空港からクライストチャーチ行きの飛行機で同地を去る人々。ニュージーランド人は「transient population（流動人口）」を自認する

となしに地震に対応していると言えるかもしれない。[*10] この点については次節で検討する。

被災の比較的大きかったクライストチャーチの東部は、比較的、社会経済指標（Socio Economic Status: SES）が低い地域であったが、さらにこの地震によって、クライストチャーチ社会の地域間格差がより顕著に浮かび上がることになった。この格差は、生活再建や復興の速度の地域差の要因にもなっている。[*11] これは被災後の生徒の学校生活にも非日常な影響として継続した。

被災地域での人の流動性は、転出する被災者ばかりではない。倒壊した瓦礫の除去や再建のために流入してくる人口もある。再建工事がすすむにつれ、建設工事現場の労働力不足を補うために、ニュージーランドの農村からだけではなく、オーストラリアやアイルランド、フィリピンなどからの出稼ぎ者も増えてきた。[*12]

2　災害保険制度に伴う自助中心主義

仮設住宅の不在

二〇一一年一一月にクライストチャーチを視察した時、日本や中国の四川大地震などの被災地で見られるような仮設住宅がないことに気付いた。学校には仮設校舎が大規模にあるが、住居としての仮設住宅がない。地震の研究をしている現地の大学研究者らにヒアリングをしても、仮設住宅の存在を知っている回答者はいなかった。さらに、二〇一三年七月からの調査においても、一般的に知られておらず、またメディアでも報道されないようで、異口同音に、

「EARTHQUAKE REMEDIATION TEAM」の蛍光ジャケットを着た建築労働者。カンタベリー大学の前のバス停、今日の仕事を終えて帰る

Zドルを超えた［The Press 2013：4］。不満の声はない値段で買い取られたという意見が大半であるが、現実には査定時点から被災時点の間に増築をしていた分はどうなるのかなど個別の問題は残されている。さらに、EQCと保険の複雑な問題が起きている。Miles［2012］は、その事例と人々の不満の声を紹介している。

*6　市の中心部市街地の五七〇〇のビジネスと、その五万一〇〇〇人の雇用が、二〇一一年二月の地震で失われたと推定されている［The Press 2013：237］。

「仮設住宅はない」「住居を失った人々は、親戚や友人を頼って避難した」との返答であった。回答者の中には、自身が被災後、住居を転々と数回、あるいは七回もの引っ越しを繰り返しているという大学教員も含まれる。離れた不便なところにキャンピングカーを一〇〇〇台置いて仮設住宅として提供したが実際には一人しか入居せず、結局、撤去されたという話もあった。

しかし、CERAの刊行する月刊フリーペーパー（*CERA Greater Christchurch Recovery Update*）を見ると、リンウッド公園にある仮設住宅で暮らす住民の紹介記事と写真が掲載されており、若干数は建てられていることがわかった。そこで、社会開発省（Ministry of Social Development: MSD）で聞き取りを行ったところ、仮設住宅は公園の中に四ヶ所あることを把握した。そこで社会開発省の職員に伴われて、仮設住宅の視察を行ったところ、職員でさえ迷うほどの大きな公園の森林の中などに建設されていた。各サイトは二〇から四〇戸と、世帯数は日本に比べれば小規模である。しかし各戸は日本のものよりもかなり広い。一階建てのプレハブであるが、台所も大きく広々としたバスルームつきでベッドルームが二つか三つあり、中には四つのベッドルームの場合もある。一戸一戸が独立しており、隣のプレハブと壁を共有することはない。また全戸でペットを飼えるようになっている。[*13] ほとんどは家具なしで、入居者は自分の家具を持って入居するが、少数は家具付きになっており、入居者が家具を倉庫に入れたまま、身軽に入居できるものも用意されていた。

また、仮設住宅と言っても日本とは異なる存在であることを示す事実として、仮設住宅の平均滞在日数は四二日間ということが挙げられる。さらに、賃貸料は無料ではなく、市場値の家賃を支払うよう定められている（実際には保険で支払われる）。その家賃を表9-2に示す。なお、クライストチャーチの仮設住宅は、オーストラリアの森林災害のモデルを参考にして建設され

---

*7　多くの市民が市を捨てて出ていく混乱の中、空港におりたった日本からの救援隊の姿は人々に大きな感動と感謝の気持ちを呼び起こし、空港は拍手の渦で日本の救援隊を迎えた。日本の救援隊は主に日本人留学生の犠牲者を出したCTVビルでの救助活動に従事した後、三月一一日の東日本大震災の発生とともに帰国した。今度は、ニュージーランドの救援隊が日本へ向かった。

*8　国内避難民という概念には原発事故の影響で避難している東日本の被災者も含まれる。

*9　一般の住民だけでなく老

リンウッド公園の中に広がる仮設住宅

表９－２　仮設住宅の家賃

住宅の種類	家賃
２ベッドルーム戸建て	週287NZ ドル（22960円）
家具付き２ベッドルーム戸建て	週355NZ ドル（28400円）
３ベッドルーム戸建てあるいはタウンハウス	週353NZ ドル（28240円）
４ベッドルーム戸建て	週439NZ ドル（35120円）

The Press 誌、2013年９月18日（page A８）“Quake homes bring relief” をもとに作成

たとのことである。[14]

公的支援によるコミュニティ・レジリエンス強化

地震支援調整局（Earthquake Support Coordination Service: ESCS）は二〇一〇年九月の震災後、社会開発省において設立され、保険と連携しながら、住宅など生活を再建するための支援プログラム[15]を行ってきた。[16]具体的には、ヘルプライン（無料通話）、仮設住宅、被災者支援コーディネーター、レッドゾーンの住宅所有者支援センター（Avondale Earthquake Assistance Centre）、コミュニティ・レジリエンス・チームの五つの活動がある［武田 2014］。被災によりこれまでに対応したことのない地震保険やあらゆることに対応しなければならなくなった住民に、ESCSは震災対策の情報を提供し、個々の状況に応じて、担当窓口を紹介するという役割を担ってきた。そこではヘルプラインに加え、NGO職員、ソーシャルワーカー、コミュニティ開発専門などのさまざまなスキルを持った人たちが担うESCS被災者支援コーディネーターが、被災者に必要な住宅や再建にかかわるサービスの案内役として活動してきた。被災者は避難中の自宅でも社会開発省のオフィスでも、希望する場所で面会することができる。最も多い時期で七五名のコーディネーターがおり［CERA 2012: 4］[17]、当初は、一対一の支援（個別対応）が主であった。しかし、行政から、被災者につきっきりで長期に渡って対応しすぎる傾向にあり、そ

クライストチャーチの中心部市街地。コンテナを積み上げて古い建物の倒壊事故を防ぐ

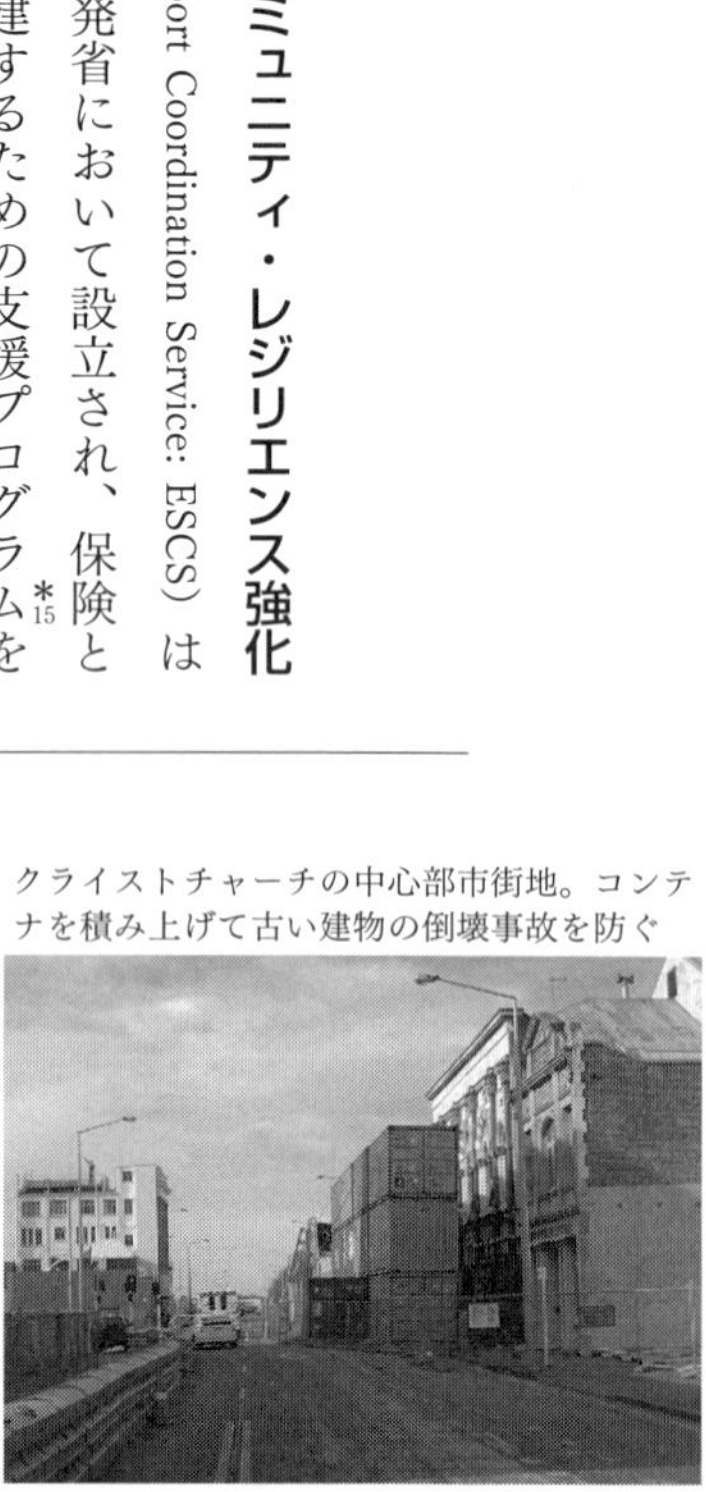

人ホーム入居者も移動を余儀なくされた報告がされている。地震により市内の老人ホームの高齢入居者は合計約六〇〇名がその居場所を失った。入居者はその日のうちにあるいは翌朝にニュージーランド中の他の都市の施設に搬送された。当日は入居者の家族に連絡を取り確認することもできないまま搬送されたケースも少なくない。落ち着いてからクライストチャーチに戻る高齢者もいたが、余震の続くクライストチャーチに戻らない決断をする人達もいる。人口高齢化と過疎化は日本では問題視される課題だが、ニュージーランドも高齢化社会に直面している。現在、北島のオークラン

れが、被災した人々をかえって依存的にしてしまうという問題点が指摘され、一対コミュニティの支援へと移行しようとしている。

ニュージーランドの保険カバーの高さ（世界でも例外的）

保険会社には、保険会社のための保険、すなわち再保険制度がある。世界の自然災害について大手の再保険会社 Munich RE の発表したデータを、死亡者数、損失額、保険で補償した額という視点で比較してみる［大谷 2014b］。死亡者数の多い順に見ると、第一位は二〇一〇年ハイチ地震で二二万二五七〇人、第二位は二〇〇四年スマトラ島沖地震・津波が約二二万人と続く。カンタベリー地震の一八五人（その後追加されて一八六人）は比較にならないほど少ない。損失額の多い順に見ると、東日本大震災は第一位で二一〇〇億米ドル、阪神・淡路大震災は第二位で一〇〇〇億米ドルとなっている。ここには、人口三五万人のクライストチャーチでの地震が一六〇億米ドルと第七位に入っている。さらに、保険で補償された損失額の順で見ると（表9-3）、ニュージーランドの二〇一一年二月の地震は一三〇億米ドルで第三位となっている。東日本大震災は二一〇〇億米ドルの損失のうち、保険による補償は四〇〇億米ドルのみであるが、二〇一一年二月のカンタベリー地震は一六〇億米ドルの損失のうち、一三〇億米ドルが保険による補償となる。そして、二〇一〇年九月の地震、死者はゼロのこの地震の補償額は世界で第五位となっている。さらに、二〇一一年六月の地震が第一〇位になっており、ニュージーランドで起きた一連の大地震を三つに分けても、すべてが世界の上位一〇位に入っている。

自然災害の規模を保険支払額によって比較することはできない。自然災害による犠牲者の数、また損失額は、保険による損害補償額とは全く比例しない。各国の保険制度の有無、付保

ドに人口が集中する傾向にあり、南島の過疎化がさらに進む。

*10 本シリーズ第一巻［山本 2014］で山本が流動性の高い社会についての議論を行っている。

*11 筆者が行ったヒアリングの中で、西部の比較的裕福な地域の住民からは、震災後、西に移った東部の住民のことを指して、「東部の住民が移ってくるということは、東部の社会問題も一緒にセットで移ってくるということ」、「見たくない人々を地元のスーパーで見かけるようになってしまった」という表現

「我々の未来へ向けて再建」── 街の至るところで建設会社フレッチャーの看板が呼びかけている

表9－3　世界の自然災害（1980～2012年）における保険による補償損失額上位10件

災害発生日　名称	被災地	損失額	保険による補償損失額	死亡者数
		単位：百万米ドル		
2011.3.11　東日本大震災	日本　岩手県・宮城県・福島県など	210,000	40,000	15,840
1994.1.17　ノースリッジ地震	米国カリフォルニア州	44,000	15,300	61
2011.2.22　カンタベリー地震	ニュージーランド・カンタベリー州	16,000	13,000	185
2010.2.27　チリ地震・津波	チリ中部	30,000	8,000	520
2010.9.4　ダーフィールド地震	ニュージーランド・カンタベリー州	65,000	5,000	
1995.1.17　阪神・淡路大震災	日本　兵庫県など	100,000	3,000	6,430
2012.5.29/6.3　イタリア北部地震	イタリア北部	16,000	1,600	18
2004.12.26　スマトラ島沖地震・津波	スリランカ、インドネシア、タイ、インド、バングラデシュ、ミャンマー、モルディブ、マレーシア	11,200	1,000	220,000
1989.10.17　ロマプリエータ地震	米国カリフォルニア州	10,000	900	68
2011.6.13　クライストチャーチ地震	ニュージーランド・カンタベリー州	2,000	800	1

Munich RE, NatCastSERVICE（2013年3月）より作成

率（保険金額の設定）、カバー対象が異なるため保険による支払額に差異が出る。一般に、途上国では犠牲者の数は多くても、保険による損害補償はほとんどない。しかし、ニュージーランドのカンタベリー地震の事例では、犠牲者の数が少なくても、損失額、さらには保険によって補償される損失額は世界的平均と比較しても膨大な額となっている。大規模な自然災害の保険は、その国のみを対象とした保険予算のみで対応されるのではなく、保険制度が整備されてい

CERAの立ち入り禁止、ゴミ不法投棄禁止の看板。捨てられた家の周りに多くある（カイアポイ、2013年）

があったり、北の郊外カイアポイの住民が、震災後、家の価格が高すぎる市内を避けて比較的安い北の郊外にも移り住んできたクライストチャーチの東部で被災した住民を「望まれない者（The undesirable）」と呼ぶなどの差別的なショッキングな表現を聞いたりした。南西部でも、「震災後、このあたりもすっかり治安が悪くなってしまった。東部から移ってきた奴らが軽犯罪を犯すので車も道に停められなくなった。全く理解できない奴らだ」という憤慨する話が聞かれた（二〇一四年八月インタビュー）。

*12　それによる治安の悪化な

る場合は、再保険会社を通して世界中から保険金が集められるということである。

ニュージーランドはその復興対策の最大の特色である「自助」中心主義（災害保険制度）に依拠している。それが「仮設住宅の不在」につながっており、日本のように仮設住宅を提供する「公助」中心型制度を選択する国とは、住居に関しての支援制度は異なることが明白である。政府が住める家を失った被災者に対して仮設住宅の建設と提供という支援をしないのは、災害保険をかけていれば、政府の機関である地震委員会（Earthquake Commission: EQC）[*18]から、家や建物の修復の費用が払われるというシステムがあるからである。

地震、津波、洪水などの自然災害で被害を受けた人々を救済する機関であるＥＱＣは、今回の地震のためにできたものではなく、約七〇年間の歴史がある。ニュージーランドの公的地震保険は、一九四二年に首都ウェリントンで発生した地震を契機に、一九四五年に地震・戦争損害基金（Earthquake and War Damage Fund）というＥＱＣの前身が創設されたことに端を発する。一九九三年に大幅な法改正が行われ、政府が全資金を有する法人となった[*19]。この保険の仕組みは日本と異なる。ＥＱＣにより提供される保険はＥＱカバーと呼ばれ、民間保険会社で火災保険に加入した場合には、自動的に付帯される、強制加入となっており、付帯率は九割と高い。家を購入する人は、民間の保険会社の火災保険と災害保険が組み合わさった保険に加入する。銀行ローンを借りるためには、保険に入ることが必要条件である。日本のように別途、地震保険に加入する必要がなく、保険料は日本より安価である。さらに日本の地震保険制度とは異なり、この保険の対象は建物・家財だけでなく、土地も含まれる。ただしＥＱＣの補償額には上限（たとえば住宅で一〇万ドル）があり、超過分は保険会社が補償する。住居損壊で住めない場合、再建費は不足するので差額を民間の保険がカバーする。このように、住宅保険の補償は政

どの噂がながれたりもしたが、海外からの出稼ぎ労働者による犯罪が増えたというデータがあるわけでもない。二〇一四年八月には、新聞で、フィリピン人労働者が、今は単身赴任であるが、このまま、妻子を呼び寄せ、子どもたちにニュージーランドの教育を受けさせてあげたいという抱負を語るなどの記事が写真入りで大きく特集されたりした。

*13　阪神・淡路大震災の時は、仮設住宅や災害復興住宅でペットが問題になっていた。飼うことを禁止していても内緒で飼っている、鳴くのがうるさいとか、糞尿でエレベーターなど公

液状化被害の土地で再利用するため持ち上げられた家。地盤基礎工事をして元に戻すか、工事をしても駄目な場合は建物を移動させる（カイアポイ、2013年）

府のＥＱＣと民間保険会社とで成り立っている。

しかしながらこの制度にも問題がないわけではない。ＥＱＣと保険の間には複雑な問題がある。被災者からするとＥＱＣの最大の問題点は、制度はあっても実際には手続に時間がかかり、延々と待たされ続けることだ。今回のように、申請件数が膨大であったり[*20]、余震の被害が続いたりすると、査定プロセスはどんどん遅れてゆく[*21]。また、ＥＱＣによる査定が来ても、保険会社との交渉にまた長い時間を待たされる、という人もいる。さらに、具体的な補償の仕方を決める、すなわち、保険会社が契約する修理業者に委託するにせよ、あるいは一定の補償金を受け取るにせよ、補償されるまでには実際にあらゆる段階で待ち続けることが必要となり、それが被災者たちのストレスを大きくしている。もともと人口が少ないニュージーランドでは、修理会社や建築会社の数も限られており、それらの限られた企業の独占状態に対して疑いの目を向ける被災者もある。

また、世代ごとの問題もある。三〇歳以下の人口の九〇％は持ち家を所有していないことから、保険の申請は少数である［The Press 2013: 21］。一方、高齢者層は保険申請における官僚的処理に苦慮している。持ち家を所有していない若者のほうが身軽だと言えるかもしれないが、震災前からすでに人口高齢化のすすんでいるニュージーランドにおいて、このまま若年人口が加速的にクライストチャーチ市を離れる被災後の傾向が続くと、二〇年後の二〇三〇年過ぎには、市人口の半分以上が六五歳以上になると推定されている［The Press 2013: 22］。

政府と市民社会の連携

以上ニュージーランドの自助中心主義について述べてきたが、ここでは共助について触れて

カンタベリー大学仮設校舎 Dovedale Village（2013年７月）

共スペースを汚すと、近隣とのトラブルのもとになっていた。一方で、ペットは、ペット療法にもなり、ふさぎ込んでいた人がペットに触れて癒されたり、ペットを散歩に連れて出ることでひきこもりになりがちな生活スタイルから抜け出したり、ペットに話しかける人とあいさつをし、話すきっかけになったり、人とのつながりをつくるきっかけにもなると報告された［大谷 2006］。駐ニュージーランド（ウェリントン）日本大使館には、東日本大震災の時に、ニュージーランドから、ペットはどうなっているのか、置き去りにされたり、飢えたり、ひどい状態になっていないか、とい

おきたい。地震直後、民間防衛緊急事態管理庁（Ministry of Civil Defense Emergency Management: CDEM）が中心となり、政府機関と民間団体の迅速かつ行き届いた救援活動が行われた［キムラ・スティーブン 2012］。活躍した民間団体には、赤十字社、救世軍、ワールド・ヴィジョンなどがある。政府は赤十字社と共同で基金を設置し、自宅あるいは借家が被害を受けて避難生活を送る被災者に対して既定の家賃の補助を行った。資金援助ではなく、時間と労働力を提供した大学生ボランティア軍（Student Volunteer Army: SVA）［大谷 2014a, 2014b］［名波 2012］や、農民ボランティア軍（Farmers Army）も組織され、トラクターで被災地に到着するなどし、液状化被害による泥土の除去などに活躍した。地震後に本物の軍隊の他に、救世軍という社会福祉、医療、教育事業を行うキリスト教団体、そして、SVAやFAと様々なアーミーが活躍したが、このような活動は被災者たちから歓迎された。災害発生時に、人々が一体となって困難を克服しようとする国民性が報告されており［キムラ・スティーブン 2012］、日本の過去の震災復興の様子と同様である［大谷 2014a, 2014b］。

　また、SVAは、現地で液状化の清掃、安否確認、支援物資の配達、情報伝達などを行い、多くの被災者を勇気づけた。その活動は、大きくメディアでも取り上げられるなど、あらゆるところで讃えられ語られた。このSVAは第一回目の二〇一〇年九月の地震のときにSam Johnsonという学生がフェイスブックで声掛けをして学生ボランティアを集め、結成された。その地震では実際の住民への被害は限定的で、具体的な活動の場は大きくはなかったものの、ここでの組織化と活動経験がリハーサルとなって、第二回目の二〇一一年二月二二日の地震のときには迅速な対応ができた側面がある。ソーシャル・コネクション（社会的つながり）とボランティア活動は、ニュージーランド社会ですでに常態化したものだが、二〇一一年は学生ボラ

う動物愛護の問い合わせが多かったことに、それよりもまず人間がひどい状態のときにこんな問い合わせが多く寄せられるのにはまいったという。ペットと一緒に住むことが当たり前、そのような環境が保障されてあたりまえという社会のニュージーランドでは、日本のように、避難所にペットを連れて来られない、あるいは、人間の命を救うのが先という常識のような観念が通じないのかもしれない。第一巻山本［2014］では、東日本大震災でもペットを救おうと戻って津波に流された人のことについて論じている。

*14 CETAS Managerである

震災博物館 The Quake City（2014年8月）。被害の大きかったCBDにできた仮設商店街 Re: START（315ページ参照）の一角にある

ンティア元年とも言える（cf. 本書237ページ）。

3　復興への希望 ── アート

アートによる復興 ── 被災地をアートでつなぐ記憶の実験都市

震災後、クライストチャーチ空港に降り立つ日本人団体観光客は市内を素通りし、星空の名所テカポ湖に行くようになった。業種別の統計によれば、カンタベリーにおける雇用は、観光とホスピタリティ部門が震災後前年比マイナス三七％と、最も大きな打撃を受けた。本来の観光の要因である街のアイコンの大聖堂をはじめとする教会群も崩壊してしまった。日本人が新婚旅行を兼ねて結婚式にくる街の教会もあったが、それも崩壊し、ウェディングビジネスもできなくなった。さらにガーデンシティと言われるクライストチャーチの観光要因である庭々も液状化の被害にあった。クライストチャーチの事例は、本書第10章で山下が論じるような、被災地において被災地観光をつくろうというのではなくて、国際観光文化都市が被災したものと位置づけられる。地震が繰り返し、余震も続くという状況下では、観光で来てもらうということを念頭においた復興ではないかのようにも見えたが、三年を経て、やはり観光客を呼び込もうとする「国際観光文化都市としての復興」を目指す姿が見えるようになってきた［CERA 2014b: 8］。

被災したクライストチャーチ大聖堂の前の広場に設置されたカラフルな看板など。立ち入り禁止が解かれて１ヶ月余り、青空記念博物館のような赴きである（2013年８月）

David Griffiths と Quality Adviser の Tania Ohlson 氏へのインタビューによる（二〇一三年八月一四日）。

*15　本プログラムは、被災後の対策としての期限付きプロジェクトであるのでその期限がくる二〇一四年六月に閉鎖する予定であった（二〇一三年八月インタビュー時点、「それは、保険会社がするべき仕事を政府がいつまでも担うのでなく、保険に移行するためにも妥当な時期だ」とMSD職員は話していた）が、結局、七月以降も継続している。

*16　CERAも、被災者の生

被災地の仮設パブリックアート

なかなか進まない再建の中で、クライストチャーチ市街地を特徴づけているのは、「テンポラリー・アート」である。アートも仮設として制作されている。街のあちこちにある。クライストチャーチでは、被災により、アートギャラリーが崩壊し、アーティストは活動の場Studioや住まいを失くした。アートは被災地の人々の心理的な励ましになるだけでなく、人々が集まる機会を提供し、観光の収入源として街を活気づける。地震からの復興過程をさまざまな指標で追跡しているCanterbury Wellbeing Index（二〇一四年）によれば、クライストチャーチの住民の九〇％は、街の再建にアートは重要な役割を担う（vital role）と答えている。

CBDでは、二〇一一年一〇月に、コンテナショップRe: STARTというプロジェクトによ

図9−1　コンテナの仮設商店街「Re: START」は人々の憩いの場

市街中心部のキャッセル・モール（Cashel Mall）沿いにおいて、「Re: START（再開）」という復興プロジェクトとして整備され、2011年10月に営業を開始した。「ポップアップ・モール」「コンテナ・モール」とも呼ばれる。輸送用のコンテナをカラフルにペイントし、積み上げた店舗が並んでいる。大きな窓をつけるなど工夫されたおしゃれな造りになっている。恒久的な建物を再建することを前提として設置されているため、当初は2014年４月までとされていたが、その後も継続している。下の写真の左端は、書籍販売が減少し書店が消えつつあるニュージーランド社会にあって、市民に愛されているスコーピオン書店（2011年11月撮影）

活再建には中長期的な支援が必要であると様々な対策を取っている。その政策と実施プログラムを決めるにあたっては、被災者の生活再建については、二〇〇九年にオーストラリアのビクトリアで発生した山火事災害の対応が参考にされている（CERAのコミュニティ・レジリエンスと社会・文化復興プログラムの統括Denise Kidd氏と同プログラムのJane Morgan氏へのインタビューによる。二〇一三年八月六日および二〇一四年八月一九日）。

*17　二〇一三年八月現在は四〇名となっている（ESCSのSenior Regional Relation-

ギャップ・フィラー・ブルーパレット・サマー・パビリオン（Gap Filler Blue Pallet Summer Pavilion）（2013年７月）

り、がれきの市街地の中にカラフルな仮設商店街が設置され、コンテナの二七の店舗、銀行や携帯電話店、カフェなども並ぶ市街地としてスタートが試みられ、被災地の観光名所となった。さらに二〇一三年二月には、そのRe: STARTの一角に震災博物館The Quake Cityが開設された(313ページ写真)。そこには大学生ボランティアなどの活動の記録や道具の展示、地震知識、液状化のメカニズムの説明、被災家屋の裏庭に設置された仮設トイレの再現などが館内に展示されている。個々人に焦点を当てた被災者の多様な声の展示[*22]も広いスペースを取っていた。

パブリックアート、すなわち、被災地の更地などにつくられたテンポラリー・アートは人を惹きつける。崩壊した市街中心地を訪れるのは気が滅入るものであるが、新しいアートとの出会いを楽しみに被災の大きな市街地に出かけるという西側の住民の声もある。仮設のアートであっても、木村(第7章)の言う、時間や場所をまたいでいろいろな人々や活動をつないでいく力である。ここを再生したい、復興したいという気運を高めるカタリスト(触媒)となり、レジリエンス(回復力、復元力)につながっていく。またイベントにより再活性化し、風化に抗する。その例がブルーパレット・サマー・パビリオンである(315ページ欄外の写真)。

Re: STARTから北東にすすむと、いちはやく、現地の芸術家たちによって建てられたアート仮設のギャップ・フィラー[*23]・ブルーパレット・サマー・パビリオンが目を引く。青い木製の三〇〇のパレットが組み上げられて、アートの展示に使われたり、その前の広場は、週末のコンサート会場になったり、人々が集まる場所として、芸術家を中心としたボランティア活動として設置された。夜にもコンサートが開催されるなど、被災して明かりの消えた街にまた活気を呼び戻す希望の光となった。二〇〇人から三〇〇人が集まることができ、人気があり、被災地の記事などにも復興への希望のアイコンとして取り上げられた。しかし、二〇一四年八月

湿地居住者のためのツリー・ハウス（Tree House for Swamp Dwellers）が標識の向こうに見える。クライストチャーチの芸術家Julia Morisonによるデザイン（2014年8月）

ship Manager, Family & Community Services であるMaria McEntyre 氏へのインタビュー、二〇一三年八月八日)。

*18　EQCは、自然災害復興の資金運用だけでなく、自然災害やその防災対策などについて調査研究と教育を行うとともに、研究に対する助成金の交付などを行っており、ニュージーランドの地震観測プロジェクトであるGeoNetプロジェクトにも出資している。二〇一〇年以降の長期にわたる余震では、市民は余震のたびにGeoNetサイト(http://www.geonet.org.nz/)で震度などの情報を検索すること

には、撤去されていた。他の復興が遅れる中、残念な声もあるが、あくまで期限付き仮設施設であったので、次は仮設でなく、恒久のものを建てるための過程とみるべきであろう。

被害の大きかった市街地では、被災後三年経って、ビルの取り壊しが進むとかえって更地が目立ち、むしろ、復興が進んでいないかのようにも感じられる。「湿地居住者のためのツリー・ハウス」はArt Central（被災した更地）に、二〇一三年九月に新たに設置された（右下の写真）。クライストチャーチがマオリが住むことを選ばなかった湿地の上に建てられた都市であったことから、湿地居住者すなわち被災したクライストチャーチ市民のために、ということである。木製のツリー・ハウスの上の部分に放射状に伸びた棒はぼんやりした光で、徐々に緑、青、紫、赤と変化を続ける。この光は夜に映える。

観光地となるようなテンポラリーのパブリックアートは、被災の大きかったクライストチャーチの市街地につくられているが、カイアポイやリトルトンといった被災の大きかった郊外の他の様々な町にもアートがつくられ、クライストチャーチ市だけでなく近隣のまちを含む被災地全体をアートでつなぐ記憶の実験都市となっている。クライストチャーチの南郊にあるリトルトンは、はじめにイギリス人が入植した港町で、貿易船の発着する港であるが、ここも大きく被災した。崩壊したビルの跡の更地には、小学校の子どもたちが倒壊した家の壊れた食器や花瓶などを材料にして人形が手をつなぐモザイクアートをつくり、人々が集まって座れるようにベンチなどを設置した（本章扉・325ページ写真）。これを見るためだけにクライストチャーチや他の郊外の町から訪れる人々もいる。この手をつなぐアートは「つなぐ」のメッセージが込められているように見える。クライストチャーチの復興がすすんでも、小さいリトルトンの復興が取り残されないように、被災地をアートでつなぐことで主張しているようにも取れる。

が地震後の新習慣となっている。

*19 EQCは、保険料を自然災害基金として蓄積し、国の監視のもと基金を海外株式（約三〇%）、政府債権（約六〇%）、現金・預金（約一〇%）等で運用しており、二〇一〇年のカンタベリー地震前の基金残高は五六億NZドルに上っていた。また、同年以降の地震によって、ニュージーランドの保険料は見直しが進んでいる。三〇%の増加になるとも見積もられている[Miles 2012]。

*20 二〇一〇年九月の地震による被害だけをみても、地震発

地震で基盤の液状化により住めなくなった家。「Please be gentle I was once a Home ♡」の文字が見える（2013年8月）

住宅地においても、フェンスなどに造花などで飾りをつけたり、商店街の合間の被災により更地となった空き地に、仮設のベンチにカラフルな装飾をしたりということが行われ、さらに、そこに復興への希望を書いたメッセージを掲げたり、花を追加したりもできるようになっている。これは、アートにより、犯罪を防ぎ、街の健康な前向きな雰囲気を取り戻し、復興に向けようというものである。レッドゾーンでは、荒れた土地や捨てられた家、被災により捨てざるを得なかった家に、何者かがスプレー落書き（グラフィティ）をしたり、盗難が発生するなどの犯罪が目につき、筆者とレッドゾーンを一緒に廻った社会開発省職員も心を痛めていた。人の住めなくなった家の窓には、「これは誰かのHomeだったのだから、落書きをしないで♡」というメッセージが掲げられたりしていた。

アートによる復興の試みは、芸術的オブジェの展示や設置だけではなく、音楽や舞台芸術も含む。街の人々がおしゃれをしてそのような芸術を楽しみに出かける社交の場が被災によって失われたことも、街を覆う鬱の雰囲気に大きく影響した。演奏会やアート・フェスティバルなどイベントの中止は、さらに被災した街の人の気持ちを落ち込ませることであった。そんななか、一二五〇万ドルの建設費を政府とクライストチャーチ市が拠出して、クライストチャーチ市立音楽センターとシンフォニーホールの建設が決まり、それが二〇一四年末までに着工するとして、同年六月には、建設予定地にある被災した建物の壁にバレリーナの姿が描かれた（下の写真）［CERA 2014a: 4］。これは、アイザック王立劇場（Isaac Theater Royal）の移転再建として建てられるものであり、国際観光都市としての街の復興の一環と位置付けられている。

クライストチャーチのアイコンであるアングリカン（聖公会）の大聖堂の崩壊を受けて建てられた、日本人建築家・坂茂氏の仮設大聖堂も、アートと言えるかもしれない（322ページ写真）。

舞台芸術指定地域（Performing Arts Precinct）。右の壁にバレリーナが描かれている（2014年8月）

生後、二〇一一年二月の地震の前である同年一月五日までに査定が終わったのは七万三〇〇〇件のみで、修理費が支払われたのは二万四〇〇〇件だけと報告されている［キムラ・スティーブン 2012：91］。

*21　EQCは、四五万九〇〇〇件以上の申請を受理し、二〇一二年末までにその四分の一以下しか処理解決することができていない。土地の二六％、建物の三一％、内容物の八一％を解決したことになっている［The Press 2013：21］。

*22　この展示では、被災経験は一人一人違う、と多様性を強

このアングリカンの大聖堂の崩壊は、市の崩壊を象徴する決定的心理的ダメージでもあった。再建に際し、元の石造りの大聖堂を望むという議論も多くなされた。しかし、技術的にも資材的にも可能なのか、莫大な予算はどうなるのか、という点は意見の分かれるところであった。大聖堂は震災後、長い間、立ち入り禁止区となっていた市街の中心にあったが、二〇一三年六月三〇日にその立ち入り禁止が解かれ、一般市民も間近に見られるようになると、そのままの再建を目指すのは現実的に無理だと納得される声が聞こえるようになった。

坂氏の紙管製の大聖堂はこれに代わるものとして、同年八月に完成した。[*24] 場所は、多くの犠牲者をだしたCTVビルの跡地のはす向かいである。仮設大聖堂の後ろには、震災の犠牲者一八五人の白い椅子を並べたメモリアルも設置されている（口絵iiページ）。元の石造りの歴史ある建造物を懐かしみ比べ物にならないという批判の声も出たが、それは、「兎追いしかの山」（唱歌「故郷《ふるさと》」の一節）であり［大谷 2006: 193］、もう戻れないものへの望郷の念と言えよう。次第に、ここにまた人々が集まって礼拝を守れる、こころのよりどころとなる聖なる場所を定めることができるとして、紙管の大聖堂は評価を高めていった。さらに、紙管といっても、その機能性や効果が、安価なだけでなく、強度があり、音響効果も良い、デザインもやすらぎと教会らしい雰囲気をつくりだしていると納得されるようにもなった。この紙管の大聖堂は、テンポラリー（仮の）ではなく、トランジショナル・カテドラル（過渡期の大聖堂）と呼ばれている。堂内は七〇〇人を収容でき、コンサートが開催された時には、その音響もすばらしいと新聞記事を飾った。

一方で、倒壊した本来の大聖堂[*25]の前にはカラフルなフェンスや、歴史を説明する看板が建てられ、花や芝も用いて、アーティスティックに飾られるようになった。二〇一四年八月には、

調している。しかし白人の顔ばかりで、マオリやヨーロッパ系以外の他の移民はどこに、という疑問も感じた（確かに被災地域は白人が多く住む地域ではあったが）。

*23　ギャップフィラー（Gap Filler）という取り組みで、その名の通り、Gap＝クライストチャーチ地震により建物が取り壊されて空き地になった土地を、Fill＝クリエイティブなイベントで活性化させようというもの。このパビリオンは二〇一二年一二月から二〇一四年四月までの期限付きで建設された。以下のウェブサイトを参照。http://idunz.com/newzealand/christchurch/

広場で大きな駒を動かしチェスに興じる人々。後ろに見えるのは被災したクライストチャーチ大聖堂（2014年8月）

その前の広場に小学生たちが団体で来ていたり、広場でチェスをすることができるようになっていて、チェスに興じる人々の光景があった。

再開した市内観光バスは、最多の犠牲者を出したCTVビル崩壊跡地の前に停まる。あわせて、一八五脚の椅子のメモリアルの前でも祈りをささげる。災害観光というのは、観光客がその悲しみを自分自身で経験するということでもある。これも、まさに「アートでつなぐ記憶」である。

市街地や東部がひどく被災したのに対し、比較的被害の小さい西側は、大学があり、リカートン・ショッピングモールがある。このショッピングモールは震災後も繁盛している。その壁にあらたに、被災したクライストチャーチを愛する市民の復興への希望のメッセージが掲示されていた。

都市計画とアート

市街地が壊滅的に崩壊したクライストチャーチ市は、街の再建のための都市計画について議論がされてきている。参照として取り上げられているのは、ニュージーランド北島にあるネピアで、一九三一年ホークスベイ地震（ネピア地震）のあと、地震によって隆起し新たに獲得した土地も含めて、街の再建がアールデコ様式建築で行われ、街全体がアートの街並みとなり、アートな建築様式を説明展示する博物館も建てられ、観光名所にもなった。ほかに、よく取り上げられる例としては、市のCBDが全壊するようなダメージを受けながら、アート建築を取り入れて、特徴をもつ魅力的市として再生した成功事例としての一九八九年サンフランシスコ地震後の都市計画があり、テレビの特集番組では当時のサンフランシスコ市長や建築家などが

1931年2月3日のホークスベイ（Hawkes Bay）地震により壊滅的被害を受けた後、流行のアールデコ建築様式で復興再生したネピアの街（ニュージーランド北島、2013年8月）

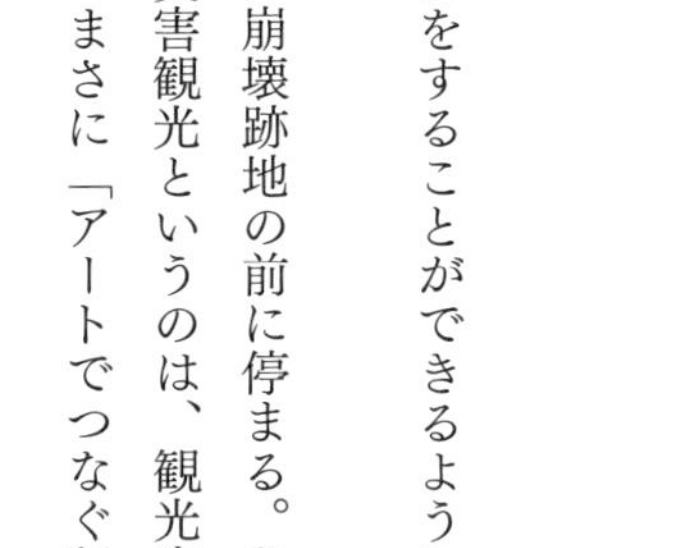

gap_filler.html
http://www.gapfiller.org.nz

＊24　坂氏が他の被災地などで行っているものと同じく、地元で安価に調達できるかつ強度の十分な建材として、段ボール紙管を使用している。阪神・淡路大震災の後に紙管で建てられたカトリックたかとり教会も坂氏によるものである。この教会はその後、台湾の被災地に送られた。ペーパードームとして、被災地コミュニティの再生をめざし、人々が集まるところとなり、実際に観光客も訪れている。

＊25　地震後立ち入り禁止区域

インタビューされている。これらは、「創造的復興」を目指した議論の一例であるといえよう。しかし、二〇一四年八月の現地視察では、それらの前例都市のように街の様式を統一したような方向性で再建が進められている様子はない。再建自体がまだまだすすんでおらず、更地が多いが、新しく建てられた市街中心部のビルは、多くがガラス張りのモダンなデザインであり、地震を経験した直後に、このようなガラスの建物を建てることに筆者は違和感を覚えた。

4　ニュージーランドの事例を読み替える

最後に、ニュージーランドの事例が、日本の被災地の復興を考える読者からみてユニークに思われ参考になると思われる点を念頭におきながら、本章をまとめてみたい。クライストチャーチの被災地では、他の国と比べても特有といえる現象として保険によるカバー率の高さと、「仮設住宅」の不在、という二点があった。これらは、これまでの日本などの被災地とは異なる点であり、被災地の国際比較研究の重要性を示す事例といえる。さらに、本章では、クライストチャーチの被災地におけるユニークな試みとしてテンポラリー・アートを取り上げて紹介した。

ニュージーランドの政府は日本政府のような仮設住宅の建設や供給を積極的には行っていないが、被災者の生活再建の為には異なる方法で多くの公的支援を試みている。その、自助をサポートするものとしての公的支援のあり方は、近年の災害研究においてよく使われるようになったキーワードの「ソーシャル・キャピタル」と「レジリエンス」（本書第8章を参照）とい

の中心だったが、二〇一三年七月一日に立ち入りが可能になった。

活断層の上に建設された首都ウェリントン。ビーハイブ（蜂の巣）の愛称で呼ばれる国会議事堂ではカンタベリー大学のロビンソン教授が開発した耐震ダンパーの見学も可能

う概念とも深く関わっていると言える。

また、ニュージーランドの流動的な社会との比較から学びとれることもある。阪神・淡路大震災など過去の災害経験から作り上げられてきた「避難所から仮設住宅、そして家屋再建という流れを軸とした生活再建モデル」に対して、カンタベリー地震における仮設住宅の用い方、提供の仕方は全く異なる。日本の「公助」中心型制度（巨額の財政資金を投じた仮設住宅提供）に対して、ニュージーランドの「自助」中心主義（災害保険）とも言われる。しかし、政府による住めないと査定された土地の買い上げ（地震前の相場で）など、仮設住宅の建設と提供とは異なる手厚い「公助」がある。日本のような仮設住宅の建設による支援という方法をとらずに、保険と、生活再建のための手厚い支援を行う。

ニュージーランドでは、日本と異なる地震保険制度を持ち、住宅政策も異なるが、両国はともに経済成長の停滞が続く先進国であり、高齢化人口を抱えているため、互いの経験から学びあうことは、望ましい復興を考える上で意義があるといえる。日本が真似られるかは別にしても、である。

第3節で述べたように、クライストチャーチは国際観光文化都市が被災した例である。被災をうけてアーティストとして何かをしたいという衝動に駆られたアーティストたちの作品が、パブリックアートとして人々の目に触れる機会が増えた。無名のアーティストたちも本書の言葉を使えば「新しい人間」として再生した。彼らのアートは回復力（レジリエンス）を呼び起こす大きな力を持って、カタリスト（触媒）としての働きをする。時間と場所を超えて、人々をつなぐ力をもったアートを創造する機会を得たとも言える。被災地の人と人、人と地域をアートでつなぐ、いわば「記憶の実験都市」を創り出している。つまり、新しく都市を創造し直す

坂茂氏が設計した紙管の仮設大聖堂（Transitional Cathedral）。大聖堂が地震で倒壊したのを受けて建設され、多くのボランティアが工事を手伝った（2013年7月撮影、翌月竣工）

ものでありながら、過去を消去するのではなく、これまでの歴史や街の特徴、人びとに愛されてきたものを何かの形で残せるようなものを目指して、試行錯誤を行っているということである。

アートは創造的かつ想像的で、現実の時間の流れから自由な側面がある。被災地の悲しみと再建という難題の重さが必然の復興において、アートによって、別の時間、未来を垣間見させる、ということは、「物語復興」（本書第2章を参照）にも通じる。クライストチャーチのテンポラリー・アートは、あくまでテンポラリーなものであっても、あるいはテンポラリーであるからこその力が、被災した更地に創造的復興の息吹きを吹き込んでいる。テンポラリー・アートに惹きつけられ人々は集まる。その人々は、更地に立つあるいは描かれたテンポラリー・アートを通して、広大な被災地の未来を想像／創造して思いを馳せる、活力を生み出すのである。国際観光文化都市としてのクライストチャーチの復興にアートが重要な役割を果たすと言われる所以である。

さきのCTVビルの跡地と一八五脚のメモリアルの例においても述べたが、被災地観光というのは、観光客がその悲しみを自分自身で経験するということでもある。観光後、明るい気持ちになるわけではなく、気落ちする。多くのツアーは、そのようなところだけでなく、リラックスできる観光地と組み合わせたツアーにする。クライストチャーチであれば、街中であれば、エイボン河のパンティング（ボート遊び）であるとか、植物園であるとか、美しいガーデンなど、郊外であれば、星の美しいテカポの湖であるとか、温泉であるとか、自然の癒しを満喫できる観光地の確保と組み合わせ、災害ツーリズムと、アートなどの文化的あるいは自然の癒しなど楽しむ観光のバランスが、国際観光都市として復興する要因として必要なように思われ

液状化被災が大きかったニューブライトン。海を愛する人が多く住む地域。若者がサーフィンに戻ってきた（2013年8月）。2015年9月、日本と同様、チリ地震の津波が観測された

る。

日本の被災地は必ずしも、国際観光都市としての復興を目指しているところばかりではないが、国全体としては、地域創生・地方創生また観光立国という政策もかかげており、おもしろい参考になるのではないかと、筆者は考える。

参考文献

日本語

大谷順子 2006『事例研究の革新的方法 ― 阪神大震災被災高齢者の五年と高齢化社会の未来像』九州大学出版会。

―― 2014a「ニュージーランド国カンタベリー地震の社会的影響に関する一考察 ― 特に教育セクターを対象として」『大阪大学大学院人間科学研究科紀要』40：1–27.

―― 2014b「カンタベリー地震の事例に見るニュージーランドの地震保険と被災地住宅の現状分析」『日本災害復興学会論文集』6：9–21.

キムラ・スティーブン、千種 2012「クライストチャーチ大地震とニュージーランド政府および市民の対応 ― 被災民としての体験を通して」日本ニュージーランド学会・東北公益文化大学ニュージーランド研究所編『「小さな大国」ニュージーランドの教えるもの ― 世界と日本を先導した南の理想郷』論創社、pp. 74–108.

武田真理子 2014「ニュージーランド・カンタベリー地震」『海外社会保障研究』187：31–44.

名波彰子 2012「災害後の学生ボランティアの発展 ― ニュージーランドと日本の比較」『ニュージーランド研究』19：1–15.

山本博之 2014『復興の文化空間学 ― ビッグデータと人道支援の時代』京都大学学術出版会。

震災博物館（313ページの写真）に展示された「マオリの地震の神様」（2013年8月）

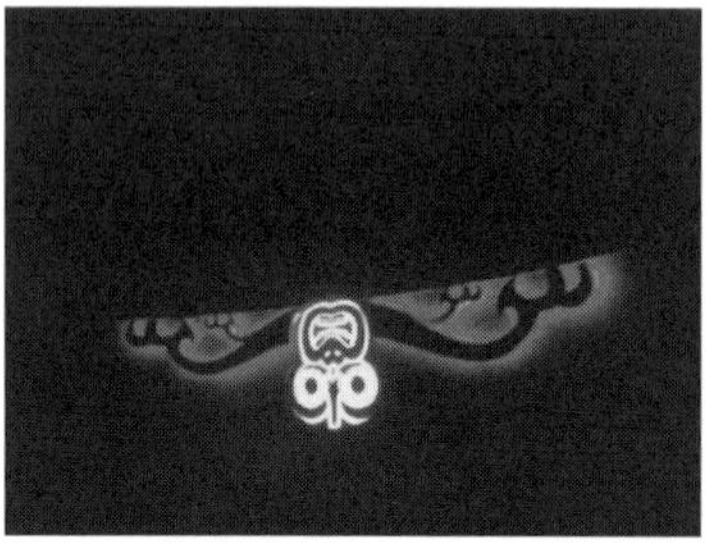

英語

Campbell, Kelli. 2014. *The shaken suburbs: The challenging sense of home and creating a new home after a disaster*, Master of Science thesis, Department of Geography, University of Canterbury.
Canterbury Earthquake Recovery Authority (CERA). 2012. *Greater Christchurch Recovery Update*, 7.
——. 2014a. *Greater Christchurch Recovery Update*, 34.
——. 2014b. *Greater Christchurch Recovery Update*, 36.
Keeling, Sally, Fiona Alpass, Chris Stephens, & Brendan Stevenson. 2014. 'Ripple effects' on older people of the Canterbury Earthquakes: Results from a national longitudinal study. Paper presented at the 18th International Sociological Association (ISA) World Congress of Sociology (Yokohama, Japan).
Miles, Sarah. 2012. *The Christchurch fiasco: the insurance aftershock and the implications for New Zealand and beyond*, Auckland: Dunmore Publishing.
The Press. 2013. *A City Recovers: Christchurch two years after the quakes*, Random House NZ.

本章扉写真の足元には人形が手をつなぐデザインのモザイクアートが。小学校の子どもたちが壊れた食器などでつくったもので再生を願う祈りが込められている（2013年８月）

第10章

復興ツーリズム

震災後の新しい観光スタイル

2011
×
東日本

山下 晋司

津波で被災した南三陸町防災対策庁舎の残骸。庁舎にいた多くの職員や住民が犠牲になった。一度は取り壊しが決まったが、最終的に震災遺構として保存されることになった。復興ツーリズムのシンボル的存在である（2012年６月）

岩手県
南三陸町
登米市
宮城県
福島県
東京

岩手県
気仙沼市
南三陸町
登米市
宮城県
石巻市
女川町
東松島市
松島町
七ヶ浜町
仙台市
名取市
岩沼市
亘理町
山元町
0
20 km

1　災害と観光

小泉純一郎首相（当時）の「観光立国宣言」（二〇〇三年）以来、観光は日本の未来を語るキーワードの一つになっている。[*1] 宣言後まもなく「ビジット・ジャパン・キャンペーン」が開始され、二〇〇七年に観光立国推進基本法が制定され、二〇〇八年には観光庁が発足した。キャンペーンの成果か、訪日外客（訪日外国人観光客）数は、二〇〇三年の五二一万人から二〇〇八年には八三五万人に伸び、「二〇一〇年までに一〇〇〇万人」の目標に向かって順調に進んでいた。しかし、二〇〇八年のリーマン・ショックによる影響で、二〇〇九年の訪日外客数は六七九万人に落ち込む。が、二〇一〇年には、回復し、訪日外客数は過去最高の八六一万人を記録した。[*2] そこに、二〇一一年三月一一日、東日本大震災が起こったのである。

周知のように、被災地は岩手、宮城、福島から茨城、千葉、東京まで南北六〇〇キロの広範囲に及び、東京電力福島第一原子力発電所が被災し、地震、津波、原発事故の三重の大惨事となった。その結果、三月には放射能汚染を恐れた在日外国人の日本脱出が相次ぎ、[*3] 訪日外客数は前年同月比四九・七％に落ち込んだ。その後、観光客数は、四月を底に減少幅は徐々に回復していったが、二〇一一年の訪日外客数は六二二万人で、二〇〇八年のリーマン・ショックの際の落ち込みを上回った。[*4]

このことは、観光がきわめてリスクに弱い産業であることを示している。天災であれ、人災であれ、災害や事故、テロや紛争が起これば、観光客は来なくなる。「観光は平和へのパス

*1　本稿は、旧稿［山下 2011, 2013ab］に大幅な加筆・修正を施したものである。

*2　「訪日外客数の動向」、日本政府観光局（ＪＮＴＯ）ウェブサイト：http://www.jnto.go.jp/jpn/reference/tourism_data/visitor_trends/

*3　東日本大震災直後、成田から日本を脱出する外国人は「フライ人」（Fly-jin）と呼ばれ、その数は二〇万人を超えた。

*4　「訪日外客数の動向」、日本政府観光局（ＪＮＴＯ）ウェブサイト：http://www.jnto.go.jp/jpn/reference/tourism_data/visitor_trends/

震災後多くのボランティア支援者が被災地を訪れた。写真は宮城県岩沼市災害ボランティアセンター（2011年４月）

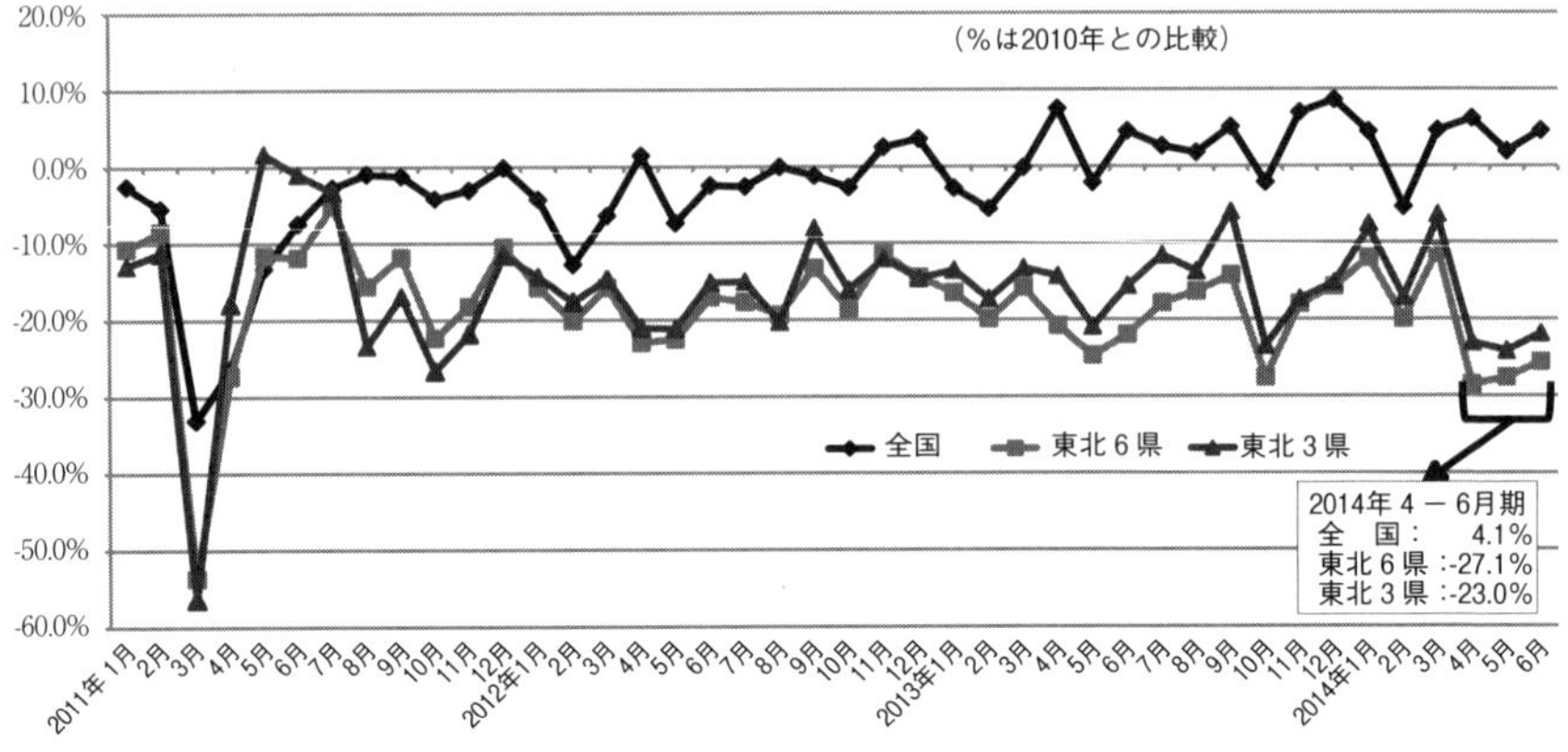

図10-1　宿泊者数からみた震災後の東北観光（『復興の現状』復興庁、2015年３月10日版より）

ポート」と言われるように、安全であることが、観光の絶対条件なのだ。もっとも、震災一年後の二〇一二年七～九月期には日本全体ではほぼ震災前の水準にまで回復し、*5 二〇一四年には訪日外客数は一三四一万人に達し、過去最高を記録した。*6 そうしたなかで、日本の観光市場は二〇二〇年の東京オリンピックに向けて活気づいているように見える。

しかし、東北の被災地に関して言えば、観光の回復はあきらかに遅れている。復興庁の『復興の現状』（二〇一五年三月一〇日）によれば、二〇一四年四～六月期の「観光客中心の宿泊施設」（宿泊者のうち観光目的の宿泊者が全体の五〇％以上と回答した施設）の延べ宿泊者数は、震災前の二〇一〇年との比較で、全国的にはプラス四％となっているが、被災地は東北三県（岩手県、宮城県、福島県）、東北六県とも二三～二七％のマイナスとなっている（図10-1）。*7 とくに福島県の場合、原発事故の影響で修学旅行客が戻ってきておらず、とりわけ原発事故避難地域を含む浜通り地区は依然として厳し

*5 『平成二六年版観光白書』p. 31. 国土交通省ウェブサイト：http://www.mlit.go.jp/common/001042911.pdf

*6 「二〇一四年国籍別／目的別 訪日外客数（確定値）」、日本政府観光局（JNTO）ウェブサイト：http://www.jnto.go.jp/jpn/reference/tourism_data/visitor_trends/pdf/tourists_2014.nr.pdf

*7 『復興の現状』p. 16. 復興庁ウェブサイト：http://www.reconstruction.go.jp/topics/main-cat1/sub-cat1-1/20150310_genjyo.pdf

ボランティアセンターで受付を待つ支援者たち（宮城県岩沼市災害ボランティアセンター、2011年４月）

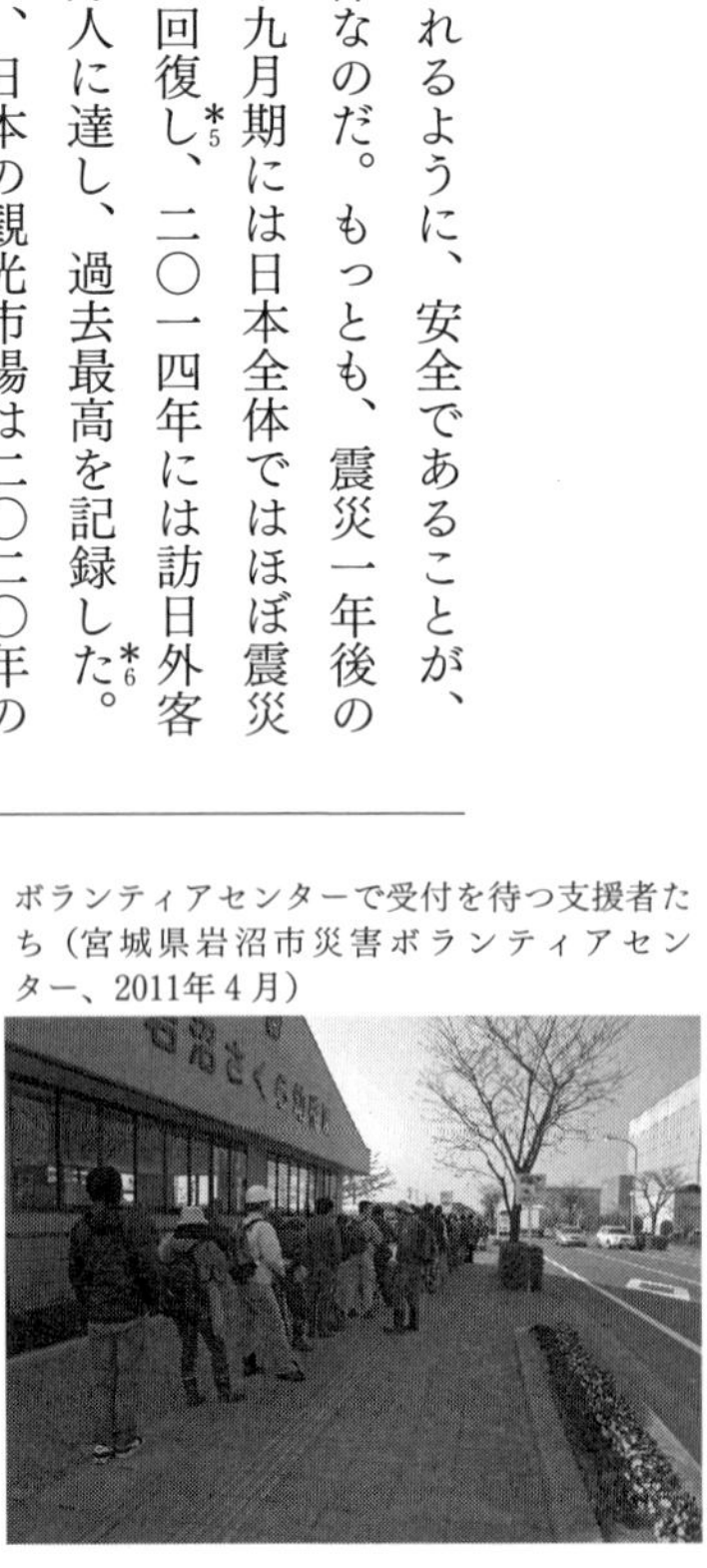

い状況にある。ちなみに、二〇一五年一月現在、いまだ二三万人を超える人びとが全国四七都道府県、市区町村の仮設住宅等で避難者としての生活を余儀なくされている。*8 震災からの復興とは実に息の長いプロセスなのである。

そうしたなかで、この章では、観光（ツーリズム）という視点から、東日本大震災からの復興という課題に接近する。そのために「ボランティア」、「まなび」、「つながり」などをキーワードとする震災後の新しい観光のスタイルを検討し、「復興ツーリズム」として総括する。さらに、こうした震災後の観光のあり方を「再帰的ツーリズム」や「公共ツーリズム」といった新しい観光（ツーリズム）概念のなかに位置づける。そうしながら、本書のテーマである「新しい人間、新しい社会」へと向かう震災復興のプロセスにおいて観光（ツーリズム）が果たしうるポジティブな役割について考えてみたい。

なお、「観光」という言葉は、中国の古典『易経』にある「観国之光、利用賓于王（国の光を観《しめ》す。もって王に賓たるに利《よろ》し）」（その国の優れた景観・文化などを見せる）に由来すると言われ［長谷 1997: 2］、ラテン語の「ろくろ」「旋盤」を語源とする英語の「ツーリズム」（tourism）とはその概念を異にしている。しかし、今日、観光はツーリズムと同義で用いられることも多く、二〇〇八年に発足した「観光庁」の英訳は“Japan Tourism Agency”である。本章では、観光とツーリズムの概念的な違いにあまり深入りすることなく、ケースに応じて観光、ときにはツーリズムという言葉を用いることにする。

*8 『復興の現状』p. 4. 復興庁ウェブサイト：http://www.reconstruction.go.jp/topics/main-cat1/sub-cat1-1/20150310_genjyo.pdf

震災後さまざまなボランティアツアーが企画された。写真は「アミー号で行く!! 東北復興応援バス」広告（http://www.amy-go.com/tour/volunteer/）

2　震災後の対応

震災発生後訪日観光客が大きく落ち込んだことを受けて、観光庁は震災から一ヶ月が経過した四月一二日に「当面の観光に関する取組」を発表し、観光により「日本の元気」を積極的に発信していくことは被災地への応援に資するとした。*[9] さらに、四月二一日には直接の被害があった地域だけでなく、それ以外の観光地においても旅行者が著しく減少し、老舗の旅館が倒産するなど深刻な状況が続いている事態をふまえて、「がんばろう！　日本」の旗印のもとで官民合同による国内旅行振興キャンペーンを開始した。そして、①観光・旅行を通じて、被災地に対する直接の支援につながる取り組み（例えば、義援金付ツアーの実施等）、②風評被害を受けている主に東日本向け旅行を促進させる取り組み、③その他、全国における国内旅行需要を喚起させる取り組みを推進した。*[10]

海外に向けては、四月二二日に溝畑宏観光庁長官（当時）が日本へのインバウンドツーリズム（外国人の訪日観光）において重要なマーケットである韓国を訪問し、ソウルでの記者会見において、東日本大震災および原子力発電所事故に関する正確な情報発信と震災の影響で落ち込んだ韓国からの訪日旅行の回復に向けたアピールを行った。*[11] さらに、四月二八日には海外の観光業界・消費者に向けて、日本語、簡体字（中国）、韓国語、繁体字（台湾）、繁体字（香港）、および英語で情報発信した。*[12] 総じて、手早い対応だったと言ってよいだろう。

六月二五日には、東日本大震災復興構想会議（五百旗頭真議長）が「復興への提言」を答申

＊9　報道発表二〇一一年四月一二日「日本の元気を発信するよう、震災後の当面の観光に関する取組について関係者に文書を発出しました」、観光庁ウェブサイト：http://www.mlit.go.jp/kankocho/kouhou/news_2011.html（以下、観光庁ウェブサイトのURLはこれと同じ）。

＊10　報道発表二〇一一年四月二一日「「がんばろう！日本」〜官民合同による国内旅行振興キャンペーン第1弾スタート!!〜」、観光庁ウェブサイト。

＊11　報道発表二〇一一年四月二〇日「溝畑観光庁長官のソウ

NPO法人「人間の安全保障」フォーラム(HSF)による「まなび旅・宮城」の参加募集のチラシ。約20名が応募した（2013年8月）

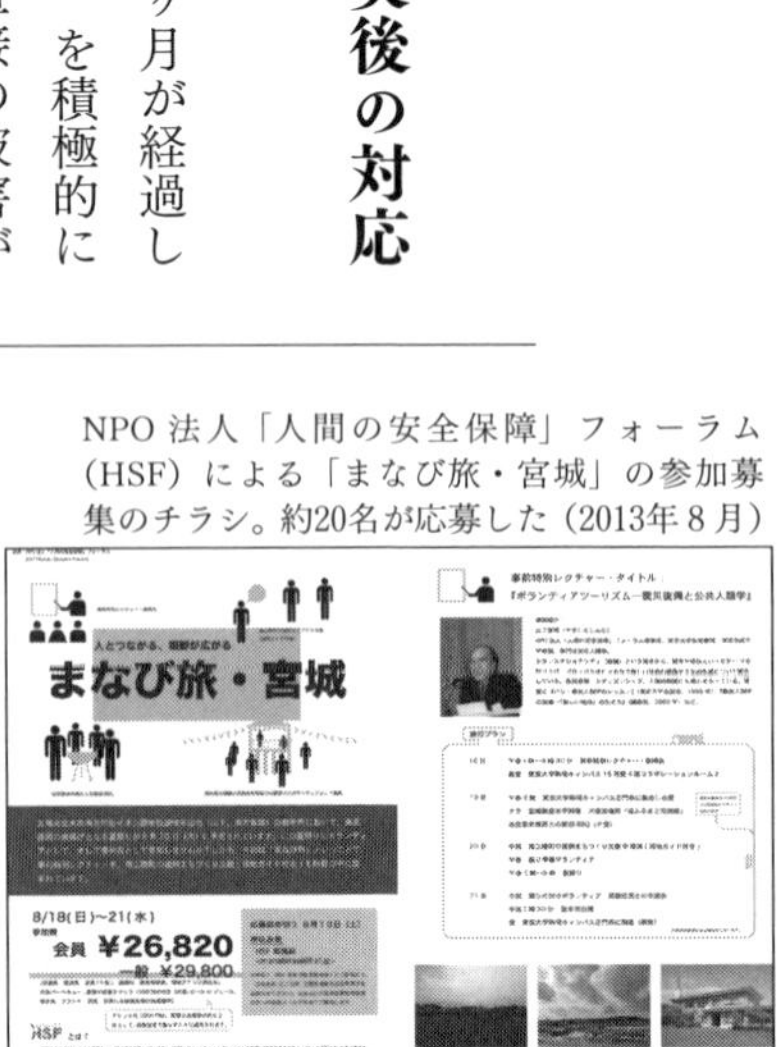

し、そのなかで観光については、「観光業は裾野の広い経済効果を生み、農林水産業と並び、復興を支える主要産業である」とし、「美しい海など自然の景観や豊かな「食」、祭・神社仏閣等の原文化、国立公園や世界遺産などのブランドなどの地域観光資源を広く活用して、東北ならではの新しい観光スタイルを作り上げ、「東北」を全国、そして全世界に発信することが期待される」という指針を発表した。そして、「短期的には、風評被害防止のための正確な情報発信や観光キャンペーンの強化などにより、国内外旅行の需要の回復、喚起に早急に取り組むべきである。また、震災を機に生まれた絆を大切にし、復興プロセスを被災地以外の人びとが分かち合うことも大切である」と述べた。*13

3　新しい観光スタイルの出現 —— ボランティア・まなび・絆

ボランティアツーリズム

この提言には、「東北ならではの新しい観光スタイル」とは何かについての具体的な言及はない。本論では、震災後の新しい観光スタイルとしてまず「ボランティアツーリズム」に注目する。ボランティア活動自体は新しいわけではないが、ボランティア活動を余暇に組み入れたボランティアツーリズムは、新しいかたちの余暇の過ごし方として、近年、欧米を中心に展開されてきている［依田 2011］。とくにイギリス、オーストラリアなどでは、いわゆるギャップイヤー（高校卒業から大学入学、あるいは大学卒業から就職や大学院入学までの期間）における社会貢献活動として行われるようになっている［Callanan and Thomas 2005］。先進国の若者が、アフリカ、

ル出張について」、観光庁ウェブサイト。

*12　報道発表二〇一一年四月二八日「海外の観光業界・消費者に向けて、メッセージを発出しました！」、観光庁ウェブサイト。

*13　東日本大震災復興構想会議「復興への提言 —— 悲惨のなかの希望」p. 30. http://www.cas.go.jp/jp/fukkou/pdf/fukkouhenoteigen.pdf

HSF「まなび旅・宮城」で東京－登米往復の車中で行われた「バスゼミ」のひとこま（2013年8月。左端は筆者）

アジア、ラテンアメリカなどの発展途上国に行くケースが多い［Wearing 2001: 5–8］［Wearing and McGehee 2013: 14］。災害に関連したケースでは、アメリカ合衆国ニューオリンズで、ハリケーン・カトリーナによる被災をきっかけにボランティアツーリズムが展開され、定着したという例がある［観光庁 2012: 26］。

日本のボランティア史上画期的だったのは、一九九五年の阪神・淡路大震災の際のボランティア活動である。全国各地から一三〇万人ものボランティアが神戸などの被災地に参集し、支援活動に携わった。東日本大震災でも、岩手・宮城・福島三県の災害ボランティアセンターで受け付けたボランティアの数は二〇一五年三月までに一四三万人に達した。[*14] また、東日本大震災の場合、震災直後から「ボランティアツアー」、「ボランティアバス」などの言葉が使われ、政府観光庁もボランティアツアーを造成するよう働きかけたこともあってか、[*15] 旅行業者もさまざまなボランティアツアーを企画した［観光庁 2012: 18］。二〇一一年八月に、私がたまたま気づいただけでも、名鉄観光の「岩手県陸前高田で活動する災害ボランティアとさんさ踊り見学ツアー」、近畿日本ツーリストの「花火ボランティアツアー」、ＨＩＳの「岩手三陸海岸復興支援&観光コース——今こそ東北へ行こう五日間」などの企画が出ていた。こうした「ボランティア」と「ツアー」の組み合わせは、ボランティアを「まじめ」、ツアーを「遊び」と考えるならば、奇妙に見えるかもしれない。しかし、被災地に旅行し、そこで滞在することは被災地の復興につながるというのが、二〇〇四年スマトラ島沖地震・津波の被害を受けたタイ・プーケットの教訓だったのである［市野澤 2010］。

より長期にわたるボランティアツアーの例としては、クラブツーリズムが二〇一一年六月から一〇月にかけて「東日本大震災復興支援宮城県ボランティア」というツアーを企画・実施し

南三陸町からの避難者が多い登米市南方仮設住宅を訪れる（HSF まなび旅・宮城、2013年８月）

*14　全社協、被災地支援・災害ボランティア情報ウェブサイト：http://www.saigaivc.com/ボランティア活動者数の推移／

*15　ボランティアツアーが政府によって推奨されるというのは、ある意味で奇妙なことである。これについては注37参照。

た。これは二泊三日の行程で、一日目は朝バスで東京を発ち、鳴子温泉に宿泊。二日目はＲＱ市民災害救援センターのコーディネーションのもと、市民災害救援センターの指示に従い、登米市、南三陸町、気仙沼市、または石巻市でボランティア活動に従事、三日目の夕方、東京に戻るという企画であった。期間中に約六〇〇名の参加者があり、年齢層は二〇代から六〇代まで、女性が多かったという。自分に何ができるかわからないが、とりあえず被災地に行ってみよう――それがこの種のボランティアツアーに参加する一般的な動機であった。*16

ツアーは、乗り物の手配と集客は旅行代理店が、現地対応は現地で支援活動を行っているＮＰＯ（この場合はＲＱ市民災害救援センター）が担当するというかたちで旅行代理店とＮＰＯとの協働によって行われた。ＲＱ市民災害救援センターは、ＮＰＯ法人日本エコツーリズムセンターが中心となって、震災直後の二〇一一年三月一三日、団体の活動に賛同した市民有志で結成されたものである。このようにＮＰＯとの連携・協働によって成り立っているという点がボランティアツーリズムの大きな特徴である。日本旅行（トムソーヤクラブ）も、ＲＱ市民災害救援センターとの協働で同様なツアーを企画し、九月〜一一月に中学生・高校生と保護者を対象に「親子で行く東北ボランティアツアー」を実施した。

まなび旅――スタディツーリズム

震災後の新しい観光の傾向として、「まなび」がもう一つのキーワードとなっている。まなびと旅の融合――この点で注目に値するのは、仙台でまなびと旅の融合をキーコンセプトに起業した「たびむすび」という会社の試みである。この会社の主たる事業は新たな地域資源の発掘をめざす「まなび旅」で、社長の稲葉雅子［2013］によると、地域資源としてとくに宮城

*16　二〇一二年四月二六日、クラブツーリズムのバス旅行部長にインタビュー。

津波で被災した南三陸町防災対策庁舎を訪れ、哀悼の意を捧げる（HSF まなび旅・宮城、2013年８月）

県の豊かな食材に注目し、「蔵王のハーブ園でハーブについて学ぶ」「三陸の魚はなぜうまい？南三陸町の海と漁業にまなぶ旅」などを企画した。このようなまなび旅を自治体や防災担当者、研究者などに向けて「震災学習エコツーリズム」として提供することにより、復興・防災・減災のノウハウの蓄積が図られ、同時に被災地の新規雇用創出による経済復興に寄与するとしている。*17

教育支援や人材育成を行っているNPO法人まなびのたねネットワークも、松島・浦戸・桂島を舞台に、交流体験学習プログラムを通じた「離島復興支援事業――海と共に生きるために浦戸・桂島から学ぶ」を展開した。浦戸には震災前九三戸二三一人が住んでいたが、二四戸が集団移転などで島を離れ、島に残るのは六九戸一五九人、ほとんどが高齢者と漁業関係者だ（『河北新報』二〇一二年一〇月二六日朝刊）。そうしたなかで、子どもたちに島の産業――牡蠣と海苔の養殖――について理解してもらうために体験学習ツアーが企画された。これにより人口流出と過疎化を防ぎ、復興につなげるとしている［伊勢 2013］。

大手の旅行会社のなかにもまなび旅を試みたところがある。日本旅行（赤い風船）では、仙台・宮城ディスティネーションキャンペーンの特別応援企画・モニターツアー「宮城・学びの旅」（二〇一三年六月二八日～二九日）を実施した。ツアーのポイントとして、①宮城大学教授による宮城の「歴史・文化、防災」の授業、②東松原地区にて震災語り部体験、③塩釜の魅力「歴史・観光・食文化」を体験、④塩釜仲卸市場にて市場活性化事業のモニター協力、⑤松島湾の浦戸諸島への上陸体験、⑥円通院の副住職による講話体験、⑦杜の都仙台にて仙台四郎参りで福をもらうなどが挙げられていた。このツアーには私も参加する機会を得たが、このような「まなび」を二日間で行うという盛りだくさんな企画で、とくに地域の大学での授業と

*17　たびむすびウェブサイト：http://www.tabimusubi.co.jp/service/manabitabi.html.　東北観光推進機構も「東北まなび旅」という「教育旅行」「体験学習」のサイトを設けている。https://www.tohokukanko.jp/manabi/

HSFがボランティア支援した南方仮設住宅の夏祭り（盆まつり）のポスター（2013年8月）

市場活性化事業のモニター協力をツアーのなかに入れている点が興味深かった。

私が関係しているNPO法人「人間の安全保障」フォーラム（HSF）[*18]もまた、「まなび旅」を企画・実施した。内尾太一が述べているように（本書コラム3）、HSFは二〇一一年四月に東京大学大学院総合文化研究科「人間の安全保障」プログラムの教員と学生が中心になって立ち上げられたNPO法人であるが、設立直前に東日本大震災が起こったため「人間の安全保障」という観点から復興支援活動を展開してきた。「国家の安全保障」を補完するものとして、人間一人ひとりの生存・生活・尊厳を保障しようという「人間の安全保障」の考え方は、貧困と戦乱にあえぐアジア・アフリカなどの途上国地域に適用されることが多かったのだが、東日本大震災により日本の被災地もその対象であることを教えられたのである。

支援活動としては、二〇一一年五月〜一一月には、「ウィークエンド・ボランティア」——金曜日から日曜日まで被災地に行き、瓦礫拾い、泥かきなどの作業を行う——を実施した。瓦礫処理作業が一段落した二〇一一年一二月頃からは、宮城県登米市に東北事務所を置き、仮設住宅の子どもたちに学習指導を行うという教育支援活動に重点を移した。そして二〇一二年八月、二〇一三年八月、二〇一四年八月に、「ボランティアで夏祭りに参加しよう！」と銘打って、「まなび旅・宮城」を企画・実施した。[*19] この夏祭り（盆まつり）は、南三陸町からの避難者が多く住んでいる登米市の南方仮設住宅で、被災翌年の二〇一二年八月に復興のシンボルとして始められたものである。仮設住宅の住民は高齢者が多く、祭りをするには若い力が必要だということで、東京の学生たちを中心にこのボランティア支援ツアーを実施したわけであった。

二〇一二年八月に行われた一回目のまなび旅・宮城は、次のような行程であった。八月一八

*18 「人間の安全保障」フォーラムウェブサイト：http://www.hsf.jp/study-tour/. 二〇一五年一〇月現在私が理事長を務めている。

*19 HSFでは「まなび旅・宮城」以外にも、「まなび旅・福島」「まなび旅・愛知」を実施した。

南方仮設住宅の夏祭りの夜店を手伝うボランティア支援者（HSF まなび旅・宮城、2013年8月）

日の午後、東京大学駒場キャンパスにおいて事前レクチャーと説明会。八月一九日の朝、チャーターしたバスで東京を出発、夕方登米着。登米市迫ふるさと交流館に宿泊。八月二〇日、午前中は南方仮設住宅の住民の方のガイドで南三陸町の津波被災地を訪れ、午後は南方仮設住宅において教育支援および夏祭り支援活動。八月二一日は、午前中祭りの後片付けを行った後、仮設住宅の住民たちと一緒に昼食をとり、交流会。午後、バスで帰路に着き、夜、東京着。行き帰りのバスのなかでは、私の司会で車中でマイクを回しながら「バスゼミ」を行い、「震災」「ボランティア」「人間の安全保障」などについて、白熱した議論を行った。参加者は、大学生・教員・社会人など約二〇名だった。

二〇一三年八月には、二回目のまなび旅が行われた。この時も約二〇名が参加し、行程はほぼ同じであったが、南三陸町歌津の防潮堤建設予定地や高台集団移転予定地などを見学した。二度目ということで、参加者のなかにはリピーターもいて、「もう一つのふるさと」に帰って来たように感じた者もいた。また、中国、韓国、アメリカからの留学生も参加して、祭りの後に行われた交流会は「国際交流」の場にもなった。前年同様、行き帰りのバスのなかでバスゼミを行った。さらに、二〇一四年八月には、「復興まちづくり」に焦点を当てて、「南三陸復興ダコの会・YES工房」「南三陸さんさん商店街」などの視察を含む三回目のまなび旅を企画した。しかし、震災後三年以上が経過し被災地への関心が薄れたのか、参加者は半減した。とくに一般公募による参加者が少なかった。もっとも、現地で龍谷大学と宮城教育大学のボランティアグループと合流し、結果的にはこれまで同様約二〇名が夏祭り支援に携わった。

こうしたまなび旅を通して、私が感じたことは、第一に特定の被災コミュニティに継続的に関わることの重要性である。震災直後は多くの人がさかんにボランティアに出かけるが、その

ボランティアたちも盆踊りに参加し、祭りを楽しんだ（HSF まなび旅・宮城、2013年 8月）

活動はなかなか長続きしない。ＨＳＦは東北の活動拠点を宮城県登米市に置き、南三陸町からの津波避難者への学習支援を中心とした支援活動を展開してきた。[*20] そうした継続的、長期的な関わりのなかで、夏祭りボランティアツアーが企画・実施されたのである。そして回を重ねるごとに「支援」というより「交流」、さらに「協働」というコンセプトに基づいて夏祭りを一緒にやろうという感じになっていった。

第二に、このようなボランティアツアー／スタディツアーを実行するうえで、ＲＱ市民災害救援センターやＨＳＦのようなＮＰＯが果たす役割の重要性である。海外でもこの種のツーリズムにおいてはＮＰＯ（ＮＧＯ）が大きな役割を果たすことが報告されている［Lyons and Wearing 2008: 6–8］。その意味で、ＮＰＯが主導するこの種のツアーを、大手の旅行会社があまり取り扱わない「ニッチツーリズム」［Novelli 2005］の一つして、「ＮＰＯツーリズム」と呼んでもよいかもしれない。とはいえ、バスをチャーターするにしても、資金なくしては行い得ず、多くの場合、ＮＰＯは旅行取り扱い業務の資格を持っていないので、旅行業者との連携・協働はどうしても必要となる。財団や自治体からの助成金等の獲得も必要だろう。こうした企画を持続的なものにするためには関係セクターとのビジネス連携を構築しなければならない。

第三に、三回目のまなび旅へ応募者が少なかったという点についてであるが、その理由は震災後の時間経過のなかで、ある程度復興が進み、復興支援に対する需要と関心が低下したということかもしれない。そもそも仮設住宅は二〇一六年までの五年間という期限付きなので、仮設住宅はやがて閉鎖され、その夏祭りも使命を終える日がくる。事実、二〇一五年の南方仮設住宅の夏祭りは、高台復興住宅への転出に伴う仮設住宅住民の減少と残った住民の高齢化等のため中止となった。それに伴い三年間続いたＨＳＦの「まなび旅・宮城」も中断することと

南方仮設住宅の住民たちと一緒に夏祭りの後片付けを行う（HSF まなび旅・宮城、2013年8月）

＊20　ＨＳＦ登米事務所は二〇一五年三月に閉鎖されたが、学習支援プロジェクトは、場所を南三陸町歌津に移して続けられている。

なった。今後は仮設住宅から高台の復興住宅での新しいコミュニティ創出に向けて新しいかたちのまなび旅が企画されなければならないだろう。

つながりを求めて ― ソーシャルツーリズム

ところで、「絆」は、はかりしれない代償と引き替えに、私たちがこの震災から学んだ大切な言葉の一つである。それはかつてクロード・レヴィ＝ストロースが近代社会における「真正さ」(authenticity)と呼んだものに深く関係している。近代社会は真正でない(unauthentic)と考えられがちだが、近代社会においても真正さは存在する［Lévi-Strauss 1967: 364-365］。そして震災が私たちに改めて教えてくれたのは、絆という言葉に象徴される社会的なつながり、社会の真正さの重要性であった。

つながりは平時においてももちろん重要である。人間とはつながり、協力し合うことによって、幾多の危機を乗り越え、人間になれたのだ。[*21] 今日においてもつながることがますます重要になっていることは、ＩＴテクノロジーによるソーシャルメディアの普及ぶりが証明している。災害時においては、このつながりが突然途絶え、被災者はしばしば孤立状況に置かれる。東日本大震災後における絆の重要性の再認識は、この経験を通してのことであった。事実、被災直後、人びとが何よりも必要としたのは安否確認のための携帯電話と電話器の充電だったのである。

そもそも観光とは人と人の交流であり、交流によって成立する現象である。[*22] しかし、商業主義的なマスツーリズムにおいては、観光客(ゲスト)と観光客を受け入れる社会(ホスト)はなかなか出会うことがない。これに対し、震災後展開されたボランティアツーリズムは、震災復

*21 「ヒューマン　なぜ人間になれたのか　第一集」(ＮＨＫスペシャル、二〇一二年一月二二日放送、ＮＨＫスペシャル取材班 2012：第一章)。

*22 ＪＴＢはその事業ドメインを「人々の交流を創造し、促進する「交流文化事業」」だと定義している。http://www.jtbcorp.jp/jp/company/message/

夏祭りのあとで行われた南方仮設住宅の住民たちとの昼食交流会（HSF まなび旅、2013年8月）

興のために被災地とつながり、助け合い、真正さを追求することを目的としたソーシャルツーリズムである。こうして、「つながり」が震災後の新しい観光スタイルの三つ目の、そして最も重要なキーワードである。

震災を契機に生まれたつながりのなかには、支援者が被災地に行くタイプではなく、関と一條［2013］が報告しているような「被災者招待型ツーリズム」、被災者が被災以外の地域を訪問するツーリズムもある。東日本大震災では、日本国内のみならず諸外国からも多大な支援、義援金が寄せられたが、例えば、仙台市の協定都市でもある台湾の台南市は、復興支援の一環として「台南市青少年訪問団ツアー」を実施した。これは台南市とそこに拠点を置く財閥グループの資金提供により二〇一一年から三年間で約三百人の学生を台南市に招待し、現地の青少年との交流や台南市内の見学、日本文化の紹介などを通して、異文化理解を深め、震災で受けた支援への感謝や仙台の現状を伝える機会とするというものである。同様な試みは、シンガポール日本商工会議所・日本政府観光局の主催による「シンガポール東北親善大使」というプログラムでも行われた。こうしたツアーでは、絆は国境を越える。

しかし、事態は必ずしも単純ではない。というのも、支援とはきわめて複雑な行為だからだ。チャールズ・マクジルトン［2013］は、「支援を拒む人々」について報告している。彼は震災直後からＮＰＯ法人セカンドハーベスト・ジャパンのメンバーとして被災地の食糧支援に携わっていたが、「大丈夫です、支援は必要ありません」という言葉――支援を拒む言葉――に、幾度となく遭遇したという。その背後に他者の支援を受け入れることをめぐる日本特有の文化としか言いようがないものがあるとマクジルトンは指摘している。*23 デビッド・スレイター［2013］もまた支援を受けたがらない人について報告し、支援を与える、受けるというやりとり

*23 「日本特有の文化」について てマクジルトンは明示的に述べていないが、人に迷惑をかけたくない、借りを作りたくないという日本人の生活信条のことだろうか。

「絆」は震災後の重要なキーワードとなった。「がんばろう東北」の広告（JR 仙台駅、2012年６月）

のなかで、暗黙裏に同等でない関係が築かれ、それが支援を受ける側の自尊心を傷つける、その結果支援を受けたがらないのだと分析している。つまり、支援する／されるという関係は、同等な権力関係ではなく、支援される側は支援する側より劣位に置かれる。そのことが被災者の自尊心を傷つけるのである。

観光のコンテクストで言えば、これはゲスト（観光客）とホスト（観光客を受け入れる社会）の関係性の問題である。とくにボランティア支援においては、ゲスト側の「ヒューマニタリアニズム」（人道主義）がホスト側にとって「はた迷惑」になりかねない。先述のＨＳＦのまなび旅・宮城においても、内尾太一によると、夏祭り支援を南方仮設住宅の人びとに申し出た当初は、ボランティアの方々に来られても、と困惑ぎみだったという（本書コラム3参照）。支援が交流へ、さらに協働へと発展していくことが必要なのである。

また、観光においては、ゲストを「見る」側、ホストを「見られる」側だとするとその力関係は対等ではない。しかし、ホストを「見せる」側、ゲストを「見せられる」側だとすると、力関係は逆転する。復興ツーリズムにおいては、ホストは「見られる」側から「見せる」側に立ち位置を取り〔森山 2007: 64–66〕、ゲスト（観光客）とのバランスをとっていくことが望ましい。そうすることで地域主導の復興ツーリズムを展開することも可能になるのである。いずれにせよ、「つながり」がバランスの取れた関係になるためには、支援ではなく、協働の関係を作っていく必要がある。

「絆」や「繋ごう」という文字のみえる南方仮設住宅集会所の掲示板の書き込み（2012年8月）

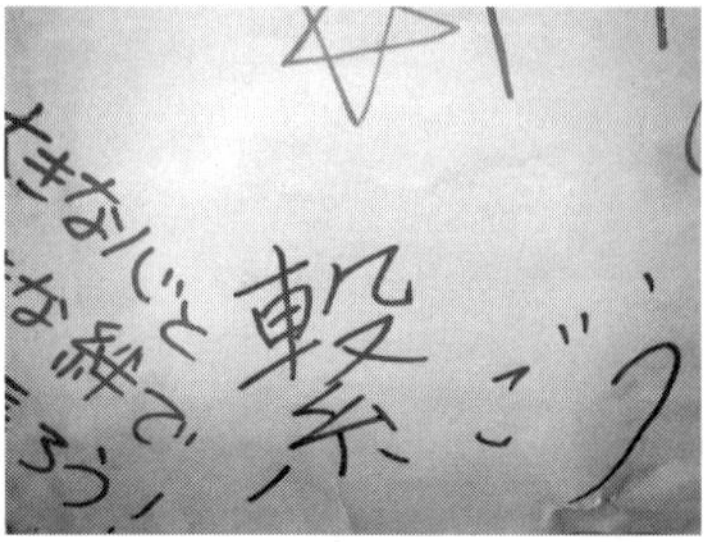

4　復興ツーリズム —— 記憶と忘却の彼方に

以上、「ボランティア」、「まなび」、「つながり」をキーワードに、観光（ツーリズム）の視点から東日本大震災からの復興をめざす試みについて見てきた。これらをキーワードとする新しい観光スタイル —— ボランティアツーリズム、スタディツーリズム（まなび旅）、ソーシャルツーリズム —— は、互いに並列関係にあり、多くの場合オーバーラップしており、ここではこれらを「復興ツーリズム」という言葉でくくっておこう。

先述のように、観光とは語源的には「光（すぐれた景観・文化など）を見せる」ことである。しかし、観光の対象は「光」だけではない。「影」もその対象となってもよい。この場合の「影」とは、戦争、災害、事故などに伴う「痛みと恥の場所（Places of Pain and Shame）」［Logan and Reeves 2009］に関わるもので、近年の観光研究ではこの種のツーリズムは「ダークツーリズム」と呼ばれている。ただ、ダークツーリズムの「ダーク」にはネガティブな含意があり、とくに災いや不幸を見せる／見に行くとなると、必ずしもすんなりと受け入れがたいことかもしれない。*24 しかし、「痛みと恥」は、たんに現地だけの問題ではなく、多くの人びとに共有されるべきものとしてツーリズムの対象となるのだ。日本におけるダークツーリズム研究の草分けである井出明は、ダークツーリズムとは「悼む旅」だと述べている［井出 2013: 145］。

例えば、ポーランドのアウシュビッツ強制収容所や広島の原爆ドームを訪れることは、ダークツーリズムの典型的な例である。そしてその「痛みと恥」はユネスコの世界遺産として広く

*24 私が参加する機会があった国際観光研究アカデミー二〇一五年コンファレンス（五月二三日〜二九日、ギリシャ・ロードス島）でもこの用語をめぐって議論があり、代替案が模索されたが、結論はでなかった。また、「痛みと恥の場所」を論じたウィリアム・ローガンとケア・リーブス［Logan and Reeves 2009］は“Difficult Heritage”という言葉を使っているが、これも日本語にするのが困難な概念である。

復興応援ツアー「「絆」でつなぐ三陸路２日間」の広告。クラブツーリズム㈱主催のこのツアーは「ツアーグランプリ2012」で国内・訪日旅行部門観光庁長官賞を受賞した

世界に開かれたものである。また、二〇〇四年のスマトラ島沖地震と津波で大きな被害を受けたインドネシアのバンダアチェでは、二〇〇九年に津波博物館が建てられ、惨事を記憶するためのツナミ観光が行われている［西 2014: 168–171］。一九八六年に事故を起こしたウクライナのチェルノブイリ原発もいまや見学ツアーが解禁され、世界中から観光客が訪れているという［東 2013a］。

こうしたなかで、東日本大震災の被災地では、いくつかの震災遺構――例えば、津波で陸上げされた気仙沼の第十八共徳丸や町役場の職員や住民など多くの人が津波の犠牲になった南三陸町の防災対策庁舎[*25]――が、「悼む場所」となった。福島においては、事故から二五年後の二〇三六年に向けて福島第一原発を観光地にしようという計画もある［東 2013b］。ヒロシマが平和観光のシンボルになったように、フクシマが原発事故の記憶とそこからの復活のシンボルとなる日もくるだろう。その意味では、東日本大震災における震災・津波・原発事故というネガティブな経験は、新しい観光（ツーリズム）概念を生み出すきっかけになるかもしれない。

ところで、震災を忘却するのか、記憶するのか。これは復興ツーリズムにとってきわめて重要な問題である。被災地／被災者はアンビバレントだ。例えば、宮城県松島の大観荘の女将によると、大観荘は震災後避難所になったり、復興支援の人びとの宿舎になったりしたが、基本的には何事もなかったように復旧するのが大観荘の方針だという[*26]。これに対して、南三陸ホテル観洋では、むしろ震災を記憶し、風化させない試みとして、二〇一二年一月末より宿泊者に対し「語り部バス」をスタートさせ、約一時間かけて、「部り部ガイド」による南三陸町被災地見学ツアーを行っている[*27]（口絵ivページ）。震災を記憶し、観光客に見てもらおうというもので、先に述べたゲストに「見せる」という立場である。

---

*25　第十八共徳丸は、地域住民の意向で震災以降として残さないことが決められ、二〇一三年一〇月に解体・撤去された。他方、南三陸町の防災庁舎は、南三陸町町議会で取り壊しが決まっていたが、震災遺構として保存を望む声もあり、二〇一五年四月に町としてどう対応するのが望ましいかという町民からのパブリックコメントを受け付け、検討した結果、県有化し、保存することになった。

*26　二〇一二年三月一四日、磯田悠子にインタビュー。

*27　二〇一二年六月一日、阿部憲子にインタビュー。南三陸

被災地への支援物資を積んだ自衛隊による「災害派遣」のトラック群の一台（仙台、2011年4月）

南三陸ホテル観洋の語り部バスに先立って、南三陸町観光協会は、二〇一一年五月から「語り部による学びのプログラム」というツアープログラムを展開してきた。この試みは神戸の震災を語り継ぐことの重要性を認識した関西のNPOの提案により、「南三陸福興市」にブースを設けて始めたのが発端だったという。二〇一二年六月までの一年間に約六千人がこのイベントに参加した。[*28] 語り部ブースが置かれた「福興市」は、二〇一二年二月には国道三九八号ぞいに作られた仮設商店街「南三陸さんさん商店街」に発展し、同年一二月までに二〇万人を超える人びとが訪れ、そのうち地元住民以外の外部者が全体の七割以上を占めた［関・松永 2014：203］。

重要なのは、この復興商店街が外部を意識して作られ、これまで南三陸町を訪れたことのなかった多くの観光客がやってきたという点である［関・松永 2014：216］。彼らはこの商店街を訪れ、南三陸名物の「キラキラ丼」（イクラやウニの入った海鮮丼）を食べ、わかめやタコなどの特産品を買い、「オクトパス君」（南三陸町の特産物の蛸＝オクトパスと合格祈願＝「置くとパス」をかけた置物）などの復興グッズをみやげに買う。二〇一三年八月には、商店街に隣接する敷地に「南三陸ポータルセンター」が作られ、訪問客に被災経験を伝え、体験学習ができる場にもなっている。南三陸町では以前から海と山を生かした観光が盛んで、語り部も震災前から組織されていた。この点が三陸海岸の津波被災地のなかで南三陸町をユニークな存在にしている。事実、東松島、女川、気仙沼では観光客入り込み数の二〇一二／二〇一〇年比が約三〇％程度であるのに対し、南三陸町は八三％である［関・松永 2014：216, 245］（表10−1）。被災した南三陸町の防災庁舎の遺構は、先述のようにダークツーリズムの「聖地」となり、南三陸さんさん商店街は復興ツーリズムの成功例となっている。[*29]

ホテル観洋「語り部バス」ウェブサイト http://www.mkanyo.jp/ 語り部バス／

*28　二〇一二年五月三一日、及川和人にインタビュー。

*29　ただし、復興商店街は、仮設住宅と同様五年間という期限付きで、二〇一六年には現在の場所をたたみ、沿岸部の予定地に移設しなければならない。他方で、復興住宅は高台に建てられるので、商店街として成り立つのか心配だという（二〇一四年八月二四日、南三陸さんさん商店街組合長の阿部忠彦にインタビュー）。

支援物資ダンボールの山。女性用のタイツやストッキングが入っていた（仙台、2011年5月）

表10-1　三陸海岸被災地の観光客入込数（『宮城県観光統計概要』宮城県、2012年版より）

単位：人

市町村名	2010	2011	2012	2012/2010比
東松島市	1,123,233	198,658	365,103	32.5%
女川町	696,005	39,565	207,759	29.9%
気仙沼市	2,540,589	432,600	784,450	30.9%
南三陸町	1,083,630	359,027	896,782	82.8%

復興市に関しては、東北観光推進機構の東北観光ポータルである「旅・東北」には、「買って食べて飲んで東北を応援する復興応援めぐり」として「閖上さいかい市場」、「気仙沼復興商店街南町紫市場」などが紹介されている。[*30] さらに、「東北の観光復興と再生」をテーマとして行われているイベントの一つとして「復興商店街でつなぐ旅スタンプラリー」がある。興味深いのは、このイベントが「つなぐ旅」と名付けられている点である。これにより商品応募件数が平成二五年度には八八〇件から五二〇三件に伸び、太平洋沿岸エリアの認知度向上、旅行需要の喚起に貢献したという。[*31] 点から線へ、さらに面へとつないで復興していくという構図がそこにある。

宮城県の観光による地域復興に関しては、宮城県観光連盟の「みやぎ復興ツーリズムガイド」というウェブサイトがある。そこには、「あの日の出来事を忘れてはいけない。……私たちには後世に正しく伝える責任があります。宮城に来てください。宮城を見てください。宮城を感じてください。そして、それを将来に語り継いでください」と述べられ、宮城県の沿岸被災地（気仙沼市、南三陸町、石巻市、女川町、東松島市、七ヶ浜町、名取市、岩沼市、亘理町、山元町）が紹介されている。[*32]「来て、見て、感じて、語る」――観光が語りを生み出し、インターネット上のサイトにビッグデータとして集積されるとしたら、デジタルツーリズムの時代の新しい観光のあり方としても注目されよう。

＊30 「旅・東北」東北観光推進機構ウェブサイト：http://www.tohokukanko.jp/model/revival.html

＊31 『平成二六年版観光白書』p. 37. 国土交通省ウェブサイト：http://www.mlit.go.jp/statistics/file000008.html

＊32 みやぎ復興ツーリズムガイドウェブサイト：http://www.miyagi.fukkou-tourism.com/

HSF「ウィークエンド・ボランティア」で世界各地から届けられた支援物資の仕分け作業（仙台、2011年5月）

福島県の観光復興に関しては、ふくしま観光復興支援センターが中心的な役割を担っている。同センターが出している『来て見て知ってふくしま』の第一号（二〇一三年七月）は「福島を語る人に出会う旅」を特集し、大熊町、いわき市、富岡町などからの復興ツーリズムに関する情報が掲載されている。第二号（二〇一三年一〇月）は、「ふくしま復興ツーリズムガイドブック」として、「磐梯エリアで体験学習と震災を学ぶ」「避難者の受け入れ体験を話す早川さん」「かーちゃんの力と知恵を活かすプロジェクト」「農業体験を通して農家や被災者と交流」「避難所で炊き出し支援から交流へ」「風評から自力で復興を目指す観光果樹園」など四五の「震災視察先とモデルコース」が挙げられている。さらに第三号（二〇一四年八月）では、「県内での視察やお話のコンテンツを紹介します」として、「避難生活の体験談や自治会長としての活動を語る」「避難者の受け入れ体験を話す」「除染や放射線について考える」「福島の〝今〟を若い女性の目線で発信！」「被災地の言葉で震災を後世に語り継ぐ――富岡町3・11を語る会」などが紹介されている。同センターは「行って応援したい」という声と「来てほしい」の地元の声をつなぐ役割を果たしたいと述べている。*33 復興ツーリズムとはこうして、ツーリズムというツールを使って、被災地と他の地域をつなぎ、新しい絆を形成しながら、新しい社会を創り出していくプロジェクトとなる。

5　観光とリスク社会――再帰的ツーリズム

冒頭で触れたように、東日本大震災は観光がきわめてリスクに弱い産業であることを暴露し

*33　ふくしま観光復興支援センター「復興ツーリズムの大きなチカラ」 http://ふくしま観光復興支援センター.jp/file/plan/5350cc68a2eae.pdf

南三陸町平成の森避難所の看板。「全国のみなさん御支援ありがとうございます」と書かれている（2013年７月）

た。地震や津波は自然災害であって、近代が生み出すリスクやウルリヒ・ベック［1998］の言う「リスク社会」とは無関係であるように見える。しかし、純粋な自然災害というものは存在せず、災害はある歴史的・社会的条件のなかで成立するきわめて社会的・文化的な現象である。それゆえ、近代社会における災害は、近代の社会的・文化的条件を映し出す鏡でもある。東日本大震災が改めてさらけだしたのは、現代日本がそういう意味での「リスク社会」だという事実である。

他のアジア地域をみても、紛争やテロ、ＳＡＲＳや新型インフルエンザなどの疫病、地震や津波などの災害が近年の観光の動向を大きく条件付けていることがわかる。例えば、私が関心を寄せてきたインドネシアのバリでは、一九六〇年代後半より観光開発が導入され、右肩上がりの成長を続けてきたが、一九九五年のインドネシアの治安悪化（イスラム教徒とキリスト教徒の抗争）、一九九七年のアジア通貨危機、一九九八年のスハルト政権崩壊、そして二〇〇二年、二〇〇五年の二度にわたる爆弾テロ事件などにより観光客数が落ち込むという不安定な状態が続いた［Yamashita 2010］[*34]。もう一つの例は、本書でも取り上げられているタイのプーケットである（本書第5章参照）。二〇〇四年一二月、スマトラ島沖地震に続くインド洋津波がタイ南部を襲った。津波被害の直後、二〇〇五年一月のプーケット国際空港の利用者は前年同月比で八八％減少し、ホテルの部屋の稼働率は一〇％まで落ち込んだ。その後、観光客数が以前の水準に回復するのに約一年を要した。津波後のプーケットでとくに認識されたのは、「風評被害」であった。観光地が被災のスティグマから解放されず、客がなかなか戻ってこなかったのである［柄谷 2010］［市野澤 2010］。

こうしたリスクに対して観光はどのように対処できるのか。タイの津波被災と観光を検討し

津波で陸に押し上げられた第十八共徳丸（2012年3月撮影、2013年10月に解体・撤去された）

*34　もっとも、二〇一三年のバリの国際旅行者到着数は三二七万人、史上最高を記録している。Jakarta Post Website: http://www.thejakartapost.com/news/2014/01/24/bali-attracts-327-million-foreign-tourists-2013.html

た柄谷友香は前掲論文のなかで「観光地における危機管理は観光サービスの一つとして位置づけられるべきであり、ひいては来訪者への安心感や地域への信頼感につながるものと言えよう」と述べている。それゆえ、タイ国政府観光庁（TAT: Tourism Authority of Thailand）は、災害時に観光産業が大きな影響を受けることを未然に防ぐため、国内外の情報を収集・分析するTＩＣ（Tourism Intelligence Unit and Crisis Management Center）を開設した。また、観光客の安全確保対策にも努め、災害発生時に迅速に災害情報をホテル、飲食店、小売店などに伝達するネットワークを構築するとともに、各地で津波を想定した避難訓練を実施し、災害時の外国人観光客の安全を確保するために、通訳ボランティアを養成することにしている［観光庁編 2012: 25–26］。インドネシアのバリでも、“Tsunami ready hotels”（津波への備えができているホテル）の認定や避難路の表示などが行われている。[*35] 東日本大震災では、震災が起こったのが観光シーズンではなかったということもあってか、観光客の安全については大きな問題にはならなかったが、防災はこれからの観光にとって重要な課題として認識され始めている［須田 2013: 7–8］。

　このようにリスク／安全という視点から観光を見直すことで、新しい観光／ツーリズム概念が生み出されるかもしれない。事実、近年の観光の新しい形態であるエコツーリズムやヘリテージツーリズムなどは、それぞれ近代工業社会が生み出した環境汚染や伝統文化の破壊というリスクに観光の立場から取り組もうとする試みであった。このようなタイプのツーリズムを私はかつてベックの「再帰的近代化」（reflexive modernization）を意識しつつ「再帰的ツーリズム」（reflexive tourism）と呼んだことがある［Yamashita 2010］。例えば、バリではいま、「バリ人のための観光」として始められた文化観光が、マスツーリズムや外部の巨大資本の流入によってバリ人の手を離れようとしている。そうしたなかで、マスツーリズムに対する「もう一つの

＊35 Earthquake-Report Website: http://earthquake-report.com/2011/06/06/indonesias-bali-hotels-association-gives-a-tsunami-preparedness-signal/

津波で被災した南三陸町防災対策庁舎の遺構。庁舎にいた多くの職員や住民が犠牲になった（2012年６月）

観光」として一九九〇年代には村落を訪ねるツーリズムが試みられ［山下 1999：第八章］、今日では村落社会を観光開発主体としたエコツーリズム、CBT（Community Based Tourism）が現地のNGOとの連携で始められている［岩原 2012］。本章で取り上げたボランティアツーリズムに関しては、ライアンズとウェアリングは「ポストモダンツーリズム」の一形態と見ているが［Lyons and Wearing 2008: 3］、私はベックの言う再帰的近代化へと向かうという意味で再帰的ツーリズムとして捉えた方がよいと考えている。

ベックの再帰的近代化とは、工業社会によって特徴づけられる近代社会の「創造的（自己）解体」（creative（self-）destruction）のプロセスである。この新しい段階では、近代社会の「進歩」は「自己解体」につながるのだが、その過程で、「もう一つの近代性」（another modernity）へと転換していくのである。*36 その意味では、この解体はたんに破壊的なだけではなく、創造的でもあって、再帰的近代化はもう一つの近代性へと向かう表裏一体のプロセスである［Beck et al. 2005: 2］。こうした意味において、復興ツーリズムを通して災害というリスクに対処していくことは、本書で言う「新しい人間、新しい社会」へと至るための一つの道でもある。

6　公共的課題の解決のために——公共ツーリズム

先述のように、阪神・淡路大震災や東日本大震災においては一〇〇万人を超えるボランティアが被災地を訪れ、支援活動に従事した。こうしたボランティア活動の展開のなかで、「新しい公共」という考え方が生まれてきたことは注目に値する。これが新しい公共と呼ばれるの

---

*36 ベックの再帰的近代化論は、資本主義の（自己）解体から社会主義への必然的移行を論じたカール・マルクスの歴史的弁証法と同じような論理構造を持っているように思える。

南三陸町防災対策庁舎前にしつらえられた祭壇。ダークツーリズムの「聖地」となっている（2013年8月）

は、古い公共が「官」（国家）によって特徴づけられるのに対し、新しい公共においてはボランティアというかたちで「民」（市民社会）が前面に出ており、官が担うべきパブリック・サービスを補完する機能を果たしているからだ。*37 こうしたコンテクストにおいては、ボランティアツーリズムは、ボランティア活動をツーリズムと結びつけた新しい公共活動の一つとして位置づけることができよう。このような公共的課題の解決をめざすツーリズムを「公共ツーリズム」という言葉で捉えることができるかもしれない。

たしかに日本の災害復興過程においては、本書で取り上げられているフィリピンやインドネシアなど他のアジアの国ぐにと比べると、国家の果たす役割がきわめて大きい。しかしながら、今日、政府の公的サービスへの不信感や日本の国家の財政への懸念から、官ではなく、民をベースとした公共の在り方が重要になりつつある。阪神・淡路大震災以降の新しい公共の出現は、そうした日本社会の公共のあり方を先取りしているのかもしれない。すでに指摘したように、ボランティアツーリズムにおいてはＮＰＯ／ＮＧＯが大きな役割を果たしているのである。

私自身は、先述のように、ＮＰＯ法人「人間の安全保障」フォーラム（ＨＳＦ）のメンバーとして登米市南方仮設住宅の夏祭り支援のために「まなび旅・宮城」を組織した。こうした活動は阪神・淡路大震災以降の新しい公共の展開と連動しつつ、被災地の復興につなげることができると私は考えている。そこではボランティア、ＮＰＯ、地域社会、研究者はそれぞれの立場から、あるいはそれぞれの立場を越えて、協働し、震災復興という公共の課題を解決することに貢献することができる。その意味では、ＨＳＦのまなび旅は私なりの公共ツーリズムの実践だったと言ってもよい。*38

＊37　東日本大震災の際のボランティア活動は、「新しい公共」を強調した当時の民主党政権の主導下、政府観光庁の旗振りによって行われたという側面があり、「民」が前面に出つつも、「官」がバックにいるという構図がある。また、震災直後には、辻元清美議員が内閣総理大臣補佐官（災害ボランティア活動担当）に就任し、彼女の主導のもとに、大きな国家予算がＮＰＯ活動に対して投入された。こうしてみると、ＮＰＯ法（一九九八年）によって制度化されたボランティアイズムは、国家、とりわけマーケット原理を強調し、小さな政府を主張するネオリベラル国家に奉仕する

『福島第一原発観光地化計画』（東浩紀編、思想地図β vol. 4－2、2013年、ゲンロン発行の表紙より）

通常の観光においては、観光客は余暇の時間に楽しみを求めるが、公共ツーリズムにおいてはツーリストは余暇の時間を社会的な貢献に使う。メアリー・モスタファネサドはボランティアツーリズムを「ネオリベラル時代のポピュラー・ヒューマニタリアニズム」と捉えている[Mostafanezhad 2014]。公共的活動としてのツーリズム —— このことは、近代観光というものが、そもそも一八四一年にトマス・クックが禁酒運動の大会への参加者をレスターからラフバラーまでチャーターした列車で運んだことに起源したという事実に照らしてみると興味深い。観光の誕生において、その目的は当時の禁酒という社会運動を実践するためにツーリズムを使うことにあったのである。

7　ツーリズムが紡ぎ出す新しい物語

本章では、東日本大震災後の新しい観光スタイルを「ボランティア」、「まなび」、「つながり」をキーワードとする復興ツーリズムとして総括し、震災からの復興過程において観光が果たすポジティブな役割について検討してきた。また、復興ツーリズムを近代のリスク社会を考え直す再帰的ツーリズム、公共的課題の解決を目指す公共ツーリズムという枠組みにおいて捉えた。こうした従来の観光概念では捉えきれない新しいツーリズムは、少子高齢化と過疎化が先端的に現れている東北地方の被災地にとってはことさら重要である。なぜなら、東北の過疎地域の人口増加は今後も期待できず、その復興と発展にとって観光あるいはツーリズムというかたちでの人の移動、外部世界との交流はきわめて重要な役割を果たすと考えられるからだ。

南三陸さんさん商店街入り口ゲート。天皇皇后両陛下がご来町されました、との垂幕がかかっている（2014年8月）

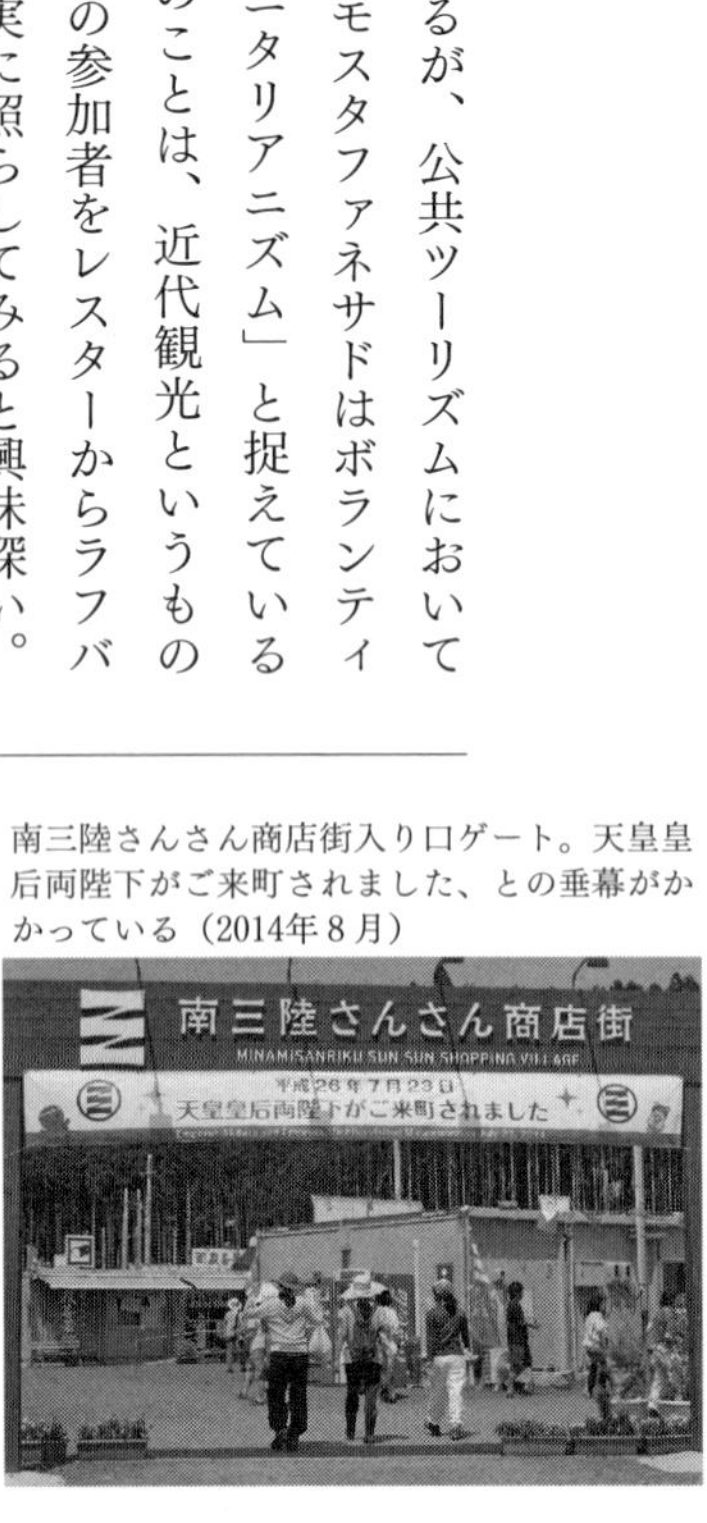

ものだという小川の議論は説得的であるように見える[Ogawa 2004：93]。「新しい公共」がどこまで民の力に支えられたものであるかについての評価には、もう少し時間が必要だろう。

＊38　人類学者としての私にとってこれは公共人類学を実践する機会でもあった[山下 2014：12-14]。

冒頭に触れた観光立国とは移動と交流に基づいて地域を、そして国を創っていくプロジェクトなのである。

本章では主に被災地「へ」のツアーを取り上げてきたが、「被災者招待型ツーリズム」の例に見られるように、被災地「から」のツアーも存在するということを最後に確認しておきたい。例えば、福島の復興ツーリズムに関して、観光――気晴らしであれ、癒やしであれ、ストレスからの解放――を本当に必要としているのは実は福島の人びと自身だという報告がある［安田 2014: 90］。また、登米市を拠点に活動を展開しているNPO法人ウィメンズアイの石本めぐみによると、彼女が関係している女性グループはかつての被災地から復興を学ぶために中越への「学びの旅」を実施している。*39 被災者にとっても「まなび」はキーワードなのだ。こうして、復興ツーリズムはインバウンド（流入）とアウトバウンド（流出）の双方向への移動のうえに成立するのである。

災害からの復興の物語は、元の状態へ復帰するのではなく、本書のテーマである「新しい人間、新しい社会」の創造へと向かうだろう。復興ツーリズムにおいては、ツーリズムという外部とのつながりを作るチャンネルが、物語を紡ぎ出すツールになる。それは個々のツーリストと被災地の人びととのつながりに関する小さな物語から、震災の公的な集合記憶のモニュメント化による観光資源の創成という大きな物語に至るまで大小さまざまな物語を含むだろう。しかし、ツーリズムは移動と交流を前提としているので、この物語がある地域の「なか」で完結することはあり得ない。ツーリズムは地域と地域をつなぎつつ、新しい物語を紡ぎ出していくのである。

＊39　東京大学大学院総合文化研究科「人間の安全保障」プログラムHSP第一八五回セミナー（二〇一四年七月二五日、東京大学駒場キャンパス）における石本めぐみの「三・一一震災後の東北の復興をになう女性たち」と題する報告。

南三陸さんさん商店街を訪れる観光客。「キラキラ丼」「うに丼」などローカルフードのレストランが並ぶ（2013年7月）

参照文献

日本語

東浩紀編 2013a『チェルノブイリ・ダークツーリズム・ガイド』(思想地図β Vol. 4-1) ゲンロン。

——— 2013b『福島第一原発観光地化計画』(思想地図β Vol. 4-2) ゲンロン。

伊勢みゆき 2013「体験学習を通した養殖業の復興支援と島おこし ― 浦戸・桂島から学ぶ」総合観光学会編『復興ツーリズム ― 観光学からのメッセージ』同文舘出版、pp. 84-92.

市野澤潤平 2010「危険からリスクへ ― インド洋津波後のプーケットにおける在住日本人と風評被害」『国立民族学博物館研究報告』34 (3) : 521-574.

井出明 2013「ダークツーリズムから考える」東浩紀編『福島第一原発観光地化計画』(思想地図β Vol. 4-2) ゲンロン、pp. 144-157.

稲葉雅子 2013「被災からの学び ― 新たな地域資源」総合観光学会編『復興ツーリズム ― 観光学からのメッセージ』同文舘出版、pp. 76-83.

岩原紘伊 2012「観光資源となる村落 ― バリ島村落コミュニティツーリズムの事例から」(総合観光学会［二〇一二年六月九～一〇日、日本大学商学部］における発表)。

NHKスペシャル取材班編 2012『ヒューマン　なぜヒトは人間になれたのか』角川書店。

柄谷友香 2010「タイ南部における被災観光地での復興過程とその課題」林勲男編『自然災害と復興支援』明石書店、pp. 127-154.

観光庁編 2012『観光白書（平成二四年版）』日経印刷。

須田寛 2013「「震災」と「観光」 ― 反省と復興へ」総合観光学会編『復興ツーリズム ― 観光学からのメッセージ』同文舘出版、pp. 2-8.

スレイター、デビッド 2013「ボランティア支援における倫理 ― 贈り物と返礼の組み合わせ」トム・ギル、ブリギッテ・シテーガ、デビッド・スレイター編『東日本大震災の人類学 ― 津波、原発事故と被災者たちの「その後」』人文書院、pp. 63-97.

関満博・松永桂子 2014『震災復興と地域産業5・小さな〝まち〟の未来を映す「南三陸モデル」』新評論。

南三陸町の復興グッズ「オクトパス君」。累計7万個以上が売れたヒット商品（ms-octopus.xb.shopserve.jp）

関美菜子・一條文佳 2013「被災者招待型ツーリズム ―― 震災をきっかけに生まれる交流」総合観光学会編『復興ツーリズム ―― 観光学からのメッセージ』同文舘出版、pp. 84–92.
西芳実 2014『災害復興で内戦を乗り越える ―― スマトラ島沖地震・津波とアチェ紛争』京都大学学術出版会。
長谷政弘編 1997『観光学辞典』同文舘出版。
ベック、ウルリヒ（東廉・伊藤美登里訳）1998（原著1986）『危険社会』法政大学出版会。
マクジルトン、チャールズ 2013「支援を拒む人々 ―― 被災地支援の障壁と文化的背景」トム・ギル、ブリギッテ・シテーガ、デビッド・スレイター編『東日本大震災の人類学 ―― 津波、原発事故と被災者たちの「その後」』人文書院、pp. 31–62.
森山工 2007「観光資源と知的資源」内堀基光・菅原和孝・印東道子編『資源人類学』放送大学教育振興会、pp. 64–77
安田純子 2014「被災後の生活変化と観光利用 ―― 被災地福島を中心に」『郡山女子大学紀要』50：85–98.
山下晋司 1999『バリ　観光人類学のレッスン』東京大学出版会。
――― 2011「観光とリスク社会 ―― 東日本大震災の経験から」『書斎の窓』（有斐閣）608：48–52.
――― 2013a「ボランティアツーリズムの可能性」総合観光学会編『復興ツーリズム ―― 観光学からのメッセージ』同文舘出版、pp. 60–67.
――― 2013b「復興ツーリズム論」『季刊家計経済研究』No. 99：15–23.
――― 2014「公共人類学の構築」山下晋司編『公共人類学』東京大学出版会、pp. 3–18.
依田真美 2011「ボランティアツーリズム研究の動向および今後の課題」『国際広報メディア・観光学ジャーナル』12：3–20.

英語

Beck, Ulrich, Anthony Giddens and Scott Lash. 2005. *Reflexive Modernization: Politics, Tradition and Aesthetics in the Modern Social Order*. Cambridge: Polity Press.
Callanan, Michelle and Sarah Thomas. 2005. "Volunteer Tourism: Deconstructing Volunteer Activities within a Dynamic Environment." M. Novelli (ed.). *Niche Tourism: Contemporary Issues, Trends and Cases*, pp.

震災の記憶を伝えるアーカイブ施設「南三陸ストーリー～東日本大震災の記録～」（南三陸ポータルセンター内、2014年８月）

183–200. Routledge.
Lévi-Strauss, Claude. 1967. *Structural Anthropology*. New York: Anchor Books.
Logan, William and Keir Reeves (eds.). 2009. *Places of Pain and Shame: Dealing with "Difficult Heritage."* London and New York: Routeledge.
Lyons, Kevin D. and Stephen Wearing (eds.). 2008. *Journeys of Discovery in Volunteer Tourism: International Case Study Perspectives*. Oxon: CABI Publishing.
Mostafanezhad, Mary. 2014. *Volunteer Tourism: Popular Humanitarianism in Neoliberal Times*. Surrey: Ashgate.
Novelli, Marina (ed.). 2005. *Niche Tourism: Contemporary Issues, Trends and Cases*, pp.183–200. Routledge.
Ogawa, Akihiro. 2004. "Invited by the State: Institutionalizing Volunteer Subjectivity in Contemporary Japan." *Asian Anthropology* 3: 71–96.
Wearing, Stephen. 2001. *Volunteer Tourism: Experiences that Makes a Difference*. Oxon: CABI Publishing.
Wearing, Stephen Leslie and Nancy Gard McGehee. 2013. *International Volunteer Tourism: Integrating Travellers and Communities*. Oxon: CABI Publishing.
Yamashita, Shinji. 2010. "A 20-20 Vision of Tourism Research in Bali: Towards Reflexive Tourism Studies." D. G. Pearce and R. W. Butler (eds.). *Tourism Research A 20–20 Vision*, pp. 161-173. Oxford: Goodfellow Publishing.

皆さまの観光支援は
福島県の大きな力になります。
ふくしまから
はじめよう。
Future From Fukushima.

観光支援は大きな力 ── ふくしま観光復興支援センターのウェブサイトより（http://ふくしま観光復興支援センター.jp/about/）

コラム3

被災者と外部者の間から見たボランティアツーリズム

内尾　太一

「実はね、これからＮＰＯをつくろうと思うんです」

二〇一〇年三月、博士課程への合格が決まったばかりの私に、そう言ったのは当時の指導教員だった山下晋司（第10章執筆者）である。結果的に、東京大学大学院総合文化研究科「人間の安全保障」プログラムの関係者を多数巻き込んでＮＰＯ法人が立ち上げられるわけだが、そのときの山下の真意はなんだったのか、五年経った今でも知らない。そのやり取りがあってからというもの、修士課程からの指導学生という立場もあり、自分の研究の合間にお手伝いのつもりで法人設立のための書類作成をしていた。団体の定款や設立趣意書、事業計画、予算案の作成などほぼ独りでの作業だったために、気づけば準備事務局を任されていた。ただし、この段階で自身に、主体性、のようなものが芽生えていたかどうかはかなり疑わしい。

それでも、年が明けて二〇一一年になる頃には、ＮＰＯ法人「人間の安全保障」フォーラム（HSF: Human Security Forum）を立ち上げる準備が整いつつあった。

しかし、それまでは順調に思われたＮＰＯの船出も、同年三月一一日をもって一変する。その航路は、東日本大震災が引き起こした大きなうねりによって、予想もしていなかった方向へと向かっていった。その翌月に何とか設立したこのＨＳＦも、被災地支援一色となり、すぐに自らも宮城県北部での支援活動に従事することになった。当時の私の研究テーマは、まだ震災とは全く関係のない、日本に暮らすフィリピン人移民についてだった。

博士課程の二年目という大切な時期に何をやっているのか、と自問したこともある。被災地への関与も初めのうちは、ＮＰＯの事務局長（当時）としての責務からきていたと思う。しかし、実際に被災地に足繁く通うようになると、単なる役割意識だけでなく、現地で出会う人々との関係に情緒的な何かを感じるようになり、そこに身を委ねる形で長期滞在するようになった。不在が続いた東京のアパートも引き払った。

そして、ＨＳＦが二〇一一年一二月から被災した子どもの教育支援プロジェクトを本格的に開始してからというもの、今度はこちらが多数のボランティアを宮城県登米市の事務所（兼宿泊施設）で受け入れる側になった。かつての自分がそうであったように、彼らの中にも、被災者の役に立ちたい、という気持ちとともに、被災地を見てみたい、という好奇心も当然あっただろう。特に震災発生から一年の節目となる時期には「繁忙期」を迎え、入れ替わり立ち替わりやってくる人々を車に乗せて、連日一緒に被災地を見学した。南三陸町では、一体何度、防災対策庁舎の前で手を合わせただろうか。慰霊のための行為も、繰り返すうちに半ば形式的に済ませていたことに気づき、そんな自分にうんざりしたこともあった。

しかし、そうした個人の一時的な感傷とは別に、被災地観光は、山下が第10章でも議論しているように、交流人口を増やし、現地に収益をもたらすという意味でも、今日まで震災復興において非常に重要な役割を担っている。ＨＳＦの理事長を務める山下は、個人的な体験は違えども、私と同じＮＰＯを通じて被災地に関わるようになった。その山下が中心となって、ＨＳＦは、南三陸町民が暮らす登米市の南方仮設住宅の夏祭りの時期に合わせて、過去に三年連続で二泊三日のボランティアツアー「まなび旅」を行った。ここからは、「まなび旅」で現地コーディネータを務めた自身の経験に基づいて、山下の言うツーリズムの創造性を補足することを試みたい。

まず、二〇一二年の夏、南方仮設住宅の夏祭り準備委員会の会合に出席し、初めて「まなび旅」の提案をしたときのことである。実のところ、一部の列席者からの反応は芳しからぬものであった。その頃は既に、一方的に支援を受けることを快く思わない雰囲気が被災者側にもあり、仮設自治会の副会長のひとりからは、「これは我々のイベントで、そんなにたくさんボランティアに押しかけられては困る」という意見も出た。ただ、好意的に捉えてくれる人ももちろんいたため、その場では、県外からの参加者として祭り自体を楽しみ、夜店の売上にも貢献するから、という理由で納得してもらうことができた。不安なスタートをきった第一回目の「まなび旅」だったが、私や準備委員会の心配をよそに、二〇名以上の参加者は大いに仮設住宅の人々と交流し、そして夏祭りの裏方として活躍し、結果的に皆が満足する形でそのイベントは成功を収めた。また、仮設住宅に暮らす女性たちが、参加者のために昼食（おにぎりや豚汁、カレーなど）を用意してくれたり、そこで一緒に食事をした男性たちからは震災体験の話を聞かせてもらったりもした。

　そして、第二回目となる二〇一三年の夏、私は東京で行われた「まなび旅」の事前レクチャーに講師として立ち、そのとき集まった参加者に対して、このツアーはボランティア活動が目的だがむしろ世話になるのはこちらの方である、ということを伝えた。実際、この年の参加者も昨年と同様、手厚い歓迎を受けることとなった。それは前年のように食事の時間の交流だけでなかった。二回目ということもあって、わざわざ自治会長が、「被災者の生活を見せてあげる」と仮設の自宅を公開し、参加者全員を数人ずつ中に招いてもらったりもした。さらに、その後、一年目に反対していた副会長に聞き取りを行った結果、参加者が手持ち無沙汰にならないために、あえて夏祭りの準備や片付けの仕事を残しておく、という指示を彼が事前に他の住民に出していたことが明らかになった。その副会長曰く、「二年続けて、若者が東京からせっかくきてくれたから」だという。

　さらに、第三回目の二〇一四年は、さすがに長引く仮設住宅の暮らしの疲れが住民にも出てきたのか、早いうちから夏祭り休止の声も出ていた。そのような中、開催の主体は、これまでのように南方仮設の自治会ではなく、その住民の中から有志を募る形で実行委員会が立ち上げられた。それと同時

「まなび旅」一行の到着を出迎える佐藤自治会長。夏祭りのときに限らず、HSF の南方仮設住宅での活動は、常にその自治会に報告・相談しながら行っていた

会場設営ボランティアとして、軽トラで敷地内を行き来する。ショッピングセンター跡地につくられた南方仮設住宅は、県内でも有数の大規模仮設団地である

に、この年は最初からＨＳＦの「まなび旅」でやってくるボランティアも頭数に入れられていたようだった。しかしながら、ＨＳＦ側も、社会全体の被災地への関心の薄まりからか、参加者を集めることの困難に直面した。そうした状況の中、結果的に、過去二年よりは小規模だったものの無事に夏祭りは行われ、その分、「まなび旅」の参加者も数少ない働き手として、例年以上の貢献をみせた。ここへきて、いつのまにか我々も、この夏祭り開催の可否に関わる重責を担っていたことを実感することになった。

ただし、こうした「まなび旅」の相対的な重要度の高まりは、同時に、その最終局面を意味していたのだろう。実際、仮設住宅の空き家が目立つようになった二〇一五年、南方仮設で第四回目の夏祭りが開催されることはなかった。代わりに、人々は災害公営住宅や高台などの新居に移り、さらなる生活の再建を進めている。

以上の一連の流れを振り返ってみると、時間の経過とともに生じる被災者のコミュニティの様々な変化を感じ取ることができる。そして現在の被災地では、「まなび旅」でも垣間見えたような、既存の支援枠組みの終焉を予感させるような現象が、ところどころで生じている。ではもうこれ以上の外部からの支援は必要ないかといえば、そう結論付けるのはまだ早いだろう。というのも、外部者にとっての震災復興のブームが過ぎ去った現在の被災地では、震災以前からのゆるやかな人口減少や、震災以降の他地域への人口流出の問題と相まって、今後のさらなる過疎化が懸念されるようになっているからである。

実際、現時点でまだ被災地に留まっている外部者のほとんどは、ＨＳＦスタッフもおそらくそれに該当するが、長い時間をかけて被災者と信頼関係を築いてきた少数精鋭の支援者たちである。彼らの活動が今後も必要とされることは間違いないとして、こうした支援における属人性の高まりの一方で、かつてのように一般市民が現地で震災復興に関わる機会は非常に少なくなっている。被災地から足が遠のけば、復興への関心が薄まるのも無理はない。

しかし、今後の震災復興過程において、被災地の外にいる人々が貢献できる可能性は十分に残されている。その領域となるのが、これまでも議論してきた観光である。そしてそれは、単に交流人口の増加による経済の活性化だけを意味するものではない。本稿では、復興と観光の結びつきに、それとは異なる意義を付与してみたい。

多くの読者は、最も厳しい時期を過ぎた被災地に行くことについて、「今さら」と思うかもしれない。しかしながら、私見では、被災地は震災の爪痕が消え去ったときにこそ訪れておく価値がある。またかつての支援者は、知人の被災者が生活を再建したときにこそ訪ねておく必要がある。なぜなら、これから先、震災から復興した町をみて、そこに至るまでの険しい道を乗り越えた人間の強さに畏敬の念を抱くことが、社会的弱者とみなされてきた被災者の尊厳を回復することにつながるからである。

多くの人々は、未だに傷ついた被災者の姿しか知らない。ゆえに、災害から立ち直った人間の強さを学び知る、という方向性をもった被災地観光は、文字通り「光を観にいく」ものとして、これからの支援の枠組みの中に位置づけられるものだといえる。そこで、改めて考えてみて欲しい。もし、被災地が何もない単なる更地になっていたら、それは、驚嘆すべきことなのである。あれだけの瓦礫と汚泥を片付けたのだから。もし、他の日本の沿岸部の町と大差ない平凡な景観が被災地に広がっていたとしたら、そのこと自体、賞賛すべきことなのである。何もなかった場所に一から町をつくり直したのだから。社会の中で少しずつそうした言説をつくり出していくこと、それを私は「復興の物語の再創造」と呼びたいと思う。

昼食に大量のカレーをつくる仮設住宅の女性たち。「まなび旅」に参加した留学生の中には、初めて日本人にご飯をつくってもらった、と涙を浮かべるものもいた

盆踊りの輪に加わる「まなび旅」参加者たち。浴衣は、近隣の衣料品店で購入。会場の交通整理係や出店の売り子を交代で務めながら、場に賑わいももたらした

おわりに――被災とともに

木村周平・清水 展

この「おわりに」は、「You and I」という本書のキーワードに即して、やや変則的ではあるが、編者の二人によるコール・アンド・レスポンスのようなかたちで（清水が自身の経験を踏まえて呼びかけをし、それに木村が応じる）構成する。

清水は副題の「被災とともに」に二つの意味を込めた。一つは、ある具体的な自然災害の発生とともに「被災者」と「被災地」が新しく生まれてくる、という意味である。当たり前だが、災害の前には被災者も被災地も存在しない。被災者と被災地は、常に、災害が起こった後に、緊急救援と短期、中期、長期にわたる復旧・復興のさまざまな事業あるいは支援の対象として、事後的に意味ある対象者や地理空間として現出する。*1

もう一つは、被災者とともに歩むという意味である。歩む主語は災害対応の活動に関わる研究者をはじめ、被災地と被災者の復興に役だとうとする専門家、行政職員、ＮＧＯスタッフ、ボランティアなど、憂慮と関心を抱く人々すべてである。そうした人々が、被災の現場と被災者のなるべく近くに身をおき、なるべく長く深

*1 ここでのポイントは、「地域」を行政区などの固定された枠組にとらわれず、具体的な問題に即して柔軟に考えてみることの重要性である。その点では、第2章で大矢根が言及する「事前復興」も、現実には被災前ではあるが、同様の契機となりうる。

2011年４月初旬、陸前高田市の高田小学校にて。筆者（木村）は静岡県社会福祉協議会から派遣されたボランティア隊の第１次隊として津波後はじめて現地を訪れ、被害の大きさを目の当たりにした

く付き合うこと。また外から上からの目線やプランだけではなく、被災者たちの近くに寄り添い、その肩越しに、同じ視線で被災世界を捉え、そこにある問題へのより良い対処・解決策を被災者とともに考えること。そして上から（全体的）と下から（個別具体的）の両方の視線とアプローチに折り合いをつけ総合を図りつつ、関係者の皆が力を合わせ協働して復興に取り組んでゆくことが望ましい、と清水は考える。

コミットしてゆく研究 ―― 清水の呼びかけ

まず、清水の個人的な経験から話を始めたい。ふり返れば、現在まで続くアエタの友人たちとの長い付き合いが始まったのは一九七七年七月の予備調査であった。[*2] その年の一〇月からカキリガン村（フィリピン・ルソン島）に住み始め、一九七九年五月まで二〇ヶ月そこで暮らした。フィールドワークを終えた後も、別の調査でフィリピンに長期出かけるチャンスがあると、ふるさとに帰省する感覚で村を訪問し続けた。一九九一年の三月末から一年間、「マニラの大衆文化と政治運動」を調査するための研究休暇を得たときも、首都の大学での手続き等を二、三日ですませてから、すぐにカキリガンへ向かった。村に着いてみると、数日前から噴煙を上げ始めたピナトゥボ山の神を慰撫する方法を長老たちが話しあっていた。そして六月一五日には二〇世紀最大級の大爆発を起こす。その時清水はフィリピン列島の中央部・ヴィサヤ地方のパナイ島で調査をしていた。ピナトゥボ山から五〇〇キロほど離れたその村でも、翌朝、噴火の灰が降ってきた。ゆっくりと空から灰が落ちて来て地面をうっすら白く覆ってゆくさまを見ながら、熱帯の雪景色という不思議な感覚を覚えた。

その後、マニラの飛行場が灰で三週間ほど閉鎖されたためルソン島に戻れず、初めてアエタの避難センターを訪れたのは、噴火から二ヶ月近くが過ぎた雨季の盛りで、麻疹やインフルエンザなどの伝染病の死者が続出する最悪の時期だった。避難センターやテント村では、私の予想をはるかに超えて深刻な状況を目の当たりにし、衝撃を受けた。その時、たまたま緊急支援のために現地入りしていたアジア・ボランティア・ネットワー

校庭の隅には大量の瓦礫。自分が見たものはこれでもすでに自衛隊などがきれいにした後だと気づかされる

ク（AVN）の有光健氏や越田清和氏と懇意になり、彼らの支援活動をお手伝いすることにした。[*3]

とはいうものの、アエタ被災者のために直接に役立つ知識や技術を持たない清水にできたことは、AVNとともにアエタの社会、文化、歴史そして噴火後の現況についての簡易製本の解説書を英語と日本語で作り、翌年早々に関係機関に配布したこと。[*4] 取材に来るジャーナリストやNGO関係者を案内し、噴火前の生活ぶりを説明したり被災者とのやりとりを通訳したりすることだった。もうひとつは、AVNの他のボランティアらとともに被災地で医療活動や子どもたちへの給食提供、生計プロジェクト（農業、養豚）などを行った際に、暇をみつけて古い友人知人たちを訪ね、被災の体験やその後の苦難、今後の希望や援助への要望などを聞き、それを新聞や雑誌、NGOの会報などを通じて日本に伝え、さらなる援助を要請することだった。その時にはテープレコーダーは使わず、インタビューというよりも普通の雑談、友人知人の消息やうわさ話などが多かった。翌年三月末に日本に帰国しても、春夏秋冬の休みにカキリガン村の友人たちの複数の避難先・移住先を訪れて回った。

そうして二、三年が過ぎると、アエタ被災者の生活再建がどうにか軌道に乗り、援助に頼らず自活できるようになってきた。そうなると気が楽になり、彼らの被災の体験談の聞き書き集を作ることを思いたった。そこで、毎年、繰り返し訪れ話を聞いてきた友人たちに、あらためて体験談を語ってくれることをお願いし、テープレコーダーで録音した。[*5] しっかり話を聞いた友人知人たちは百数十人になり、カセットテープに録音した話

*2 清水とピナトゥボとの関わりについては本書第1章も参照のこと。

*3 支援に関わるのに際し、かなり迷いつつも、最終的には、彼らの苦しみや悲しみを自分の利益にしないよう、当面は論文を書かない、そのための資料集めを積極的にしないと決めた。

*4 Shimizu, H. (ed.). 1992. *After the Eruption: Pinatubo Aetas at the Crisis of Their Survival*. Tokyo: Foundation for Human Rights in Asia. 清水展編著『ピナトゥボ大噴火の後で —— 生存の危機にいる先住民族ピナトゥボ・アエタの現状と人権』アジア人権基金、一九九二年。

2011年4月初旬、遠野市のまごころネットにて。大きな被害を受けた沿岸への支援においては、内陸の遠野市が拠点になり、多くのボランティアが行き交った

者も七〇人を超えた。二度三度と繰り返し聞いた方も一〇人を超える。それらのなかから三〇本あまりの体験談を選び、解説を付してマニラで自費出版した。[*6] その前には、ドキュメンタリー映画『灰のなかの未来』（一九九九年、光武計幸監督・四五分）も共同自主制作した。

アエタ被災者の復興の歩みを見守り、その達成の過程を活字と映像に残すことができて、肩の荷が降りた気がした。それで元気が出てきて、友人知人たちの被災の苦難と生活再建の歩み、そして清水自身の関わりについて民族誌を書いた。[*7] それは言ってみれば、噴火という出来事が引き起こした渦のなかに清水自身が引きこまれ、悩みつつ行動したことの記録となっている。振り返れば、今そこにある問題に巻き込まれ、渦中でもがきながら内側から同伴レポーターとして、調査研究と問題解決の方途探しを同時並行してゆく協働研究のスタイルと可能性を、自分でも気づかぬままに模索し試行していたのかもしれない。[*8]

「地域」は後からやって来る

このまさに「スローワーク」であるピナトゥボでの経験を糧にして、本シリーズのテーマである「災害対応の地域研究」について、今まで考えてきたこと、本書の執筆者たちに啓発されたことを簡単にまとめてみたい。

地域研究という言葉には、「地域を研究する」と「地域で研究する」というふたつの意味が込められている。前者は地域を丸ごと理解しようとする試みであり、後者は現代世界が直面する特定の重要な問題について地域の具体的なコンテクストのなかで考え研究しようとする企てである。また後者は、地域で研究した成果をより広いコンテクストのなかで、できればグローバル大の広がりのなかで妥当性と一般性をもつように敷衍して考究しようとする。私が考える災害対応の地域研究は、その両方の含意を有している。

現場に即して考えれば、特定災害の被災地と被災者の復興は、それぞれの災害の個別性と具体性に応じて、

2011年6月、大船渡市役所にて。市の復興計画策定のため、各地区を対象に懇談会が開かれた。詰めかけた住民たちは、自らの苦境を必死に言葉にしようとする

個々に復興の方途が探られ推進されるべきである。また同じ災害であっても被災者という均質な集団がいるわけではなく、生業と生活スタイル、政治経済的な階層によって、被災の打撃の受け方、その内実と深刻さ、復旧・復興の道筋と到達点は大きく異なる。したがって被災者個々人の事情にも配慮して、理想的には、それぞれの事情、個別性に配慮した対応が被災者本人にとって、望ましい復興につながる。

しかし、そうした個々の事情を斟酌した対応は、限られた時間と予算のなかで被災者に公平・平等に支援を提供する責務のある行政にも、迅速で効率的な介入を旨とする大規模な国際NGOにも、苦手な策となる。そこに地域研究者の役割と出番がある。被災地域の全体や一般的な特徴を理解するために、被災地域に関する基本的な情報を集めること。それと同時に、災害という特定の出来事あるいは問題が当事者たちの意味世界のなかで具体的な相貌を現出させるということに留意し、その相貌を当事者たちが見ているように外部の支援者に説明し、彼らの生きられた意味世界に適合するような形での復旧・復興支援の策定と実施に役だとうとすること。これらがまず、地域研究者の果たす役割であろう。

*5 噴火前の生活において、夜になって焚き火を囲みながらその日の出来事、世間話、うわさ話などに興ずることは大きな楽しみであった。噴火後に彼らは、外部から来る人間に対しさまざまな機会に繰り返し、被災の経験を話してきたが、それは結果的に自己の体験を整理することにもつながっていた。このインタビューでは、彼ら彼女らに被災の体験や被災前の生活について自由に語ってもらい、清水は聞き役に徹した（こうした態度は人類学的なものだと言えるが、第6章の「災害エスノグラフィー」もそれに通じるところがある）。

*6 Shimizu, H. 2001. *The Orphans of Pinatubo: Ayta Struggle for Existence*, Manila: Solidaridad Publishing House のこと。出版の目的は、被災と避難と再生をめぐる個別的で具体的な各人の記憶や追想や証言や主張を、アエタ全体で共有するため、あるいは記憶の小さな貯金箱として次の世代のアエタの若者たちに伝えるため、さらにはアエタの被災に憂慮と関心を抱く一般のフィリピン人に提供するためであった。

*7 清水展『噴火のこだま——ピナトゥボ・アエタの被災と新生をめぐる文化・開発・NGO』九州大学出版会、二〇〇三年。

*8 清水展「応答する人類学」山下晋司編『公共人類学』東京大学出版会、二〇一四年、pp. 19-36.

「復興に向けた地区懇談会」で、防災服をまとい、被災した市民からの質問に答える市長と職員。彼らはどれほどの住民の思いを「復興」のなかに取り込めただろう

そのうえで、個別特定の被災地の理解だけにおわらずに地域「で」研究すること、すなわち個別特定の災害をひとつの事例として、これから現出する新たな被災地・被災者の復興のために役立つよう、より一般化されて妥当性汎用性の高い復興の方途を導き出すことが望ましい。そのためには、個別具体的な被災の状況と、その裏面で現況をそうあらしめている政治経済的かつ社会文化的な背景を知るために地域を理解することが必要になるだろう。ただし、この「地域を研究する」ことから「地域で研究する」ことへの推移は、時間的な前後関係に基づくものというよりも、実際には、その両者が被災地での復興を目指した関与のなかで、緊張関係のなかで同時に進行するといったほうが正しいだろう。

だが、「地域を」・「地域で」という前に、そもそもそこでいう地域とは何か、どこを差しているかを考えてみる必要がある。ピナトゥボを例にとれば、元々は後に噴火することになる山そのものの本体を指す名前であった。が、大噴火の後に、周辺の五州にまたがる被災地域を指すための略称あるいは通称として用いられるようになった。まず緊急救援と復興のためにフィリピン政府が特別に設置した委員会がMt. Pinatubo Commissionと名付けられ、その事業の対象地域がピナトゥボ・エリアと呼ばれるようになった。ピナトゥボが、山そのものを指す名前から、被災地域の全体を指す略称へと指示する意味内容、地理的範囲が変わっていった。つまり噴火という災害が、緊急救援や復興支援、インフラ復旧事業の対象としてのピナトゥボ一帯という広範囲な地域を有意味な単位として現出させたのである。

よく考えてみれば、地域という概念それ自体の内容は空虚である。あえて挑発的に言えば、事前に中身が入っていない空箱、伸縮自在に空間範囲を画定できる便利な器である。[*9] しかしそうだとすれば、地域を、たとえば災害の被災地域や、戦禍のおよぶ紛争地域、安全が保証されず立ち入りが制限される危険地域などのように、対処すべき何らかの問題があるときに、その影響の及ぶ範囲を指すものとして考えることはできないだろうか。言い換えれば、まず先に問題があり、それを示す接頭辞が付いて初めて地域の輪郭と相貌が立ち現れて

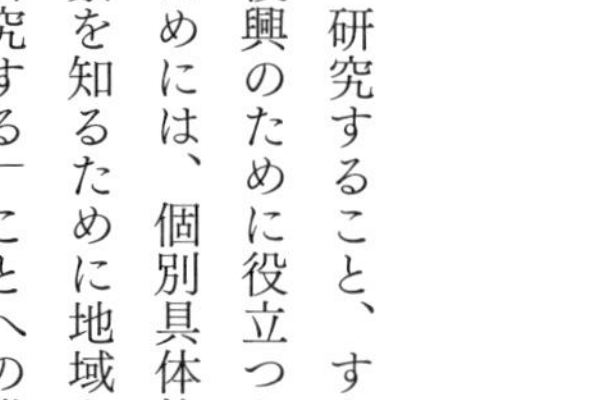

2011年8月、陸前高田市の高田小学校で行われた「うごく七夕」。津波被災地の多くで、伝統芸能や祭りはふたたび人々が集まり、未来に向けて立ち上がるための原動力となった

くるのだ、と。そう考えれば、人類学者アルジュン・アパデュライの用語法に倣って、地域を「問題が存在している地景」(issue-scape)として捉え直すことができるだろう。[*10]

このような地域理解をもとにした災害対応の地域研究が対処対応すべき問題は、被災地と被災者の窮状であり、その救援と復興に役立つことが目的となる。そして、目的を達成するための効果的な方途を探し求め、実行してゆくことが課題となる。そのためのアプローチは、役立つものは何でも活用するという無手勝流となる。具体的には文理の垣根を超えて、さまざまな専門家(諸ディシプリン)が協働して緊急の問題や長期的な課題への対処策や解決法を求めて、実践的で学際的な協力を進めてゆくことである。

災害対応の協働実践プラットフォーム

次に言いたいのは、こうした意味での地域研究は、研究者以外の人々を含んだ、より広い場となるべきだということである。言葉を換えて言えば、地域研究は、今そこにある重要問題への緊急のそして長期的な対処対応が必要とされるとき、それに応えるための実践的な学として再登場することが求められているのだ。

そもそも被災地と被災者の側からみれば、研究者の役割は決して大きくない。実際の救援と復興に直接の寄与をしてくれる医療関係者、土木建設工事の技術者(東日本大震災の場合には道路の啓開作業にあたった自衛隊)、行政関係者、NGOスタッフ・ボランティア、その他のさまざまな専門家の方がよほど重要な役割を担う。[*11]

*9 たとえば地域の皆さまへの行政からのお知らせや働きかけなどという場合には、上からの統治や行政の権力行使あるいはサービス提供が及ぶ範囲として、地域が自動的に画定されている。ただし地域の画定の前には、行政権が執行可能となる法で定められた行政区域が前提としてある。

*10 アパデュライは「地景(スケープ)」という言葉を、どこから誰が見ても同じに見える配置を指すのでなく、個々人、家族、集団、国家といった異なる主体の位置に応じて異なる仕方で屈折して現出する(想像される)ことを含意して使っている。アパデュライ、A.(門田健一訳)『さまよえる近代 ―― グローバル化の文化研究』平凡社、二〇〇四年(原著一九九六年)。

「うごく七夕」が行われている会場を一歩出ると、いまだ撤去されていない建物の横に参加者の車が止められているのが見えた。被災の景色のなかで、過去と現在と未来が交錯する

ただし、被災直後の緊急救援に始まり、その後の復旧さらには復興という長期的な支援のためには、そうしたさまざまな専門家の協力関係を積極的に円滑に進めるために情報を交換共有する場が必要となる。先に述べたような被災地域研究を、そのための場として考えることができないだろうか。そうした共通の場は、深刻な問題が現出するごとに、アドホックに形成される。決して永続的なものにはならないだろうが、大きな災害の場合には、おそらく一〇年ほどは必要とされ、存在しつづけるであろう。

繰り返しになるが、被災者と被災地にとっては研究や研究者よりも、上述のような専門家、実務者、ボランティアたちのほうがずっと頼りになり、役立つ人々である。だから、そうした人たちにも開かれた、というよりも彼ら彼女らこそが主要な参加者（＝広義の地域研究者）だとして、この場を考えることが大切である。とすると、それは研究というよりも、実用的な知識と情報を持ち寄り、交換し、共有し、修正し、応用・発展させ、個々に新たな施策として現場に還元させてゆくための集いの場、あるいはそれを促進する還流装置となるべきである。そして、その場でさまざまな専門家や技術者が協力して復旧や復興のより良い方途を探ってゆくために、そのアプローチは学際的であるにとどまらず、被災者もまじえた官民のさまざまなアクターが協力するという意味で民際的であるべきだ。

こうした学際的で民際的で実践的なアプローチ、とりわけそれを内実ある協力ゲームとするために清水が抱いているイメージは、知的異種間格闘技のアリーナである。知的な緊張感のある関係と率直で建設的な意見交換と議論を戦わせる場ということを強調したくて格闘技という言葉を使った。が、それには喧嘩のイメージがあるとしたら、異業種間の交流と懇親、意見や情報の交換・共有と助言、相互啓発のための会と言うこともできる。顔と顔を合わせた懇話会が望ましいが、忙しくて頻繁に集まれなければ、インターネット上にプラットフォームを作ることも有効で有益である。

より良い復旧・復興のための協働実践の場として被災地域研究を考えた場合、そこでの狭義の地域研究者の

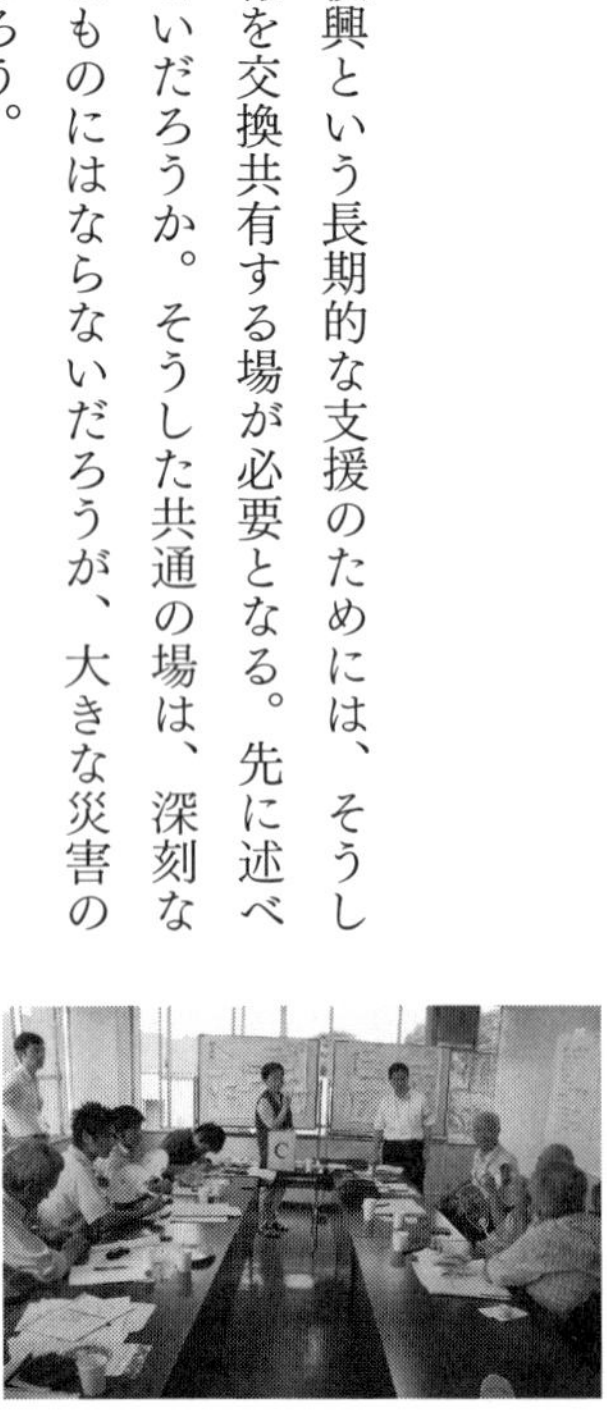

2011年7月、大船渡市役所で開催された市民ワークショップ。高校生、勤め人、NPOメンバー、市職員など、様々な人々が集まり、将来に向けて知恵を絞り合う

役割は、特定の問題（この場合は被災）の対処対策案や解決法を皆で考え実践してゆく協力作業を円滑に進めてゆくための懇話会の世話人であり、現実のそしてネット上のプラットフォームのメンテナンス係である。被災地域に関する知識と情報を異なる分野の専門家や技術者が共有し、被災者とも情報交換・共有を円滑に進めてゆくコーディネーター、あるいはファシリテーターとしての働きである。[*12] 一方では、外部からの緊急援助と長期の支援を必要とする被災者たちが真に望み必要としている介入が適切に効果的になされるよう、異なる分野の専門家・技術者、行政の人間、NGOスタッフらと当事者とのあいだを円滑につなぐこと。他方では、被災した地域の歴史的・政治経済的な背景や当事者たちの意味世界を、救援や復旧・復興に携わる専門家・技術者に解説し、他方では外部の人間の意図やプロジェクトの目的と効果、期待される成果や危惧される問題点などを被災者たちに説明するという「文化の翻訳家」という仕事である。

呼びかけ ——「あなた」へ

しかし、被災地域研究という実践的で協働的な場において、狭義の地域研究者は、個々具体的な問題対処と解決のための専門家になれることはほとんどなく、むしろアマチュアに近い。ピナトゥボでの経験にもとづい

*11 いわゆる研究者と呼ばれる職種の人々は、質問票への答えやインタビューを求め、作業の邪魔をしたり、神経を逆なでするような言動をして、招かれざる客となりかねないことを肝に銘じておく必要があるだろう。

*12 この点については、すでに本シリーズの第一巻『復興の文化空間学』のなかで山本博之が、災害対応の現場において、地域の文脈に沿った人道支援事業を行うために、地域研究の見方が求められていることを強調している（p. 268）。
また山本は、地域研究には三つの層があることを指摘し、複数の研究者が共同で今日的かつ世界的な課題に取り組む共同事業としての研究プロジェクトの層があるという。清水が言う協働実践アリーナである。それ以外の二つの層は、特定地域に密接に関わり、現地語を取得して長期に滞在して研究を進める層と、現地語なしで教養教育や生涯教育に寄与する層である。山本博之「地域研究方法論 —— 想定外に対応する「地域の知」」『地域研究』第12巻第2号（二〇一二年）、pp. 18–36.

2012年５月、大船渡市三陸町の綾里地区公民館にて。首都大学東京の都市計画研究室が作成した立体の地図模型というプラットフォームのもと、地域の人々、大学生、研究者が語り合う

て清水は、専門家・技術者という言葉を使う時、JICA（国際協力機構）が派遣するようなさまざまな職種の、具体的で役に立つ知識や技術を持っている人たちを念頭に置いている。たとえば、日本の会社で経理事務を担当していた方が、清水が手伝っていたNGOにボランティアとして来た時には、果たして何ができるだろうかと初めは訝った。が、援助物資の受け入れと配給のための出納記録システムを作り、在庫管理と配給作業を円滑に進めることに貢献した。日本で専門家として秀でた一芸を持つ方は、被災地でもその技術知識を活用して、現地でお役に立てることを痛感した。*13

それに対して地域研究者（つまり清水自身）に何ができたのかは、先に述べたとおりである。地域研究者が具体的な問題対処と解決のための専門家になれないというのは謙遜ではなく、清水の実感である。しかし、それで構わないのだ。むしろそのことを謙虚に受け止め、問題対処と解決のためのプラットフォームの運営に尽力すること、場合によってはプラットフォームの開設に力を注ぐことが大事なのである（プラットフォームは自然に出来上がるのではない）。そのように開き直れるのは、アエタの支援活動に関わっていた清水自身が、ちょうどそのころ発表されたパレスチナ出身の批評家エドワード・サイードの『知識人とは何か』（平凡社、一九九五年。原著は一九九三年）から、大きな啓発と励ましを受けたからである。サイードは、知識人は専門家ではなくアマチュアであると断言する。それは、顔のない専門家には還元できない責務を負う者だという意味である。そのような知識人＝アマチュアは、世俗的な諸問題にコミットし、日頃忘れ去られていたり、厄介払いされていたりする人々や問題を表象＝代弁することに、みずからの存在意義をみいだすべきと説く。

サイードの言うアマチュアを、狭義の地域研究者に重ねてみることができよう。地域研究者は、学習と訓練によって獲得した言語コミュニケーション能力と現地事情の洞察力を最大の強みとしている。ゆえに、問題の発生によって現出した地域のローカル言語や共通語への理解に基づき、問題への対処と解決をめざす学際協働実践のアリーナで、その推進のためのコーディネーターとしての役割を担うことができると、清水は考える。

2012年2月、大船渡市のある仮設住宅の集会所にて。アマチュアの歌手が無料コンサートを開き、仮設入居者たちが詰めかける。やり方によって様々な知識、スキル、趣味が人々に役立つ

しかし、繰り返しになるが、この問題に対処対応しようとする学際的で実践的なプラットフォームは、狭義の地域研究者だけで構成しうるものではない。それは、いわゆる研究者や専門家、技術者、被災者や被害者となっている当事者はもちろん、関心と憂慮を抱く一般の人々にも開かれている。ここで清水は「アマチュア」という言葉を、サイードの用法よりも広く捉えたいと思う。というのも、災害に関しては、「ともにいること」だけでも大きな意味をもつからである。それは、専門家の貢献のようには目につかないかもしれないが、きわめて重要な役割である。

精神科医であり人類学者でもある宮地尚子がトラウマの研究で指摘するように、被害者と関わりつづけることは、実はきわめて難しい。なぜなら、被害当事者と違い、支援者や研究者は「逃げる」という選択肢があるからだ。しかし「支援者の消滅は、しばしば当事者のサバイバルの可能性の消滅と直結する。加害者が傍観者にのぞむのは、何もしないことだけなのだから」[*14]。傍観者になってしまうのでなく、支援者、伴走(歩)者であり続けられるのであれば、必ずしも専門性は必要ない。宮地は、トラウマをもたらす体験として、戦争、原爆、ホロコースト、犯罪、事件や事故、性暴力などとならんで、自然災害を挙げる。災害の場合においても、他のトラウマ体験と同様に、物資や寄付金などによる具体的な支援とともに、いわゆるモラルサポート、憂慮の念をもって関心を持ち続け、そのことを示すことが、大きな励ましとなる。その意味で、アマチュアとしての市民一人ひとりが果たしうる役割は決して小さくはない。[*15]

*13 本書のたけしまさよによるコラム（とくに「職能」という4コママンガ）は、必ずしも専門家でなくとも「あなた」の「できることすべて」が役立つことを示している。
*14 宮地尚子『環状島＝トラウマの地政学』みすず書房、二〇〇七年、p. 8.
*15 本書の内尾太一によるコラムを参照のこと。またピナトゥボに関して言えば、マニラ在住の日本人有志（主に駐在員夫人たち）による、被災者アエタに対する一〇年近くにわたる持続的な関心と物心両面にわたる支援がある。佐藤育代・遠藤康子『マニラ発　妻たちのピナトゥボ応援団 —— 手さぐりの救援ボランティア』明石書店、一九九九年。

コンサート後の同じ仮設住宅集会所。支援に来た人々に対して、支援でもらった食べ物で料理を作ってふるまう女性たち。支援はつねに一方的なのではなく、相互的な関係に開かれている

本書の読者である「あなた」へ。あなたは、何の気なしに本書を手に取った人かもしれない。災害という問題に何らかの形で取り組もうと考えている人かもしれないし、あるいは実際に取り組んでいる人かもしれない。地域研究を学ぶ人かもしれないし、本書の執筆者たちが専門とするさまざまな分野を学ぶ人かもしれない。あるいは上でふれたような専門家や、実際に復興に関わる（あるいはこれから関わるかもしれない）行政の職員かもしれない。私たちは、できるだけ多様なあなたを、このプラットフォームに誘《いざな》いたいと思っている。

木村からの応答

以下では本書を振り返りながら、木村がアマチュアの一人として、[*16] あるいは読者の一人として、「私の声が聞こえる人はいるか」（第7章）のごとき清水の呼びかけに応えてみたい。そこでは、清水の構想を少し「読み替え」てみる。そして、いま私（たち）が本書を読んでいる、ないし暮らしているこの場所こそが、清水の言う「場」、「協働アリーナ」になりうるのだ、そして、実際にそうした場を作り出し、育てていくことが、読者としての私（たち）の行うべきことなのだと、木村は考える。

「はじめに」でも述べたとおり、本書の構成は、海外の事例と日本の事例を交互に並べている。それは、互いが互いの特徴を照らし出し際立たせながら、私たちの暮らす社会の復興のあり方を、より柔軟に捉え直すための示唆やヒント、契機を得られるようにという意図からである。いま現に東日本大震災やそれ以外の被災地で行われている復興は、基本的には国と行政が既存の制度に従いながら進めるものであり、いくつかの基本的な枠組みを共有している。本書ではそれを「既定（の）復興」と呼んだ（第2章）。そして、そうした制度が実際の運用のなかで形成されつつあるプロセスにも目を配りつつ（第6章）、現在（結果的に）存在している仕組みが決して唯一・最善の解ではないという立場に立ち、本書を執筆した。そこでは、「既定の復興」からはみ出していくようなローカルな試み、あるいはそれを相対化するような海外の制度や実践例を「創造的復興」と位

2011年8月、大船渡駅前。ここは中心的な市街地であったが、50年前のチリ地震津波に続いて大きな被害を受けた。刺すような日差し、腐った魚の悪臭のもと、じりじりと復興への歩みが始まった

置付けた。そうした事例が指し示すような「創造性」を受け継ぎ、展開しながら、現在あるいは将来、私たち自身が「創造的復興」に関わっていくこと——これは、実際に被災者になってしまうことによっても起きるだろうし、あるいは専門家やボランティアなどとして被災地に関心を抱き、実際に〝入って〟いくことでも起きるだろう。それについて、本書から何を受け取ることができるだろうか。

ここでは、「地域」をもとに考えてみたい。先に清水は、「地域」という概念が、理論上は何でもありの空箱だと指摘した。しかし他方で、日本語での日常的な言葉遣いにおいて「地域」は、イメージあるいは実感として、「地域社会（≒コミュニティ）」と密接な結びつきをもっているのも確かである（地域防災や地域福祉などの言葉を参照）。

さて、災害対応から見れば、「地域」を構成する要素は大まかには自・共・公・外として整理できよう（ここで「外」も要素として数えている点が、本シリーズのひとつのポイントである）。「公助」つまり国や地方自治体などの公共機関によるサービスと「自助」（個人、家族、世帯による自力での生活立て直し）に加えて、阪神・淡路大震災において再び見いだされ、強調されたのが「共助」、つまり地域社会における助け合いであった。そして、この意味での「共」の重要性は、中越地震や東日本大震災などにおいても変わらず指摘されており、それへの期待は今後も変わらないだろう。

しかし、地域社会が実際問題として今後このまま大きな役割を果たしうるかについては、少し考えてみる余地がある。本書第7章末尾でもわずかにふれたが、東日本大震災の被災地においても、高齢化と人口流出、産業の衰退などが相互に絡み合いながら、地域社会を弱体化させており、在来的な災害対応の知や記憶の継承を

*16　先に清水が述べた迷いやためらいよりも、まず何より、そもそも清水と木村とでは研究者としてのキャリアが大きく異なる（蛇足であるが、この「おわりに」を書く過程で、木村が生まれたのがちょうど清水が最初の長期フィールドワークをしている最中にあたることに気づいた）。ここでのアマチュアという語はより日常的なニュアンスに近い。

2015年３月、大船渡駅前。店舗やビルも再び建ちはじめ、地盤のかさ上げ工事も進んでいる。整備されつつあるインフラの上にどのような未来が建てられるか、これからが勝負である

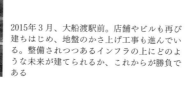

困難にしている。他方で、都市に流入した人口が都市で地域社会的なものを形成しているかといえば、必ずしもそうではない。あなたの地域は、小渕浜（第8章）のようには頼りにならないかもしれないのだ。

こうした状況においても、あくまで相互に助け合う地域社会をモデルとして活動を進めようとすることは、当然選択肢として残り続ける。しかし、もしそれに加えて、本書を手がかりに私たちが選択肢を増やそうとするのであれば、次の三つのことが言えるだろう。（一）「自助」の強化（第9章の、充実した保険制度を活用し自由に住まいを移動しながら自力再建する ―― もちろん必ずしも全部うまくいっているわけではないが ―― ニュージーランドの事例を参照）。（二）「外助」つまり地域社会の「外」から来るボランティア、NGOなどの活用（第1章のフィリピン、第3章のインドネシアなどを参照）。（三）「共助」の拡大（第2章や第7章に見られた、地域どうし、被災地どうしをつなぐネットワークの形成を参照）。

しかし実はこの三つはどれも同じシンプルな前提にもとづいている。それは、（千葉雅也の表現を借りれば）地域社会を「いい加／減」に考えること[*17]、である。閉じているなら少し開く、バラバラなら少しまとまること。確かに地域社会は、イメージの上でも実践の上でも、「私とあなた」という助け合いと、自然な形で結びつきうる。近さにもとづく共感は、私たちの生を支える根本的な原理かもしれない。しかし、当事者にとってつながりが強いものであればあるほど、そこに負の側面も現われてくる。お互いの目を気にして「自助」に力を入れられなかったり[*18]、他者を受け入れられず孤立してしまったりして、共助ではなく共倒れになってしまうことは、望ましいことではない。

災害は災厄であると同時に、地域がひらかれたり（第3章のアチェのように）、まとまったりする（第1章のフィリピンのように）想像＝創造の契機である。想像といっても空想のことではない。現に存在する多様な、大きなあるいは小さなつながりに目を向け、それを大事にし、必要なときには助けを求めたり与えたりすることである。「私とあなた」の関係は、地域社会という枠組みに縛られずに広がりうる。いや、すでに広がっている。

2014年11月、大船渡湾。外から来る支援者との交流を通じ、地域の歴史や文化を見直し始めた人々が、伝統的な気仙大工による千石船を地域の子供たちに伝えようと活動を始めた

東日本大震災では、広い範囲が被災するなか、津波直後に来た支援は、被災地外にいる家族や友人、仕事のつきあいのある仲間などからであったことが報告されている。そして当然、発災後にはさらに拡大していく。そのような命を支える関係を、地域社会と比べて二次的なものと考える必然性はない[*19]。

あるいは逆に、「私とあなた」の関係は、地域（行政的な範囲）よりも小さなまとまりでもありうる。ある一軒のお宅に避難した人たちからなる「小渕浜11班」（第8章）、あるいはインドネシアの津波被災地で自由に設置された「ポスコ」（第3章）のように。

こうしたつながりを見いだし、育てていくこと。ここで「育てる」には二つの意味を込めたい。一つは、子育てのように普段の／不断の関わりが大事であると同時に、きわめて長いスパンでのお世話／恩返しにつながりうること（だから、いざという時には甘えてもよいのだ、いずれ誰かに恩返しするつもりで）。もう一つは、それが時間を通じた営みであること。つまり、過去を学び、あるいは再発見し、それを継承しつつ、新しいものを生み出していくということ。

そしてもちろん、そうしたつながりの形成・持続・発展においては、当事者である「あなた」自身が主体性を発揮できることが望ましい。もちろん、本書で言及されているものも含め、支援者を中心としたつながりや活動には、目を見張るべきものもある。しかし、ずっとそれに頼りきりになるのは難しいだろう（第2章のまちコミ、第8章のArchiAidなどのように）。やはり、「あなた」自身が当事者となって、その周りに多様なステークホルダーが関わるつながりを形成すること（とはいえ、それと同時に、きっとあなたは別の誰かのつながりの一部ともなる

*17 千葉雅也『動きすぎてはいけない――ジル・ドゥルーズと生成変化の哲学』河出書房新社、二〇一三年。
*18 例として、福島から自主避難する母子が周囲から受けた非難を念頭に置いている。
*19 第10章で扱った観光のような、「弱いつながり」（東浩紀『弱いつながり――検索ワードを探す旅』幻冬舎、二〇一四年）も当然、そこに含まれる。

動き出す千石船に手を振る子供たちと地元の人々。彼らはこれを「海来（みらい）プロジェクト」と名づけた。後ろにあるモニュメントは、大船渡がかつて海を通じて世界と交流があったことのシンボルである

だろう）。

つながりを形成することは、異質なものと出会うことだ。そうした出会いは、日本と海外の事例を並置する本書がそもそも目論見たことでもある。しかし翻って考えてみれば、私たちが日々暮らす地域社会も多くの異質性、多様性を含んでいるだろう。年齢、性別、職業などの違いはもちろん存在し、人々の価値観や意見は必ずしも一致するわけではないし、ましてや物事がいつも「あうんの呼吸」で進むわけではない。そうした状況において本書が主張するのは、まったく新しいことでも何でもない。それは、語ること、語り合うこと、語り合うことのできる相手を増やすことの重要性である。それによって、問題意識を緩やかに共有し、意味や物語（第4章）を、あるいは「文化空間」（第3章）を、ともに作り上げていくこと。多くの場合、語り合い（あるいは交渉や駆け引き）には、それぞれのルールや間合いがあるだろう（第2章の「公」＝行政との交渉、第3章の、ポスコや住宅をめぐる「外」との駆け引きのように）。語り合いはミクロに見ればつねにコール・アンド・レスポンスの試行錯誤であり、同時に学びの過程でもある。その試行錯誤を通じて、多様性を含んだ協働アリーナとしての「共」を拡大していくこと。「自」から「共」へ、そして、「公」[*20]も「外」も含み込むような「共」を想像＝創造していくこと。

地域を「問題が存在している地景」として捉え、そこを／で学び、関わり、想像＝創造していくこと。どのような職業や専門性があろうと（あるいは無かろうと）、つながりの規模が小さかろうと大きかろうと。そうした動きに参加していくこと、そのための「出会いの場」をつくること。おそらくこうした過程で、「あなた」自身も変容していくだろう（第1章の、覚醒するアエタの人々のように）。それを喜ぼう、私もあなたも、この物語の主人公なのだから。

*20 この点は強調しておきたい。行政はけっして敵ではない。行政とうまくつきあい、味方に引き入れることが、復興を進めるうえで重要なカギとなる。鍵屋一によるコラムを参照のこと。

陸前高田市、高田小学校。ボランティア作業後にふたたび立った銅像は、瓦礫のなかの現在を見据え、伸ばした右手で未来をつかもうとしているようだ。銅像の土台には「希望」と書かれていた

「災害対応の地域研究」シリーズの結びにかえて

山本　博之

地域研究とは、どの地域も世界の他地域との繋がりの中で存在しているということを意識しながら、個別の地域が直面する課題に探究心を持って臨む態度のことである。そして、世界の他地域との繋がりを意識する「地域研究的想像力」を備えて個別の地域の災害対応に取り組むのが「災害対応の地域研究」である。その意味では、大学や研究所だけでなく、災害対応に日々取り組み、課題解決の工夫や経験を重ねて探究している個々の現場に「災害対応の地域研究」が宿っている。そのような工夫や経験を集め、地域や時代の違いを超えて共有できる形にして提示することが「災害対応の地域研究」の研究面での役割である。

本シリーズでは、海外（とりわけ災害多発地域であるアジア）の事例を中心に、主に人文社会系の災害対応を扱っている。それは、災害対応先進国である日本の技術・制度・研究を世界各地の災害対応の現場に意味がある形にして届けるとともに、それを通じて日本の災害対応のあり方、さらに日本社会のあり方について考える助けにもなることを期待するためである。

自然現象である災害を完全に封じ込めることはできないため、災害の発生を事前に予知し、被害を軽減する備えを高めるとともに、災害時に被害を拡大させず、相互に助け合って、救援・復興を通じて災害に打たれ強い社会に作り直していくような働きかけが必要となる。人口や富を一箇所に過度に集中させたり、快適さや便利さを求めるあまりに「無駄」を過剰に排除したりすることは、社会を災害に対して弱くしうる。

本シリーズでは、社会的インフラが十分に整っていない状況で災害に襲われ、外部から支援を受けながら生活再建を進める経験を重ねてきたアジア諸国の災害対応の経験に学ぶために、巻ごとに以下の五つのキーワードを設定している。

（1）Social Flux（社会的流動性）――考え方は人それぞれ。現場の混乱を増幅しないためには情報共有と意思決定が大事。

国内外の人の移動が盛んで地域社会でも職場でも構成員が固定されない社会や、多様な背景を持った人々が集まって内部にさまざまな考え方がある社会では、「場」に知識や経験を蓄積させて伝統や慣習によってものごとを進めることが期待しにくい。このような社会では多様な構成員の間での情報共有と意思決定の力を強めることが大切になる。

（2）Transition（変革）――目の前のほころびは氷山の一角。目に見える被害だけでなく、その背景まで含めた手当てを。

災害は社会の弱い部分に大きな被害を与え、社会が潜在的に抱える課題の存在を明らかにする。直接的な被害に手当てするだけでは社会の課題も残ったままになる。災害への対応をよりよい社会を作る機会だと捉え、日常生活上の小さな課題への対応を重ねることは、ときには内戦の終結や新しい人間の創出といった大きな社会変革の契機ともなる。

（3）Outsider（よそもの）――本当の災いは社会の亀裂が生じ

深まること。よそものだからこそ修復の助けになることも。

災害は、なぜ自分が被害者になるのか、なぜ自分と他人では被害の程度が違うのかなどの問いに合理的な説明を与えず、被害を受けた社会の内部に亀裂をもたらしうる。自然災害でも戦争や内戦のような人為的な災いでも同じである。その亀裂は部外者にはわかりにくいが、社会内部の利害関係やしがらみから自由な部外者だからこそ修復の助けになることもある。

（4）Resilience（レジリエンス）――見方が変わればゴールも変わる。誰のための防災か、誰のための復興かを意識する。

レジリエンスとは、被害をかわし、力を蓄えて復興・再生を遂げる「打たれ強さ」のことだが、時間と空間の設定しだいで修復・再生の意味は異なる。短期的な防災・復興と長期的な防災・復興が食い違ったり、地域的な防災・復興と広域の防災・復興が食い違ったりすることもある。亀裂が走る世界に生きるには、歴史としてのレジリエンスを捉えることも重要になる。

（5）You and I（あなたと私）――災害は遠い国や他人のできごとではない。私たち一人ひとりにできることは何か。

個別の災害対応の現場に即して防災・復興を意味のあるものにするには、個別の経験をもとに一般化された防災・復興を再びそれぞれが個別の物語として捉え直すことが欠かせない。直接の被災者もそうでない人も、そして災害対応の専門家もそうでない人も含めて、あなたや私が災害対応に関わることが復興の物語を豊かにすることに通じ、ひいては個別の現場に即した復興の物語に場を与えることになる。

「災害対応の地域研究」シリーズは、京都大学地域研究統合情報センター（京大地域研）で筆者や西芳実さんを中心に進めてきた「災害対応の地域研究」プロジェクトおよび関連する共同研究や個別研究の成果である。共同研究は、共同研究者をはじめとする国内外の多数の関係者の参加と協力を得て進められた。その成果である本シリーズでは、筆者（第一巻・第三巻）と西さん（第二巻・第四巻）に加えて、牧紀男さん（防災学、第三巻）、川喜田敦子さん（歴史学、第四巻）、清水展さん（文化人類学、第五巻）、木村周平さん（文化人類学、第五巻）を共編者に迎え、人文社会系と理工系、海外と日本、歴史と現在・将来、研究と実践の各分野を横断する幅広い論考を収録できた。

本シリーズは、筆者らが最初に災害対応研究に取り組もうとしたとき研究助成により力づけてくださったトヨタ財団（第一巻あとがき参照）と、二〇一一年にインドネシア・アチェ州で五日間にわたり六〇〇人の参加を得たワークショップに参加し、この研究を続けてぜひ成果を刊行するようにと強く勧めてくださった京大地域研センター長（当時）の林行夫さんの後押しのおかげで実現した。また、京都大学学術出版会の方々、特に鈴木哲也さんと福島祐子さんには、全ページに写真を入れていただくなどさまざまな工夫を凝らしていただいた。ぜひ、誰が、どんな場面で、どんな意図や気持ちで撮ったのかを想像しながら写真をご覧いただきたい。多くの方々に支えられた本シリーズを通じて、災害対応に関心を持つさまざまな方々がそれぞれの復興の物語（story）を紡ぎ出す一助になればと思う。

［な行］

［は行］

［さ行］

索 引

大谷 順子（おおたに じゅんこ）

大阪大学大学院人間科学研究科教授、大阪大学副理事（社学連携室）【第 9 章】
研究分野：地域研究、国際保健人口学、社会政策、被災地の国際比較
主な著作に、*Older People in Natural Disasters* (Kyoto University Press & Trans Pacific Press, 2010)、『事例研究の革新的方法 ── 阪神大震災被災高齢者の五年と高齢化社会の未来像』（九州大学出版会、2006）、『国際保健政策からみた中国』（九州大学出版会、2007）など。

山下 晋司（やました しんじ）

東京大学名誉教授・帝京平成大学現代ライフ学部教授【第10章】
研究分野：文化人類学、とくに観光や移民など人の移動と文化の生成
主な著作に、『公共人類学』（東京大学出版会、2014、編著）、『観光人類学の挑戦 ── 「新しい地球」の生き方』（講談社、2009）など。

たけしま さよ

漫画家【コラム 1】
兵庫県生まれ。阪神・淡路大震災後、神戸 YWCA 救援センターで活動。
主な著作に、『マンガ・愛ちゃんのボランティア神戸日記』（アース出版局、1995）、『マンガ 愛ちゃんの神戸巡回日記 ── 三度目の冬が来た』（長征社、1997）（ともに http://volunteer.netswest.org/ で無料公開中）、『マンガ おひとりさまの遠距離介護けもの道』（メディカ出版、2014）など。

鍵屋 一（かぎや はじめ）

跡見学園女子大学観光コミュニティ学部教授【コラム 2】
研究分野：地域防災、防災福祉
主な著作に、『"地域防災力" 強化宣言 ── 進化する自治体の震災対策』（ぎょうせい、2003）、『図解よくわかる自治体の防災・危機管理のしくみ』（学陽書房、2011）、『福祉施設の事業継続計画（BCP）作成ガイド』（東京都福祉保健財団、2014）など。

内尾 太一（うちお たいち）

麗澤大学外国語学部講師【コラム 3】
研究分野：自然災害と人間の安全保障、現代日本の多文化共生
主な著作に、「東日本大震災の公共人類学事始 ── 宮城県三陸地方における被災地支援の現場から」（『文化人類学』第78巻第 1 号、2013）、"Japanese Filipino Children between the Dichotomy of "Japanese" and "Non-Japanese": Challenging a Policy Distortion in Tabunka Kyosei," in J. Ertl et al. (eds.) *Reframing Diversity in the Anthropology of Japan* (Kanazawa University Center for Cultural Resource Studies, 2015）など。

著者紹介

清水 展【はじめに・第１章・おわりに】（奥付の上の編著者紹介を参照）

木村 周平【はじめに・第７章・おわりに】（奥付の上の編著者紹介を参照）

大矢根 淳（おおやね じゅん）

専修大学人間科学部教授【第２章・第８章】
研究分野：災害社会学、地域社会学、社会調査論
主な著作に、『災害社会学入門』・『復興コミュニティ論入門』（ともに弘文堂、2007、共編著）、『津波被災地の500日 ── 大槌・石巻・釜石にみる暮らし復興への困難な歩み』（早稲田大学出版部、2013、共著）など。

山本 博之（やまもと ひろゆき）

京都大学地域研究統合情報センター准教授【第３章】
研究分野：東南アジア地域研究、災害対応と情報
主な著作に、『脱植民地化とナショナリズム ── 英領北ボルネオにおける民族形成』（東京大学出版会、2006）、『復興の文化空間学 ── ビッグデータと人道支援の時代』（災害対応の地域研究１、京都大学学術出版会、2014）、『国際協力と防災 ── つくる・よりそう・きたえる』（災害対応の地域研究３、京都大学学術出版会、2015、共編著）など。

寺田 匡宏（てらだ まさひろ）

総合地球環境学研究所客員准教授【第４章】
研究分野：歴史学、ナラティブとメタヒストリー、環境と記憶・歴史
おもな著作に、『人は火山に何を見るのか ── 環境と記憶／歴史』（昭和堂、2015）、『記憶表現論』（昭和堂、2009、共編著）、『歴史・人間・災害』上・下（歴史民俗博物館振興会、2005、共編著）など。

市野澤 潤平（いちのさわ じゅんぺい）

宮城学院女子大学学芸学部准教授【第５章】
研究分野：文化人類学、観光学
主な著作に、「プーケット復興委員会の熱い夏 ── インド洋津波後のプーケット在住日本人の経験におけるリスクと孤独」（『地域研究』第11巻第２号、2011）、『リスクの人類学 ── 不確実な世界を生きる』（世界思想社、2014、共編著）など。

重川 希志依（しげかわ きしえ）

常葉大学大学院環境防災研究科教授【第６章】
研究分野：都市防災、防災教育
主な著作に、『防災の決め手「災害エスノグラフィー」 ── 阪神・淡路大震災秘められた証言』（NHK 出版、2009、共著）、『都市再生のデザイン ── 快適・安全の空間形成』（有斐閣、2003、分担執筆）など。

編著者紹介

清水 展（しみず ひろむ）

京都大学東南アジア研究所教授
研究分野：文化人類学、東南アジア研究
主な著作に、『草の根グローバリゼーション —— 世界遺産棚田村の文化実践と生活戦略』（京都大学学術出版会、2013）、「応答する人類学」（山下晋司編『公共人類学』東京大学出版会、2014）など。

木村 周平（きむら しゅうへい）

筑波大学人文社会系助教
研究分野：文化人類学、災害研究、科学技術社会論
主な著作に、『災害フィールドワーク論』（古今書院、2014、共編著）、『震災の公共人類学 —— 揺れとともに生きるトルコの人びと』（世界思想社、2013）など。

新しい人間、新しい社会
——復興の物語を再創造する
（災害対応の地域研究５）

2015年12月16日　初版第一刷発行

編著者　清 水　展
　　　　木 村 周 平
発行人　末 原 達 郎
発行所　京都大学学術出版会
京都市左京区吉田近衛町69番地
京都大学吉田南構内（〒606-8315）
電 話（075）761-6182
FAX（075）761-6190
URL http://www.kyoto-up.or.jp
振 替 01000-8-64677

ISBN978-4-87698-899-0
Printed in Japan

印刷・製本　亜細亜印刷株式会社
装　　幀　鷺草デザイン事務所
定価はカバーに表示してあります